中国科学技术专家传略

工程技术编

有色金属卷 3

中国科学技术协会　编

科学出版社
北　京

图书在版编目(CIP)数据

中国科学技术专家传略．工程技术编．有色金属卷．3/中国科学技术协会编．—北京：科学出版社，2014

ISBN 978-7-03-041013-9

Ⅰ．①中…　Ⅱ．①中　…　Ⅲ．①科学家-列传-中国-近现代②有色金属-科学家-列传-中国-近现代　Ⅳ．①K826.1

中国版本图书馆 CIP 数据核字（2014）第 124846 号

责任编辑：石卉　程凤 / 责任校对：桂伟利

责任印制：肖兴 / 封面设计：楠竹文化

科学出版社 出版

北京东黄城根北街 16 号

邮政编码：100717

http://www.sciencep.com

中国科学院印刷厂 印刷

科学出版社发行　各地新华书店经销

*

2015 年 1 月第　一　版　开本：850×1168　1/32

2015 年 1 月第一次印刷　印张：16 5/8

字数：432 000

定价：168.00 元

（如有印装质量问题，我社负责调换）

《中国科学技术专家传略》总编纂委员会

《中国科学技术专家传略》工程技术编编纂委员会

《中国科学技术专家传略》有色金属卷3编委会

总　　序

在中国古代科学技术发展的历史上，曾经出现过不少卓越的科学家和技术专家。他们所创造的辉煌成就，不论在科学还是技术方面都对世界文明的发展做出过杰出的贡献，使中华民族毫无愧色地屹立于世界民族之林。例如，火药、指南针、造纸和印刷术的发明和西传，促进了近代欧洲的社会变革和科学技术发展，以至整个人类社会的进步。

但是，从 15 世纪起，由于中国的封建社会进入晚期，日趋腐朽没落，严重地束缚了生产力的发展，使中国长期居于世界领先地位的科学技术停滞、落后了。近代科学技术在资本主义的欧洲兴起。1840 年，资本主义列强乘坐坚船，使用利炮，轰开了古老中国的大门，清王朝丧权辱国，中国逐步沦为半殖民地、半封建社会。

近代中国的历史是一部在苦难中求生路的奋斗史。鸦片战争的耻辱唤醒了中国的知识界，不少正直的知识分子和爱国的仁人志士，抱着“科学救国”的美好愿望，为了探求民族富强之路，进行了艰苦卓绝的奋斗。他们有的长年战斗在祖国科研、教学岗位上，为振兴科学而呕心沥血；有的漂洋过海到西方国家和日本学习科学技术，为着祖国的昌盛而献身科学、刻苦求知，学成之后重返故里，引进了大量西方近代的科学和技术，传播了先进的科学思想和科学方法。在当时的条件下，他们回国之后大多在高等院校任教，传授知识，培育人才，开拓科学技术研究领域，筹建科学研究机构，组织学术团体，出版学术刊物，辛勤耕耘于教育与科研领域，为振兴中华而不遗余力。让我们永远记住他们——鸦片战争以来祖国科学技术事业开拓者们的功勋；永远不要忘记他们在艰难的岁月里，为祖国所作的奉献和牺牲。

历史的事实告诉我们，科学技术不仅可以创造新的生产力，而且是推动社会、经济、文化发展的重要力量。中华人民共和国成立之后，尽管我国的科学技术事业和祖国的命运一样，经历了不平坦的路程，但在中国共产党的领导下，广大科学技术工作者始终顽强奋斗、执著追求，在国防建设、经济建设、基础科学和当代各主要科学技术领域里都取得了举世瞩目的成就，为社会主义祖国的现代化建设奠定了重要基础，为国家争得了荣誉，提高了我国的国际地位。一代又一代的科学技术专家，接过前辈爱国主义和科学精神的火炬，成长起来了。他们没有辜负人民的期望，为我国科学技术事业的发展做出了巨大贡献。

在这场伟大的科技长征之中，不少科技专家表现出了高贵的品质。有的终生严谨治学，着力创造；有的用自己的身体进行病毒试验；有的在临终前还在继续写作科学技术论著；有的一生节衣缩食，却将巨款捐赠学会，作为培养青年的奖学金。他们用生命谱写了中华民族的科学文化史，他们在雄伟壮丽的科学技术事业里，留下了可歌可泣的事迹，不愧是共和国的栋梁，代表了有着悠久文明史的中华民族的精神。

为了填补中国近、现代科学技术史的空白，宣传“尊重知识、尊重人才”，弘扬中国科学技术专家“献身、创新、求实、协作”的高尚情操和科学精神，中国科学技术协会于 1986 年 6 月在第三次全国代表大会上决定编纂出版《中国科学技术专家传略》。

这是一部以中国近、现代科学技术人物为主线，反映中国科学技术发展进程的史实性文献。其目的是为中国著名科学技术专家立传，记载他们的生平及其对祖国乃至对人类科学技术、经济、文化和社会发展做出的贡献，为中国科学技术史的研究提供史实，并从中总结经验与教训。因此，它是一项需要长期坚持的、具有历史意义的工作。只有持之以恒，不断积累，方可形成一部反映中国近、现代科学技术发展史实的、综合的、系统的、具有权威性的文献。它的编纂方针是运用历史唯物主义的观点，坚持实事求是的原则，以翔实可靠的材料，通俗生动的文字，准确简练地介绍我国近、现代著名科学技术专家，力求文献性、学术性、思想性、可读性的统一。主要读者对象为科技领导工作者、科技工作者、科技史研究工作者、高等院校师生。

这是一部在中国科学技术协会主持下，组织数以千计的专家、学者撰写编纂的大型文献。编纂机构由总编纂委员会、学科（各编）编纂委员会、分支学科（各卷）编纂委员会（或编写组）组成。参加各级编纂委员会工作的有中国著名的科学技术专家200余人。凡在学科创建、科学技术领域开拓、理论研究、应用技术的发明创造和推广普及、重点项目的设计施工、科学技术人才培养等方面做出重要贡献的中国近、现代科学技术专家，经分支学科领域编纂委员会提名并通过，征求有关学会的意见，由学科编纂委员会审定资格后列选入传。

《中国科学技术专家传略》分工程技术、农学、医学、理学四编。工程技术编分为：力学、机械、交通、航空航天、电子电工、能源、化工、冶金（有色金属）、自动化及仪器仪表、土木建筑、纺织、轻工12卷；农学编分为：作物、植物保护、林学、养殖、园艺、土壤肥料、综合7卷；医学编分为：基础医学、临床医学、预防医学、中医学、药学5卷；理学编分为：数学、物理学、化学、天文学、地学、生物学6卷。

编纂出版《中国科学技术专家传略》也是进行爱国主义教育、加强社会主义精神文明建设的一种重要形式。中国科学技术协会是科学技术工作者之家，为我们的科学技术专家立传，义不容辞。应当把我们这个“大家庭”中代表人物的业绩和品德记载下来，延续下去，达到激励来者之目的。因此，这也是中国科学技术协会的一件重要工作。

世界近百年的历史教育了中国人民：一个没有现代科学技术意识和实力的民族，永远不能自立于世界民族之林。我们殷切期望从事科学技术工作的后来者，继先驱之足迹，扬民族之文明，前赴后继，青出于蓝而胜于蓝，为振兴中华奋斗不懈。

钱三强

1991 年 3 月 4 日

前　言

在此之前，中国科学技术协会编写了《中国科学技术专家传略》工程技术篇的“冶金卷 1”和“有色金属卷 2”，两卷共编入有色金属各方向专家 75 位，对专家及其从事的工作作了介绍。“有色金属卷 3”作为系列出版物，又收入该行业专家 49 位，介绍专家和他们为之奋斗的事业，让他们的精神永载史册。

有色金属是国民经济、人民日常生活，以及国防工业、科学技术发展必不可少的基础材料和重要的战略物资，是我国实现现代化不可或缺的一部分。近年来，中国有色金属工业发生了翻天覆地的变化，其产能跃前，技术超越，指标先进，节能环保，发展前景极其广阔。我国有色金属产品产量继续增长，并连年居世界第一位。其主要有色金属品种的生产指标，达到世界先进水平。我国有色金属技术创新尤为突出，有色金属在冶炼加工过程中，发展了一系列新技术、新方法和新设备，如高压浸取、流态化焙烧、有机溶剂萃取、离子交换、金属热还原、区域熔炼、真空冶金、喷射冶金、等离子冶金、氯化冶金、连续铸轧、等静压加工、扩散焊接、超塑成形等，不断推动了有色金属生产的发展。其资源的综合利用、环保技术的改进、节能减排工艺的进步，使我国有色金属工业整体保持了良好的发展态势。

我国有色金属工业的惊人进步，是奋战在有色金属工业战线上的广大干部、职工和科技人员，在党的领导下，在改革开放政策的指引下，共同奋斗的结果。

其中，那些潜心研究、自主创新，使生产技术产生重大突破的专家学者们功不可没。他们爱党爱国、埋头苦干、刻苦钻研的敬业精神，他们团结奋斗、敢为人先的创业精神，他们尊重科学、治学严谨的科研态度，他们一丝不苟、为人师表的道德风范让我们深受教育，常忆常新！

编纂本书，希望后继者不忘前贤的奋斗精神，学习专家的宝贵经验，努力拼搏，再创辉煌。

《有色金属卷》编委会

2011年7月

目　录

朱　建　光

（1925～　）

朱建光，中南大学教授，选矿药剂专家，我国选矿药剂科学研究和人才培养的奠基人之一。朱建光长期从事选矿药剂的教学和科研工作，开发了一系列新药剂并将其推向工业应用，提出了选矿药剂设计新理论——选矿药剂的同分异构原理和混合药剂的协同效应，对我国细粒选矿和选矿药剂事业的发展做出了卓越的贡献。

朱建光，1925 年出生，广西平南人。1945 年进入广西大学化学系学习，从学生时代开始，朱建光就对“有机化学”这门科学非常感兴趣。他没有被有机化学的庞大内容及多样的化学反应难倒，相反，他努力学习并利用他惊人的记忆能力牢记这些内容，1949 年以优异的成绩毕业，并留校任有机化学专业的助教，承担化学专业的“有机化学”和“有机定性分析”两门课程的教学工作。

1953 年，中国高校院系调整，朱建光调入中南矿冶学院（中南工业大学和中南大学前身）任化学教员，负责“有机化学”

课程的教学和实验课，后来又负责讲授选矿专业的“浮选药剂”课程，同时开始了选矿药剂的科研工作。为此，朱建光要求自己重新学习选矿专业课。他随堂听课，参加选矿实验和课程考试，了解了选矿专业的“浮选原理”是建立在无机化学、有机化学、物理化学基础上的课程，教选矿专业学生化学就是为了让他们打好学“浮选原理”专业课程的基础。

1978年，湖南株洲选矿药剂厂准备研究新产品，苦于技术力量不足，朱建光受聘担任该厂技术顾问。他不要酬金、不坐专车、不住宾馆，奋战300多天，工业合成了他实验室研制的苄基砷酸和甘苄油。之后，他7次带队跋山涉水到广西、云南、江西和湘南等地的矿山进行药剂效果的工业应用试验。当时，《工人日报》刊登文章《高尚的情操，可贵的精神》报道了他实事求是、认真负责的科学态度和艰苦朴素的生活作风。

自20世纪50年代初进入中南矿冶学院至今，他一直在孜孜不倦地进行选矿药剂的研究工作。在该领域，朱建光主要开展了以下几方面的工作：①不断研制选矿新药剂并推广工业应用；②提出并实践选矿药剂找药新理论；③诲人不倦，著书立说，培养一代又一代的选矿药剂研究和应用新人。

朱建光作为一名普通教师长期兢兢业业从事教学和科研工作，早在1960年，因教学认真负责，教学效果优秀，被评为湖南省文教系统先进生产者；1989年被评为湖南省教育系统劳动模范和全国优秀教师，同年，被评为中国有色金属工业总公司劳动模范。1992年10月享受国务院政府特殊津贴。

不断研制选矿新药剂并推广工业应用

20世纪50年代初，我国研究选矿药剂的人不是很多，拥有一定特性的选矿药剂的选矿厂也很少。但我国地大物博、矿产丰富，经过不断发现和开采后，具有不同种类和不同物理化学性质的矿种不断出现，选矿厂也不断建设和扩大，到 50 年代后期，选矿厂要求供应不同种类的选矿药剂或扩大对原有的药剂的供应量的情况不断出现，但我国对可用于制造选矿药剂的原料往往在不同时期有不同的要求。例如，在粮食紧缺时期，浮选药剂的生产最好不用粮食作为原料，应把从石油产品获得的醇类作为原料。后来，随着开采的矿石品位越来越贫和复杂，要求具有更高选择性的药剂。几十年来，他围绕这些实际问题完成的新药剂研究较多。

1955 年，通过研究蓖麻油皂加热裂解研制仲辛醇起泡剂，测试该起泡剂的泡沫性能和浮选黄铜矿的效果。1957 年，根据冶金工业部要求研究备用铁矿选矿药剂，用碱法造纸的废液、氧化松香皂、硫酸化松香皂试选鞍钢东鞍山赤铁矿、石景山钢铁厂滦县赤铁矿。

1977 年，湖南省株洲选矿药剂厂要求研制锡石细泥和黑钨细泥捕收剂并进行选矿推广应用，目的是改善锡石细泥和黑钨细泥原有捕收剂的合成条件，简化合成线路，避免污染物“黑色胶泥”的产生，朱建光是项目负责人。合成的新药剂苄基胂酸可以浮选锡石细泥和黑钨细泥。合成苄基胂酸的主要原料是苄氯，苄氯分子结构中存在与氯丙烯相同的共轭体系电子分布，使得苄氯分子中的氯原子非常活泼，容易与亚砷酸钠发生反应生成苄基胂酸钠，酸化即得苄基胂酸，这就简化了合成线路，避免了“黑色胶泥”的产生，从而改善了合成条件，大大降低了生产成本。此后，朱建光亲自带着株洲选矿药剂厂几名职工到广西大厂锡矿长坡选矿厂进行浮选锡石细泥工业实验，到云锡新冠选厂做了铅锡浮选分离工业实验，到广西平桂矿务局水岩坝选厂进行难选钨锡中矿的黑钨与锡石分离浮选实验，到江西浒坑黑钨矿做浮选黑钨细泥工业实验，其浮选指标均达到生产厂家的要求。该药剂 1978～1990 年在株洲选矿药剂厂生产，供有关选矿厂使用。该药剂研制及选矿试验完成后，冶金工业部有色金属司于 1981 年

10月通过了鉴定。1982年，苄基胂酸的合成，以及作为锡石细泥和黑钨矿细泥捕收剂的研究，分别获冶金工业部科技成果四等奖和湖南省科技成果四等奖。

1978年，研究将甘苄油用做起泡剂，目的是研究适应某些特性矿物的浮选起泡剂。经过市场原料调查，选择多缩乙二醇、苄氯、粉碱为原料合成甘苄油。经过合成条件实验，找到合成甘苄油的配比为：多缩乙二醇∶苄氯∶粉碱＝230∶295∶93。在原料无损失情况下，产品即为三种原料的质量之和，加上水电消耗和设备折旧、人工费用等，产品的利润应高于通用的2#油。经过两相泡沫测定，认定其两相泡沫性能也优于2#油，于是在湖北铜录山铜矿选厂、浒坑钨矿选厂、桃林铅锌矿选厂实验室做了小型选矿实验，效果很好。湖南桃林铅锌矿选厂组织人力进行选锌工业实验，经过35个生产班的实验发现：甘苄油完全可以代替2#油作为桃林铅锌矿选厂选锌的起泡剂；甘苄油具有浮选速度快、起泡性能强、用量少（为二号油的一半）等优点，能降低药剂成本；甘苄油泡沫稳定，操作平稳，能提高生产指标。1995年，该新药剂研究，获中国有色金属工业总公司科技成果四等奖。

1986年，中国有色金属总公司下达大厂锡石细泥回收技术及药剂研究项目，要求对广西车河选厂$-37\sim+10\mu$锡石细泥应用新药剂做回收实验，取代现用的苄基胂酸，并要求在消耗与现用苄基胂酸相当的条件下，锡精矿品位达25%以上，作业回收率达90%以上，且新药剂应具有低毒、价廉和来源广的特点。朱建光是该项目负责人，首先做了锡石捕收剂亚硝基苯胲铵盐实验室合成实验、亚硝基苯胲铵盐合成扩大实验，找到了合成最佳条件，在最佳条件下合成产率为45%；然后做了亚硝基苯胲铵盐的毒性实验，并用该捕收剂浮选车河选厂锡石矿泥，从十一种调整剂中筛选出羧基甲基纤维素配合该捕收剂做系统浮选实验，其中闭路实验结果是从给矿品位1.6%Sn得到品位32%Sn，回收率90%的锡精矿，超过了规定的指标，完成了“八五”攻关任务。该课题组人员在以后的几年里，一直继续进行锡石细泥和黑钨细泥的捕收剂的合成及浮选实验，先后合成了浮锡灵-14（工业合成）和烷基亚磷酸酯等。

1993年，中国有色金属工业总公司下达RB系列起泡剂的研究任务。1978年湖南桃林铅锌矿就开始使用朱建光研制的甘苄油为浮锌起泡剂，两年后因原料短缺，停止供货，于1991年开始使用RB_1，该起泡剂能提高浮锌精矿品位并降低锌精矿中的铅含量，使锌精矿质量提高1～2个品级，药耗量与甘苄油一样，比2#油低1/3～2/3。但其缺点是原料资源不广且有气味。朱建光经过调查，改用来源较广的原料合成新品种RB_1，但新品种RB_1黏度大，冬季流动性差，将新品种RB_1配成RB_2、RB_3、RB_4……系列产品，使之在5℃的运动黏度仍在85毫米^2/秒以内，冬季仍容易流动。改善后的RB_1和RB_2起泡剂在桃林铅锌矿选锌结果，在锌精矿品位和回收率与2#油相近时，锌精矿中含铅从1.58%降至1.20%，起泡剂单耗只是2#油的1/3。湖南水口山铅锌矿选厂浮锌工业实验指标表明，RB_3减少了锌在硫精矿和尾矿中的回收损失0.55%和1.56%，锌回收率提高2.11%，而RB_3的单耗为2#油的70%。经毒性试验表明，RB_1为无毒药剂。该研究成果属国内首创，RB起泡剂由岳阳洗煤油厂生产。

1994年，F_x-127浮选剂研制成功并推广应用。过去我国浮选煤泥均用煤油或柴油作为捕收剂、JF油作为起泡剂。从1992年起，煤油价格升至2400～3000元/吨，洗煤厂的捕收剂价格上涨4～5倍。于是洗煤厂急需寻找性能好、价格低的捕收剂。在此情况下，朱建光用环己烷制环己醇和环己酮及其衍生物，经催化反应合成浮选剂F_x-127。F_x-127浮选剂起泡能力和捕收能力强，在株洲选煤厂浮选含灰分12.3%的煤泥，当用药量为0.5千克/吨时，精煤回收率为91.95%、含灰分9.96%，尾煤产率为8.05%、含灰分75.19%，药剂耗量为煤油或柴油的1/6～

1/3，效果较理想。F_x-127浮选剂还在湖南锡矿山南矿选厂作为选锑的药剂。经湖南省中医学院药理教研室检验，F_x-127浮选剂属无毒产品，化学性质稳定，可长期保存。

1996年，开展钛铁矿捕收剂MOS的研制和选矿研究，目的是生产一种高效的难选氧化矿捕收剂，作为攀钢集团钛业公司选钛厂细粒浮选捕收剂，参加该矿的"九五"攻关。由于攀枝花原生钛铁矿中的钛辉石和钛铁矿都含有铁离子和钛离子，脉石与有用矿物不易分离，需要捕收剂具有较高的选择性，才能选出合格钛精矿。朱建光与湖北省石首市荆江选矿药剂厂经过实验跟踪，使药剂的原料配比能够随着矿石性质变化而调整，使MOS更适应攀枝花细粒钛铁矿的浮选要求，实验取得成功。实验解决了选矿界已研究多年的一大难题，研究成果达到了国际水平。1997年细粒级钛铁矿浮选捕收剂研究成功，并建成了强磁—脱硫浮选—钛铁矿浮选工艺流程，回收<0.045毫米的细粒钛铁矿。2006年，攀钢集团钛业公司选钛厂要求降低药剂成本，委托朱建光研制合成新药剂MOH，效果比MOS好。自从选矿实验成功后，MOH一直在攀钢集团细泥选钛厂使用。四川龙蟒集团红格钒钛磁铁矿选厂也使用MOH作为捕收剂。

提出并实践选矿药剂找药新理论

第一，选矿药剂的同分异构原理。

朱建光早期是教有机化学的，后来主要研究选矿药剂，因此，他很注意将两者结合起来。大家知道，关于有机化合物的性质，有一条著名的同分异构原理，即在有机化合物中，凡是有相同的分子式而结构式不同者，称为同分异构体；同系列同分异构体有相同的官能团，其化学性质十分相似。选矿药剂的浮选性能是其化学性质及物理性质的反映，因此，有相同官能团的同分异构体，其浮选性能应十分相似，官能团不同时浮选性能差异很大。朱建光认为根据这一原理可设计新的浮选捕收剂，于是，他将这一原理应用于新药剂的开发。

从有机化合物结构式来看，甲苯胂酸有四种同分异构体，即对-甲苯胂酸、间-甲苯胂酸、邻-甲苯胂酸、苄基胂酸。国际上已有对-甲苯胂酸浮选锡石的先例。对-甲苯胂酸和邻-甲苯胂酸混用，浮选广西大厂锡石细泥获得成功并在生产上得到应用，是长沙矿冶研究院的研究成果。苄基胂酸是甲苯胂酸的同系列同分异构体，其物理性质和化学性质应相似，因此苄基胂酸也应当可以浮选锡石细泥和黑钨细泥。合成苄基胂酸的主要原料是苄氯，苄氯分子结构中存在与氯丙烯相同的共轭体系电子分布，使得苄氯分子中的氯原子非常活泼，容易与亚砷酸钠发生反应生成苄基胂酸钠，酸化即得苄基胂酸，这就简化了捕收剂混合甲苯砷酸的合成线路，从而改善了合成条件，大大降低了生产成本。

1988 年，他利用自己在 1980 年提出并逐步完善的“应用同分异构原理寻找氧化矿捕收剂”的论点，设计了有相同分子式 $C_{16}H_{33}O_2N$ 和具有相同官能团 NH 和 COOH，只是 NH 与 COOH 位置间隔“CH_2”的个数不同且烷基异构的同分异构体三个捕收剂。这三个捕收剂的结构分别如下：①$CH_3(CH_2)_{12}$-CH_2NHCH_2COOH；②$CH_3(CH_2)_{10}CH_2NH(CH_2)_3COOH$；③$CH_3(CH_2)_8CH_2NH(CH_2)_5COOH$，用它们作为捕收剂浮选菱锌矿，其捕收能力大小如下：①>②>③。合成①捕收剂的原料易得，合成工艺简单，筛选结果应当是①。还设计了分子式为 $C_{18}H_{35}O_3$ 和具有相同官能团 CONH 和 COOH，只是 CONH 与 COOH 相隔“CH_2”的个数不同且烷基异构的三个捕收剂④、⑤、⑥。这三个捕收剂的结构分别为④$CH_3(CH_2)_{10}CONH$-$(CH_2)_5COOH$、⑤$CH_3(CH_2)_{12}CONH(CH_2)_3COOH$、⑥$CH_3$-$(CH_2)_{14}CONH(CH_2)COOH$。从结构式中看出，④、⑤、⑥间有相同分子式，而官能团 CONH 与 COOH 间相隔的“CH_2”个数不同且烷基异构。用这三种捕收剂分别浮选硫酸铅的实验结果表明⑤≈④>⑥，而合成④及⑥的原料易得。用④［即 CH_3-$(CH_2)_{10}CONH(CH_2)_5COOH$］浮选柿竹园浮钨尾矿中的萤石，所得萤石精矿再经磁选，得到品位 99.2%、含 SiO_2 0.6%、回收率 60.62% 的萤石精矿。

他还设计了分子式为 $C_7H_7NO_2$ 的同分异构体水杨醛肟和苯甲羟肟酸，关于水杨醛肟浮选菱锌矿已有人研究过，所以，认为苯甲羟肟酸应当对菱锌矿、锡石、黑钨等氧化矿有相似的捕收能力，于是，伍喜庆合成苯甲羟肟酸，对锡石做了实验室浮选实验，并测定矿石与药剂作用的流动电位、红外光谱等，证明药剂与矿石发生化学吸附而起捕收作用。还根据分子轨道理论，用计算方法研究了苯甲羟肟酸的官能团的原子净电荷，据此推知苯甲羟肟酸是 O—O 型键合原子配合剂，与锡石金属离子形成 O—O 型五元环螯合物。戴子林将苯甲羟肟酸进行工业生产，并在湖南柿竹园多金属矿浮选黑白钨，选矿厂现在仍在使用该捕收剂。

1987 年，浮选剂分子设计与找药，获国家教育委员会科技成果一等奖；1988 年，浮选药剂结构理论及分子设计，获中华人民共和国自然科学奖三等奖。1993 年，应用同分异构原理设计与合成新浮选药剂，获中国有色金属工业总公司科技成果三等奖。

第二，混合捕收剂的作用。

1954 年，国际上就有人发表混合用药浮选矿物的文章，其中多数情况是说明混合用药对矿物浮选有好处。朱建光研制的浮选钛铁矿的捕收剂 MOS 和 MOH 就是混合捕收剂，他还在研究锡石矿泥和黑钨矿泥浮选过程中，做了胂酸-煤油、胂酸-丁黄药、F_{203}-磷酸三丁酯、F_{203}-水杨羟肟酸、羧酸-胂酸、美狄兰-胂酸、亚硝酸苯胲铵盐-苯甲羟肟酸、亚硝基苯胲铵盐-水杨羟肟酸等 8 组混合捕收剂，分别浮选锡石矿泥或黑钨矿泥，发现加药次序或同时加药对两种捕收剂间的协同效应影响很大，值得对其作用机理进行研究。研究方法如下。①红外光谱实验测定矿物表面对具有不同官能团的混合捕收剂成分的吸附，显示出不同波数的特征峰。②高效液相色谱法及等离子光谱法测定矿物表面在不同条件下对混合捕收剂各成分的吸附量。光电子能谱测出矿石颗粒表面吸附的微量捕收剂。③根据分子轨道理论，用半经验分子轨道 CNDO/2 方法，对混合捕收剂各成分作用于矿粒表面所形成的体系进行计算，探讨药剂在矿粒表面形成化学键的电子分布，探讨捕收剂与矿粒表面金属离子相互成键前后的稳定化能，从而判定混合药剂在矿粒表面的作用机制。

（1）水杨羟肟酸与 F_{203} 混用时，二者可同时作用于锡石矿粒表面；苄基胂酸与丁黄药混用时，二者可同时作用于被 Pb^{2+} 活化的黑钨矿粒表面。

（2）在测定 F_{203}-水杨羟肟酸、亚硝基苯胲铵盐-水杨羟肟酸、亚硝基苯胲铵盐-苯甲羟肟酸三组混合捕收剂中两两作用于锡石矿粒表面时，表现出相似的作用规律，两种药剂之间，如果先加入强捕收剂，则有利于弱捕收剂的吸附；如果先加入弱捕收剂，则不利于强捕收剂的吸附，出现负协同效应。

（3）苄基胂酸与丁黄药共同作用于被 Pb^{2+} 离子活化的黑钨矿表面时，先加入黄药不利于苄基砷酸吸附，先加入苄基胂酸后加黄药，已吸附的苄基胂酸可促进黄药吸附。

（4）阴离子捕收剂水杨羟肟酸与 F_{203} 之间的协同作用主要是两者之间形成分子缔合体而吸附在锡石矿粒表面，这种缔合体的稳定化能分别为：F_{203} 先与锡石矿粒作用 $\Delta E_1=-1.954$a. u.；水杨羟肟酸先与锡石矿粒作用 $\Delta E_2=-1.693$a. u.。F_{203} 单独与锡石矿粒作用的稳定化能 $\Delta E_{F203}=-1.780$a. u.，水杨羟肟酸单独与锡石矿粒作用的稳定化能 $\Delta E_{SHA}=-1.470$a. u.，比较可得 $\Delta E_1<\Delta E_{F203}<\Delta E_2<\Delta E_{SHA}$。这就是使用 F_{203} 和水杨羟肟酸混合捕剂时，当先加入 F_{203} 则捕收能力增加，先加水杨羟肟酸则选择性好的原因。

（5）F_{203}-磷酸三丁酯在锡石表面的吸附，是用高效液相色谱

法测定 F_{203} 在锡石表面的吸附量；用等离子光谱法测定磷酸三丁酯在锡石表面的吸附量。从测定结果可以看出，当锡石表面单一吸附 F_{203} 的量与单一吸附磷酸三丁酯的量相当时，F_{203} 能浮起锡石，而磷酸三丁酯不能浮起锡石，并且无论磷酸三丁酯浓度如何增大，都不能使锡石上浮。可见磷酸三丁酯为非捕收剂。与浮选条件相同情况下，用光电子能谱测试磷酸三丁酯与锡石作用前后的谱图，结果磷酸三丁酯分子结构中的磷元素的特征峰，与锡石作用前后有位移，可以推断磷酸三丁酯通过形成化学键而吸附在锡石表面。F_{203} 在与浮选条件相同的情况下与锡石作用后的红外光谱与纯 F_{203} 的红外光谱对比，表明前者在 3200 厘米$^{-1}$～2800 厘米$^{-1}$处的特征消失，说明 F_{203} 在浮选条件下与锡石发生化学吸附。因此可以认为 F_{203} 和磷酸三丁酯在锡石表面都发生化学吸附，即二者发生共吸附，在浮选过程中，只需少量磷酸三丁酯，即可促进 F_{203} 吸附在锡石表面，而遗留在矿浆中的 F_{203} 极少，或者吸附在脉石表面的极少，磷酸三丁酯是一种促进捕收剂。

1991 年，国家重点科技项目“高效低毒价廉锡石浮选药剂的研究”，朱建光为专题主要负责人，要解决的主要技术是寻找一种有效、低毒（等于或小于水杨羟肟酸）的捕收剂或调整剂，浮选广西车河选厂含 1%Sn 左右、$-37\sim+10\mu$ 的锡石细泥，合同要求达到精矿品位大于 25%Sn、回收率大于 90%，药剂费用比水杨羟肟酸低 25%～30%。考虑到项目要求较高，研究使用混合捕收剂有可能达到指标。小试用 F_{203}（三分之二）与水杨羟肟酸（三分之一）作为混合捕收剂，单宁做抑制剂浮选车河选矿厂锡石细泥，经多次闭路实验，可以从给矿品位 1.60%Sn，经一粗二精闭路流程，得到品位 35%Sn、回收率 90%的锡精矿。因水杨羟肟酸价格较高，故单独用 F_{203} 也做了浮选实验，得到相同结果，而 F_{203} 与 TBP 混合捕收剂浮锡所得到精矿品位 18.00% Sn、对原矿回收率 4.83%，实验结果达到了要求。

1997 年，多金属难选氧化矿浮选中的协同效应机制研究，获中华人民共和国教育委员会科技成果三等奖。

诲人不倦，著书立说，
培养一代又一代的选矿药剂新人

中南矿冶学院选矿专业是1953年院系调整时设立的，朱建光从综合性大学化学专业调来矿冶类学院教选矿专业的“有机化学”，为了教好学生，他一边了解选矿专业对有机化学内容的要求，一边选择讲授内容编写有针对性的教材和实验内容，并在有限的课时内把课讲好。从1954年开始，朱建光自己编写选矿专业用教材《有机化学》，这不仅是便于讲课，更是为了便于学生学习。他编写的选矿专业用教材《有机化学》，1954～1960年，每年都经过修改和补充，使得内容逐步充实，成为较为稳定的教材。1961年，冶金工业出版社组织出版冶金、选矿等专业用大学本科教科书，他编写的《有机化学》被选中出版，成为全国选矿专业本科生用教科书《有机化学》，该书于1961年、1965年、1979年、1985年、1988年、2002年共6次印刷，共计1万多册。

选矿专业原来没有单独设立“浮选药剂”课程，也没有单独教材。早在1964年，朱建光编著了《有机浮选药剂》一书，由中国工业出版社出版。后来，中国有色金属工业总公司所属高等院校“八五”教材出版规划中，有意出版冶金、选矿专业用《浮选药剂》的计划，朱建光组织几位选矿药剂专家编写了国内第一本选矿专业用教科书《浮选药剂》。该书至今仍在使用。退休后，1996年，又著《浮选药剂的化学原理》，该书获中国有色金属工业总公司科技图书二等奖。从1956年至今，朱建光已经在期刊发表论文145篇，有2部教科书、4部专著出版。

朱建光治学严谨，对教学一贯认真负责，诲人不倦，上课讲授不照本宣科。有人曾问他讲课有什么技巧，他说，在每次

上课前充分备课，精心组织授课内容，写好教案，上讲台前两小时一定要选个安静的地方将课堂内容在脑子里过两遍，使该讲的内容在脑子里条理化并考虑好在什么地方应当穿插实际例证或生产或生活上会出现的现象，使课堂内容生动有趣。经过努力，朱建光的教学水平越来越高，每届学生反映都很好。朱建光的教学成就与他的科研成果一样非常出色，1988 年被评为中国有色金属工业总公司教书育人先进个人。1990 年，由于结合专业进行科研、教学内容和教学方法改革，提高了教学质量，获湖南省教育委员会教学成果二等奖。

（伍喜庆）

简　历

1925 年 9 月　生于广西平南县。
1945～1949 年　广西大学化学系学习。
1949～1953 年　广西大学化学系助教。
1953～1956 年　中南矿冶学院助教。
1956～1963 年　中南矿冶学院讲师。
1963～1982 年　中南矿冶学院副教授。
1982～1990 年　中南工业大学（中南大学前身）教授。
1990 年　退休。

主要论著

1 朱建光，朱玉霜．有机浮选药剂．北京：中国工业出版社，1964.
2 朱建光，孙巧根．锡石、黑钨细泥捕收剂苄基胂酸的研制．中南矿冶学院学报，1980，(10)：45-54.
3 朱建光．3# 油——甘苄油的捕收性能．选矿专辑（二），1980，（3）：1-10.

4 朱建光，朱玉霜．黑钨与锡石细泥浮选药剂．北京：冶金工业出版社，1983.
5 朱建光．同系列同分异构原理在研究苄基胂酸中的应用．湖南冶金，1983，(4)：18-23.
6 朱玉霜，朱建光．浮选药剂的化学原理．长沙：中南工业大学出版社，1987.
7 朱建光．亚硝基苯胲铵浮选车河选厂锡石细泥及其作用机理．浮选理论与实践学术会议论文集．1988.
8 朱建光．同分异构原理在合成两性捕收剂中的应用．中南矿冶学院学报，1993，(5)：596-601.
9 朱玉霜，朱建光．RB系列起泡剂的浮选性能．中国有色金属学报，1995，(2)：55-57.
10 朱玉霜，朱建光．浮选药剂的化学原理（修订版）．长沙：中南工业大学出版社，1996.
11 朱建光，刘唐普，周泽义．F_x-127浮选油浮选辉锑矿试验研究．有色金属（选矿部分），1997，(6)：34-36.
12 朱建光，朱玉霜，王升鹤，等．利用协同效应最佳点配制钛铁矿捕收剂．有色金属（选矿部分），2002，(4)：39-41.
13 朱建光，周菁．钛铁矿、金红石和稀土选矿技术．长沙：中南大学出版社，2009.

姚 世 焕

(1926～)

姚世焕，有色轻金属冶炼专家，我国大型预焙阳极铝电解槽技术开拓者之一。他长期从事轻金属冶炼的研究，主持、参与了铝电解槽槽型研发和基本设计，在我国铝电解槽槽型的研发、铝厂规模的确定、电解槽槽型与容量选择的总体设计方面卓有建树。他多次参与制订我国工业发展的“五年计划”和“铝工业科技发展规划”，多次获得国家科技进步奖及设计金奖等。

姚世焕，1926年8月9日生于福建省福州市。他的父亲为早年京汉铁路和陕西邮电局电报员。1935年抗日战争时期，姚世焕随父亲工作的变动分别在河北、河南和陕西等地求学。父母对他的学习十分关心，要求认真读书、做人诚实，对他形成刻苦攻读的精神、要求上进的心态有较大的影响。20世纪60年代后，他一直跟随贵阳铝镁设计研究院前院长程宗浩同志工作。程宗浩同志在抗日战争年代因试制炸药受伤，截肢了一只胳膊，两根肋骨断裂，但他有着一股不怕艰难风险的韧劲儿和坚持创新的精神，在坚持将广西铝土矿用拜耳法生产和建立 280 千安大型预焙槽方面有着突出的贡献。程宗浩同志坚持不懈的革命精神，对姚世焕同志的影响很大。他向老院长学习并长期坚持追索新技术、积极策划开发新工艺和传播新技术，深受铝业界朋友的尊重与爱戴。

他 1952 年毕业于东北工学院（现东北大学）后，在抚顺铝厂担任技术员、工程师职务。1958 年至今分别在沈阳铝镁设计研究院、北京有色金属研究总院和贵阳铝镁设计研究院担任主任工程师、副总工程师和总工程师职务。1988 年被评为高级工程师（享受教授、研究员待遇）。1992 年享受国务院政府特殊津贴。他长期从事铝冶炼设计和科研工作，主持、策划和参与重大设计和科研项目的制订。这些项目获得不同等级的奖项。他本人获奖较少，曾以技术顾问名义获“贵州铝厂第一电解铝厂技术改造省部级设计金奖”。

建议发展中小铝厂和自主研发上插阳极电解槽

我国第一个电解铝厂——抚顺铝厂，1954～1957 年投产了两个系列，由苏联设计和援建，采用 60 千安侧插自焙阳极电解槽和 825 伏的水银整流器供给电解槽直流电，最大系列规模为 25 000 吨。1956 年该厂进行第三期扩建，姚世焕担任工艺设计负责人，与设计人员详细计算与研究后，决定将阳极加宽和加长，使电解槽电流达到 70～72 千安，系列规模比苏联设计增加 5000 吨，达到年产电解铝 30 000 吨的规模，此后这两种槽型成为我国建设25 000～30 000 吨铝厂的标准模式。

1958 年我国产铝 4.85 万吨，同时进口 5.46 万吨，国内严重缺铝，制约了电力的发展。全国许多省市要求建设小型铝厂，国家进口 30 台 825 伏水银整流器分配给各省市，建设了一大批年产1000吨和电流只有 6 千安侧插自焙阳极电解槽的小型铝厂，投产后电耗比 60 千安槽高 30%～50%，污染严重，影响周围农业生产。

20 世纪 60 年代初，国内试制成功直流电压可以在不同电压下运行的硅整流器，他经过详细的技术与经济比较，撰写了《铝电解槽容量问题的探讨》一文，建议各地利用分散电力建设规模为 3000吨、5000 吨和 10 000 吨，电流分别为 24 千安、42 千安和 60 千安的电解槽。这个建议被采用，各地建设了一批中小型铝厂，使我国 1980 年原铝的产量由 1954 年的 0.19 万吨上升到 40 万吨。

国家为了改进原有 60～70 千安侧插自焙阳极电解槽污染严重、劳动强度大的问题，在姚世焕和一些同志的建议下开展了 80 千安上插自焙阳极电解槽的研制与开发工作。同时，国家决定先在贵州铝厂建设一个系列规模为 34 000 吨的铝厂，由他担任总设计师（共两人），同时冶金部责成他负责与一机部联系研制配套设备“悬臂打壳机”、“拔棒天车”和“阳极糊连续混捏机”，当时称为三机一槽。该工程于 1966 年顺利投产，青铜峡铝厂相继投产。这项技术应该说是我国最早成功自主研发的铝电解技术。

原铝工业的竞争力与铝工业的快速发展

从新中国成立初期到 1995 年我国累计生产原铝 1657 万吨，累计进口铝为 528 万吨，用外汇 12.8 亿美元，进口量占生产量的 32%，国家和各省市都想建设电解铝厂从而减少进口，但铝厂投资较高，风险很大。因此有两个问题需要搞清楚。一是“因为电价较高，我国的原铝工业有没有竞争力?”二是“采用什么电解技术，以及自焙槽改预焙槽经济上是否划算”? 姚世焕利用各种技术研讨会和讲座的机会详细分析与解释了这两个疑问，并在杂志上发表了自己的见解。他利用国外铝厂投资与成本的案例进行了大量的数据分析后指出：西方国家的大型铝业跨国公司，在选择铝厂厂址时，首先选择有廉价水电和天然气发电的地方，但是这些地区，建设投资比我国高 1～2 倍，劳动力成本是我国的3～5倍，另外跨国公司管理机构庞大，管理费用极高，虽然他们报道的制造成本较低，但加上利息和管理费用，最终总成本与我国基本相当。进口铝锭价格加上手续费、运杂费和进口关税后，到岸价格与国内铝价基本相当。这说明我国原铝工业有一定竞争力，特别是我国需要铝，如果长期依靠进口，必然受制于人。再就是自焙槽改造成预焙槽经济上是否合算？他用经济账来说明自焙槽规模小、产能低和规模效益差，如利用原有场地或厂房等公用设施采用 200 千安或以上的电解槽，产量可以翻一番还多，单位投资比新建铝厂还便宜。当时贵州铝厂第一电解系列由 34 000 吨自焙槽改为 186 千安预焙槽（或 200 千安）和产能增加到70 000吨的事实，为 20 世纪 90 年代中期国家批准以云南铝厂为首的 8 个自焙槽改为 200 千安预焙槽的国债项目提供了可靠的依据。90 年代末我国原铝产量只有 84 万吨，到了 2001 年原铝产量上升到 337 万吨，随着各种电流的大型预焙槽的开发，到 2008 年我国原铝产量达到 1256 万吨，年增长速度达 20％以上。

在上述贵州铝厂第一电解系列将自焙槽该为预焙槽的项目中，他当时已经退休，但厂方希望他主持制订改造方案。因此，他协助总设计师编制了可行性研究报告，由于涉及可能利用瑞士环保贷款等因素，可行性研究报告共编制了 21 版，每版都由他亲自编写。其中有关阳极焙烧炉的选型问题属节能项目，他建议采用国际上最先进的一种立装与侧装阳极和 W 形火墙替代旧式的平装和 V 形火墙的炉型，新炉型比旧炉型产能高 1/3，能耗由原来的 5 吉焦/吨降低到 2.5～3 吉焦/吨，焙烧温差由 160～200℃降到 70℃，提高了阳极质量，减少了污染。他为了让贵州铝厂决策层接受此项建议，大年初一跑到贵州铝厂向决策层的领导汇报，得到了他们的支持。这种炉型后来在全国得到广泛的推广和应用。2008 年全国生产阳极 600 万吨，假设其中有 500 万吨是用新炉型焙烧的，则节约能耗折合重油约25万吨（每吨节约按50千克算），节能效果非常显著。

引进先进技术和消化吸收

改革开放后的第一年，国家计划建设一批大型铝厂，但是我国绝大部分铝厂一直沿用苏联自焙阳极60～70千安的落后技术，产量低、污染严重、电耗高、劳动强度大和劳动环境恶劣，严重影响了我国铝工业的发展。因此，1978年，国家决定引进国外先进技术在贵州铝厂建设。采用什么技术成为国内专家议论的问题。20世纪70年代，国际上就有美国环保型的、密闭式的高电耗的中间下料预焙槽和法式边部下料低电耗的预焙槽之分。姚世焕写了近万字的专题论文，将世界先进槽型分为三种模式进行优缺点比较。第一种北美型，美国20世纪90年代前是最大的产铝国，最大的跨国铝业公司是美国铝业公司，它在加拿大、巴西等地均有铝厂，最早开发的大型预焙阳极电解槽电流为150～220千安，优点是中间加氧化铝，密闭性好，98%以上的有害烟气经过回收处理后达到环保要求，但北美投资费用和劳动成本昂贵，而水电丰富、电价便宜，所以这种槽型有只追求产量、忽视电耗高的缺点。第二种欧洲型，以法国铝业公司为首的欧洲型电解槽，针对电价高的特点开发了具有低电耗的电解槽，但是槽容量小，最大的只有135千安，更大的问题是有30%的有害气体无组织排放，造成环境污染，它们采取天窗洗涤予以处理，费用昂贵，不符合我国国情。第三种槽型是日本在20世纪70年代迅速发展铝工业过程中形成的。当时日本引进了美国和法国的各种槽型，经过消化与改进后，有三家公司综合了美国和法国槽型的优点，开发了一种具有低电耗和密闭性好的预焙阳极电解槽，这种槽型经过改进适合于我国使用。他的上述论证得到上级的支持，1979年年初引进了日本的技术，建设了我国第一个低电耗和密闭性好的160千安中间下料预焙阳极电解槽。由于这种基本槽型的优越性，1980年美国铝业公司和法国铝业公司两个公司相继开发了与日本槽型基本一样的180千安和186千安预焙阳极电解槽，至今原引进的槽型除电流小外技术仍然没有落后。

引进的160千安槽原是1小时加氧化铝90公斤，槽底有大量沉淀，生产极不稳定，效率低、电耗高。姚世焕根据国际发展的趋势和半连续加料可以稳定电解生产的原理，建议改进下料工艺为20分钟一次，建议在原有下料器基础上进行改造，实施后表明效果良好。后来他建议从其他引进项目中顺便从外方引进一台4.5公斤的下料器样机，以此样机为基础由贵阳铝镁设计研究院与工厂联合研制。目前国内广泛使用的1.2～1.8公斤下料器就是那个时候开发出来的。实践证明这种下料器使电解生产实现了计算机自动化控制，为电解槽提高效率、降低能耗和减少污染起到了关键作用。

贵阳铝镁设计研究院利用贵州铝厂引进技术的契机，实施产学研结合，消化了日本的技术。他积极建议和组织重点研究与开发大型电解槽设计必须解决的三大课题，即磁场（或磁流体动力学）、热平衡（铝业界统称热场）及槽壳的力学问题（力场），并得到中国有色金属总公司的大力支持。从20世纪80年代至今，贵阳铝镁设计研究院培养了一批研究生，其中他提出三个重要课题，申请院里派3名技术人员带“磁场研究”、“稳定场研究”和“石墨化阴极开发”这三个课题与华中理工大学共同培养硕士研究生，他与大学教授共同担任导师。这些课题的完成为设计新项目提供了理论基础并直接用于建设工程中。

大型电解槽的开发与铝电解技术的输出

1988年国家决定在焦作沁阳建立一个国家大型铝电解槽试验基地，开发4台280千安试验槽。姚世焕是这个项目的专家组成员，他的两个重大建议对成功开发这个项目有着极大的影响。第一个建议：电解槽的磁场是重中之重，他参考国际专利提出参考方案并被采用。第二个建议：当时试验厂有一个方案是建设一个 70～140 千安的电解系列，用生产系列的利润来补助 280 千安槽的试验与运行费用。他建议将 140 千安的系列分别配置在试验槽的两侧，利用为 280 千安试验槽安装的 4 台变电整流器，分别用两台整流器供给两侧的 140 千安电解槽，再并联 2 台变电整流器从 4 台电解槽的最后一台供入合计为 280 千安的电流，其结果既节约了另增加整流变电设备的投资，又解决了仅为一列 4 台试验槽回路母线的无功电能损耗和磁场不平衡问题。该项目获国家技术进步奖一等奖。1998 年，国家为了推广这个项目，计划在焦作万方铝业公司建设 88 台（后增加到 92 台）280 千安预焙槽示范工程，在申请可研报告中，由于投资需要 5 亿元，审查机关和有关银行认为有一定的风险，贷款迟迟未定，他及时而果断地向银行书写了专题报告，用有力的论据消除了他们的顾虑，使得该项目在 2000 年顺利投产。现在焦作万方拥有这种槽型的电解槽 548 台，产能为 43 万吨，是我国规模最大的预焙阳极电解铝厂之一。由于这种槽型的开发成功，很快就派生出 300 千安级的电解槽。更重要的是贵阳铝镁设计研究院以此模式为基础成功开发了新的 320 千安电解槽，除应用于国内 3 个大型铝厂外，该项技术与部分设备还成功地出口到哈萨克斯坦和印度等国。他从电解槽的稳定性理论方面向印度介绍了这种槽型的优点，并把世界上铝电解技术（包括中国在内）分为三种类型来进行对比，说明发展中国家应根据自身原料质量不稳定等条件选用中国的技术，不仅电耗低于西方国家，而且具有较大的生产潜力，为此，印度接受了他的观点，在国内建设了十个系列，产能近 300 万吨，使我国成为世界上 300 千安级电解技术的第二大输出国。他将世界上铝电解技术分为三种类型的观点，也得到国内一些专家的认可并在一些著作中引用，至今这个观点仍有参考价值。

从铝电解槽“过热度”的指标判断电解槽的稳定性成为21世纪初国际上一致认同的控制技术，国际上利用9区控制法来控制电解槽的“能量平衡和物料平衡”取得较高电流效率引起了姚世焕的关注。他认为这项技术应该纳入电子计算机程序中控制电解槽过热度，为此立即在贵阳铝镁设计研究院的《铝镁信息》上介绍此项技术，并向院技术部门书面报告应将“能量平衡和物料平衡”纳入电子计算机控制作为研发课题。2005年在南非召开了“过热度”控制的专业会议，国际上许多知名专家作了理论分析。他和四川启明星铝业公司的专家等一起参加了会议并发言介绍中国铝电解技术。回国后与四川启明星铝业公司进行了“双平衡”试验。这项技术经过不断发展与改进成为贵阳铝镁设计研究院开发的“三度寻优”控制技术，在中铝系统推广应用。

坚持长期学习密切结合实际

姚世焕坚持长期学习，不仅长期坚持查阅国内外与铝专业有关的文献，而且密切注意国家经济发展的政策与趋势，以便使自己认识和研究的问题符合实际。他能够从大量的文献和资料中取其要点和精华，并能结合自己的观点写出许多有意义的建设性文章。事实表明他的一些建议对我国电解铝工业的生产与技术的快速发展有着重要的影响。正因为他具有丰富的知识和总结能力，改革开放后在冶金工业部和中国有色金属工业总公司主管有色金属的年代，每年的科研计划和长远规划他均被邀请参加，而且多数重大课题是由他提出和命名的。50余年来他还经常被邀请参加各个时期国家铝工业发展规划、科技规划的制订，以及若干重大铝建设项目与科研成果的审查与鉴定，并担任主要评审负责人或专家。

他从工作到现在，58年间从未停止过搜集和积累资料。1990年为了获得最可靠的信息，他自费加入美国的TMS（采矿、材料和金属学会)，成为会员。TMS中的"轻金属分会"是国际上多数著名铝冶金学者参加的学术团体，每年均有年会，会议上汇集了许多知名学者发表的具有参考价值的文章，并收集在每年的《轻金属》文集中，他每年均要购买这本上千页的论文集。此外，每一个月都能收到该会的《金属杂志》(JOM)。他平时积极搜集国内外有关铝冶金方面的杂志与文章已经成为一种习惯。在没有复印机的年代，他手抄和剪贴，现在他的家中可以找到国内外近50年来几乎所有电解铝方面有价值的参考文献和书籍。考虑到年事已高，过厚的外文书，他也较难查阅，就将其中重要部分复印后送给别人使用，譬如将1990年以后的美国《轻金属文集》全部赠送给四川启明星铝业公司科技部门。由于他搜集的铝专业资料较为齐全并均经本人阅读和浏览过，而且记忆能力较强，对所阅文献均有印象，所以，国内许多铝专业技术人员经常向他咨询和索取资料。

几十年来，他撰写和编译的文章据不完全统计在百万字以上，绝大部分经常刊登在贵阳铝镁设计研究院的《铝镁信息》(双月或单月刊）内部刊物上，向读者介绍国际上铝工业生产与技术发展的动态，由于内容较好，许多关系单位均向贵阳铝镁设计研究院索取。

（中铝贵阳铝镁设计研究院供稿）

简　历

1926年8月9日	生于福建省福州市。
1951年	毕业于东北大学有色冶金系。
1952～1958年	担任抚顺铝厂电解车间值班长、工程师等。
1958～1960年	担任沈阳铝镁设计研究院主任工程师、总设计师等。
1960～1964年	担任北京有色设计研究总院主任工程师、总设计师。

1965～1992年　担任贵阳铝镁设计院工艺室主任、总设计师、副总工程师、总工程师等职务，还兼任陕西铝厂总工程师和平果铝业公司总工程师。

1982～1990年　担任贵州有色金属学会副理事长、中国有色金属学会轻金属学术委员会副主任委员、贵州省政协委员和省长咨询委员会委员。

1982～1994年　担任中国国际工程咨询公司专家委员会委员，1994年后为专家。

1994～　担任贵阳铝镁设计研究院高级技术顾问和专家。

主要论著

1 姚世焕．铝电解槽容量问题的探讨．冶金技术，1963，(12)：43-48.

2 姚世焕．预焙阳极电解槽的新发展．有色金属，1981，(2)：44-50.

3 姚世焕．近代铝电解槽工艺设计的概念．轻金属，1987，(3)：28-32.

4 姚世焕，贺志辉．铝电解槽熔体流动设计参数的研究．有色金属，1988，(10)：33-36.

5 姚世焕．200KA预焙阳极铝电解槽的设计构思．轻金属，1998，(5)：27-29.

6 姚世焕．论2000年我国采用多大容量的预焙阳极电解槽．轻金属，1998，(7)：27-32.

7 Yao S H，He Z H. Selection of bus bar optimum section in high amperage aluminium reduction cells. Light Metals，1990，453-458.

8 Yao S H. Modification to feeders and feed strategy on 160kA aluminium reduction cells. Light Metals，1992，471-474.

9 姚世焕．中国原铝工业的竞争力．中国有色金属学报，2000，(10)：2-13.

10 姚世焕．中国铝电解技术50年演变与展望．中国有色金属学报，2008，(2)：1-13.

11 姚世焕．关于铝电解技术路线的讨论．中国铝业，2009，(2)：2-13.

顾 凌 霄

（1927～　）

顾凌霄，镍冶金专家，我国镍冶炼新技术开拓者之一。他参与了我国镍基地——金川有色金属公司和吉林镍业公司的设计科研工作，成功解决了设计和建设中的镍冶炼备料难题，以他为主研发出羰基镍生产技术并建厂生产；提出以转炉渣产出富钴冰镍和高压氧浸钴冰镍工艺，提高了金川镍矿中伴生钴的回收率；他探索用酸浸工艺富集金川镍矿中的贵金属，提高了贵金属回收率；他应用先进的加压浸出处理铜阳极泥技术和氧气顶吹处理浸出渣回收硒的技术，为加速我国镍工业建设和推广镍冶炼新技术做出了重要贡献。

顾凌霄，1927 年 8 月生于江苏省张家港市，1948～1952 年就读于唐山交通大学冶金系有色冶金专业，1952 年大学毕业被分配到安徽铜陵有色金属公司冶炼厂工作。当时工厂还在建设，而此前我国尚无自己建设的铜冶炼厂，日本为了掠夺中国资源，在沈阳建了一个冶炼厂，采用极其落后的冶炼技术和设备，生产条件极为恶劣。新中国成立后，百废待兴，国家急需自主设计和建设一个先进的冶炼厂。这时冶金工程师喇华佩挑起了重担，在没有外援的条件下，他克服重重困难，自主设计和指导建设了中国第一个较为先进的炼铜厂。顾凌霄进厂后在转炉工段当技术员，负责培训工人，作生产准备。当时他刚出校门，见过炼钢没见过炼铜，不知眼下工作如何着手，就只能一边从外文书上学习炼铜技术，一边给工人讲课做模拟实验，这样边学边教，培训效果挺好，自己也得到锻炼，为他日后从事设计工作打下了尊重科学、注重创新的思想基础。

1954 年顾凌霄被调到沈阳的东北工业部有色金属管理局参与东北粗铜厂设计和沈阳冶炼厂改建设计。1956 年调至北京有色冶金设计院工作后，主要跟随苏联专家学习设计。1958～1960 年被派往苏联镍设计研究院学习镍钴冶炼技术，并去苏联南方镍公司和北方镍公司实习。此前中国镍业是空白，无镍钴冶炼企业，大学里也没开设镍冶金的课程。顾凌霄感到自己能去国外学习镍冶金这个新学科真是机会难得，更是重任在肩。他废寝忘食地学习，除学习镍冶炼技术外，还参加实验，并参与了苏联为中国云南墨江镍矿冶炼厂的初步设计，并学到了设计工作如何与科研结合。

从苏联学习回国后，1961 年他开始参与中国援助阿尔巴尼亚氧化镍矿的开发工作。为了给阿尔巴尼亚镍厂选择适宜的冶炼方法，当年他去古巴考察了两个镍厂，回国后，给冶金工业部写报告，建议采用火法冶炼工艺将阿尔巴尼亚的氧化镍矿熔炼成镍铁的方案，冶金工业部批准了该建议。顾凌霄在实验室立即进行了炼镍铁的实验，后来又去吉林铁合金厂参与了扩大实验，实验取得成果后，冶金工业部委托黑色冶金设计院在浙江横山设计建立了工业生产镍铁的样板厂，顾凌霄自始至终参与该项目科研工作，首次见证了中国镍铁冶炼的全过程。

甘肃金川有色金属公司（简称金川公司）和吉林镍公司（简

林吉镍）是中国两个主要的镍企业，从1963年起顾凌霄就开始从事这两个企业的开发建设工作。当时我国刚刚发现大型镍矿，又缺乏镍冶炼技术来源。顾凌霄与金川公司及吉镍的建设者一道克服重重困难，开发出回转窑逆流加热焙烧精矿干燥、镍精矿球团——竖炉热风干燥等镍冶炼备料工艺；之后又根据需求将高压氧浸、酸浸等技术运用到镍矿的伴生金属回收中，攻克羟基镍生产技术难关，在金川生产出中国的羟基镍。半个多世纪来，中国的镍业从无到有，从弱到强，发展之快令全球业界瞩目。顾凌霄见证了这一辉煌历程，更为之奋斗了几十年。从镍基地厂址选择、冶炼工艺确定、试验研究和设计，以及现场施工服务到新厂投产，他从未间断，从未停歇过，他为中国镍业的发展和技术水平的提升做出了重要贡献。

1968年，顾凌霄加入中国共产党，1987年他晋升为教授级高级工程师，1992年享受国务院政府特殊津贴。1978年、1985年他分别被冶金部和有色金属工业总公司评为行业劳动模范，曾兼任北京金属学会第四届理事会委员，获部级咨询一等奖1项，部级科技进步奖二等奖2项。由于他长期坚持设计，为生产服务、为金川公司的发展做出特殊贡献，2006年被金川公司授予荣誉职工。他退休后还被返聘，继续为两个企业的改造和扩建进行设计和科研服务。

因地制宜，率先开发出镍冶炼备料适用工艺

1959年以前，我国基本没发现像样的镍矿，更没有镍冶炼厂，不锈钢等镍产品主要依靠进口。1960年后，作为战略物资，我国进口镍的来源一度中断，镍生产技术的引进，也受到严密封锁。是年甘肃河西走廊发现了金川（当时称金昌）大型镍矿后，国家急需立即开发，尽快产出镍。

开发初期，金川开采的镍矿属低镍低硫、高氧化镁型，国外

一般用电炉熔炼这种矿，但电炉熔炼需要丰富的电力资源。当时，荒漠戈壁上的金川地区缺水少电，因此只能采用鼓风炉熔炼。顾凌霄参与了高镁镍矿熔炼炉渣的选型实验研究。根据金川矿的特点，在实验室内进行了各种组分的炉渣实验和研究，找出了熔点相对低、黏度小、配加熔剂量少、渣含镍也低的渣型，为鼓风炉初期熔炼降低焦炭消耗和后期电炉熔炼降低电耗，提供了科学依据。

1965 年，金川公司扩大生产时改用电炉熔炼，按工艺要求精矿进电炉前必须经过干燥脱水，还要进行氧化焙烧脱掉部分硫。金川镍精矿含水高达 23%以上，呈浓稠的糨糊状，想在一个设备内完成这种物料的脱水和脱硫，设计上没有成熟的方法可以借鉴。开始时，他参考了国外资料进行设计，将精矿投入沸腾炉内先用重油燃烧热炉，同时鼓风进行氧化脱硫，待炉料升温后便可停止供油，利用自热干燥。但用该方法实验了半年，终不成功，精矿结在炉内不能沸腾。工程急需施工，大家都异常焦虑，顾凌霄也寝食难安，他仔细分析发现，国外精矿比金川矿含硫高近一倍，有利于自燃；含水低一半，含镁低 2/3，黏度小适宜用沸腾炉；而金川矿黏结阻碍沸腾，硫低自热量少。反复考虑后，他提出了用回转窑进行逆流加热和焙烧精矿的方案，试图避免上述问题。所谓逆流干燥就是物料移动方向与干燥介质流动方向相反，湿精矿从窑一端翻转前移，油枪烟气从另一端喷入，精矿出窑前脱完水，立即送冷空气氧化脱硫。但这个方案也存在很多技术难点，如精矿能否结成大球团无法排出或黏结窑壁，顾凌霄克服了重重困难，首先在实验室进行了一个多月的小型实验和扩大实验，证明可行后即申请在现场做工业实验，经过两个多月实验，终于取得成功，及时为设计提供了依据，为加速金川的建设做出了重要贡献。

1967 年顾凌霄又为我国第二大镍企业吉镍成功开发出独特的精矿球团竖炉干燥工艺，为其建设和投产做了关键性的工作。

吉镍地处偏僻，山沟农田交织，建设条件差，又要减少烟气污染。当时正值国家三年困难恢复期，缺少资金，难以建设完整先进的冶炼厂，因此，顾凌霄提出了投资少、建设快的另一种镍冶炼工艺。为了实验制团，他随工人师傅一起到沈阳煤球厂买来报废的煤球机修复打磨了滚套，实验压出一个个鸡蛋大小的精矿球团。为了提高球团强度，他到葫芦岛锌厂去了解焙砂压球技术，通过比较他认定吉镍矿含有镁蛇纹石矿物，水分合适时可黏结，脱水后有强度。经过反复实验终于压出了成团性好强度合适的精矿球团；为了节省投资，他和工人们一起研制了简易结构钢板焊制球团干燥的竖炉；根据燃煤—烟气—通入竖炉—低温（350℃）仅干燥精矿球团的原理，使精矿中 85%以上的含硫进入电炉烟气，再进入转炉吹炼时集中吹出回收制酸。这样研制成功的镍精矿压制成球团—竖炉热风干燥—干球团进电炉熔炼成低品位镍锍的冶炼工艺，投资省、建设速度快，原料中的硫可较好地回收利用生产硫酸，减轻了 SO_2 烟气对大气和农田的危害。这种工艺国内外没有先例，尽管不是国际领先技术，但是一项适宜工艺。吉镍冶炼厂建成后生产了 30 年没有进行过大的改造，它的应用为企业稳定生产创造了条件。

自主设计，攻克羰基镍生产技术难关

羰基镍作为镍的一种中间化合物 $Ni(CO)_4$，是高纯超细镍粉、复合镍粉、镍粒的生产原料。镍粉镍粒可供生产镍氢电池、高温合金，是原子能工业和航空业必需的金属产品。当时，国际上只有加拿大和苏联有此生产技术。1959 年，顾凌霄在苏联学习时参观了实验装置，他建议金川公司开发技术生产这种产品。加拿大免谈技术输出，金川公司打算从苏联引进技术，但谈判未果。遂委托北京有色冶金设计院进行设计，可羰基镍生产技术很复杂，生产条件极其苛刻，CO 和 Ni 要在 220 千克/厘米^2 高压下合成，CO和生成的 $Ni(CO)_4$ 均为有毒气体，又易燃、易爆。设计找不到类似企业参考，顾凌霄凭着在苏联学习时见到的实验设备外形和在教科书上的零星资料为金川公司编制了实验车间设计方案。此后又组织金川公司和中国有色工程设计研究总院的设计人员去苏联考察，进行部分的小型实验后即组织大家编制羰基镍车间的施工图设计，但由于设计人员均未进行过这种特殊车间的设计，顾凌霄又争取国内各种技术力量支持，完成了实验车间的工程和设备设计；2005年实验车间建成投产，用2年的时间产出镍粉，未发生大的安全事故，2002年项目获中国有色建设协会工程咨询一等奖。现在金川公司在实验车间的基础上又计划建设大型羰基镍生产车间。

2006年，吉镍引进技术生产羰基镍，加拿大供货商为吉镍提供了镍高锍焙烧技术，按照图纸建设了焙烧车间，但技术过不了关，产不出氧化镍焙砂，无法为羰基镍生产提供原料，羰基镍车间建成后不能生产。2007年顾凌霄组织中国有色工程设计研究总院技术人员改造了吉镍焙烧车间，并亲自在现场参与新设计的投产。经一年多的努力，攻克了镍高锍高温氧化焙烧的技术的难关，为吉镍的羰基镍生产提供了合格的原料，产出了镍粉。

开创高压氧浸回收金川伴生钴的新技术，探索硫酸浸出回收贵金属新工艺（开创湿法浸出回收金川镍矿伴生稀贵金属新工艺）

金川镍矿是一个大型多金属矿，除含大量镍和铜外，还含有少量钴、金、银、铂、钯、锇、铱、钌、铑等稀贵金属，这些稀贵金属都是国家建设中急需的材料。顾凌霄为了提高这些金属的回收率，也做了大量细致艰苦的工作。镍矿中的伴生钴，因含量少、物理化学性质又与铁相近，所以在镍冶炼过程中，常随铁进入炉渣。传统工艺中没有从炉渣直接回收金属钴的有效方法，只能把钴从炉渣中还原提出来熔炼成中间产品钴冰铜（或钴合金），再把中间产品返回转炉吹炼，使钴进入镍高锍中，在镍精炼过程中回收钴。采用这种方法，钴的回收率只能达到30%左右。顾凌霄提出新的方案来提高钴的冶炼回收率，首先向生产人员提出改进转炉吹炼制度，含钴的镍锍在转炉吹炼时由加一次料放一次渣，改为一次加料多次放渣，同时放渣前先加少量冰镍锍和渣进行搅拌混合（即所谓洗渣）后才把渣放出，这样提高了钴进镍高锍的回收率，降低了弃渣中钴含量。实验证明，这种吹炼制度较传统的操作制度可提高钴的回收率12%，取得成功后接着又提出将转炉渣产钴金改为产钴锍，与冶炼厂共同进行钴锍水淬实验，将水淬的钴锍磨细后进高压浸出釜进行高温通氧浸出，使钴的浸出率达95%，这两项新技术措施，可使钴的回收率由30%提高到50%，创造了我国湿法冶金领域应用高压釜进行高温高压氧气浸出金属硫化物成功的先例。1991年，该技术获有色金属工业总公司科技进步奖二等奖。

金川镍矿中，铂、钯、金等贵金属的伴生状态与钴相似，含量小，又与镍共生，不能直接从镍中分离出来，故一般需经多道冶炼工序将其富集后，再设法与主金属镍分离而回收。工程设计中先将冶炼产出的铜镍高锍进行磨浮分离出镍和铜，把贵金属富集在一种铜镍合金中，处理合金时再回收贵金属。但由于贵金属含量太低，一次富集仍不宜直接处理，设计又将合金硫化再熔炼成铜镍高锍（称二次高锍），再次进行高锍磨浮分离得到二次铜镍合金，才进贵金属回收系统。金川用这种繁复工艺延续生产了20多年，但工序多，回收率低，尤其是熔炼二次铜镍高锍过程中SO_2烟害很大，劳动条件恶劣，这一直困扰着顾凌霄。为了改变现状，他建议用硫酸浸出一次合金的工艺取代合金硫化的工艺，得到了金川公司的支持，然后与金川公司共同组织了铜镍合金常压、加压浸出小型实验，实验结果证明：经过酸浸的合金将铜、镍分别转化成硫酸铜（$CuSO_4$）和硫酸镍（$NiSO_4$）溶液，可分别送往电镍车间和电铜车间回收镍和铜，稀贵金属富集在浸出残渣中，富集比高达 25～30 倍，可直接送去回收。这种新处理方法与老方法比，不但劳动条件大大得到改善，贵金属的回收率还可提高 15%。根据实验结果设计了合金浸出车间，但目前还存在一些问题尚待进一步改善。2007 年该项目获部级科技进步奖二等奖。

力推应用新技术新装备，再创新加压釜处理工艺技术

2007 年，顾凌霄在金川公司还积极推进采用铜阳极泥处理新工艺。金川公司的铜电解副产品——铜阳极泥除含有铜、硒、银等有价金属外，还含镍。原设计采用回转窑加硫酸焙烧阳极泥挥发硒，焙烧渣浸出铜和镍，最后在浸出渣中回收金、银、碲等。此工艺流程长、环节多，金属回收率低，劳动条件差，更不适于处理含镍高的铜阳极泥。随着氧气顶吹和加压釜浸出等先进技术应用，借金川扩建铜系统之机，顾凌霄建议新设计采用铜阳极泥先入加压釜加氧酸浸出铜、镍、碲，浸出渣进氧气顶吹炉熔炼挥发硒，产出粗银的新工艺，比老工艺硒和银等金属回收率高，尤其适于阳极泥含镍或其他杂质多的原料。建议得到金川公司的赞同，但要求中国有色工程设计研究总院完全自主创新设计，不引进。这对中国有色工程设计研究总院是一个严峻的挑战，因为这种处理阳极泥的新工艺国内无先例，中国有色工程设计研究总院也未做过类似的设计工作，其中存在诸多技术问题，顾凌霄作为设计总负责人之一，不惧困难，出主意想办法，向院外专家咨询，与金川公司专家全力合作，克服困难，完成了设计，该项目已建成投产。

在吉镍公司扩大硫酸镍生产时，顾凌霄还力促设计新设备。2002 年，吉镍公司采用镍高锍加压釜高温加压氧硫酸浸出生产硫酸镍技术，这是一种高效先进的技术。实验时，他们使用了钢

衬钛制造的加压釜，扩大生产时他们仍要求设计用钛衬加压釜，而不用砖衬加压釜。国内虽有砖内衬加压釜成功的先例，但制造速度慢，施工时有铅毒危害工人的健康，可使用钢衬钛制造加压釜尚无成熟经验，设计人员担心钛衬加压釜使用氧气浸出会招致钛衬燃烧大事故不敢设计。顾凌霄作为设计负责人之一查阅了大量技术资料，进行了分析论证认为，钛在氧气中虽易燃，但在水溶液中遇氧不可能发生燃烧，只要操作严密谨慎，不会出现安全事故。耐心说服了不同意见者，果断决定在吉镍公司设计采用钛衬加压釜，后来硫酸镍生产车间顺利投产，迄今未发生大的安全事故，这就为在湿法冶金领域推广钛衬加压釜，为新的先进浸出设备应用创造了先例。

顾凌霄最近退休后还为吉镍公司镍电解阳极泥处理研究新的方法。

（唐　建　尉克俭）

简　历

1927 年 8 月 21 日	生于江苏省张家港市。
1946～1948 年	苏州工业专科学校纺织系学习。
1948～1952 年	唐山交通大学冶金系有色冶金专业学习。
1952～1953 年	铜陵有色金属公司冶炼厂技术员。
1954～1956 年	东北有色工业局设计处工程师。
1956～1957 年	北京有色冶金设计院工程师。
1957～1958 年	北京有色冶金设计院工程师，俄文培训班。
1958～1960 年	苏联镍钴研究设计院学习、实习。
1961～1993 年	北京有色冶金设计院总设计师、教授级高工。
1994～2007 年	退休、返聘。

陈 廷 显

（1929～　）

陈廷显，稀有金属和半导体材料冶金工程技术专家。我国开展稀有金属和半导体材料厂设计的主要组织者和开创者之一。主持或主管完成几十个国内相关重要工程，以及援助罗马尼亚硅半导体材料厂和朝鲜“36工程”金属提纯厂等项目的设计。主持设计、投产了我国首座硬岩矿提锂的新疆可可托海锂盐厂和西藏扎布耶盐湖碳酸锂厂；主持洛阳单晶硅厂的设计建设，在技术引进的谈判中，成功地争取到有利的、详尽的技术条款，首次接轨国际通行的“按用户需求分类供货”，提出“联合厂房”等新理念，为促进我国的硅材料工业的发展做出了重要贡献。

陈廷显，1929年3月5日出生于吉林省蛟河县（现为县级市）蛟河煤矿一个矿工家庭。他自幼家境贫寒。1948年8月进入吉林工业专门学校补习班学习。1949年9月考入东北工学院采矿系，后转入机电系。1953年8月毕业，统一分配至东北工业部有色金属管理局工作，同年年底随设计公司（后更名为北京有色冶金设计研究总院，简称设计院）整体迁至北京。

1958 年，为实现国家“1956—1967 年科学技术发展规划”中提出的发展我国原子能、卫星、电子和半导体、自动化等事业的目标，设计院成立了稀有金属专业设计科负责全国稀有、稀土金属和半导体材料厂设计，支撑高新技术产业对原材料的需求，陈廷显任副科长。此前中国基本没有稀有金属生产，大专院校尚未设置对口专业。面对新业务、新技术和新课题，陈廷显与同事一道从头开始，在工程实践中努力学习、摸索和积累经验，完成国家下达的设计任务。

1959 年下半年，为了更好地发展稀有金属产业，冶金工业部组织了北南两个稀有金属地质资源调查组开展资源调查和规划工作。陈廷显带领南方组，赴广西、广东、江西和海南岛（时辖广东省），调查钛、锆、钽、铌、稀土等金属的资源状况，为冶金工业部规划全国稀有金属工业的建设布局和发展提供依据。

1960～1979 年，陈廷显先后任稀有金属冶炼科副科长、半导体材料设计队队长、稀有设计室副主任等职，1979 年 7 月开始任院副总工程师，一直分管稀有金属冶炼和半导体材料方面的技术业务工作。在任期间，他主持了新疆锂盐厂（105 厂）、南京锗厂、北京有色金属研究院北院稀有稀土和半导体试验厂、上海第二冶炼厂、洛阳单晶硅厂、西安华山半导体材料厂、上海跃龙化工厂（彩电荧光粉项目）、烟台正海稀土磁性材料厂、西藏扎布耶锂资源开发利用等数十项稀有稀土金属、半导体材料等工程设计项目，其中包括援助朝鲜的“36”工程和罗马尼亚的硅材料工程。

1964 年到“文化大革命”期间，陈廷显主管的我国第一家世界水平的洛阳单晶硅厂设计刚刚启动，他全力以赴投入其中，从新厂的技术谈判、合同条款制定和签约、厂址选定到工程设计、厂房优化配置再到施工投产，经常在现场奔波。在他和团队同事的努力下，实现了冶金工业部提出的“当年设计、当年施工、当年投产”的目标。建设速度之快连外方也表示赞叹。

改革开放后，国家需要发展大规模集成电路，建设大型硅半导体材料厂。为适应国家需求，陈廷显随团先后赴联邦德国、比利时、丹麦、美国及苏联的乌克兰等地进行硅材料的生产技术考察，了解国外的硅材料生产技术发展情况和经验，积极为建厂作准备。

陈廷显还勇于挑战自己，面对新领域新任务，不断学习，“恶补”急需知识，出色地完成了几项跨行业的工程设计项目。20 世纪 80 年代以后，他率领技术组赴新加坡完成了电炉炼锡试车生产。1982 年，我国的电视机显像管玻壳还不能自给，需要进口。当时天津津京玻壳厂引进日本生产技术，陈廷显负责组织该厂的设计工作。他和设计组同志一道迅速熟悉了玻壳厂的生产过程，并研究解决了玻璃池炉及蓄热室地基标高低于当地地下水标高和厂房基础不均匀沉降等问题，保证了工程顺利投产，取得较好的经济效益。

1988 年，陈廷显负责大连华能-小野田水泥有限公司（中日合资企业）设计的技术业务工作。项目选用先进的预分解干法水泥生产工艺，产品质量不但满足国家标准，还可生产日本 JIS（日本工业标准）、美国 ASTM（美国材料与试验协会）和英国 BS（英国标准）的低碱水泥标准的产品，开我国水泥厂生产低碱水泥的先河。生料的均化是干法水泥生产关键环节，为了保证均化效果，陈廷显组织采矿专业人员进行了大量研究和计算，自石灰石矿山的采矿开始即注意原料的预均化，选择开采并配矿，加强数据采集，使生料的标准偏差≤0.2%。项目投产时水泥电耗比常规厂水泥电耗低 10%以上。设计和建设都创造了高速度，《人民日报》（海外版）赞其“创造了大连效率”。

几十年来，我国的稀有稀土金属、硅材料事业从弱到强，陈廷显半个世纪的硅材料情结与之相随相伴。他在设计和工作实践中不断学习，刻苦钻研，跟踪国内外新技术发展动向，尽力使建设项目的生产实现“优质、低耗、环保、安全”并不断创新；他注意言传身教，结合工程实践培养稀有金属和半导体材料相关专业技术人才，现在这些人大都成为行业技术骨干。

陈廷显1952年加入中国共产党。1987年受聘担任国务院稀土开发应用领导小组的稀土开发应用专家组成员；1989年担任中国有色金属学会第二届理事会理事。1992年10月起享受国务院政府特殊津贴。他分管、负责的工程项目中获国家级优秀工程咨询成果一等奖3项；省部级优秀工程咨询成果一等奖2项；省部级优秀工程设计成果一等奖1项，二等奖2项。

我国盐矿和盐湖锂资源开发利用的开拓者之一

新疆阿勒泰地区富蕴县可可托海，蕴藏着丰富的钽、铌、锂、铍等稀有金属矿产资源。由于地处偏僻、交通不便、缺乏技术，珍贵的钽铌和铍矿物均由额尔齐斯河水路直接出口运往苏联。当时只有锂辉石矿可以根据当地的经济发展条件开发利用。1958年国家决定在乌鲁木齐建设新疆锂盐厂生产氢氧化锂，供军事工业提取锂同位素 Li^6 所用。这是陈廷显主持的第一个重点稀有金属建设项目。采用石灰石烧结法处理锂辉石矿物生产氢氧化锂，不需要任何化工材料，工艺简单，这在稀有金属的提取中是独一无二的，非常符合当时、当地的经济发展情况。当时国内没有先例，也缺乏可供参考的资料。陈廷显和同事们到处求教，从有关人员的笔记中研究探索，于1959年使试验厂投产。又经过一次次试验，直至1962年，终于克服困难，生产出含53%氢氧化锂的合格产品。通过实验，培养了一批技术人员和操作工人，检验了工艺过程各个环节。从此，我国首座锂盐厂起步，我国的稀有金属工业也实现从无到有的转变。

1963年春，冶金工业部要求扩建、改造新疆锂盐厂。陈廷显率设计组赴现场，总结实验成果和经验。为提高熟料质量和产量，只有采取措施均化生料浆成分、稳定进料量和燃料放热才能保证回转窑烧成过程稳定正常。陈廷显和设计组同事研究把料浆槽的机械搅拌改为空气搅拌，增加料浆槽的容积，延长供料周期；把燃料由煤粉改为重油，降低了煤粉燃烧的渣量减少了锂的损失，稳定了燃烧状况，进而提高了熟料质量，提高溶出率。改造后的生产实践表明，在原回转窑的基础上产能增加了近两倍，总回收率提高了约 15 个百分点。同时加强了烧成料的浸出、过滤、洗涤、精制，缩短中间产品空气暴露时间等，提高了氢氧化锂的品级率，达到军工所需产品质量要求。此后，新疆锂盐厂不断发展，成为我国锂产品生产的骨干企业。到 20 世纪 80 年代末，处理江西锂云母矿的工厂也还在沿用新疆锂盐厂的石灰石烧结法生产锂盐。陈廷显为我国含锂硬岩矿提锂厂建设迈出的第一步做出了贡献。

20 世纪 90 年代末，智利 SQM 公司盐湖卤水提锂兴起，增强了市场竞争力，形成取代岩矿提锂之势。当时我国筹备建设的扎布耶盐湖引起业界关注。

在西藏日喀则地区仲巴县扎布耶盐湖卤水中发现含有锂、钠、钾、铷、铯、硼等多种有用资源，其中锂的开发价值最大。卤水中锂以碳酸盐形式存在，是世界锂资源类型优良独特、为数不多的百万吨级盐湖之一。2001 年，西藏扎布耶锂资源开发利用示范工程被批准列入建设日程，这是我国锂盐建设规模最大、建设条件差和技术全新的工程。

陈廷显作为设计院副总工程师分管主持了此项新工程的设计工作，他和设计组的同志一起参与了设计、建设直至工程验收的全过程。

盐湖盐田开发是整个工程成败的关键。盐湖地处偏僻，海拔 4421 米，最困难的是缺乏能源。而扎布耶湖区日照时间达 3000 小时/年，年平均降水量和蒸发量分别为 130 毫米/月和 2550 毫米/月，差别很大。陈廷显和设计组及各部门有关专家反复研究，根据资源类型、自然条件和气候环境特点，确定利用当地冬季（11月至次年4月）的冷源“冷冻”制卤，除芒硝、泡碱；夏季（5月至10月）利用太阳能在晒池中蒸发，生成富锂卤水。需建工业盐田约350万米^2。面对从未设计过盐田的困难，陈廷显组织工程组考察学习海盐晒场经验，解决本工程盐田建造的技术课题。

为了进一步浓缩富锂卤水，析出碳酸锂混盐结晶产品，陈廷显和大家研究利用碳酸锂在温度上升时溶解度下降的特性，最终确定采用单个面积约3000平方米的大面积“盐梯度太阳池”（salinity-gradient solar pond）工程化方案，即池顶层为接近环境温度的透明淡水，中间含盐层的含盐密度随深度变化呈梯度分布，能抵消底层温度提高后向上对流的散热作用，从而将吸收的太阳能热量保持在底部锂盐蓄热层内，以此结晶析出含锂混盐。设计上采取多种措施实现“盐梯度太阳池”的工程化，是整个盐田工程成功的核心所在。这样，除盐田盐卤的物流需用柴油发电的动力外，工艺过程全部利用太阳能，是一大创新。可得到品位75%左右的碳酸锂混盐产品，总回收率可达70%以上。

在项目后期加工的工业碳酸锂厂选址中，陈廷显根据多年工程经验多次考察，力挺布局在协同性、扩展性和环境俱佳的甘肃省白银高新技术产业开发区。直至初步设计审查会议上，他和设计组同事再次提出改变厂址的意见，才得到与会多数人及各级领导的支持并获得业主的赞同，改在白银高新技术产业开发区。建厂后的实践证明，厂址的变更是必要和正确的。

此项目投产后，于2006年8月全面竣工并通过验收，标志着我国的锂工业从高成本的硬岩矿提锂，转化为低成本的盐湖提锂，树立了新的里程碑。

为我国硅材料工程的设计建设做出重要贡献

1960 年春，国家下达硅材料厂的建设任务，在吉林、辽宁等地设 10 处厂点。陈廷显首次主持这批工程的设计。由于项目多、时间紧，他与设计组想方设法将厂房做成“通用设计”，因地制宜配套辅助工程。设计满足进度要求，其中上海第二冶炼厂硅材料车间后来成为硅材料生产的骨干企业。

1964 年 10 月，根据中央关于加强三线建设的指示精神，冶金工业部决定集中北京有色金属研究总院硅材料研究室和沈阳冶炼厂高纯金属车间的技术队伍和装备一起迁到四川峨眉，建立代号为“739”的峨嵋半导体材料厂。陈廷显参加冶金工业部的选厂小组，按照当时“靠山、隐蔽、分散”的建设方针，赴川考察，最终确定四川峨眉为三线迁建厂厂址。陈廷显任迁建项目设计总负责人，带领设计队伍迅速赶赴现场。他们克服了金属品种多、流程和设备复杂，以及部分同志感染一种钩端螺旋体疾病的重重困难，仅用一年时间，迁建的硅材料和高纯金属生产厂先后竣工投产，实现了高速度迁建目标，成为冶金部西南地区三线建设的示范性工程。此后陈廷显又先后两期率队完成该厂技术改造和扩建设计。到 1985 年，峨嵋半导体材料厂形成了多晶硅、单晶硅、硅片加工和高纯金属四大系列、150 多个产品和规格品种，成为我国半导体材料和高纯金属研究和生产的骨干企业。

硅材料作为一种国防和尖端技术发展不可或缺的基础材料历来受到重视。1965 年，搁置多年的“一五”计划、苏联 156 个援助项目之一——单晶项目重新启动，陈廷显负责当时国内首家世界水平的单晶硅厂设计。改由“日本窒素株式会社”作为技术提供商，厂址设在洛阳。陈廷显作为项目设计总负责人，参与技术谈判。经过三个多月艰难博弈，力争最有利的合同保障，终于在 8 月签署了包括多晶硅、单晶硅、硅片、分析检验和关键辅助设施设备等共 18 章 9 个附件近 250 项保证指标在内的技术合同，并附有考核方法和评定标准等。自该项目起，改变了工厂供应硅棒初级产品的供货模式，采用国际通行按用户需求提供硅片的新模式。

陈廷显主持洛阳单晶硅厂设计率先打破了“大而全”或“小而全”的苏联式建厂模式，将工厂建在市区，借助洛阳城市、工业等基础设施条件，充分利用地方公共资源减少投资费用，方便了生产和职工生活。采用厂址要素权重打分法，使方案得以通过并获批。

在陈廷显的主持下，经与外商、建设单位密切结合，将多晶硅、单晶硅、切磨片、分析检验及国家安全规程允许的几乎所有辅助设施全部集中在两个厂房内；氯化氢与三氯氰硅合成设施工序全部露天配置，实现了“联合厂房”和露天配置的创新。既可节省用地、建筑面积和管线长度，又能减少人员配备、降低建设造价和生产成本。同时争取施工方支持，在土建工程中采用 24 米大跨度后张预应力 T 形屋面板梁，主厂房采用爆扩桩基础等新技术。工程至今证明是安全、稳定、可靠的。从那以后，许多稀有金属和半导体材料厂设计时，都因工程、地形制宜，尽可能坚持推广采用这种露天或“联合厂房”模式。

洛阳单晶硅厂是当时我国首个产能与世界工业规模相当、产品质量达世界先进水平的半导体硅材料厂，它的投产满足了我国发展电子工业的需求。投产后的结果也证明，合同条款规定得全面、严格细致，比较完善；供货、建厂模式及厂房配置理念从此得到业界认同，陈廷显为之做出了重要贡献。

近年来全球太阳能产业兴起，带动了国内多晶硅产业的迅速发展。陈廷显还继续为我国多晶硅产业的发展贡献力量。

（唐　建　王国珍）

简　　历

1929年3月5日　出生于吉林省蛟河市（原为蛟河县）。

1949～1953年　东北工学院，先后在采矿和机电系学习。

1953年8月　毕业后分配到东北工业部有色金属管理局（当年底迁到北京，更名为北京有色冶金设计研究总院）电力科工作。

1953～1989年　历任技术员、副科长、工程师、设计队长、稀有室副主任、教授级高级工程师、院副总工程师。

1989年11月　离休，返聘至2004年年底。

主要论著

1 万群，陈廷显．国外半导体硅材料生产现状．国外稀有金属动态，1981，(18)．

2 万群，陈廷显，等．丹麦、美国半导体硅材料生产//冶金工业部情报研究总所，四川省冶金情报标准研究所．冶考，1985：81-85.

3 万群，陈廷显，等．赴苏联多晶硅技术考察报告，1988：2.

4 陈廷显．多晶硅产业发展和环境保护的几个问题．电子信息材料，2006，(12)：19-23.

冀春霖

（1930～1992）

冀春霖，东北大学教授，材料科学技术专家。他创办了东北大学冶金物理化学专业，培养了大批优秀人才。参加了攀枝花钒钛磁铁矿资源综合利用国家项目的研究；参加了辽宁硼镁铁矿综合利用和金川镍业公司镍锍吹炼过程的研究。他成功主持了高温超导材料YBaCuO的研究制备工作，提出了定向反应合成的制备方法，解决了该材料氧的非化学计量问题。研究了Bi系高温超导材料，采用定向凝固技术制备出高水平的超导材料，当时处于国际领先水平。

冀春霖，1930年3月26日出生于河北省邯郸市。1937年2月在北京长辛店铁路小学学习，1937年“七七”事变后，随家逃难，先后在河北邯郸、湖北汉口、广西桂林念书或在家学习，1941年8月至1942年7月在广西桂林中山中学学习，1943年9月至1944年7月在湖南衡阳扶轮中学读中学，其他时间或在家学习或在逃难途中。1945年8月考入迁至贵州湄潭县永兴镇的浙江大学化工系读大学。抗日战争胜利后，1946 年 8 月随浙江大学迁回杭州学习。1949 年 5 月至 1949 年 12 月参加中国人民解放军，作为接管人员被中国人民解放军杭州市军事管制委员会派往浙江长兴煤矿做接管工作。1949 年 12 月完成接管工作后，回到浙江大学继续读书。1950 年 7 月从浙江大学毕业。1950 年 8 月到哈尔滨工业大学读苏联专家的研究生。1952 年 9 月调至东北工学院读苏联专家的研究生。1953 年 9 月从东北工学院研究生毕业，留校任讲师。1954 年 1 月 28 日加入中国共产党。1958 年 10 月至 1966 年 6 月先后担任东北工学院科研科副科长、科长、科研处副处长、基础部副主任、理学系副主任。1958 年负责创办了东北工学院冶金物理化学专业，并兼任冶金物理化学教研室主任。

深入实践解决生产难题

1969～1970 年，冀春霖和学生一起到鞍山钢铁公司第二炼钢厂，在劳动中发现第二炼钢厂真空处理冶炼硅钢硫含量经常超标，导致产品不合格，这严重影响了电力工业的发展。冀春霖一边和工人一起劳动，一边了解生产工艺和生产过程，有时为了跟踪硅钢从冶炼到真空处理的全过程，需连上几个班。更为困难的是，还要接受批判。有时还在现场做实验，就被叫回驻地接受工宣队、军宣队和学生的批判。经过几个月的实验和理论分析，找出了问题所在，改变了真空处理工艺，解决了硅钢硫含量超标的问题，节约了资金，提高了硅钢的质量。

1972 年，冀春霖被派到锦州铁合金厂参加生产实践。此时锦州铁合金厂生产的原子反应堆用的海绵锆中铁含量经常超标。为了解决这一问题，冀春霖应用冶金物理化学理论，分析工艺条件，找到了海绵锆中铁含量超标是由氯化亚铁的气相迁移所致，从而提出了解决问题的方法。工厂按照冀春霖找出的原因和解决方案，解决了海绵锆铁含量不合格的问题。

1975 年冀春霖参加了攀枝花钒钛磁铁矿资源综合利用的国家项目的研究。采用竖炉还原钒钛磁铁矿，会导致球团粉化将炉子堵死，气流无法通过，反应无法进行。经过大量的实验，冀春霖发现，球团粉化是由于钒钛磁铁矿中 Fe_2O_3 在还原成 Fe_3O_4 的过程中发生大幅度的体积膨胀，造成球团粉碎。经过理论分析和实验研究，他提出采用磁化焙烧的方法，解决了这一问题，并得到实际应用。

冀春霖了解到金川公司镍锍吹炼过程硫损失的问题，经过现场调研、理论分析和实验研究，提出了降铁保硫的工艺技术。

冀春霖参加了辽宁硼镁铁矿综合利用的研究，提出了用辽宁硼镁铁矿直接制取硼砂的工艺技术。

率先突破高温超导材料难关

冀春霖研制了定氧定硫的固体电解质高温化学传感器，并用于冰铜吹炼过程中氧势、硫势、铁势的测定。

YBaCuO 高温超导材料被发现后，冀春霖敏感地意识到这一发现的重大意义，1987 年转向高温超导材料的制备研究：提出了定向反应合成 YBaCuO 高温超导材料的方法，快速、准确地制备了单相的 YBaCuO 高温超导材料；研究了 YBaCuO 高温超导材料中氧的非化学计量问题；研究了 Bi 系高温超导材料，制备出了 Bi 系超导块体和带材；采用定向凝固技术制备出临界电流密度达 10^4 安/厘米^2 的 YBaCuO 超导材料，当时处于国际领先水平。

冶金物理化学专业的先驱者

冀春霖为本科生、研究生讲授过“物理化学”、“冶金原理”、“冶金物理化学”等课程。冀春霖讲课生动、旁征博引、深入浅出、循循善诱，深受学生欢迎。

冀春霖教授才思敏捷、治学严谨、学风端正，在40年的大学教育和科学研究工作中，培养了大批优秀人才，发表科学论文140余篇。他教过的学生中有的成为院士、博导、专家、教授，有的成为省部级领导，大企业、大公司的高管。冀春霖教授为我国冶金科学技术的发展和进步，为我国冶金工程教育做出了重要贡献。

（东北大学供稿）

简　历

1930年3月26日	生于河北省邯郸市。
1945年8月～1950年7月	浙江大学化工系学生。
1950年8月～1952年9月	哈尔滨工业大学研究生。
1952年9月～1953年9月	东北工学院研究生。
1953年9月～1978年6月	东北工学院讲师。
1958年10月～1960年2月	东北工学院科研科副科长、科长。
1960年2月～1960年10月	东北工学院科研处副处长。
1960年10月～1961年10月	东北工学院基础部副主任。
1961年10月～1966年6月	东北工学院理学系副主任。
1978年10月～1983年10月	东北工学院有色金属冶金系主任。
1978年7月～1983年6月	东北工学院副教授。
1983年6月～1986年6月	东北工学院教授。
1986年6月～1992年	东北工学院教授、博士生导师。
1988年10月～1989年4月	美国Notre-Dame大学客座教授。
1978～1992年	中国金属学会理事、中国金属学会冶金物理化学学会理事、中国有色金属学会冶金物理化学学术委员会委员。
1992年5月	病逝。

主 要 论 著

1 冀春霖，隋智通．四氯化锆还原过程中铁的气相迁移——热力学在冶金中的应用之一．有色金属，1981，14 (2)：72-80.

2 奚正平，冀春霖．二元系溶液两组元活度系数的自洽性与对 Raoult 定律的偏差类型．化学通报，1981，(11)：60-62.

3 詹庆霖，冀春林，陈厚生．钒钛磁铁矿钠化球团磁铁矿化焙烧过程的研究．钢铁，1983，18 (8)：28-37.

4 Ji C L，Zhan Q L. A study on the reduction kinetics of TiO_2 in blast furnace type slags. Chin J Met Sci Technol，1986，2：21-23.

5 Ji C L，Qi G J. The thermodynamic activity interaction coefficients in Fe-C-V Melt. Transactions of the Japan Institute of Metals，1988，(28)：5.

6 冀春霖，俞荣祥，刘素兰．Fe-B-Si 三元系熔体的热力学（Ⅱ）——1450℃时 Si 的活度及活度交互作用系数．金属学报，1988，24 (02)：155-160.

7 Ji C L，Wang K H，Fan Z G. On improvement of critical current density of single-phase superconducting $YBa_2Cu_3O_{6.5+\delta}$ by modification processes. Solid State Communications，1988，65 (8)．

8 Ji C L，Liu S L，Zhang G F，et al. Thermodynamic activity of Cr and C in Fe-C-Cr ternary melt at 1500℃. Chin J Met Sci Technol，1988，4：81-84.

9 Ji C L，Yu R X，Liu S L. Thermodynamics of Fe-B-Si ternary melt at 1450℃（Ⅰ）——activity of Si and its interaction coefficients. Acta Metallurgica Sinica，1988，(2)：1.

10 Ji C L，Cui C M，Liu S L，et al. Determination of oxygen non-stoichiometric fraction，δ，in single-phase superconducting $YBa_2Cu_3O_{m+\delta}$. Solid State Communications，1988，(8)：65.

11 Ji C L，Cui C M，Wang K H，et al. Directed reaction process producting single-phase superconducting compound $YBa_2Cu_3O_{6.5+\delta}$. Solid State Communications，1988，65 (8).

12 张成骏，冀春霖．$MgO-B_2O_3$二元系熔渣中组元的活度．金属学报，1989，25（4）：240-243.

13 樊占国，冀春霖，王魁汉，等．定向反应合成高T_c超导化合物$YBa_2Cu_3O_x$．金属学报，1989，25（2）：95-99.

14 Fan Z G，Ji C L. Kinetics of formation of superconducting $YBa_2Cu_3O_{6.5+\delta}$ from constituent compounds $BaCuO_2$ and Y_2CuO_5. Journal of the Less-Common Metals，1989，(1)：152.

15 Xi Z P，Ji C L，Zhou L. 112～114K Superconductor $Bi_{1.8}Pb_{0.3}Sr_2Ca_2Cu_3O_y$ by means of a three-step reaction process. Solid State Communications，1989，72 (10).

16 Xi Z P，Ji C L，Sun J Z. Gibbs free energy of formation of NdB_4 and Nd_2FeB_3. Journal of the Less-Common Metals，1989，(147).

17 Ji C L，Xi Z P. The standard gibbs free energy of formation of $Nd_{1.1}Fe_4B_4$ and $Nd_2Fe_{14}B$. Journal of the Less-Common Metals，1989，(152).

18 Xi Z P，Ji C L. 111K superconductor $Bi_{1.7}Pb_{0.45}Sr_2Ca_2Cu_3O_y$ prepared by means of the three-step reaction process. Solid Communications，1989，72 (10).

19 Fan Z G，Ji C L，Wun J T. The transition temperature of tetragonal to orthorhombic phase of $YBa_2Cu_3O_x$. Modern Physics Letters B，1989，3 (13).

20 Ji C L，Xi Z P. Standard gibbs free energy of formation of neodymium oxyfluoride and borates. Journal of the Less Common Metals，1990，158 (2).

21 Fan Z G，Ji C L，Zhao Z X. Standard gibbs free energy of formation of superconducting $YBa_2Cu_3O_x$ and related compounds in the Y_2O_3-BaO-CuO system. Journal of the Less Common Metals，1990，161 (1).

22 Xi Z P，Ji C L，Zhou L. Effect of Bi/Pb ratio and annealing temperature on T_c and formation of high-T_c phase in Bi-Pb-Sr-Ca-Cu-O superconductor. Journal of Superconductivity and Novel Magnetism，1990，3 (4).

23 Ji C L，Fan Z G，Zhang G F，et al. High J_c YBCO bulk superconductors prepared by the zone reaction-melting process. Superconductor Science and Technology，1991，4 (2).

24 Xi Z P，Zhou L，Ji C L，et al. Effect of Sr/Ca Ratio and CuO content of the superconducting phases in the Bi-Pb-Sr-Ca-Cu-O system. Journal of Superconductivity，1991，4 (6).
25 Xi Z P，Zhou L，Ji C L，et al. Highly oriented Bi system bulk samples prepared by a decomposition-crystallization process. Journal of Superconductivity，1991，4 (6).
26 Ji C L，Xi Z P，Zhou L. 111～114K Superconductors of $Bi_{2-x}Pb_{(3/2)x}Sr_2Ca_2Cu_3O_y$ (x=0.2，0.3) by means of a three-step reaction process. Chin J Met Sci Technol，1991，7.
27 冀春霖，许茜，翟玉春．实际转炉吹炼的冰铜熔体中 S 和 Fe 活度的测定．金属学报，1992，28 (7)：45-49.
28 樊占国，冀春霖，张国范，等．区域熔炼法制备高 J_c YBaCuO 超导体．低温物理学报，1992，14 (2).

杨　重　愚

（1930～　）

杨重愚，中南大学教授，有色金属冶金专家。他长期从事轻金属冶金氧化铝方向的教学和研究，为国家培养了一大批急需的轻金属冶金专门技术人才；主编了《轻金属冶金学》和《氧化铝生产工艺学》；在氧化铝基础理论和工艺技术应用领域开展了卓有成效的研究，为我国一水硬铝石铝土矿生产氧化铝做出了重要贡献。他为创建我国轻金属冶金教学和人才培养体系起到了很重要的作用。

杨重愚，男，1930年5月5日出生于江西省吉安市泰和县。童年时期，抗日战争爆发，兵荒马乱中，杨重愚被迫随父母逃难，辗转到湖南。国难和民族危机给童年的杨重愚留下了深刻的记忆，也激励他要努力学习，用知识救国。在战火纷飞的年代，他坚持苦读，积极上进，1948年从湖南岳云中学高中毕业。

1949年，杨重愚以优异成绩考入武汉大学矿冶系学习，开始了他的大学生涯。新中国成立前，我国没有铝工业。1949年，新中国成立后，国家决定兴建包括铝矿山、氧化铝、电解铝、碳素制品和铝材加工在内的完整铝工业生产系统，为国防、航空、电力和机械工业建立可靠的基础材料工业，但当时的中国缺少轻金属冶金专门人才和相关技术。为此，年轻的杨重愚立志走教育救国、科学救国、工业救国的道路，以此信念激励自己，奋发读书。此后的半个世纪里，他与冶金事业结下了不解之缘。

1952 年 7 月，杨重愚以优异成绩提前一年从武汉大学矿冶系毕业，获工学学士学位。1952 年 9 月，全国高校进行院系调整，他回到湖南长沙，参与筹建中南矿冶学院，分配到刚刚组建的中南矿冶学院冶金系任教。

1954～1956 年，杨重愚被派往东北工学院攻读轻金属冶金专业硕士研究生，师从苏联著名轻金属冶金专家南涅尔（А. И. Лайнер），主攻氧化铝生产理论与工艺方向，他与冶金系的有识之士一道潜心学习轻金属冶炼技术，成为新中国第一批掌握轻金属冶炼专业知识的人才。

1956 年研究生毕业后，杨重愚回到中南矿冶学院，负责建立起我国第一个轻金属冶金专业教学体系，为国家培养急需的轻金属冶金专门人才，同时负责筹建中南矿冶学院图书馆，并担任第一任负责人。之后一直在中南矿冶学院（后改名为中南工业大学，今为中南大学）从事轻金属冶金方向教学和科研工作，先后任讲师、副教授、教授，并担任硕士生导师。

杨重愚曾担任轻金属冶金教研室副主任、主任，中国有色金属学会轻金属学术委员会委员，中国有色金属工业职称评审委员会轻冶组委员。

1982 年杨重愚光荣加入中国共产党，先后多次获学校优秀共产党员和先进教育工作者称号。

在长达 50 年的时间里，杨重愚一直工作在教学和科研第一线，任劳任怨、兢兢业业；著书立说，辛勤耕耘，为我国铝冶金人才培养和技术研究开发贡献了毕生精力，培养了一大批铝冶金工程技术人员；重视基础理论和应用研究，在铝酸钠溶液晶种分解机制、强化铝土矿溶出、赤泥浆液絮凝沉降等氧化铝生产工艺和理论研究领域开展了卓有成效的研究。他的研究成果和学术专著对我国氧化铝工业的发展和技术进步有着重要的指导意义。他德高望重，为人师表，教书育人，深受同事尊敬和学生喜爱；他为开拓我国轻金属冶金教育事业和发展铝工业做出了重大贡献，是深受铝业界欢迎和敬重的铝冶金专家。1993 年享受国务院政府特殊津贴。

建立和完善了我国第一个
轻金属冶金专业教学和人才培养体系

新中国成立之初组建的中南矿冶学院，旨在为我国培养有色金属矿冶类工程技术专门人才，受当时的条件限制，既无教材、无实验场地，又无实践经验。当时冶金系轻金属冶金专业教学和人才培养是按照苏联的模式进行的，国内一直缺少自己的专业教材，只能根据苏联的相关教材翻译和编写教学讲义。

根据当时的中苏协议，苏联派专家来中国，帮助建设中国的铝工业，并培养轻金属冶金人才。1954～1956 年杨重愚被派往东北工学院攻读轻金属冶金专业硕士研究生，师从苏联著名轻金属冶金专家南涅尔，主攻氧化铝生产理论与工艺方向。他怀着发展我国氧化铝工业的抱负，与冶金系的有识之士一道潜心学习轻金属冶炼技术，成为新中国第一批掌握轻金属冶炼专业知识的人才。

杨重愚在学习过程中，克服了语言障碍，认真学习，仔细记录苏联专家的讲课笔记，积累和搜集了苏联专家的讲课资料。当苏联轻金属冶金专家南涅尔了解到杨重愚的课堂笔记记得好，基本上反映了他本人的学术内容时，在课程即将结束时，委托杨重愚整理出他的讲义，编印成一本中文版大学讲义。杨重愚克服了种种困难，既当专业编辑，又当文字编辑（参照俄文讲稿来编），出色地完成了任务，并受到苏联学者的好评。

研究生毕业后，杨重愚回到中南矿冶学院，负责建立我国第一个轻金属冶金专业教学和人才培养体系。他和教研室老师一道制订教学计划和教学大纲，自己编写讲义，组织实施各个教学环节，为国家培养急需的轻金属冶金专门人才。

在从事轻金属冶金教研的长期过程中，杨重愚带领教研室老师不断研讨、修订和完善教学计划和教学大纲，并编写教学讲义，逐渐形成了有中国特色的轻金属冶金专业教学和人才培养体系。1982 年，在自编教学讲义的基础上，针对氧化铝生产工艺的特点，广泛查阅国内外相关文献资料，了解苏联的研究结果和国内外最新工艺技术及研究成果，由杨重愚主编、中南矿冶学院龙远志和东北工学院王延明共同参与编写的《氧化铝生产工艺学》正式出版。这是我国第一本系统介绍氧化铝生产工艺与理论的高等院校用教材和专业参考用书。该书详细、系统地介绍了铝土矿种类、铝酸钠溶液性质、多元体系中各组元的物理化学性质和反应规律，全面深入介绍了氧化铝生产的基本理论和工艺，重点阐述了氧化铝生产中各工艺因素对生产过程的影响规律，介绍了氧化铝生产工艺流程的选择和参数的确定，并对主体设备进行了介绍。该书第一次全面、系统、深入地阐述了拜耳法和碱石灰烧结法生产氧化铝的基本原理和生产工艺，反映了氧化铝生产的新理论、新工艺和新流程，出版后受到广泛欢迎和业内一致好评。该书既可作为高等院校有色冶金专业教学用书，又可作为氧化铝工业工程技术人员的专业参考书，多次再版至今依然供不应求，堪称我国氧化铝界专业教学、人才培养、技术培训及工程技术人员指导生产和研究的经典专著，对提高我国氧化铝工业的理论和技术水平产生了巨大的影响，获得中国有色金属工业总公司优秀教材二等奖。据近年来相关统计数据，该书为氧化铝及相关领域被引用次数最多和频率最高的文献。中南大学及国内相关院校一直将该书作为氧化铝方向专业教学、研究生培养及技术培训用教材。

1991年，在自编教学讲义的基础上，按照轻金属冶金学课程教学大纲要求，杨重愚老师又和教研室其他老师一起共同编写了高等学校有色冶金专业教学用书——《轻金属冶金学》。该书全面阐述了铝、镁等轻金属的原料、性质；系统介绍了氧化铝生产、铝电解、镁冶金等轻金属冶金的基本原理、生产工艺过程和主要设备。该书至今仍然是中南大学及国内相关高等院校有色冶金专业的轻金属冶金学课程指定教材。

为了提高生产企业职工的专业理论水平，杨重愚老师参加了中国有色金属工业总公司职工培训教材的编写。1993年，杨重愚和教研室其他老师共同翻译了专业参考书《碱法综合处理含铝原料的物理化学原理》。

组建氧化铝实验室，积极开展氧化铝基础理论和应用研究

从20世纪60年代开始，杨重愚与教研室的同志一起，在极其艰苦的条件下，克服困难，积极开展科学实验研究，对氧化铝生产工艺的优化与过程强化等作了很多探索研究。他组织带领大家一方面把国内外的最新研究成果和最新工艺技术引入日常教学中，编写补充教材，开拓师生视野；另一方面克服困难，亲自设计并动手制作实验装置，开展科学研究。他主持设计制作了用于铝土矿溶出实验的高压群釜实验装置和低压群釜实验装置，这两种实验装置简单实用，可高效率完成不同温度、不同时间等多条件下的铝土矿溶出及脱硅等实验。其中的高压群釜实验装置通过省部级成果鉴定，被评为优秀实验装置，现已被国内众多从事氧化铝研究的大专院校和科研机构广泛采用。经过几十年的建设和努力，组建了国内装备齐全的氧化铝实验室，可进行铝土矿溶

出、沉降分离、溶液分解等所有氧化铝生产相关过程的实验研究。以此为基础，后来的中南大学氧化铝研究所发展成为国内重要的氧化铝方向人才培养、培训和技术研究开发的基地。

杨重愚思维活跃，积极钻研，他带领轻冶教研室氧化铝课题组在氧化铝生产工艺与理论、过程强化等众多领域开展了卓有成效的实验研究，其研究成果对我国氧化铝工业的发展和技术进步有着重要的指导意义。

（1）铝土矿活化焙烧强化溶出。我国氧化铝工业采用的矿石为一水硬铝石矿，这种矿石溶出性能差，拜耳法溶出条件苛刻，溶出温度达245℃以上。他提出了通过活化焙烧，改善矿石溶出性能，达到强化拜耳法溶出的目的。研究发现，一水硬铝石矿在500～600℃温度下活化焙烧后，矿石溶出性能得到显著改善，可使拜耳法溶出温度降低到200℃左右。并对铝土矿溶出过程动力学进行了研究。

（2）赤泥浆液絮凝沉降分离。添加絮凝剂可以使赤泥浆液中处于分散状态的细小赤泥颗粒形成较大的絮团，加速赤泥沉降。他带领研究小组对各种类型絮凝剂的絮凝沉降性能及絮凝机制进行了系统研究，发现合成高分子絮凝剂（如聚丙烯酰胺类）添加量小，絮凝沉降效果好，而淀粉类天然高分子絮凝剂则能使清液浮游物大大降低。关于絮凝剂的作用机制和使用方法等研究结论一直对生产和相关研究起着指导作用。

（3）晶种分解机制研究。过饱和铝酸钠溶液具有很大的稳定性，氢氧化铝析出过程极为缓慢，铝酸钠溶液晶种分解机理是碱法生产氧化铝的基本理论问题之一，至今尚无一致见解。他全面总结了国内外学者提出的各种观点，认为铝酸钠溶液晶种分解包括晶体长大、晶种附聚、次生成核、破裂与磨损等复杂的物理化学变化，并对晶种附聚的微观机制和附聚发生的条件进行了深入研究，发现粒径相近的细粒子在较高温度下容易发生附聚。研究结果对后来氧化铝工业进行的“十五”砂状氧化铝攻关项目等相关研究起了很大的推动和指导作用。

（4）为氧化铝建设项目提供技术参数。先后针对山西铝土矿、广西平果铝土矿开展了矿石预脱硅性能、溶出性能、沉降分离性能等实验研究，确定各工序合适的工艺条件，为后来山西铝厂、平果氧化铝厂的设计、建设及生产提供了工艺技术参数。

（5）提出“先铝后铁”处理高铁三水铝石矿。20 世纪 80 年代，广西贵港发现高铁三水铝石矿，这种三水铝石矿中 Al_2O_3 含量只有 26%～28%，Fe_2O_3 含量达 44%左右。为了综合利用这种低品位高铁三水铝石矿资源，他提出了“先铝后铁”的处理方案，即先在低温条件下溶出其中易溶的三水铝石，然后再从赤泥中回收其中的铁，并带领研究小组进行了系统的小实验和扩大实验研究，为项目工业化提供了合理的工艺流程和技术参数。

（6）高铝硅比烧结法生产氧化铝新工艺。与拜耳法相比，烧结法生产氧化铝存在能耗高、成本高、技术经济指标差等弊端。他提出了采用高铝硅比熟料烧成的大胆构想，并申请国家发明专利。他带领研究小组经过反复实验，终于突破了高铝硅比熟料烧成的难点。山东铝业公司应用高铝硅比富矿烧结法生产氧化铝新工艺后，取得了显著的经济效益和社会效益。

辛勤耕耘，培养了一大批轻金属冶金专门技术人才

青年时期，杨重愚便立志要教育救国、科学救国、工业救国，为中国当时尚为空白的轻金属工业的发展贡献力量。在学校学习期间，他与冶金系的有识之士潜心学习轻金属冶炼技术，成为新中国第一批轻金属冶炼专业人才。自 1952 年 9 月，他来到中南矿冶学院，就一直工作在教学和科研第一线。他热爱党的教育事业，兢兢业业，爱岗敬业；严于律己，治学严谨；为人师表，教书育人；辛勤耕耘，桃李满天下。

杨重愚老师具有强烈的事业心，在教学工作岗位上几十年如

一日，恪尽职守，默默耕耘。他长期从事本科教学，为本科生讲授轻金属冶金学等专业课程，并带学生去工厂进行实践教学，指导学生毕业设计（论文）。他在课堂上满怀激情，认真投入，业务水平精湛，教学效果优良，深受学生喜欢。虽然他也遭遇过坎坷曲折，但却始终热爱祖国，忠诚于党的教育事业。在半个世纪的教学生涯中，他辛勤耕耘，为我国培养了一大批中高层次氧化铝及轻金属冶金的专业技术人才，这些人大部分已成为我国铝冶金界生产管理、技术研发及教育领域的骨干或学科带头人。

1978 年，我国恢复培养研究生制度后，杨重愚是我国第一批硕士生导师之一。他以极大的工作热情、严谨的治学精神，共培养了 7 名硕士研究生，协助指导了 2 名博士研究生。他还为研究生讲授“轻金属冶金专论”等课程。在指导培养研究生过程中，杨老师因材施教，鼓励探索和学术争论，提高学生发现问题、分析问题、解决问题的能力。他指导的研究生毕业后，均已取得较大的成绩，成长为各自领域的学术（技术）骨干或学科带头人，如研究生李小斌现已成为中南大学冶金学院氧化铝方面的学术带头人、二级教授、博士生导师；研究生王辉已成为株洲冶炼厂副总经理，教授级高级工程师。

在研究生心目中，杨重愚既是严师，又是平易近人、和蔼可亲的长辈。研究生们普遍感到：从杨老师不倦的教诲中，不仅学到了广博的科学知识，也学到了做人的真谛和严谨认真的学风。他治学严谨，对研究生的思想、业务要求十分严格，一丝不苟。他要求研究生既要有优良的专业成绩，又要有较广的基础知识。他往往亲自参与研究生的实验，和研究生一道仔细分析讨论实验数据，帮助研究生分析和解决研究中存在的问题。他对研究生的学术论文写作要求十分严格，每篇论文他都要亲自认真审阅，对于错别字、标点符号和论文规范化等方面也绝不放松要求。

学识渊博、师德高尚，在师生中享有崇高的声誉

杨重愚教师不仅知识渊博，而且师德高尚。他尊重学生，关心爱护学生，教书育人，是学生的良师益友。他作风正派、学风严谨、为人师表、教书育人，以自己高尚的道德情操和无私奉献的精神教育、影响了一批又一批的学生，使所教的学生，不仅在学业上有收获，更学会了如何做人。他对教育事业执著追求，不断进取；他乐于奉献，生活简朴，体现了一个科学家的高尚情怀，一直为我国冶金界同行所敬重，深受学生爱戴。

杨重愚老师十分注重对青年教师的培养，平易近人，甘当绿叶。对于登门请教的老师总是笑脸相迎，耐心辅导，热情鼓励，并亲自送出家门很远。对于求助资料的青年教师，均亲自将复印资料送至青年教师办公室。他德高望重，与人为善，慕名向他求教的人络绎不绝，他都一一热情解答，一时解决不了的难题，待查到资料后再回信答复。有的青年教师不熟悉俄语，杨重愚老师边翻译，边讲解。对于年轻老师的新想法，十分乐意参与讨论，对实验方案也会提出自己的想法，但项目成功后从不考虑个人的名利。因此，杨重愚老师在老师和学生中享有崇高的声誉。

杨重愚老师性格内向深沉，言辞不多；他淡泊名利，默默奉献。他一生谦虚谨慎，对自己的成绩从不张扬，不计较个人得失，处处甘当人梯。著书立说，他尽量吸收中青年教师参加，大家都说：和杨老师一起编书，是最实际的锻炼，专业知识、教学方法、外语水平和写作能力，都有全面的提高。在进行项目研究时，他每天早早来到实验室，准备仪器和实验材料，打扫卫生，样样都干。他审查论文稿件十分认真，连标点符号的错误也不放过。

杨重愚老师对培育科研人才，呕心沥血，言传身教，激励他们奋发学习，努力工作，取得优异成绩。在“极左”思潮泛滥的年代，教研人员被下放劳动，他和教研人员谈心，鼓励大家重新开展教研活动，因此，“文化大革命”结束后中南矿冶学院很快就恢复了正常的教学和研究秩序。

杨重愚于1991年退休。他在教学和科研第一线默默奋斗、奉献了几十年。退休后的数年里，杨重愚老师依然为教学和研究忙碌，为教学科研、为氧化铝工业的技术进步出谋划策。他参与审定了国家“九五”等一些重要的科研规划；组织和领导了众多学术交流活动，为发展我国的氧化铝科学、促进学术交流，做出了重要贡献。

（彭志宏）

简　历

1930年5月	出生于江西省吉安市泰和县。
1949年9月～1952年9月	武汉大学矿冶系学习，获工学学士学位。
1952年9月～1954年9月	中南矿冶学院冶金系助教、图书馆筹建负责人。
1954年9月～1956年9月	东北工学院轻金属冶金硕士研究生班学习。
1956年9月～1980年8月	中南矿冶学院冶金系讲师。
1980年9月～1985年9月	任中南矿冶学院副教授、轻金属冶金教研室副主任。
1985年9月～1991年9月	任中南工业大学教授、轻金属冶金教研室主任。
1991年9月	退休。

主要论著

1　杨重愚．轻金属冶金学．北京：冶金工业出版社，1991.

2 杨重愚．氧化铝生产工艺学．北京：冶金工业出版社，1982.
3 杨重愚．轻金属冶金学．北京：冶金工业出版社，2006.
4 杨重愚．氧化铝生产工艺学．北京：冶金工业出版社，1993.
5 陈谦德，杨重愚，等．碱法综合处理含铝原料的物理化学原理．北京：冶金工业出版社，1993.
6 周辉放，杨重愚，陈光渊，等．铝酸钠溶液晶种附聚机理的研究．有色金属，1994，4：18-32.
7 上官正，杨重愚．关于改正烧结法湿法流程刍议．轻金属，1995，2：19-22.
8 赵恒勤，杨重愚，刘航博．铝土矿预焙烧强化溶出动力学研究．矿产保护与利用，1998，3：22-25.
9 上官正，杨重愚．两段烧结工艺中的Ⅰ段赤泥烧结．中南工业大学学报，1999，1.
10 李小斌，杨重愚，龙远志．焙烧过程对于一水硬铝石型铝土矿溶出性能的影响．轻金属，1987，4：9-13.
11 陈谦德，杨重愚．山西铝土矿中二氧化硅在矿浆加热时的行为．轻金属，1986，12：12-16.
12 李小斌，杨重愚，龙远志．焙烧铝土矿溶出动力学．轻金属，1986，10：10-14.
13 上官正，杨重愚，龙远志，等．广西平果铝土矿溶出性能数学模型．轻金属，1983，9：9-13.
14 В Л Аронзон，杨重愚．阿钦斯克氧化铝联合企业生料浆制备过程的自动控制．轻金属，1983，5：15-16.
15 杨重愚．铝酸盐生料的烧结过程（上）．轻金属，1979，(2)：43-47.
16 杨重愚．铝酸盐生料的烧结过程（下）．轻金属，1979，(3)：9-15.
17 杨重愚．试论应用两段烧结法处理我国铝土矿的合理性．轻金属，1978，4：1-5.
18 李小斌，梁英，杨重愚．赤泥洗涤系统的数值模拟．轻金属，1993，2：18-21.
19 周辉放，杨重愚，陈光渊，等．铝酸钠溶液中不同粒度晶种的附聚行为．有色金属，1993，4：17-21.
20 李小斌，梁英，杨重愚．碱石灰烧结法生料浆的配料计算．轻金属，

1992，2：22-25.
21 Scalliet R，杨重愚．阳极与二氧化碳反应能力的测验．轻金属，1965，11：16-20.
22 杨重愚，胡绳兴，上官正，等．高铝硅比烧结法生产氧化铝工艺．专利号：99112306.9.1999.

彭 容 秋

（1930～2005）

彭容秋，中南大学教授，有色金属冶金专家。长期从事有色金属冶金高等教育工作，培养了大批有色重金属冶金专业人才；长期从事现代火法冶金技术的研究，为我国闪速熔炼、熔池熔炼等新技术在有色金属冶金工业中的推广应用和发展提出了许多卓有成效的见解；他辛勤耕耘，著书立说，为我国高校有色金属冶金专业的教材改革和我国铅锌工业的发展做出了重要贡献。

彭容秋，1930 年 9 月 2 日出生于湖南省平江县南江桥镇。他自幼丧父，与母亲相依为命，全靠母亲独自经营一家出售锅、犁的铁器小店维持生计。母亲勤劳干练，谦恭礼让，乐于助人，在小镇上口碑极好。母亲的言传和身教，造就了他艰辛节俭、勤奋努力、与人为善、诚以待人的禀性。在他青少年时期，内忧外患，兵荒马乱，民不聊生，他萌发了工业救国的想法。20 岁时考上湖南大学，攻读矿冶专业。湖湘大地，有色金属矿产丰富，蜚名中外，但在旧中国许多矿山资源多以矿砂原料等初级产品出口到欧美和日本。对于有色金属工业的落后状态，他深感痛心。在1952年全国高校院系调整时，他选择进入中南矿冶学院（后改为中南工业大学，今中南大学）有色金属冶金系继续深造，先后师从苏联专家彼斯库洛夫及克里沃森科，主攻铅锌冶金。1956年研究生毕业，留校任教，先后任助教、讲师、副教授、教授、教研室主任和研究生导师，曾兼任湖南省有色金属冶金学会副主任。他努力学习，积极工作，于1986年加入中国共产党。

彭容秋几十年如一日，默默耕耘，教书育人，为有色金属工业培养了大批人才。他呕心沥血，与时俱进，有力地推动了学科建设和专业教材改革，1996年他主编的《重金属冶金学》出版，获中国有色金属工业总公司优秀教材一等奖。他睿智博学，善于探索，积极开展学术活动，为我国重金属冶金工业推广应用新技术做出了贡献。他编撰的教材、专著、手册计11部（本），逾500万字，发表论文30余篇，为我国有色金属冶金专业高等教育事业的发展和有色金属冶金工业的进步留下了颇多具有重要价值的资料。

倾心教书育人，为有色冶金高教事业鞠躬尽瘁

在40年的教师生涯中，他一心扑在他热爱并擅长的教学工作上，先后为本科生、研究生、进修生开设过“冶金工艺导论”、“冶金原理”、“铅锌冶金学”、“锑冶金学”、“重金属冶金学”、“重金属冶金专论”、“冶金计算”、“有色冶金工厂设计基础”、“有色冶金实验”和“外文冶金文献检索”等10门课程，送走了一批又一批有色冶金专业的毕业生。他所教过的学生不少成为教授、总工程师、总设计师、总经理和厂长，有的还成为中国工程院院士。多年来，全国有色冶炼行业特别是有色重金属冶金工厂的技术骨干很多是彭容秋的学生，堪称桃李满天下。

他以从教为乐，诲人不倦，甘于寂寞和清贫，勤于教学和思

考。他每年担任的课程门次多，教学时数也多，但他从不计较个人的得失和辛劳；他教学效果极好，许多年来一直受到广大师生的拥戴，多次被学校评为优秀教师和先进教育工作者。

他的教学态度严肃认真，一丝不苟，讲究课堂艺术，注重教学效果。他所担任的每一门课都有周密的教学计划；每上一节课，都有详细的教案，讲稿整齐，教学重点、难点、课堂小结乃至作业题和思考题都写得清清楚楚，一目了然；每一节课，中心是什么，要使学生掌握哪些知识，他都成竹在胸，精练扼要，从不讲一句与课程无关的话，浪费学生的时间。他讲授的内容既有理论深度，逻辑严密，论证透彻，深入浅出；又善于联系实际，广采博纳，吸收国内外本学科的最新技术成就，使课堂讲授视野开阔，丰富充实，信息量大，深受学生欢迎。

他注重启发式教育，从不搞满堂灌、填鸭式教育，着力提高学生分析问题和解决问题的能力。例如，在讲铜冶金造锍熔炼时，通常的矿物原料为硫化矿，在对其冶炼原理进行重点讲述后，他列举国内某矿山特有的氧化铜矿的具体原料成分，提出思考题，问能否也可采用造锍熔炼的方法炼铜。具体问题具体分析，还要求提出解决问题的方案措施。通过课堂讨论，开拓学生的思路，引发学生钻研问题的兴趣，举一反三，对知识学活学深。他常说，教学中的难点，不能全靠老师课堂上来讲懂，还需要学生经过启发式教学再独立思考弄明白。

在研究生心目中，他既是严师，又是平易近人、和蔼可亲的长者，大家对他十分敬重。他要求学生做论文应有科学的态度和求实的精神。他发现学生有缺点，总是毫不含糊、直截了当地指出来，同时又耐心细致地给予教诲。在业务上他也要求十分严格，一丝不苟，实验数据和学术论文来不得半点虚假，甚至对论文规范、错别字和标点符号也不放松要求。他的谆谆教导和身体力行给学生留下了深刻的印象。

他一生谦虚谨慎，处处甘为人梯，经常深入课堂，与青年教师一道研究教学方法，讨论教材体系改革，提高教学质量。他尤其注意提携年轻人，发表学术论文，署名第一作者大多是与他合作的青年教师或是他指导的研究生。

他十分重视学生动手能力的培养，经常与有关教师讨论本科生的实验课教学，并根据火法冶金和湿法冶金的十几个主要工艺过程组织编写有色冶金专业实验课教材，增添和改进实验室的仪器设备。他注重教学和科研生产相结合。在20世纪80年代初的连续几个寒暑中，他带领实验课的老师和部分学生，承担了系列测温合金的研制任务，合成了数十种低熔点合金产品，解决了内燃机轴承运转时如何控温的难题，该技术被第一、第二汽车制造厂和相关院校的研究采用。参加实验的学生也感受颇深，都觉得把书本知识学活学牢了。

根据指导历届学生毕业设计和承担多家厂矿工程设计的经验体会，他在临近退休时还积极敦促并亲自参加了《有色冶金工厂设计基础》一书的编写，从而使该课程教学更加正规化和系统化。

他呕心沥血、不遗余力地推进了《重金属冶金学》的教材改革。1959年暑假，作为青年教师的参编人员，他到冶金工业出版社参加了我国出版的第一部《重金属冶金学》（分上、中、下三册，计120万字）的审定和校核工作，自觉获益匪浅，但又感到此书内容基本仿苏，作为教科书太烦琐，且未充分反映我国的国情。在20世纪70年代，为适应当时教改的需要，他三次编写、修改《铅冶金学》和《锌冶金学》（讲义），使其内容紧密联系生产实际，符合学员学习的要求。1981年，他协助赵天从教授再编《重金属冶金学》（计80万字，冶金工业出版社出版），他编写了书中的几个主要章节。当他看到赵先生年事已高，身体不好，便主动承担了全书的删补和定稿工作，其中许多工作不是参编分内的事，但他从不计较，默默奉献。根据长期编教材和搞教学的体会，他认为前面所沿用的教材都是按 10 种重金属编写的，篇幅过长，学生在校的有限时间内，不可能也无必要把每个金属的具体生产知识学深学细。他锐意改革，大胆创新，在多年教学讲稿的基础上，决心按照新的思路和方法重编教材。他主编的 1991 年版的《重金属冶金学》综合为主要的三篇：重金属造锍熔炼、重金属还原熔炼和重金属湿法冶金。该书的特点是：以共性为主，详细阐述共性，适当照顾特性，精简教学内容，突出教学重点，使学生在掌握基本知识的基础上，着重在学生发现问题与分析问题的能力培养上。经过后来几年教学的实践应用，在进一步总结教学认识规律的基础上，又对原版的内容作了适当调整和补充。第二版教材于 2004 年由中南大学出版社出版（全书共 41 万字）。由于该教材具有鲜明的特色和创见，得到其他院校同行的充分肯定和高度评价，并获 1996 年中国有色金属工业总公司优秀教材一等奖。

注重学术研究，为开发利用有色金属资源无私奉献

彭容秋一生在校的生活是寓所—冶金楼—图书馆“三点一线”式。他的生活极其简朴，不慕奢华，家庭的陈设普通得不能再普通了，没有一件合潮流的家具和电器，没有一件时髦点的衣服。一日三餐，洗刷缝补，自己动手。他曾说：“有人说我是‘苦行僧’，我不懂这是什么意思。”他勤奋好学，嗜书如命，无论有钱没钱，出差在外，总是以逛书店为消遣。他从来没有节假日，不是在教研室或实验室潜心耕耘，就是在图书馆查阅中外文图书期刊，长年如此，寒暑无间。由于能熟练地使用俄文、英文、日文，他查阅的资料很广，做的学习札记有几十本，加上他在冶金领域造诣很深，所以他收集的资料、刊出的冶金文摘、编译的著作和发表的论文都对有色冶金行业有很好的参考价值，甚至是科研、教学和生产所急需，外地来人索

取和咨询是常有的事。

他积极参加和组织有色金属学会，特别是重金属冶金学术委员会的学术活动。由于他的专业知识渊博，意见中肯，屡得与会者称道。

1985 年，闪速熔炼技术在我国炼铜工业史上开始步入工业化，但还处于初级阶段。他全面查阅文献资料，系统收集总结了国外采用该技术的数十家工厂的生产技术经济指标、技术进步状况和发展趋势，并到国内工厂调查研究。在进行理论分析和科学评价的基础上，他指出我国贵溪冶炼厂闪速炼铜应当着重采用以煤代油、富氧熔炼、炉渣贫化和提高铜锍品位等技术措施来强化冶金过程，增加产量，节约能源，降低成本，提高金属回收率和硫的利用率。他的建议在有关学术会议和专业刊物上发表，引起了重金属冶金界的普遍重视，后来在铜镍冶金生产上逐步得到实施，取得了预期的效果。

在 20 世纪 80 年代，德国研究开发利用熔池熔炼新工艺（QSL 法）炼铅。我国水口山有色金属公司组织多家单位联合攻关进行同类实验研究。他承担该直接炼铅法的渣型选择研究课题，指导研究生进行实验。根据理论分析和实验结果，他提出了浸没式送料氧化熔炼后继还原熔炼（如用电炉、鼓风炉或 ISP 法）回收铅锌和采用高钙低铁熔炼渣型的具体方案，他认为这样就能克服德国 QSL 法不能适应低 Pb/Zn 精矿的弱点，适合于我国铅精矿普遍含锌高的资源特点，也符合我国有很成熟的鼓风炉炼铅和 ISP 法炼锌的生产经验，而高钙低铁型能保持高 γ_{PbO}（渣相 PbO 活度），有利于还原过程的进行，以达到 PbO 的最大还原率，从而获得低铅渣。这一独特见解，为我国具有自主知识产权的水口山炼铅法（SKS 法）在工业上成功应用做出了重要贡献。SKS 法（氧气底吹熔炼-鼓风炉还原炼铅）新工艺研究获 2004 年国家科学技术进步奖二等奖和中国有色金属工业总公司科学技术一等奖。

他还认为，从冶金热力学理论上分析，熔池熔炼直接处理硫化锑精矿炼锑也是完全可能的。他在临近退休时，还指导研究生进行科学实验，结果证明他的预见是对的，熔池熔炼直接炼锑产出金属锑，同时副产在阻燃工业上具有广泛用途的锑白原料（粗氧化锑）。这一成功尝试为我国改革目前工业生产上用焙烧（烧结焙烧）-还原熔炼（反射炉和鼓风炉）炼锑（铅锑）的落后工艺指明了方向。

彭容秋十分关心中西部山区的资源开发利用和经济发展，急生产之所急。

1973～1975 年，他承担了广东石菉铜矿反射炉生产工艺最佳化的研究任务。他深入现场，调查研究，重新进行冶金计算，提出了合理的原料配比方案和强化燃料燃烧过程的具体措施，制定了一整套操作规程制度，结果使熔炼速度显著提高，产量稳步上升，为我国第一座离析法炼铜厂的正常生产立下了汗马功劳。

在 20 世纪 70 年代，豫西某选矿厂产出一种难以用一般选冶方法分离提取的铜铅锌复合矿，他提出用沸腾氧化焙烧脱硫、回转窑还原挥发铅锌和热酸浸出综合回收提铜的处理流程。在校内完成前期试验工作后，1977 年他与其他教师一道带领毕业班学生赴河南信阳冶炼厂进行半工业试验。现场试验攻克了高铅锌精矿高温沸腾焙烧容易熔结的技术难关，为处理此类难选难冶的复合矿提供了一种可行的途径。

在 20 世纪 80 年代，他曾负责湖北宣恩、湖南永顺等地生产氧化锌工厂的设计、施工和投产任务，此后，又承担了湖南湘宜锑冶炼厂、河南卢氏新兴炼锑厂和卢氏辉锑矿锑白车间等锑业工程项目。同时还指导研究生完成了韶关冶炼厂含锗氧化锌烟尘综合利用的研究课题并使之用于工业生产。

在 20 世纪 90 年代，他年事已高，仍不辞辛劳，多次下到广西河池、柳州和湖南永州等地的铅锑冶炼厂，帮助解决因精锑含杂质高而导致产品滞销的生产困难，为合理利用有色金属资源和发展地方经济做出了重要贡献。

生命不息，笔耕不辍

彭容秋用他毕生精力教书育人，与时俱进，成功地推动了《重金属冶金学》的教材改革，取得了丰硕成果。在退休之时，他又完成了《有色金属提取冶金手册·锌镉铅铋卷》的编撰工作，为从事重金属冶金的科研、生产、设计和教学的人员提供了一本较全面的工具书和参考书，深受读者欢迎。

进入21世纪后，他年逾古稀，虽然承受着老伴去世、儿女出国的寂寞和孤独，但他一如既往行走于“三点一线”上，尽其所能，继续著书立说，默默奉献。

2003年，他主编了国内第一本《铅锌冶金学》专著（122万字），并出版。根据他的创意，反复给参编人员强调铅锌资源共生和生产技术互补性很强的特点，应当突出体现世界铅锌工业目前致力于发挥铅锌联合企业优势方面的技术进步，结合我国国情，将铅锌冶金知识融汇在一起，构成新的篇章，以利于读者深入理解冶金工艺的相互关系，有利于增强合理高效综合利用资源的意识。该书取材新颖，内容系统全面，对我国由铅锌资源大国和生产大国走向技术强国具有重要意义。这本专著得到行业管理部门、有关科研设计院所、高校和企业的普遍好评。

他受中国有色金属学会重金属冶金学术委员会的委托，于2003年开始组织编写全国性重有色金属冶金行业专业技术培训教材（丛书），他任主编。丛书共7册，包括《铜冶金》、《镍冶金》、《铅冶金》、《锌冶金》、《锡冶金》、《重金属冶金工厂原料的综合利用》和《重金属冶金工厂环境保护》，合计247万字。在编著过程中，他被查出身患癌症。在癌细胞已转移的最后十个月中，他将病魔置之度外，再三谢绝党组织和单位领导的关怀与安排，顽强地坚持工作，在病榻上继续修改书稿，用他生命的最后心血审定了全套丛书中最后待出版的两本书的大部分稿件。“春蚕到死丝方尽，蜡炬成灰泪始干。”2005 年 11 月 5 日，他就这样走完了自己的一生，而给人们留下了无尽的追思。

（张训鹏　滕明珺）

简　历

1930 年 9 月 2 日	出生于湖南省平江县。
1950～1952 年	在湖南大学矿冶系学习。
1952～1954 年	在中南矿冶学院冶金系学习。
1954～1956 年	在中南矿冶学院冶金系研究生班学习。
1956～1991 年	任中南大学有色冶金系助教、讲师、副教授、教授、教研室主任、研究生指导教师，兼任湖南省有色金属冶金学会副主任。
1991 年 9 月	退休。
2005 年 11 月 5 日	病逝于湖南长沙。

主要论著

1 彭容秋．有色金属提取冶金手册·锌镉铅铋卷．北京：冶金工业出版社，1992.

2 彭容秋．再生有色金属冶金，沈阳：东北大学出版社，1994.

3 彭容秋．铅锌冶金学，北京：科学出版社，2003.

4 彭容秋．重金属冶金学（修订 2 版）．长沙：中南大学出版社，2004.

5 彭容秋．重有色金属冶金工厂技术培训丛书．长沙：中南大学出版社，2004～2006.

万　群
(1930～2002)

万群，半导体材料技术专家，我国半导体材料科学研究开拓者之一。他对半导体材料多项关键问题进行了深入的系统研究，发表了多篇具有较高学术价值的论文，在我国半导体材料研究方面做出突出贡献。他负责的大规模集成电路用硅质量攻关项目，取得突出成绩，使单晶硅质量大幅度提高，并形成大批量生产规模，其中“大规模集成电路用 P〈100〉优质硅单晶制备”获三部一委重大科研成果奖和国家科学技术进步奖二等奖。

万群，1930 年 11 月 2 日出生于辽宁省金县。父亲是位革命军人，对子女要求严格，对他积极进取、刻苦攻读、严谨钻研有着深刻的影响。

早在 1948 年 3 月，不满 19 岁的他就参加了革命；1948 年 8 月，在哈尔滨外国语学院学习俄语；1949 年 2 月，参加革命不到一年，他就加入了中国共产党；1950 年 6 月，就读于大连工学院预科化工系；1952 年 9 月，他以优异的成绩成为北京留苏预备部的一员；1953 年 8 月，赴苏联乌拉尔工学院攻读有色金属冶炼，于 1958 年 3 月学成归国。

毕业的当年，他就走进了我国有色金属系统最大的综合性研究院——北京有色金属研究总院（简称有研总院）的大门，开始与半导体材料的探讨和研究结下不解之缘，最初被分配到云锡担任云锡砂矿综合利用专题组组长；在有研总院历任技术员，专题组长，化合物半导体材料研究室副主任、主任，副院长，院总工程师；在半导体材料领域方面培养了一批学术带头人和技术骨干；1987 年，被聘为教授级高级工程师；1992 年，享受国务院政府特殊津贴；从 1997 年 6 月离休到 2002 年 3 月因病医治无效去世，这期间他仍然一直挂念我国的有色金属半导体事业，始终担任有研总院技术顾问。

20 世纪 70 年代，他担任国家科委大规模集成电路用硅攻关组组长，经过攻关，大规模集成电路用硅单晶的质量得到大幅度提高，并超额完成所规定的攻关任务，“大规模集成电路用 P〈100〉优质硅单晶制备”，荣获国家三部一委重大科研成果奖和国家科学技术进步奖二等奖。

他曾任中国有色金属学会常务理事、半导体材料学术委员会主任、《日中英 10 万语大辞典》汉语编译委员会主任、《中国冶金百科全书》金属材料卷主编、《21 世纪新材料丛书》的新能源材料副主编、《材料大辞典》的信息材料分编会主任等职务。

万群在他长达 30 余年的对半导体材料进行深入系统的研究实践中，发表了多篇有影响力、具有较高学术价值的论文、技术报告与著作，在我国半导体材料的研究方面做出突出贡献；20 世纪 50 年代末，在负责云锡砂矿综合利用实践中，选择了合理的工艺流程，完成了从探索到扩大实验的研究，并撰写了技术报告，应用于工业化生产，对我国有色金属资源综合利用做出贡献；60 年代初，在化合物半导体材料研究中，组织选择并指导技术水平先进的专题研究，成绩斐然；70年代，在其负责的大规模集成电路用硅材料质量攻关实践中，组织有关科技人员一起解决了多项重大技术关键问题，并超额完成所规定的攻关任务，多次得到中国有色金属工业总公司及国家科委的嘉奖。

为我国有色金属资源综合利用做出重要贡献

1958年3月，刚刚在苏联乌拉尔工学院毕业的万群还不满28岁，回国不久就被派往我国云南个旧的云锡砂矿，并担任云锡砂矿综合利用专题组的组长，这担子对于一个没有什么实践经验的年轻人来说，可真是不轻啊！

面对重任，万群首先深入了解云锡砂矿，认真地分析了它的特点，抓住了两个主要特性：一个是锡石在褐铁矿中致密嵌布，不适用于通常的选矿流程，否则会降低锡的回收率；另一个是该矿中含有多种有价金属，应加以综合利用。根据这些特点，他组织科技人员有的放矢地开展了砂锡中矿综合利用的研究。

研究中主要破解了两个难题。

一是选择到了合理的工艺流程。当时，世界上还没有处理类似产品的现成的工业方法，他们只能自己去摸索，于是进行了各种方法的反复探索实验，终于找到了适合砂锡中矿的合理工艺流程——还原氯化焙烧和湿法处理挥发尘的工艺流程。这样既解决了通常选矿流程造成的锡回收率低的难题，使锡的回收率大大提高，又使矿石中含有的多种有价金属得到了综合利用，以较高的回收率回收了铅、锌、铟等，还有可能回收到铁。

二是为焙烧选择了处理量较大的工业设备。经过多种选择，最后选择了用回转窑作为氯化焙烧的工业设备。他们以严谨的科学态度，在实验室进行了条件实验及综合条件实验，还将收集的挥发尘进行了湿法处理实验，实验取得了可喜的效果。

万群组织设计与开发的云南个旧锡选冶联合流程，完成了从探索实验到扩大实验的全程研究任务，并对云锡砂矿综合利用专题的研究结果进行了估算，认为该工艺流程在经济上是合理的。1961年，在条件具备的情况下，个旧云锡资源综合利用会议终于召开，与会人员对所选流程表示一致赞同，并提出了《砂锡中矿综合利用的研究》报告，为我国以后的半工业实验及建厂投产提供了可靠的依据。

在半导体材料的研发中
丰富半导体材料的理论与实践

20世纪60年代初，而立之年的万群，已经担起有研总院化合物半导体材料研究室技术副主任的重任，他深知在国家有色金属最大的综合性研究院自己肩上的担子有多重！

那时，万群的脑海里装满了重要的功能材料——半导体，凡是导电能力介于导体和绝缘体之间的物质，比如锗、硅、硒、砷等元素半导体，碳化硅、氧化铜等化合物半导体，以及固溶半导体，他都一一装进大脑，特别是他直接负责研究的对象——化合物半导体；国内外半导体的现状及发展趋势，他了如指掌，特别是他主抓的化合物半导体的现状与发展趋势。当第二代半导体材料——硅的功能令人瞠目时，科技人员针对硅的弱点，又在寻找在禁带宽度和电子迁移率方面能够胜过硅的第三代半导体材料，经过寻觅比较，人们的注意力逐渐集中到砷化镓身上，于是在世界范围内把砷化镓当成第三代半导体展开了大量的工艺和基础研究工作。砷化镓已取得仅次于被称为半导体巨人的硅的巩固地位，今后会得到较大发展，因为它的禁带宽度比硅大，它的电子迁移率是硅的6倍。

为此，万群组织选择并指导了一些技术水平先进的专题研究，并取得优异的成绩。

第一，科学确定曾被称为第三代半导体的砷化镓单晶的主要任务。

他认为，砷化镓单晶的主要任务是做好衬底，研究方向应是大截面、低位错、无沉积物，以及根据器件要求、晶格匹配来选择掺杂剂及其浓度，而不是照搬锗和硅对材料的要求。几十年以来，依照这个方向进行研究，均取得良好的结果。

早在20世纪60年代初，砷化镓在军事上的应用就引人注目了，它在相控阵雷达、电子对抗、激光瞄准、夜视、通信等方面大显身手，还“参与”了海湾战争和科索沃战争。如今，砷化镓早已悄悄进入平常百姓家，陪伴我们生活每一天。看电视、听音响、开空调所用的遥控器里，都装有砷化镓的红外发光管，我们发出的每一个指令，都是由它完成的；我们所用的光盘，CD、VCD、DVD都是由激光二极管读出的，而激光二极管是离不开砷化镓材料的。

第二，在国内较早重视外延工作。

外延，就是在单晶衬底的表面上按一定顺序排列成一层单晶膜，这种产品称为外延片。要知道，外延片的这种结构，给半导体技术带来了革命性的变化。

早在1965年，万群就同有研总院有色金属冶炼专家毛月波一起，在国内最早建立了砷化镓外延组，首先研究并生产外延片。

1975年前后，万群在国内较早提出外延的主要任务是研究如何实现高质量的重复性（稳定性），不一定追逐个别的高迁移率数据。针对砷化镓在高温下外延时发生分解，在工作层界面形成异型层，以及有些器件结构本身要求多层结构的问题，他又在国内较早开展了多层外延及其测试的研究工作。研究的观点和结果，阐述、总结在由他主编的《砷化镓材料的研究与应用的现状》一书中。

外延技术与外延片的作用不容低估：外延技术，是构成超晶格材料、实现能带工程的最主要的方法；外延片，是制造优质分离器件的材料，是制造高集成度电路的优质材料，是光电子器件的不可替代的材料。他们在国内最先建立了砷化镓气相外延、磷化镓和砷化镓高压单晶炉、非晶硅太阳电池专题等，为后来开发新成果创造了良好条件。

第三，对磷化物的研究首选磷化镓。

在 20 世纪 60 年代初期，只能做出红色发光二极管。主要原因是受衬底材料的限制，当时能用的衬底材料只有砷化镓一种。早在 1861 年，著名的科学家麦克斯韦就提出了，各种色彩都是由 3 种基色——红色、绿色和蓝色按不同比例组合形成的。人们就是根据这个原理研制成功彩色摄影、彩色电视机等。据此，能发纯绿色和纯蓝色光的发光二极管材料就成了研究的重点。万群根据禁带宽度与发光波长的关系式，确定出磷化镓能发出波长更短的可见光，相当于绿色光。为了满足全色的彩色显示需要，在对磷化物的研究中，万群首先选择了对磷化镓进行研究。

万群认为：要想解决磷化镓的质量问题，应当和晶体、外延及发光二极管同时开展工作，为此他组建了相应的研究组，使有研总院磷化镓的各方面工作从 1977 年以来一直处于国内领先地位。

万群在半导体材料研究中，发表有影响的论文 60 余篇；完成著作 2 部，还与他人合著一部；与他人合作完成译著 2 部。这些论文和著作，具有较高的学术价值，代表了当时国内先进水平。

在负责大规模集成电路
用硅质量攻关中取得重大成果

进入信息社会，集成电路是发展非常快的领域，对今后科学技术及社会发展起着重要的作用。而集成电路的发展又与半导体硅的发展紧密相关。因此，有人形象地说“信息高速公路是用硅片铺成的”。

集成电路，就是在同一硅片上制作许多晶体管和电阻，并将它们连成一定的电路，完成一定的功能，这种电路称为集成电路，具有体积小、耐震、耐潮、稳定性高等优点。人们通常把集成度高的电路统称为“大规模集成电路”和“超大规模集成电路”。

美国集成电路专家穆尔早在1975年的国际电子器件年会上就提出集成电路的复杂程度每年翻一番的发展规律，后被公认为“穆尔法则”。复杂程度主要靠器件尺寸缩小和芯片面积增大两方面来实现。

大规模集成电路对硅片的质量提出更严格的技术要求。万群受国家科委二局委任，担任大规模集成电路用硅单晶质量攻关组组长，负责研究出满足大规模集成电路要求的硅片，以促进我国电子工业的快速发展。1975年，他牵头拟订了会战方案和攻关规划，在国内首次提出并组织优质单晶硅“一条龙”实验。在实施攻关中，对直拉硅单晶中的缺陷、氧的引入、磁控拉晶等方面进行了较系统的深入研究，对提高单晶质量，起到一定的指导作用。他组织检测了多晶硅、坩埚纯度及拉晶过程中的污染情况，并对这些材料的适合性及时提出看法；他研究了控制旋涡生成的规律性，使无旋涡率超过95%，使电阻率不均匀度明显改善；他还解决了单晶等控制系统；他研究了微缺陷、微沉积物、微夹杂物的显示及产生的规律性等关键问题。

在攻关组的组织下，经过3年的刻苦攻关，主要取得了三方面成绩：一是研究了硅材料中氧和碳与缺陷的关系，使氧成为可控；二是用高压电镜研究硅中旋涡缺陷，对有关缺陷形态的鉴别起到一定的作用；三是在研究杂质与缺陷的关系方面，进一步研究其对器件的影响，这对提高硅器件的质量非常重要。为此，大规模集成电路用硅单晶质量获得突破性进展，在国内已经成功研制出1KSRAM、4KSRAM、16KSRAM等大规模和超大规模集成电路。经过攻关，单晶硅材料质量稳定，重复性好，并已形成了大批量生产规模。他们出色并超额完成了所规定的攻关任务。攻关组的不懈努力及所取得的重大成果，得到了社会的认可，受到中国有色金属工业总公司和国家的多次嘉奖。其中“*P*〈100〉高阻（30～50Ω·CM）直拉硅单晶”，获中国有色金属工业总公司科研成果二等奖；“大规模集成电路用 *P*〈100〉优质硅单晶制备”，荣获中国有色金属工业总公司科研成果一等奖、国家三部一委重大科研成果奖和国家科学技术进步奖二等奖。

另外，在 CZ-硅单晶生长中的热流运动、杂质传递及微缺陷形成机制方面的理论研究处于国内领先水平并接近国际水平。

万群是我国硅材料实现国产化的首创者之一。

严谨治学，为我国半导体材料领域培养优秀人才

万群同志在半导体材料领域培养了一批学术带头人和技术骨干。1985 年有研总院研究生部成立时，万群曾兼任研究生部主任，并在 1982～1994 年一直担任院学位评定委员会副主席。同时，作为研究生导师，他指导培养了 12 名硕士研究生。

在中国工程院院士、有研总院原院长屠海令博士的组织领导、大力支持且亲自参与下，有研总院在改革开放以来，仅半导体领域就获得国家级、省部级科技成果奖 100 余项，取得诸多国内第一、在国际上有竞争力的重大成果，为我国的半导体事业做出了突出贡献。他深有感触地说：“当初，我在有研总院读研究生的时候，万群是当时这个院仅有的两个研究生导师之一，可以说沈华生是我的大老师，他是我的二老师。在沈老师出差时，或者我在万群任主任的半导体化合物研究室做实验时，都得到过他的指导、解惑。”

万群指导、培养的研究生常青，成为国家半导体材料工程研究中心直拉硅单晶的技术骨干和中坚力量，33 岁就被破格晋升

为教授级高级工程师，曾任中心副主任。他荣获过多项重大科技成果奖，其中他参加并起重要作用的国内首根直径3英寸①重掺Sb〈111〉硅单晶，获国家科技进步奖三等奖，其产品获首届北京国际博览会金奖；作为一线第一排名人的国家“八五”重点攻关项目“2～3μm IC用$\phi 5''$硅单晶（片）的研制”，获得部级科技成果一等奖、“八五”国家重大科技成果奖和国家科技进步奖二等奖；在成功拉制我国第一根$\phi 12''$直拉硅单晶中作出重要贡献，这项成果被近500名两院院士评为1997年中国十大科技进展之一。1998年，他获“茅以升北京青年科技奖”提名奖；2000年，荣获由共青团中央、科技部和全国青联主办的第四届“中国青年科技创新奖”。

万群培养的研究生方锋，同样是国家半导体材料工程研究中心直拉硅单晶的技术骨干，曾任直拉硅单晶组大组长。

更可贵的是，晚年，他把培养半导体领域人才的视线，转移到了孩子们的身上。他积极参加《神材妙用丛书》的编纂工作，担任“21世纪新材料·新能源材料”丛书副主编，并撰写了丛书中自己最熟悉的半导体材料，起书名为“奇妙的半导体”。他认为：这是为落实党中央“科教兴国”战略部署的实事，这套丛书是让孩子们从小就步入新材料技术的科学殿堂。他在《奇妙的半导体》一书中，深入浅出地为孩子们讲述半导体的方方面面，让孩子们从中汲取半导体的新知识、新思想和新观点，从小就喜爱半导体，立志为发展我国的半导体事业做点儿事。

一生心系半导体，终身情满研究室

万群同志一生致力于半导体材料的研究开发，他治学严谨，淡泊名利，对工作严格认真，尽心尽责，为我国半导体事业的发

① 1英寸=0.0254米。

展做出了重要贡献。

20世纪六七十年代，在万群担任有研总院化合物半导体研究室技术副主任和主任期间，他带领研究室全员，共同探讨研究、反复实验，做出了很大的贡献。

研制出砷化镓、磷化镓、磷化铟、锑华镓、硫化锌，铟、砷、磷固溶体等多种化合物半导体材料，以及用于单晶制备的多种高纯元素。多种化合物半导体单晶批量试制和生产，产品质量处于国内领先地位，基本满足了国内器件研制单位的需求，其产量覆盖国内市场的60％以上，并出口到国外，一举成为化合物半导体材料的主要研制和供应单位，是国内唯一能够研制和提供磷化镓单晶的单位。

北京813厂用他们研制的高纯砷化镓材料制作的夜视仪，曾成功用于老山前线；用他们供应的无位错掺硅砷化镓单晶研制的太阳电池，于1988年在“风云一号”卫星上进行标定试验获得成功，荣获全国科学大会奖；他们研制的砷化镓气相外延材料，可靠地用于多种军事工程中；他们应军工需要研制的磷化镓液相外延材料，用于绿色发光管的制作，在飞机指示灯、瓦斯探测器及报警器上均得到应用，该材料获得部级成果奖；他们研制出的均匀连续三元固溶体材料，填补了国内空白，获部级成果奖，等等。

70年代末，他担任有研总院副院长，80年代末出任有研总院总工程师及90年代初担任国家半导体材料工程研究中心技术委员会主任期间，大力支持科研工作，特别是对院半导体领域的恢复、重建和发展做出了贡献。

1988年，他荣获国防科工委颁发的“献身国防科技事业”荣誉证章、证书；1992年，他享受国务院政府特殊津贴；1996年，他被评为国家“八五”科技攻关先进个人。

成绩和荣誉的背后，是辛勤的汗水和巨大的艰辛。万群从20世纪50年代走出国门赴苏联乌拉尔工学院深造开始，到学成回国与半导体结缘，直到 2002 年因病辞世，他一生中无论是学习深造，还是科研试制，或者是撰文著书，几乎每天都是把几小时睡眠以外的时间全部无私地给予了我国的半导体事业！他八小时内外一个样，班上班下没两样，日常和节假日无区别，国家半导体事业的需要，永远是他的第一需要；逛大街的人群里见不到他，电影院里找不到他，甚至在电视机前也很少有他的身影；他一生心系半导体，情满研究室，同事们都知道，他经常深更半夜才回家。人们都说他是终生与半导体为伴，把研究室和实验室当成家。就是在病中，甚至在病危时，他所挂念的仍然是我国的半导体事业。

万群患结肠癌，经中国人民解放军总医院（301 医院）诊治后在家疗养。这期间，不管是同行、同事，还是院有关领导到家看望，他所问的是半导体，所谈及的还是半导体！他唯一的女儿特意从大洋彼岸回来看望他，都说不上几句家常话。

2002 年年初，他的病情加重，癌细胞已经转移、扩散，再送 301 医院医治时，医院表示已经没有什么办法了。无奈之下，只好转送北大医院。在北大医院住院期间，已是下了病危通知书的艰难时刻，他不同意把病情告诉刚回美国不久的女儿，怕影响孩子的工作。当时院离退休办公室周主任到医院看望他时，他着急地低声说："我目前最关心的是'神材妙用丛书'的编辑出版工作，我现在最想见到的是我写的最后一本书《奇妙的半导体》。您如果有空儿，就帮我跑跑这件事，谢谢了。"万总病危中期待的目光，深深地刻在周主任的脑海中，工作再忙也要挤时间跑这件事。终于，由万群著的《奇妙的半导体》一书于 2002 年 2 月由科学出版社出版。周主任一拿到书，马上就去医院把书送到了万总手中。万总拿到书，从头翻到尾，他欣慰地笑了，连声说谢谢。据悉，这是他住进北大医院以来第一次笑。没过多久，当年 3 月 10 日，万群就带着他对我国半导体事业的牵挂，带着他为孩子们留下一本半导体科普书的美好记忆，永远地离开了我们。

万群真可谓是：活着，心系半导体；死了，魂系半导体。

（周芳燕）

简　历

1930 年 11 月 2 日	生于辽宁省金县。
1948 年 3 月	参加革命。
1948～1950 年	哈尔滨外国语学院俄语专业学习。
1949 年	加入中国共产党。
1950～1952 年	大连工学院化工系学生。
1950 年	北京留苏预备部。
1952～1953 年	北京俄专学习。
1953～1958 年	苏联乌拉尔工学院冶金系学习。
1958～1962 年	北京有色金属研究总院技术员。
1959～1962 年	云锡砂矿综合利用专题组组长。
1962～1979 年	北京有色金属研究总院化合物半导体研究室副主任、主任。
1975～1978 年	国家科委委任为大规模集成电路用硅质量攻关组组长。
1978～1980 年	北京有色金属研究总院半导体硅材料研究室主任。
1979 年	北京有色金属研究总院副院长。
1985～1994 年	兼任北京有色金属研究总院研究生部主任。
1987 年	被聘为教授级高级工程师。
1988 年	北京有色金属研究总院总工程师。
1988 年	荣获国防科工委颁发的“献身国防科技事业”荣誉证章、证书。
1992 年	获得政府特殊津贴。
1992 年	国家半导体材料工程研究中心技术委员会主任。
1996 年	被评为国家“八五”科技攻关先进个人。
1997 年	离休，担任北京有色金属研究总院技术顾问。
2002 年 3 月	去世。

主要论著

1 万群. 关于P型直拉硅单晶中漩涡形成的探讨. 电子学报，1983，(2)：1-79.

2 万群. 多晶硅中碳化物及其来源. 半导体学报，1984，4：360.

3 万群. 半导体硅中碳化物夹杂. 国际第三届超大规模集成电路会议文集，1985，536.

4 万群. 大规模集成电路用硅的研究与进展. 稀有金属，1981，(1)：66-80.

5 屠海令，万群，等. 材料科学与技术丛书-半导体工艺（译著）. 北京：科学出版社，1999.

6 万群. 半导体材料浅释，北京：化学工业出版社，1999.

7 万群. 电子信息材料，北京：冶金工业出版社，1990：270.

8 潘宁. 物理介观力学和材料的计算机辅助设计. 万群，马福康，郭青蔚译. 北京：冶金工业出版社，2002.

9 万群. 奇妙的半导体（神材妙用丛书）. 北京：科学出版社，2002：1－179.

朱 祖 荫

（1931～　）

朱祖荫，有色金属加工设计专家，主持设计了我国三大铜加工厂，是我国铜加工工程设计的领军者之一，他研发和推广了多项有色金属加工新工艺、新设备，推行的连续生产电解铜箔和工频水平熔沟熔锌工艺、工频无芯感应电炉熔化镍合金工艺及铜铝连铸连轧工艺都推动了有色金属加工的科技进步，而高精度异形引线框架铜带工艺，解决了国内急需，也填补了我国该项空白。他获得全国科学大会奖，获得多项国家和省部级科技进步奖。为我国有色金属加工工业的发展做出了重要贡献。

朱祖荫，1931 年 7 月生于上海市，1952 年毕业于南开大学机械工程系，同年参加工作。1953 年 12 月加入中国共产党。先后为技术员、工程师、教授级高工，1993 年享受国务院政府特殊津贴。历任设计科长、工程设计总负责人、工程设计队队长、设计院副院长、总工程师等职。

朱祖荫，1952年参加沈阳冶炼厂扩建工程设计。由于他勤奋、好学，基础理论扎实，不到两年就被提拔为新成立的东北工业部有色金属管理局冶炼科副科长，主持全科设计业务工作。1954年年末，参加苏联援建的洛阳铜加工厂（简称洛铜）建设，任国内设计组组长。1955年担任沈阳有色金属加工厂改扩建工程设计总负责人。1956年加工科成立，朱祖荫任副科长，晋升为工程师。1959年兼任天津特种合金厂设计研究总负责人。1960年任北京有色冶金设计研究总院加工科科长，并兼任上海901厂铜材车间、北京铜材厂设计总负责人。1961年任我国第一个镁板项目“735工程”设计总负责人。1964年调入洛阳有色冶金设计院，担任西北铜加工厂工程设计队队长，经过八年现场设计工作，完成了方案、施工图设计，直到工厂顺利建成投产，积累了丰富设计经验。1972年回洛阳有色金属加工设计研究院（简称洛阳院）在革委会生产组工作，曾代表院到上海接受援助阿尔巴尼亚钢铁联合企业中小型和线材三个车间施工图设计工作。同年主持建设本院试验基地。1977年担任柳州钢铁厂“750开坯车间”现场设计队队长。1978～1982年，任院副总工程师，分管科研、技术管理；1982～1988年，任副院长；1989年以后，还兼任院总工程师。还主管生产、经营、外事，以及洛阳铜加工厂铜板带系统技术改造工程、管棒生产系统技术改造工程和引线框架铜材生产线等工程设计，还有上海有色金属公司铜带厂工程设计等重点工程项目。组织和审查了几十个工程设计项目，不少工程设计获得省部级嘉奖。多次到美国、英国、德国、日本等国考察。多次参加省部级科技活动及审查会、规划会等。另外，还担任中国有色金属学会加工分会副主任委员，中国有色金属基本建设协会常务理事等。他为我国有色金属加工工业的发展，奋斗40多年，做出重大贡献。

为新中国第一个铜加工厂改扩建工程设计做贡献。

新中国成立后，国民经济迅速恢复发展，大规模的经济和国防建设，需要大量的铜材。当时国内铜材产量很少，需要大量进口。1955年，国家决定对由几个作坊组成的沈阳铜加工厂进行改扩建。工程项目由年轻的朱祖荫担任设计总负责人，工程项目有新建黄铜熔铸等三个车间，改造复杂合金等四个车间和辅助设施等，共八个车间。任务繁重，难度大，工艺设计人员都是从各单位抽调来的，从没做过什么设计工作，在苏联专家指导下，在朱祖荫和他的同人精心组织领导下，各专业密切配合，于1956年年底完成了扩充设计。在改扩建设计中尽量采用当时力所能及的新工艺、新设备。工程设计选用了工频有芯感应电炉熔化紫、黄铜，用中频炉熔化青铜、复杂合金，用水冷模替代铸铁模，热轧机装上摇摆升降台，改轧机手动压下为电动压下，煤气加热炉由人工推料改成机械推料，增设了水封式电阻退火炉，从民主德国引进了17辊、23辊矫直机。管坯采用1200吨水压机穿孔替代三辊斜轧机穿孔，配套了8吨、15吨等多台拉伸机，多辊矫直机等生产管棒材。改造后铸锭由60公斤提高200公斤，改建后的管棒车间即能生产ϕ40毫米，ϕ65毫米×4.5毫米大管棒又能生产ϕ3毫米×2毫米、ϕ8毫米的小管棒材。成品率大为提高，劳动强度明显减轻。

在改扩中，土建专业对新建15米跨厂房采用钢筋混凝屋架，对板材车间钢结构旧厂房整体抬高1.2米，以满足装设起重运输设备。

工程于1957年完工，仅用两年时间，投资不多，产量翻番，扩大了产品规格、品种，又提高了成品率和产品质量。工厂面貌焕然一新，成为我国第一个铜加工基地，既出铜材又出人才。在为经济建设和国防军工发展提供大量铜材的同时，又为各地新建有色金属加工企业培养输送了不少人才。通过工程设计，培养了一批专业设计人才。朱祖荫同志，通过该项目设计积累了丰富经验。

为我国最大的铜加工厂建设再做贡献

洛阳铜加工厂是我国最大的铜加工厂，1957 年开始建设，是苏联援建我国 156 项重点工程之一，生产设备全部由苏联提供。1954 年年末，根据工程的需要，抽调朱祖荫参加洛阳铜加工厂建设，任国内设计组组长，1955 年 1 月配合苏联专家组到古都洛阳进行厂址选择，任选厂委员会委员。对初步选择的四个地区进行分析对比。厂址选定后，他组织对铁路专用线的接轨，生活和生产消防用给排水、供电等作了初步落实，签订了意向性协议；布置了厂区地形测量和地质钻探勘测等工作，并组织编写设计基础资料。他以高度热情、卓有成效的工作，奋战了三个月，完成了翻译整编成册，于 1955 年 5 月，连同设计任务书一并由我国政府提交给苏方。

1955 年 3 月苏联专家来华验收设计基础资料并讲解设计内容时，听专家反映，如按中苏双方原定年产 3 万吨方案，无法选择先进的设备，板带生产只能用三辊劳特热轧机热开坯，冷轧机也不先进。此提议经院领导研究，报请上级机关同意，正式向苏方提出变更设计任务书，年生产规模提高到 6 万吨，并于 1955 年 5 月与苏方签订设计工作执行合同，使得工厂建设比较合理。

1955 年年底和 1956 年 9 月苏方分别提交了初步设计和技术设计，冶金部主持审查，朱祖荫介绍设计并组织讨论。初步设计中 ϕ1000 毫米×3500 毫米冷热轧机和多机架线坯轧机，两套设备负荷太低，生产建设都不经济，建议中方取消，中方认为宽板是我国造船业不可缺少的产品，负荷虽低，但需保留，多机架轧机可以缓建。1956 年 2 月国家建委批准初步设计。朱祖荫一直兼任洛阳铜加工厂设计总负责人，处理工程中的有关问题。

1959 年 9 月苏联一行 4 人来华开展铜带立式退火炉、挤压机环形加热炉装卸料机构等八项大型非标准设备设计。这些设备也是苏联参照西方国家类似设备第一次设计，出现问题比较多，有些也不符合我国国情，我们的40多位设计人员中，不少人是从冶金工业部在京院所临时借调的，并不熟悉这类设备，为圆满完成任务，朱祖荫倾注了大量心血，积极认真地处理出现的问题。在苏联专家指导下，不到一年的时间出图1500张（A1），按时完成了任务，培养了一批设备设计人员。

他也十分关注多机架线坯轧机的建设，该轧机要生产34个品种的线坯，合金大部分变形抗力大，轧制范围窄，道次多达22～26道。他先后到上海电缆研究所等几个单位调查，都认为难以供给洛阳铜加工厂线材车间线坯。为此他还专门编写了名为“关于黄铜和复杂合金线坯生产方案探讨”的专题报告，上报冶金工业部。1964年年初，冶金部决定恢复多机架线坯轧机的建设，随即他亲自主持确定工艺方案，编制轧制程序表和孔型设计，提出设备任务书等。他还对试制车间提出了改进意见，苏方原方案把试制车间设在中试室一楼一个角落里，难以满足工厂新产品开发的需要，经冶金部同意单建了实验车间。

1964年，朱祖荫参加洛铜管棒车间的设备安装调试，担任技术专家组成员，参加处理冷凝管生产线，OKБ-652辊底退火炉、环形加热炉装卸机构安装出现的技术问题。

1960年年初，苏联撤走专家给建设造成极大困难，但在各方共同努力下，我国最大现代化的铜加工厂——洛阳铜加工厂，到1965年基本上建成投产，为国民经济、国防军工发展做出了重要贡献。

由于历史因素，洛阳铜加工厂经历了10多年停滞发展，又落后了。改革开放以后，才迎来几次发展机遇，此时已走上洛阳院领导岗位的朱祖荫，对洛阳铜加工厂的技术改造给予特别重视，很多项目都亲自参与决策，使洛阳铜加工厂继续站在铜加工行业技术制高点位置。

为中国内地建设铜、铅、锌综合性加工厂奋战八年

1964 年年中，中央决定集中力量建设三线大后方。1964 年 9 月，冶金工业部决定在甘肃省白银地区建设一座有色金属加工厂，主要设备从老厂搬迁，厂址定在距离白银有色金属公司 25 公里的灰土捞池村，指示洛阳院立即开展设计前期工作。为加快建设进度，在现场指挥部统一组织下进行现场设计。

面对这项紧急而又重大的工程项目设计任务，洛阳院指定朱祖荫出任设计总负责人、设计队队长。他到现场踏勘厂址后，立即奔赴东北地区和上海落实搬迁设备。1964 年 12 月上报设计方案。1965 年年初，院组织 100 多人的设计队伍，由朱祖荫带队去白银，开展施工图设计工作。按照边设计、边施工、边生产的要求，1965 年 1 月现场开始平整土地和供水管线的施工。

西北铜加工厂是由十几个生产车间组成的综合性有色金属加工厂。除热轧机、锌板轧机、多机架线坯轧机、熔铸等设备外，其他生产设备都是搬迁的。工程面临着许多急需要解决的问题，诸如：厂址远离市区，水、电、铁路、公路都要越山跨沟引入；厂址地质构造复杂，属湿陷性大孔土，场地又有多条冲沟穿过，坡度大，厂房需阶梯布置等，设计难度很大；施工图设计刚开始，施工单位就要图纸，供应部门要设备明细表、建筑材料表，设备制造厂要设备设计任务书；远离院本部，设计人员来自四面八方，缺少资料和工具，晒张图都要跑到白银公司去等。

朱祖荫怀着对中央决定的无限忠诚，对加工设计事业的无比热爱，知难而上，倾注了全部精力和智慧，带领全队设计人员投入工程建设中。1964 年他三过家门、院门不入。尽心尽力满足工程进度要求。1965 年 9 月，铅板铅管车间投产（利用公司厂房），1966 年板带车间安装设备。受政策多变影响，工程历经几次大的变动，但他仍坚持不懈，带领全体设计人员，日夜奋战，

于1966年完成了全部施工图。

在紧张工程建设中，工程采用了多项新工艺、新设备和实验成果。例如，1965年年初，在本溪合金厂进行的连续生产电解铜箔和工频水平熔沟熔锌实验，同年末双双成功。连续生产电解铜箔试验成功将车间产量从每年5吨提高到40吨。1978年获得全国科学大会奖和河南省重大科技成果奖。1981年车间设计获冶金工业部优秀设计一等奖。1965年还与上海机械研究所共同进行了工频无芯感应电炉熔化镍合金实验。成功地应用1.5吨工频无芯感应炉替代中高频炉熔炼镍合金。此后又陆续采用了圆锭感应加热炉，微晶锌板生产工艺，特长板坯运输车，轧机可控硅供电等。

从1966年9月至1972年8月，朱祖荫一直在现场坚持工作直到试车投产。不怕苦、不怕累，住在干打垒，啃干硬馍，妻子怀孕生育时也没陪伴，和生产、施工、设计人员奋战在一线。1972年4月，根据设计施工变动情况，组织编写了19册初步设计修改说明书，系统整理了全套施工图。西北铜加工厂获得冶金工业部优秀工程设计二等奖。西北铜加工厂的建成，凝聚了朱祖荫的智慧和心血，他为工程建设做出了重要贡献。

在设计中积极推广、开发新技术

改革开放的中国与世界各国交往更加广泛。朱祖荫从中感受到工业发达国家有色金属加工工业技术在20世纪60年代后有着巨大的进步，我国与其差距很大。20世纪50年代苏联援建的几个有色金属加工厂也都需要进行大面积的技术改造，任务已迫在眉睫。作为全国专业的有色金属加工设计院，洛阳院责无旁贷，担负起这一时代的使命。

1982年洛阳铜加工厂板带系统技术改造委托洛阳院进行设计。接到任务后，朱祖荫立即组织设计人员与厂方人员一起调查分析板带车间的现状，提出改造的设想。经双方引进小组出国考查，技术交流，1983 年共同上报了可行性研究报告，在设计中采用大锭轧制，热轧机改造后可将 4.5～7.5 吨的铸锭由 200 毫米厚轧到6～15 毫米，纵横厚差小于 0.2 毫米，引进的双面铣床可同时四面铣削，铣后厚差仅 0.1～0.15 毫米；引进了高速液压四辊粗、中轧机，能将 6～15 毫米厚带坯直接轧到 0.5 毫米，精度±0.005 毫米，引进四辊带材精轧机，将成品轧到 0.08 毫米厚，精度±0.0015 毫米，还引进了保护气体连续退火炉等 18 台套设备。改造后的压延车间板带材产量从 3 万吨提高到 6 万吨，品种、规格、质量大幅度提升，很多指标达到国际先进水平。

工程于 1988 年基本结束开始试车，1989 年 9 月国家验收，1991 年获得中国有色金属工业总公司优秀工程设计一等奖，1992 年荣获全国第五届优秀工程设计金奖。

洛阳铜加工厂铜板带系统改造成功后，朱祖荫积极组织设计人员消化、开发引进的设备技术，并在设计上海有色金属总公司板带厂时加以推广。

随着高科技的发展，市场迫切需要高精度异形引线框架铜带，这在国内尚属空白，洛阳铜加工厂拟建引线框架电子铜带生产线。1993 年朱祖荫参与考察德国、日本、美国等国有关工厂，经比选，确定引进 20 辊轧机、气垫炉、拉弯矫机、纵剪铣削机组等先进设备，装备成一条现代化的生产线，使洛阳铜加工厂板带生产水平上了新台阶。该工程项目获中国有色金属建设协会技术创新一等奖。

1985 年洛阳铜加工厂委托洛阳院对管棒车间进行技改设计，以生产空调管、水道、冷凝管、黄铜焊管生产线。朱祖荫参与出国考察，该工程引进了 3000 吨油压机、倒立式圆盘拉伸机、焊管机等设备，形成三条生产线。该工程设计获 1999 年有色金属建设协会优秀工程设计二等奖。

1983 年设计上海阔幅铝箔厂时，朱祖荫随团赴英国、美国、法国等国铝箔厂考察，发现这些国家的中小铝箔厂，广泛采用连铸连轧法供坯，由全液压带箔轧机生产厚度为0.007毫米的香烟、医药、食品类包装铝箔。带坯卷重达5～10吨。他回国后，编写了考察报告，被作为上海铝材厂引进设备谈判基础，并主持编写了可行性研究报告，审定了设计方案。该项目引进了铸轧机组、精轧机、退火炉、分卷机等24台套设备。该工程获1995年全国优秀工程设计铜奖。他还组织设计人员消化开发了全液压ϕ720毫米×1815毫米阔幅铝带坯连铸连轧机（获2000年河南省科技进步奖二等奖），目前已推广应用20多台。

1984年，朱祖荫随团赴美国与世纪铜材公司进行合资谈判，任副团长。发现该公司已不用热轧供坯，而以水平连铸机铸成的带坯直接给冷轧机。此工艺很适合我国中小企业改造。因此，在苏州铜材厂改造设计时，采用了水平连铸—冷轧—退火—剪切方案。生产0.25毫米×440毫米黄铜带。该工程1989年获第四届全国优秀工程设计银奖，中国有色金属工业总公司优秀工程设计一等奖。同时成功组织消化开发双带440毫米水平连铸机列，1997年获中国有色金属工业总公司技术进步奖三等奖；2001年获河南省科技进步奖。目前已推广15台之多。

1983年结合洛阳铜加工厂铝板带项目设计，吸取引进的轧机的先进技术，组织设计开发了1400毫米四辊不可逆带轧机，该轧机轧速达300米/分钟，卷重5吨，液压压下，板形自动控制，带材厚度精度达±0.005毫米。在各方共同努力下，1986年一次试车成功，该轧机达到20世纪70年代末水平。在此基础上，经设计人员不断改进完善，目前已推广了近百台。

1985年院决定成立设备经理部，由朱祖荫分管，开始经营承包有色金属加工专用设备，经过20多年的开发经营，现已为有色金属加工企业提供了轧机、连铸连轧机列、熔炼炉、热处理炉等设备上千台，成为设计院发展一大支柱，并荣获各种奖项。

朱祖荫在开发、推广新技术、新设备方面功不可没。

全心全意为有色金属加工事业发展工作

沈阳苏家屯铜加工厂（简称沈铜)、洛阳铜加工厂、西北铜加工厂（简称西北铜）这三大铜加工厂的建设，为我国铜加工工业发展打下了基础。朱祖荫一直奋斗在设计工作第一线，为工程设计，为培养一批又一批有色金属加工设计人员尽心尽力。

1972 年在担任洛阳院实验室主任时，购地 35 亩，建立熔铸、管棒等厂房及实验室近万平方米，组建了院实验基地。在院内开展了四项实验，其中：高频焊接铝及铝合金管获 1984 年中国有色金属工业总公司科技成果三等奖；连续拉铸铝线杆、卧式水封淬火炉，1978 年获河南省革委会重大科技成果奖。这都为在院内开展实验研究工作打下了基础。1978 年任院主管科研和技术管理副总工程师，组织领导了十几个实验项目，其中多项获得了省部科技成果奖。又根据改革开放形势和院业务重点转移的需要，重建了各项生产管理和技术责任制度，开展了业务建设：举办了多期英语、日语、计算机学习班，组织设计人员翻译整理西方工业发达国家有关有色金属加工方面的资料。从 1978 年第三季度开始与西方知名度较高的公司进行技术交流。学习外国公司对我国拟建加工厂的项目建议书。根据冶金工业部的要求，编写了“有色金属加工新技术发展报告”，以及美国、日本铜铝加工技术及生产概况。通过这些工作，洛阳院对西方有色金属加工技术发展现状和动向有了基本的了解，提高了科技人员的水平。

1982 年，朱祖荫担任副院长，分工主管生产、经营、外事等业务。当时设计院开始从事业单位向企业化经营过渡，从专业化向社会化发展，朱祖荫作为生产副院长，身负重任，他积极学习采取既类似企业又适合事业特点的管理办法。①加强了市场信息交流，加强合同管理、经济核算、进度质量管理，建立经济承包责任制，通过经济体制改革加快完成转变。②加强竞争意识，积极进取、主动出击，热情待客，从守势转变为攻势。③成立了深圳、西南、江苏分部。20世纪80年代，院承担了156条有色金属加工生产线的工程设计工作，累计建成111条。1985年成立设备经理部，实行有色金属加工专用设备设计、制造、安装、调试、售后服务一条龙承包责任制。经五年来的开发，已向社会提供95台套设备，在四次国家级优秀设计评比中都荣获了奖项。经济收入每年以30％以上幅度上升。洛阳院始终走在改革开放的前列。

1989年，朱祖荫兼任院总工程师；1991～1995年任院总工程师、院技术委员会主任，分管总设计师办公室、外事办、规划室。主管的重点工程有西南铝加工厂改扩建，洛阳铜加工厂管棒车间技术改造，高精度引线框架材料生产线建设，上海有色金属板带厂、厦顺铝箔公司、核工业部成都铝箔厂等建设，并参与了这些工程的审定，这些工程都获得了国家或总公司的奖励。

朱祖荫一贯积极参加行业科技活动，1973年参加冶金工业部科技会议，应邀向一机部锻压设备会议作了“有色金属加工工业用锻压设备”的专题报告。1981年参加河南省科技会议，应邀撰写了报告“发挥铝工业优势必须加强铝材工业”并应聘担任省冶金科技专家组成员。1983年任有色加工协会重有色分会副主任委员，并编写了“1985～1987铜加工科技进展报告”，参加主持烟台、武汉会议，推介新技术。朱祖荫还兼任《铜加工》期刊副总编，为《大百科全书·矿冶卷》撰写了“铜加工”条目。1985～1997年任有色金属学会合金加工学委会副主任委员，撰写了《我国有色金属加工工业现状与技术进步》，并先后在无锡、富阳、宜昌会议上作了专题发言。担任中国有色金属工业总公司科技协作网重有色金属加工组组长，编写了“铜加工科技进展报告”，获国家有色局技术进步二等奖，并多次参加科技规划会议，在担任中原工程咨询公司经理、有色基本建设协会常委和分管院规划室领导期间，多次参加行业规划。还编写了《我国有色金属加工工业的发展及深化改革对策》。他对有色金属加工工业发展和技术进步做出了突出贡献。

朱祖荫热爱设计事业，为有色金属加工工业发展和技术进步做出了突出贡献。他作风朴实，善于团结同志，学习努力，时时关注国内外技术发展动向，工作中勇于创新，尊重科学，在设计中都尽力吸收先进技术，并力图改进。

（刘兴洲）

简　历

1931年7月	出生于上海。
1949～1952年	南开大学机械工程系学习。
1952～1954年	东北有色局设计处技术员。
1954～1964年	北京有色冶金设计总院冶炼科副科长，加工科副科长、科长，工程师，工程设计总负责人。
1964～1997年	洛阳有色金属加工设计研究院，设计队队长、试验室主任、副总工程师、副院长、总工程师、高级工程师、教授级高级工程师、院长顾问。
1997年	退休。

主要论著

1　朱祖荫．铜加工科技进展．有色金属进展，1989，9：9-11.
2　朱祖荫．我国有色加工工业现状与技术进步．有色金属加工，1995，6：12-16.

马 荣 骏
（1931～ ）

马荣骏，斯洛伐克国家工程院外籍院士，湿法冶金专家。他是我国萃取冶金技术创始人之一，他参与了原子能国防工业用核燃料与特殊金属材料的提取冶金技术开发，为我国原子能工业做出一定贡献。他研制开发了酰胺型新萃取剂，提出了非平衡萃取原理与工艺，改进了一些原有的湿法工艺及流程，均取得显著成果。他编著了多部湿法冶金著作，为我国湿法冶金工业发展做出了重要贡献。

马荣骏，1931 年 8 月 5 日生于河北省大城县，父亲务农。1938 年随父亲逃荒到东北地区，在吉林省公主岭市读小学及初中，1949 年到长春读高中，1951 年考入东北工学院（现东北大学），1955 年 6 月本科毕业，被选为留学研究生，在北京外语学院留苏预备部短期培训后，1955 年 7 月作为中国首批赴捷克斯洛伐克的留学研究生派往捷克斯洛伐克布拉格查理大学、科希第工业大学冶金学院学习。他深知党和国家的期望，勤奋刻苦学习，除学习研究生课题外，还参加了一些研究工作。他了解到国内国防航空工业急需钛等稀有金属，积极参加了钛的制备工艺研究，具体完成了四氯化钛添加速度与海绵钛实收率关系的实验，获得了优化的结果，受到导师 Malkovsky 教授及研究生同学的称赞。1957 年年底鉴于捷克斯洛伐克有色金属技术水平不及苏联，经汇报请示，批准后拟转到苏联继续学习，于 1957 年年底回到北京。后因去苏联的情况发生变化，被分配到中国科学院长沙矿冶研究所工作，他欣然服从分配，满腔热情地投入紧张的工作中。工作初期主要从事原子能核工业所需基础材料的提取冶金技术研究，作为课题负责人，出色完成"锆、铪分离研究"，"广西褐钇铌矿中铀、钍、稀土的萃取分离"、"272 厂铀的提取纯化工艺"、"铀浸渣的处理"、"761 及 373 铀矿处理流程"等研究任务，并指导了设计建厂，为我国核工业提供核燃料发挥了作用。1960 年，中国科学院选派他到苏联学习原子能技术，他到北京外语学院留苏预备部研究生班出国准备学习了一年，后因苏方撕毁协议，而又回到中国科学院长沙矿冶研究所工作。

1961 年年底，马荣骏同志因长期受铀等放射性元素辐射，身体极度受损，被送至北京协和医院住院治疗，在住院期间，他仍放不下工作，到北京大学技术物理系，在徐光宪院士指教下从事研究工作，科研工作水平得到明显提升。返回原单位后，他很快完成了"不同铀浓度对 D2EHPA＋TBP 协同萃取的影响"及"D2EHPA＋DAMP 对铀协同萃取"两项有意义的科研项目。1964 年我国宣布原子弹成功爆炸时，马荣骏心情无比激动，他在不断地呼喊：祖国万岁，中国共产党万岁。

"文化大革命"期间，马荣骏受到所谓学术权威的批判，但这丝毫没有减弱马荣骏的研究工作热情。他坚定不移地做着对国家有利的研究工作：先在衡阳化工厂开展熔盐电解 TiO_2、$TiCl_4$ 生产钛的实验工作，后又在株洲东风冶炼厂开展金属钠还原四氯化钛生产海绵钛的研究，先后经小实验及 10 公斤海绵钛生产规模的扩大实验，完成了四氯化钛用金属钠还原制取海绵钛的流程，并且指标良好，设计上马了年产 100 吨海绵钛的车间，产品供湖南省国防科研部门使用。

1974～1977 年，马荣骏率领课题组同志，开展了乙酰胺新萃取剂研制与应用研究，成功完成萃取剂的合成、纯化及在钽铌萃取分离方面的应用研究。此后，他又承担了钨钼铼冶炼新工艺研究课题，经过近两年的工作，圆满地完成了研究任务，成果在 601 厂得到了很好的应用，获得了显著的经济效益。继而又将该萃取剂应用于株洲冶炼厂、水口山矿务局的铅锌烟尘浸出液萃取回收铊及吉林铁合金厂辉钼矿淋洗萃取回收铼。在工厂工作期间，由于劳累过度和饮食无规律，他的胃病明显加重，两次出现胃大出血，不得不做了胃切除手术。他在胃功能还未恢复正常的情况下，主动回到工厂实验现场，继续昼夜不眠地工作。

1977 年，冶金工业部下达了一项紧急研究项目——“用黄钾铁矾沉铁的湿法炼锌的流程研究”，应建设需要，要求在 1979 年完成扩大实验。领导上又把这项任务交给了马荣骏，他率领实验组同事，一方面进行实验室小实验，一方面建立扩大实验室，迅速地开展研究工作；接着又进行了工业实验，出色地完成了任务，满足了建设需要。

1978 年，十一届三中全会胜利召开，改革的春风吹遍祖国大地，接着第一届全国科学大会召开。马荣骏正式加入中国共产党，成为一名光荣的共产党员。多年的夙愿得以实现，马荣骏精神大振，工作热情更高。在长沙矿冶研究院长远规划中，他在国内率先提出“开展大洋结核研究的建议”，又代表冶金工业部及国家海洋局写出了第一份开发研究大洋结核的可行性报告，就此推动了我国深海海洋结核的加工利用研究。

1985 年，他奉命组建长沙矿冶研究院环保研究所，他亲力亲为，迅速行动，建设实验室，培训人员，使研究所很快就步入工作正轨，先后完成了“涟钢的扩建环境影响评价”、“湖南省长沙市土壤污染”、“冶金工业废水及烟尘治理”等研究工作，成为冶金工业部在中南地区的重点环保研究机构。他被冶金部联合评价公司选为理事，并担任南方地区的经理及法人代表。1996 年起他又被湖南省环境保护科学研究所聘为首席研究员，任职期间，先后负责完成了 20 多项环保科研项目，为湖南省的可持续发展提供了参考与指导。

马荣骏在从事环保研究的同时，还先后完成了湖南省及中国有色金属总公司下达的一系列研究课题——“锑开发优化方案的研究”、“铅银钙三元合金材料的研究”、“湘江株洲段综合治理工程的可行性研究”、“六盘水锌冶炼工艺”、“西昌炼锌厂硅镁控制”、“乳山金矿提取金铜”、“姑婆山提取稀土”，并与兄弟单位合作完成了国家计委下达的“对江西离子型稀土矿原地浸矿的工艺研究”重点课题。

2001 年马荣骏退休，并被长沙矿冶研究院聘为顾问，实际上他退而未休，一直没有停止研究工作，期间被疑患肝癌，他没有被吓到，还先后指导完成了纳米级 Al_2O_3、ZnO 粉、TiO_2 粉及特殊铜粉等冶金新材料的制备技术开发。他指导完成的“含砷废水处理新方法”、“稀土碳酸盐沉淀”、“南方离子型稀土矿及铀矿原地浸出数学模型”、“锌湿法冶金工业生态模拟及生命周期系统开发”、“计算机系统在湿法炼锌中的应用”、“电池级高纯硫酸钴制备新工艺”、“云南省蒙自自产锌精矿提取锌铟的研究”等项目都通过了省部级鉴定，达到国内领先及国际先进水平，并得到了应用。

马荣骏特别重视著书立说和培养青年科技工作者。他在 50 多年的工作期间，先后编写了 14 本专论，由单位印制在冶金系统交流。有 10 本专著正式出版，参与了三本工具书的撰写，在国内外发表 220 余篇论文。他是我国建立学位制度后的首批硕士生导师，以后又被批准为博士生导师，先后培养硕士、博士研究生 20 多名，并被中南大学、东北大学、湖南大学、湘潭大学聘为兼职教授。

马荣骏积极参加学会活动，曾是中国金属学会、中国稀土学会、中国冶金环保学会、中国有色金属学会、湖南省金属学会、湖南省有色金属学会、湖南省稀土学会、湖南省环境科学学会等学会成员，并曾长期担任学组组长，学委会委员，学委会副主任、理事、常务理事等工作。他先后参加国际学术会议十余次，曾三次被国际湿法冶金会议聘为学术委员，在担任湖南环境工程分会副会长期间，他主持召开了五次湖南省环境工程学术会议。

马荣骏的研究工作成绩获得广泛认可；1978 年被冶金工业部评为先进工作者，1983 年被国家科委聘为有色冶金专家组成员；1989 年被评为全国优秀环境科学工作者；1991 年被评为国务院政府特殊津贴获得者。并先后被国内 15 个单位聘为编委、学术委员、理事、顾问，2000 年被斯洛伐克国家工程院遴选为外籍院士。

马荣骏为人坦诚，平易待人，他最大的特点是一贯勤奋刻苦，热爱工作。为了工作，多次放弃到北戴河、庐山疗养的机会，几乎没有休息日，没有请过事假。同行无不敬佩他孜孜不倦、严于治学和无私奉献的精神。他最大的心愿和追求是：伟大的祖国更加繁荣、富强，家家幸福快乐，人人友爱平安。他一生淡泊名利，兼职从不取酬；在生活方面，他没有计较和埋怨，而是以知足常乐的心态，过着无怨无悔的俭朴生活。勤奋敬业、品德高尚、无私奉献、报效祖国是他一生的真实写照。

我国萃取冶金的开拓者

19 世纪，人们开始将溶剂萃取用于金属提取，首先发现用乙醚可以萃取硝酸铀，进而又发现了乙醚可以萃取铁、金、铂、钴和镍等一些金属元素，但早期溶剂萃取金属仅作为分析方法应用于金属的化学分析。20 世纪 40 年代，由于核工业发展需要，溶剂萃取在原子能工业中得到应用，1950年后溶剂萃取成为提取铀的主要方法，并开始推广至锆、铪、铌、钽的分离提取，1960年以后扩大应用到铜等有色金属的提取与分离上。

马荣骏自20世纪50年代中期起开展溶剂萃取提取金属研究，是我国萃取冶金研究的先行者之一。他首先开展了用TBP萃取分离锆铪研究，获得了成功。继而又完成了溶剂萃取分离铀、钍、铌、钽与稀土的研究。在溶剂萃取方面，马荣骏的研究涉及面很广，取得了丰硕的成果：负责研制开发了酰胺型新萃取剂，并将之应用于有色金属、稀有金属的提取与分离，创新性提出和建立了非平衡萃取的理论与工艺，推动了溶剂萃取在冶金工业中的应用。

他广泛查阅文献，并结合自己研究心得，在20世纪70～80年代，撰写了两部溶剂萃取在冶金中应用的专著并出版；近年又应出版社的邀请，撰写了专著《萃取冶金》（2009年）。他被公认为是我国萃取冶金的创始人之一。

为我国原子能工业做出了贡献

新中国成立初期，国际形势复杂多变，发展原子能是我国巩固国防、进入强国行列的战略关键，生产出核燃料——“铀”是工作的第一步。但在工作最关键的时候，苏联撕毁与我国的原子能合作协议，撤回了他们在铀生产厂的专家，我国必须自力更生解决生产铀的问题。马荣骏于1959年接受了二机部及中国科学院下达的“272厂铀的萃取纯化课题”，他与课题组同事一起，不顾辐射，昼夜辛勤开展了数百次实验，查清了萃取铀中杂质的行为，研究确定了铁、磷、硫在萃取中的关系，使土法生产的高磷、高硫铀浓缩物的提纯成为可能，进一步又开发了不需预处理的新工艺，并解决了化学浓缩物溶解渣的污染问题，使272厂的萃取净化车间顺利投产，生产出了合格产品。

接着又开展了373、761铀矿低品位含钼铀矿的处理和综合利用研究，提出了浸出—脱钼—萃取的工艺。他与同事们克服了一系列困难，确定了最佳工艺条件，生产出合格的铀、钼产品，并取得满意回收率，设计部门据该成果进行了设计与生产。

完成上述任务后，马荣骏又开展了“鹿井铀矿的矿浆萃取”及“D2EHPA+DAMP对铀的协同萃取研究”两项工作，也取得了良好的效果。

高纯锆与铪是核反应堆的结构材料，锆用做包裹材料，铪用做控制材料，但锆、铪分离提纯十分困难，马荣骏于1958年采用溶剂萃取法，有效地分离了锆、铪，满足了需要。

钛是航空工业的重要金属材料。马荣骏接受湖南省国防工办下达的制取海绵钛的课题，与同事们研究开发了钛铁矿焙烧—四氯化钛蒸馏净化—金属钠还原生产海绵钛的工艺，在10公斤规模工艺试验中，得到数百公斤海绵钛，在当时缺镁无法进行镁还原的形势下，很有现实意义。设计院按开发的工艺流程设计建设了100吨/年海绵钛的生产车间，为湖南省国防研究部门提供了海绵钛原料。

当时，国防工业急需用纯钽制备高性能的电容器，但在矿物中铌钽共生，分离非常困难。马荣骏及其同事采用自制的A101萃取剂，在我国首次成功实现矿浆萃取分离铌钽，工艺在601厂萃取车间投产，制备出了高纯的钽，满足了需要。

以上工作体现了马荣骏为核工业及国防工业研究忘我献身的精神，显示了他在核工业及国防工业中的贡献。

建立湿法冶金提取金属的新工艺

1975年马荣骏作为项目的负责人，承担了由冶金部、湖南省冶金局下达的任务“钨冶炼新工艺的研究”。通过广泛调研国内外钨冶炼工艺，提出了黑钨精矿碱压煮—萃取—结晶新工艺，经过小型实验、扩大实验，于1977年完成工业生产实验，生产出了仲钨酸铵、蓝色氧化钨和三氧化钨40多吨。进而建成了年产300吨的仲钨酸铵、蓝色氧化钨的生产线，当年取得利税3000万元，经济效益显著，该技术至今还在工厂应用。该项工作获得冶金工业部及湖南省重大科技成果一等奖及国家科技进步奖二等奖。

马荣骏在承担冶金工业部及湖南冶金局下达的"钼冶炼新工艺的研究"项目过程中，针对传统冶炼工艺氧化焙烧过程产生二氧化硫、污染重的缺点，他力排众议，提出采用加压浸出冶炼工艺，经小型实验、扩大实验，确定了加压浸出最佳工艺条件，并在3立方米高压釜中进行了127批工业生产实验，处理了250吨钼精矿，产出10.16吨仲钼酸铵及43.38公斤高铼酸盐。以该研究成果为基础，建设形成了年处理250吨钼精矿的生产线，投产当年创利税400多万元，并显著改善了污染环境问题，1980年通过冶金工业部委托湖南冶金局组织的鉴定，并获冶金工业部及湖南省重大科技成果二等奖。

从1977年起，马荣骏针对广西大厂高铁高铟锌精矿的合理利用问题，展开了长期研究。他在系统调研及分析国内外湿法炼锌方法基础上，对热酸浸出黄钾铁矾沉铁，净化电解生产锌及从铁矾渣回收铟的流程进行了系统研究，于1979年完成扩大实验，1985年完成锌生产工业实验，1987年完成回收锌、铟的新工艺工业实验，首先在柳州市有色冶炼厂扩建投产，并建设了来宾冶炼厂，此后铁矾法炼锌工艺相继在西北冶炼厂、赤峰冶炼厂、西昌冶炼厂、会东冶炼厂、陕西商洛冶炼厂应用，该工艺有效地回收了锌、铟，使我国锌、铟的产量均居世界首位，经济效益非常显著，在20世纪80～90年代每年获得利税均在4亿元以上。该成果先后获得中国有色金属总公司科技进步奖二等奖三项、一等奖一项，国家科技进步奖二等奖，冶金部、财政部及国家科委的联合表彰。

我国南方离子型稀土资源丰富，但原来的工艺流程长而繁杂，效率低，且严重污染环境。为此，国家计委给江西赣州有色冶金研究所、长沙矿冶研究院、长沙矿山研究院下达了“八五”国家重点攻关项目（85-107-02-01-01）——“离子型稀土矿原地浸矿新工艺的研究”。马荣骏作为长沙矿冶研究院的课题负责人，参与制订方案，选定实验矿点，具体开展稀土碳酸盐沉淀与原地浸矿数学模型等研究工作，对原地浸矿新工艺成功开发做出了较大的贡献。该项目成果运用于生产实践，创造了巨大的经济效益及环境效益，获江西科技进步奖一等奖及国家发明奖三等奖，并获国家计委、国家科委及财政部的联合表彰。

最近几年来，马荣骏指导相关研究人员完成了电池级高纯硫酸钴制备新工艺及云南蒙自产锌精矿提锌铟新工艺等研究，前者进行了小型实验及扩大实验，在湖南长远锂科有限公司得到了工业应用。生产实践表明，钴镍分离效果好，钴的总回收率达到94％以上，产出的硫酸钴达到电池级应用的要求，由湖南省科委主持鉴定，专家认为达到国际先进水平。后一项研究开发了焙烧—一段中浸—低酸浸出—高酸浸出—二段除杂—电解锌及萃取回收铟的新工艺，与国内传统流程相比，有良好的经济效益与环境效益。以该成果为基础设计的年产 5 万吨锌/5 吨铟冶炼厂于 2006 年正式投产，年创利税达到 2 亿元。

根据株洲冶炼厂及湖南水口山矿务局的要求，马荣骏率领课题组的同志进行了从“锌冶炼烟尘及炼铅烟尘回收稀散金属铊的研究”，经过实验室实验及扩大实验，成功开发了乙酰胺萃取回收铊工艺，并在株洲冶炼厂及水口山矿务局进行了工业生产，该工艺流程简单，而铊的回收率提高了 30％。相关研究成果获得了第一届全国科学大会奖。他还应用二酰胺萃取剂成功地从吉林铁合金厂辉钼矿淋洗液中萃取铼，取代了原来的萃取工艺。

为湖南省的环境保护与可持续发展献计献策

1985年，他奉命组建长沙矿冶研究院环保研究所，他亲力亲为，迅速行动，建设实验室，培训人员，使研究所工作很快就步入正轨，先后完成了“涟钢的扩建环境影响评价”、“湖南省长沙市土壤污染”、“冶金工业废水及烟尘治理”及“湘江株洲市区段水环境综合治理可行性研究”等研究，使研究所成为冶金工业部在中南地区的重点环保研究机构，开发了废酸制取聚合硫酸铁及三氯化铁净水剂技术，得到了建厂应用，并获湖南环保科技进步二等奖及最佳实用技术，期间他还为湘江株洲段综合环境治理做了可行性研究。

1996年起被湖南省环境保护科学研究所聘为首席研究员，任职期间，具体参与组织和领导了湖南省废水处理重点实验室的工作，作为课题负责人，负责完成了包括湘江涂料集团废水综合治理工程、巴陵石化洞氮热电厂污水处理工程、流阳河污染综合治理研究在内的20多项环保科研项目，并应出版社邀请编著了《工业废水治理》，他的这些工作在湖南省的环境保护与可持续发展中，发挥了重要作用，做出了宝贵的贡献。

虔心育人，著书立说

马荣骏特别重视青年科技工作者的培养与成长，在工作中总是言传身教，注重实验操作，而且积极选送青年科技人员到高等院校进修，提高专业技能，经他培养的同志现在均已成为单位中科研骨干力量。

马荣骏是我国建立学位制度的首批硕士生导师，在20世纪80年代又被国家批准为博士生导师，他先后培养了20名研究生。他的学生，大部分已成为国内外著名专家学者，在自己的岗位上发挥着重要作用。他经常被邀请参加博士论文答辩会，评审博士论文800多篇，在培养人才上发挥了重要作用。

马荣骏在科技工作中特别注意著书立说，在繁忙的工作中，挤出时间，不断耕耘，编写与审批实验报告100余本，撰写了14本专题论述，编写了多部工具书等。

至今，他在国内外学术期刊上发表论文227篇，其中有10余篇评为优秀论文，多篇被EI、SCI及CA收录，他的著述对我国湿法冶金学科的发展及生产实践具有一定的指导作用。

（肖松文）

简　　历

1931年8月5日	生于河北省大城县。
1951年2月～1955年6月	东北工学院冶金系学习，本科毕业。
1955年6月～1958年1月	捷克斯洛伐克布拉格查理大学及斯洛伐克Kosice工业大学进行研究生学习。
1958年1月～2001年6月	长沙矿冶研究院（原中国科学院长沙矿冶研究所）。
1958～1959年	任中国科学院长沙矿冶研究所研究实习员课题组长。
1960年	北京外国语学院留苏预备部研究生班学习。
1961年	中国科学院长沙矿冶研究所助理研究员及课题组长。
1962年	北京大学技术物理系进修研究工作。
1978～1985年	冶金部长沙矿冶研究院副研究员，高级工程师及研究室副主任、主任。
1986～1991年	冶金部长沙矿冶研究院教授高级工程师及研究所所长。
1989年	被东北大学聘为兼职教授及国家批准为该

	校博士生导师，之后被中南大学、湖南大学及湘潭大学聘为兼职教授。
2000 年	被斯洛伐克国家工程院遴选为外籍院士。
2001 年 6 月	退休，被聘为顾问。

主要论著

一、专著

1 马荣骏．钛的生产．上海：上海科学技术出版社，1958.

2 马荣骏．有机萃取在冶金中的应用．上海：上海科学技术出版社，1961.

3 马荣骏．溶剂萃取在湿法冶金中的应用．北京：冶金工业出版社，1979.

4 马荣骏．湿法炼铜新技术．长沙：湖南科学技术出版社，1985.

5 马荣骏．工业废水的处理．长沙：中南工业大学出版社，1991.

6 马荣骏．离子交换在湿法冶金中的应用．北京：冶金工业出版社，1991.

7 马荣骏．湿法冶金新进展．长沙：中南工业大学出版社，1996.

8 马荣骏．湿法冶金新研究．长沙：湖南科学技术出版社，1999.

9 马荣骏．湿法冶金原理．北京：冶金工业出版社，2007.

10 马荣骏．萃取冶金．北京：冶金工业出版社，2009.

二、主要论著

1 周忠华，马荣骏，邓定机．磷酸三丁酯萃取硝酸铀酰中磷和铁的行为．原子能科学技术，1965，(7)：791-803.

2 马荣骏，周立太，等．用酰胺型萃取剂萃取分离铌、钽．有色金属，1974，(12)：11-18.

3 马荣骏，周立太，等．酰胺型 A101 萃取剂及其应用．金属学报，1977，13 (4)：282-287.

4 马荣骏，周立太，等．用酰胺萃取剂从辉钼矿焙烧烟气淋洗液中萃取铼．有色金属，1977，(2)：41-45.

5 马荣骏，刘谟禧，谢群．用叔胺萃取钨的研究．稀有金属，1979，(1)：15-24.

6 马荣骏．海洋锰结核的处理方法．有色金属，1980，(1)：41-44.
7 马荣骏．螯合萃取及其协同效应的若干化学问题．云南冶金，1981，(1)：28-39.
8 马荣骏，姚先理，等．热酸浸出——铁钒法处理高铟高铁锌精矿的研究．矿冶工程，1981，(4)：8-28.
9 马荣骏．溶剂化的量子化学及溶剂化数的测定方法．矿冶工程，1984，(2)：44-49.
10 马荣骏．溶剂萃取的新发展——非平衡溶剂萃取．有色金属，1985，(5)：38-41.
11 Wang Q H，Ma R J. The jarosite process-kinetic study，Znic'85. Proc of Inter Symp on Extrative Metallurgy of Zinc，1985，Oct. 14-16：675-690.
12 Ma R J，Zhou Z H. A new approach to development of extraction for hydrometallurgy by selection from floatation agents. Second Inter Conf on Separation Technology，Schloss Elmav，1987，Apr. 26-May：1.
13 马荣骏，何宗健，马强，等．用液膜技术分离模拟海洋锰结核浸出液——D2EHPA为流动载体分离钴和镍．矿冶工程，(3)：36-38.
14 马荣骏．对开发大洋锰结核的几点意见．海洋信息，1993，(9)：11-12.
15 马荣骏．用MOCTM-100TD新萃取剂萃取La（Ⅲ）及Ce（Ⅲ）的研究．稀土，1995，(3)：61-64.
16 马荣骏．在磁场作用下用乙酰胺萃取五价砷．湿法冶金，1998，(2)：42-44.
17 Ma W，Ma R J. Reaction and sedimentation dynamics of removal by sulfidation under inder influence of magnetic field. Trans Nonferous Met Soc China，1998，(3)：668.
18 马荣骏，罗电宏．溶剂萃取的新进展及新世纪中的发展方向．矿冶工程，2001，(3)：6-11.
19 马荣骏．改进湿法炼锌工艺的新设想．湖南有色金属，2002，(2)：11-16.

吕 海 波

(1931～)

吕海波，中南大学教授，粉末冶金专家。中南大学粉末冶金研究院创建人之一。他组织并参加了铀分离膜、碳化硼控制棒、钨基高比重合金、高温自润滑轴承材料、航空刹车材料等多项国家重要新材料科研项目，为研制重大军事工程使用的新材料做出了突出贡献。为促进粉末冶金的学术进步和海峡两岸粉末冶金的学术交流也发挥了重要作用。曾获得多项国家及省部级科技进步奖。

吕海波，1931年9月出生于江西省九江市，因1937年“七七”事变，1938年九江沦陷，随父母至江西泰和、吉水等地。1945年考入吉水中学。抗日战争胜利后，1946年随母亲、姐姐迁回九江。同年考入九江中学，依靠学校奖学金读到高中毕业，1951年考入武汉大学冶金系，入学后因病休学半年，1952年全国高校进行院系调整，成立中南矿冶学院（后改名为中南工业大学、中南大学），随武汉大学矿冶系合并到中南矿冶学院冶金系。

1953 年由于我国经济建设高速发展，苏联帮助建设株洲硬质合金厂，国家急需一批专业人才，中南矿冶学院从冶金系中选拔了 25 人进行硬质合金方面的专业学习，至 1956 年毕业后，吕海波成为我国第一批粉末冶金专业人才之一。

1956 年毕业后吕海波留校分到新组建的粉末冶金教研室工作，除担任教学任务外，兼任实验室主任，担负起粉末冶金实验室的建设任务。吕海波先后担任新材料研究室主任、粉末冶金研究所的第一副所长。50 年来，他一直在为我国粉末冶金的人才培养、科学研究而努力拼搏。

研制出国家急需的多项材料

吕海波教授根据我国国防建设的急需，带领粉末冶金研究所的有关科技人员顽强拼搏，在近 50 年的科学研究中取得了丰硕的成果，为我国“两弹一星”等重大军事工程的新材料研制做出了重要贡献。

我国核能工业的发展急需国产的^{235}U，它承担了浓缩^{235}U用分离膜的研制。由于核工业和原子弹需用高浓度的^{235}U，国家在 1960 年向我院下达了研制^{235}U、^{235}U分离膜的任务。学校抽调粉末冶金专业技术人员组成攻关组，吕海波任组长，黄培云教授作了“多孔膜分离同位素的理论问题”的报告，学校就此给予了全力支持。只要该项目需要，学校有的东西都优先提供。由于当时正处于困难时期，每人每月只有 24 斤粮、4 两油。实验室条件很差，而且经常停水停电，攻关组的成员即使停电也不离开实验室，等电来了接着再干，夜以继日三班倒，发现问题就在现场研究解决方案，分头执行。当时没有的设备，如电解制氢气设备，就自己动手做土电解槽制氢，供实验需要。为了得到成型厚度小于 1 毫米的粉末板坯，就自己设计、加工薄板粉坯成形膜，自己动手研制超细粉末等。

经过大家的反复实验，讨论改进再实验，总结出一套粉末成型薄板坯、烧结，再用粉末冶金方法做成复合结构的工艺方法，经过一年多的拼搏，到1962年分离膜才达到所要求的技术性能。最后冶金工业部党组决定把我们一部分人员和全部资料集中到北京，联合攻关直到投产，并获国家科学技术进步奖一等奖。

1962年，他接受了研制核反应堆控制棒用碳化硼块材料的研究。遇到的第一个难题就是高质量B_4C粉的获得。当时只有牡丹江一工厂生产磨料用的B_4C粉，但其所含的化合碳与硼均达不到核工业的要求，于是决定自己研制高质量的B_4C粉。吕海波带领研究团队从混料、预烧到高温碳化，进行了系统的实验研究，经过多次实验总结，找出了B_4C合成不仅温度需高达2000℃以上而且合成温度范围很窄，稍高就熔化，稍低就产生固定碳、固定硼，不合格。温度是影响B_4C碳硼含量不稳定的主要因素，因此，研究团队精确控制炉内合成温度，高温合成时间和炉气氛等参数，总结出合理的工艺流程，成功获得优质的满足核工业要求的B_4C粉。

摆在课题组面前的下一个课题是要研制有一定孔隙度和尺寸精度的B_4C块材料。B_4C是一种硬度仅次于金刚石的硬脆性材料，其成形性非常差，成形压力大了，坯块分层开裂；压力小了，不仅烧结后B_4C块的密度达不到，而且尺寸精度也不符合要求。

为了攻克这一难题，吕海波与有关同志一起，经过反复实验终于研究出一种双向压制再加一次换向压制的新工艺，较好地攻克了这一难关。但在研究中是采用带玻璃罩真空炉进行烧结，每一炉只能烧4块产品，一炉从升温、烧结到降温出炉历时6小时，当年的生产任务是6000块，这样要完成任务是十分困难的，而且玻璃罩又极易损坏，给完成任务带来更大的难度。吕海波又带领团队大胆改用碳管炉，在氢气保护下进行烧结，每舟可装16块，而且可以连续推舟烧结，所得产品进行各项性能检测，均达到预订要求。这样便多、快、好、省地完成了该项重大军工生产任务。1965 年为某反应堆提供了所需数量的 B_4C 块，1970～1978 年，为另一反应堆提供了近 5000 块 B_4C。经长期使用证明，我们研制的 B_4C 块体材料是具有良好的中子吸收、抗辐射和抗热震等性能。二机部确定中南大学为定点生产单位，该材料的研制与批量生产填补了我国在核工业用材料中的一个空白。

他为我国航空刹车材料的研发倾注了心血。1974 年随着我国民航事业的飞速发展，已先后引进了大量的民航飞机。进口的民航用金属基刹车材料的使用寿命约 350 次起降，这种易耗材料的国产化便节约了大量外汇。

吕海波从北京航空材料研究院了解到，我国引进的三叉戟民航客机需要从英国进口刹车片，不仅价格昂贵，而且常因不能及时供货而影响航班的正常运行，甚至影响到专机的飞行。为此我们向冶金工业部与中国民用航空局提出了承担三叉戟飞机刹车片国产化的任务。得到批准后，研究所立即成立了研制小组。吕海波亲自参加有关研究，首先从刹车片的材质入手，确定以铁铜为基体进行研究。经过一年多的努力拼搏，从成分的筛选到成型与加压烧结工艺条件的摸索；从 M1000 的小试到惯性台的试验，最后经装三叉戟飞机的试飞，证明我们研制的材料已基本达到了英制刹车片的各项性能指标。但是在 1976 年试制的刹车片在使用寿命达 200 次起落左右时却发生严重的掉边掉角现象，这关系到这种新材料能否继续使用的问题。吕海波立即组织由检测人员与生产组成员组成的产品质量调查组，对生产过程中的每一种原材料取样进行分析，对每一道工序的记录和操作人员进行询问，对生产过程中的各阶段的中间产品和最终出厂产品进行反复的检查，经过近 20 天的调查研究，终于找出了刹车片掉边掉角是所用石墨粉的结构和含量控制不当、加压烧结工艺控制不严所致。针对上述问题，立即采取相应措施再经过反复试验，最终做出了全部达到英制刹车片的各项性能指标的产品，取代了进口产品，并获得了中国民用航空局适航司的生产许可证。从此我们可以独家批量生产三叉戟飞机刹车片，为国家节省了大量外汇，也开了大型客机刹车片国产化的先河。

进入20世纪80年代，我国民航事业有了飞速发展，先后引进了图-154和波音等大型民航客机。吕海波提出开展图-154飞机刹车片国产化研究工作，以扩大我所研制引进飞机刹车盘的品种和产量，既为国家节省了外汇，又扩大了粉末冶金研究所科研和建设经费的来源。由于我们有研制三叉戟飞机的刹车盘的基础，只用了一年左右的时间就完成了研制、试飞到生产的全过程，并取得民航的适航证。

研究人员在试制生产过程中发现按图-154M型飞机原有结构制出的刹车盘的骨架开裂，经过对开裂断口分析，晶粒很粗大，显然是在骨架与刹车片在高温下加压烧结过程中，晶粒长大所致。故改为将三叉戟飞机刹车盘骨架与刹车片通过铆接固定，解决了这一问题，通过装机试飞，各项性能良好不再开裂。

这一成果在与苏联专家交流后，得到了专家的高度好评。从此我们研制的图-154M型飞机刹车片不仅在国内各航班得到全面应用，还获得了苏联民航总局颁发的生产许可证，这也是我国首次获得国外航空公司颁发的许可证，其意义十分巨大。我们生产的图-154M型飞机刹车片从此可以销往苏联及东欧各国，为我国航空刹车片材料进入国际市场迈出了可喜的一步。因此“图-154M飞机GKT-141E、153A刹车副的研制”获中国有色金属工业总公司1992年12月颁发的科学技术进步奖一等奖，吕海波是获奖者之一。

由于长期从事航空用飞机刹车材料的系统研究并取得了一系列重要科技成果，于1997年向国家科委申报“高性能粉末冶金飞机刹车材料制造”的发明奖，经过系列评审后，1997年12月终于获得了国家科委颁发的发明奖二等奖，吕海波教授是该发明奖的获奖者之一。

20世纪60年代后，我国航天航空工业发展急需解决导航系统中陀螺仪用钨基高比重合金的问题，随后在通信卫星中又提出需要一种密度更高的钨基合金。

在航天与航空事业中，为了提高导航系统的精度与准确性，提高陀螺转子的比重（密度）是关键。一般所用的转子材料为不锈钢或铜合金，其比重为8～8.9克/厘米^3，若能提高到17.5克/厘米^3，则可大大提高导航系统的有关性能。上级要求我们开展钨基合金的研究，该合金的比重≥17.5克/厘米^3，抗拉强度≥750兆帕，并有良好的机加工性能。

按W-Ni-Cu合金的比例确定合金成分，再按粉末冶金工艺进行成型与烧结，但当时实验室的条件很差，烧结用的设备为碳矽棒炉，常用温度为1320℃，而合金中W的含量高达93%，一般常在1420～1480℃W-Ni-Cu才能烧结。用碳矽棒炉烧结所得的合金密度只有14.8克/厘米^{3}左右，拼命提高烧结温度到1380℃所得合金的比重也只有15.8克/厘米^{3}左右，如何提高合金的密度便是关键问题。吕海波与课题组进行了系统的研究，在向当时的校领导黄培云教授汇报工作，黄培云教授建议改变配料方法去试试，根据这一思想，我们采用化学配料新工艺，终于研究出一套“二次热解还原”新工艺，由于所得复合粉末混合均匀，更重要的是所得复合粉末中含有大量超细具有极高活性的粉末粒子，使烧结性能大大提高，因此烧结温度得以大幅度降低，至1965年终于研制出比重≥17.5克/厘米^3，抗拉强度≥750兆帕的我国第一代W-Ni-Cu高比重合金，由吕海波教授亲自送北京和沈阳进行陀螺的动静平衡试验，至1966年这种新材料已经在我国第一颗人造卫星、第一枚洲际导弹和第一艘核潜艇中得到了成功应用，并两次得到了中共中央、中央军委和国务院颁发的嘉奖令。

在高比重合金的应用中，人们发现研制的高比重合金一般在加工成陀螺转子时，在动平衡实验中，材料的不均匀性十分突出。为了保证动平衡的需要，只能采用在转子的相关部位打孔的办法来解决。但是打孔后，在高速运转时便会产生噪声，影响陀螺的有关性能。为此在20世纪80年代我们接受了研制高均度、高比重合金的研究任务。因为一般研制的W-Ni-Cu高比重合金的膨胀系数较低，与陀螺中用的铍合金的膨胀系数相差较大，两者不相匹配，而影响陀螺仪的整体性能。能否研制出组织均匀、比重又足够高，而且膨胀系数又尽可能与铍合金相匹配的新型钨合金便成为一个新的更加艰巨的科研课题。同样我们又接受了大膨胀系数、高比重合金的研究任务。由于大膨胀系数的要求，我们只能在合金中增加具有大膨胀系数成分的含量，为了提高合金的均匀性，我们在配料工艺、成型工艺及烧结工艺等方面进行了系统研究，前后经过近十年的努力拼搏，我们终于完成了“高精度陀螺用大膨胀系数、高均匀度钨基合金研究与推广应用”这一课题，获得了1984年度国家科学技术委员会颁发的国家科学技术进步奖三等奖。

吕海波教授几十年来一直在粉末冶金领域不断耕耘、不断创新拼搏。他不仅是一个领导者，而且亲自深入科研第一线与广大科技工作者一起进行科技攻关，除了前文所述的各种奖励外，吕海波教授还获得了下述国家及省部委级奖励。

1959年，被评为湖南省先进工作者，参加湖南省的劳动模范代表团赴北京参加国庆十周年观礼。

1984～1987年，被聘为湖南省第一、第二届科技专家顾问委员会委员。

1985年，在国防科工委、国家计委、国家经委、国家科委联合召开的全国国防军工协作会工作会议上获先进个人称号。

1988年，获国防科工委授予从事国防科技30年献身国防科技事业荣誉证章。

1991年，获政府特殊津贴。

1985年，“钨基合金及表面硬化处理的研究”获国家科学技术奖三等奖。

1986年，“高均匀度、高致密度碳化硼气体动压轴承材料”、“中等功率发动机用粉末冶金连杆轴承材料”、“高均匀度、高比重合金的研究”三项研究均获得中国有色金属工业总公司科学进步奖三等奖。

1987年，全面提高硬质合金质量“六五”攻关中“仲酸铵制取兰钨、钨粉的研究”获国家科学技术进步奖一等奖。

1988年，“粉末冶金钨接点”获国家科学技术发明奖三等奖。

1990年“精密机床用轴承合金的研究”获中国有色金属工业总公司科学技术进步奖三等奖。

1998年“超细钨粉及超细硬质合金的研究”获四川省人民政府科技进步奖一等奖。

吕海波教授在完成科学研究工作的同时，还先后发表了近100篇有较高水平的论文。

我国粉末冶金专业的创始人之一

吕海波教授是中南大学粉末冶金研究所的创始人之一，半个多世纪里他一直在为中南大学粉末冶金研究所的建设而努力拼搏。

首先是粉末冶金实验室的建设。众所周知，粉末冶金技术是一门实践性很强的科学技术。建所初期，由于我们没有必要的实验设备，既没有1400℃以上的高温烧结炉，也没有氢气制造系统，所以部分科研课题进度受影响，高比重合金研究从1962年正式立项，因为没有氢气高温炉直至1964年均没有得到突破性的进展，因此必须加强实验室的建设。在氢气发生系统的建设上，从小型土电解槽的建设到现在的氢气站的建设都凝聚了吕海波的心血。因为新材料研究室（粉末冶金研究所的前身）是在粉末冶金教学实验室的基础上发展起来的，原有实验室面积有限，由于国防用新材料研制任务不断增加，人员和设备随之迅速发展，原有特冶楼实验室实在挤不下，只得在学校的帮助下，将实验室建在各兄弟系的楼房中。因此研究室分散在五处，相距较远，给工作和管理带来许多不便。吕海波积累生产飞机刹车片的利润，作为筹建新址的资金。于 1976 年在学校西区（即现在粉末冶金研究院院址），开始筹建，1978 年建成 3660 米^2 的科研大楼，拥有生产试制车间、氢气站、配电房、物资仓库和一部分教学实验室等水电气配套设施，并进行全面绿化，从此粉末冶金所变成一个占地 25 000 米^2，建筑面积约 10 000 米^2 的集教学、科研、生产三位一体的专业研究所。

其次是人才培养。粉末冶金研究所（院）是中南大学所办专业的试点，因此从建所开始便十分重视人才的培养。从 1960 年至今的半个世纪里，粉末冶金研究所每年都接收粉末冶金专业的本科生，我校 1960 年开始办研究生班，在全校保送的 30 名研究生中粉末冶金专业便占了三名，从 1961 年起便正式招收研究生。吕海波教授是我校较老的博士生导师，是当年经国务院批准的博士生导师之一，他先后带过的硕士、博士近 50 名。他的学生已成为我国粉末冶金战线的知名人士。

投身我国粉末冶金学会推动学术交流

我国粉末冶金领域的学会开始于中国机械工程学会粉末冶金学会的建立，在 20 世纪 60 年代黄培云教授为该学会的副会长，吕海波教授为理事。1962 年，冶金工业部组建了中国金属学会，粉末冶金学术委员会黄培云教授任主任委员，吕海波教授任秘书至中国有色金属学会成立，我们又成立了中国有色金属学会粉末冶金与金属陶瓷学术委员会，黄培云教授任主任委员，吕海波教授任副主任委员兼秘书长。随着形势的发展，我国先后组建了中国机械工程学会粉末冶金分会、中国金属学会粉末冶金分会、中国有色金属学会粉末冶金与金属陶瓷学术委员会、中国机协粉末冶金分会、中国钢结构协会粉末冶金协会等三个学会、两个分协会的局面，为了统一国内学术交流，特别是与国外的学术交流，2000 年经过五协学会的协商，成立了中国粉末冶金五协学会联席会议，黄伯云教授任主席，吕海波教授任秘书长。几十年来，吕海波教授一直在为学会的发展努力工作，为我国粉末冶金的学术交流成功地组织了多次全国性的学术会议，吕海波教授已成为我国粉末冶金学会的主要活动家之一。

简　　历

1931 年 9 月	出生在江西省九江市。
1951～1952 年	在武汉大学矿冶系学习。
1952～1965 年	因院系调整到中南矿冶学院有色金属冶炼专业硬质合金专门化学习并毕业。
1956～1960 年	任中南矿冶学院粉末冶金教研室助教、实验室主任。
1960～1979 年	任中南矿冶学院特冶系新材料研究室主任。
1980～2004 年	任中南工业大学粉末冶金研究所第一副所长、教授、博士生导师。
1984～2001 年	任湖南省第一、第二届科学技术专家顾问。
1978～2000 年	任中国金属学会粉末冶金分会、中国有色金属陶瓷和粉末冶金学术委员会副主任委员兼秘书长。
1991 年	享受国务院政府特殊津贴。

主 要 论 著

1　温金海，黄伯云，吕海波，等．高性能抗磨损涂层的进展．材料导报，1994，(4)：19-23.

2　罗序明，吕海波，马福康．碳化钛基金属陶瓷的燃烧合成致密化．中国有色金属学报，1995，(4)：141-144.
3 吕海波，王四清．种晶法控制金刚石成核的合成工艺研究．人工晶体学报，1997，(1)：58-64.
4 吕海波，母育锋，李新军．熔体过热度对雾化过程的影响．中南工业大学学报（自然科学版)，1997，(2)：50-52.
5 吕海波，陈芃，王四清．石材切割锯片金刚石刀头磨损状况的研究．粉末冶金材料科学与工程，1997，(3)：159-162.
6 李晨辉，吕海波，刘雄飞．镀 TiN 金刚石与结合剂之间的结合状态研究．粉末冶金技术，1999，(4)：243-247.
7 管伟明，吕海波．喷射沉积技术在贵金属领域的应用前景．粉末冶金工业，1999，(5)：32-34.
8 李新军，孙红英，吕海波，等．PIM 中高分子裂解脱除过程的数学模型．中国有色金属学报，2000，(5)：672-675.
9 林峰，吕海波，冯吉福，等．采用过渡层合成金刚石复合片研究．粉末冶金技术，2007，(3)：185-188，193.

周　令　治

（1932～　）

周令治，有色稀散金属冶金专家，我国稀散金属冶金学科的带头人。他长期从事稀散金属冶金科研工作，对稀散金属提取冶金的科学研究和工业实践做出了开创性的贡献。他主持了对稀散金属基本状况的全国性普查，为国家制订稀散金属发展规划提供了基础资料。他在稀散金属冶金理论研究和实践方面的学术成果，为我国稀散金属学科建设和产业发展发挥了重要作用。

周令治，1932 年 1 月 24 日生于四川省江北县下横街（今重庆市江北区）。

1952 年考入云南大学矿冶系有色金属冶金专业学习，1953 年 7 月 1 日在云南大学加入中国共产党，1954 年院系调整，他成为昆明工学院的学生。1956 年毕业时被评为“五好学生”并被国家选派送苏联留学。时值中苏关系有变，留苏等待了两年。在此期间，他到北京有色金属工业综合研究所（现北京有色金属研究总院）及国内几个主要有色冶金厂矿进修。

1959 年 1 月赴苏联莫斯科有色金属黄金学院攻读研究生，师从 Ф. М. 罗斯库托夫（Ф. М. Лоскутов），研究锌生产中锗的提取。近三年的苏联留学使他打下了坚实的学术基础，形成了治学严谨的学风。1962 年 6 月他如期进行毕业答辩，21 位评委全票通过而获得苏联科学技术副博士学位。

1962 年回国后分配到北京有色金属研究总院从事科研，任实习生、技术员。1963～1964 年国家开展“09（国防）工程”，周令治受命主持组建保密的铂族金属实验室生产线，他舍去较熟知的稀散金属领域，从零开始，通过科学实验与艰辛努力，及时圆满完成了“09 工程”对大量高纯铂族金属紧急需求的任务，同时为回收铂族金属单位的兴起和扩增国内铂族金属的生产起了推动作用。

“文化大革命”期间，科研工作被迫停顿，他也在 1969～1970 年下放云南草坝农场劳动。1971 年 9 月他被调入国家正在组建的广州有色金属研究院，历任技术员、工程师、高工、教授级高工，1980 年任职院副总工程师。在广州有色金属研究院，他重新开始了稀散金属的研究生涯，直到 1992 年年满 60 岁退休。

稀散金属通常是指镓、铟、铊、锗、硒、碲及铼等七个元素组成的一组化学元素。直到 1925 年发现铼为止不过 88 年，是一门新的学科。国外稀散金属的生产始于第二次世界大战，因稀散金属在军工、高新技术中的重要作用而获得长足发展。旧中国 28 家有色金属企业无一家回收稀散金属，中华人民共和国成立后，因国防及经济建设急需，到 1960 年我国实现了 7 个稀散金属的小型工业化生产。在周令治所处的年代，我国稀散金属工业还是幼小的产业，国内外学科力量也十分薄弱。在这积弱贫瘠的学术荒地上，周令治开始了拓荒的耕耘。

他首先注意到我国稀散金属的家底不清、方向不明是制约稀散金属产业发展的重要因素。1972 年和 1980 年周令治受命于冶金部和中国有色金属工业总公司，两次主持各为期一年的对稀散金属资源与生产的全国性普查。周令治与调查组成员深入国家储委、地质、矿山、冶炼等部门企业，基本摸清了我国稀散金属的实际状况，并为国家提出了1972～1993年关于稀散金属发展的多个“五年规划”，为国家的战略规划与决策提供了宝贵的基础资料与建设性意见。

他是我国铟、锗工业发展的主要技术开拓者。1957年，他就开始关注锌冶炼中锗回收的问题。1963年及之后，他相继发表了《关于烟化炉（提锗）的某些问题》、《沸腾焙烧硫化锌精矿时可挥发金属锗镉及铅富集过程的研究》、《关于还原沸腾焙烧》等论文对锌冶炼中回收锗的理论与实践进行系统的阐述。1973年周令治组织与主持了株洲冶炼厂“从锌浸出渣中综合回收铟锗镓工艺研究”，历经2年多的实验和工业实验，研究成功了“综合法回收铟锗镓工艺”，开辟了我国综合回收铟、锗、镓之新路，达到了国际先进水平。该技术1977年获冶金工业部科学大会奖，1979年获广东省科学大会奖，1980年获国家科委、计委、经委及财政部“全面完成六五国家科技攻关项目纪念证”。其后萃取工序经其他同事进一步完善为现在的“回收铟、锗、镓的全萃法”新工艺，D_2EHPA的萃铟工艺也成为现在提取铟的主流技术。

我国有丰富的含锗煤资源，当时提取技术落后，锗的回收率不足50％。1990年，周令治指导研究生进行高温弱还原挥发煤中锗镓的研究并获得成功，继而在云南临沧地区冶炼厂扩大工业实验中创造性地发明了“一步挥锗新工艺”，摒弃了原来两次挥锗的老工序，将锗回收率由50％提高到80％。技术的创新，促成了多地建厂提锗的新局面，我国锗产量陡然剧增。至今我国从煤中提锗的技术均来自一步法挥发锗的技术。

周令治，是我国稀散金属学术活动的组织者，1979～1993年任中国金属学会稀冶学委会委员、副主任，中国金属学会稀冶学委会稀散金属分会组长。1980～1993年任中国有色金属工业总公司稀散金属科技协作组组长。1979～1993年克服无经费等困难，创造条件组织与主持了五届全国稀散金属学术会议及全国第一届稀散金属应用学术会议，并且编撰了历届稀散金属学术会议论文集。周令治尽心尽力，开启与推动了全国性稀散金属学术活动，活跃了我国稀散金属学术氛围，推动了我国稀散金属科研与冶金生产技术的结合和发展。

他总结当代国内外和个人稀散金属的科研、生产成果，博采众长，以稀散金属的综合回收技术为重点，撰写了《稀散金属冶金》、《稀散金属手册》、《稀散金属提取冶金》、《有色金属进展（稀散金属篇）》等学术专著，对我国稀散金属学术发展影响甚广。

他作为一位知名的稀散金属学者在社会活动中亦发挥重要作用，1982年任国家有色金属工业管理总局技术经济委员会委员，1984年为全国536名学位评定人之一，被评为研究生导师，1987年任中国有色金属工业总公司高级专业技术职务评审委员会成员，1992年享受政府特殊津贴。

周令治在稀散金属冶金学术领域勤奋耕耘，专注一生。他的专业成就、学术专著与学术活动为我国的稀散金属工业发展成为优势产业做出重要了贡献。

提出制粒还原挥发稀散金属新工艺

1957～1963年，他在北京有色金属工业综合研究所进修与留苏后被分到北京有色金属研究总院，其间参加了会泽及赫章氧化铅锌矿提锗与溧水铁矿提锗的科研与半工业试验。1963年年初周令治受邀在会泽冶炼厂及昆明冶金研究所作了“关于烟化炉（提锗）的某些问题”的学术讲座，讲述了还原挥锗等的理论与实践问题。由于论述很有见地，于实践有用，该讲稿于1963年

8月由云南金属学会自选为单行本印发。周令治对此相继发表了《沸腾焙烧硫化锌精矿时可挥发金属锗镉及铅富集过程的研究》、《关于还原沸腾焙烧》等论文进行深入阐述。随后，他指导研究生作了“还原沸腾焙烧锌焙砂新工艺和其中锗的行为研究”和“煤中提锗研究”两项研究课题，均着重研究了制粒还原挥发该料中稀散金属的行为与提取工艺，证实了制粒还原挥发是从该料中提取稀散金属的好方法。

开辟了湿法炼锌生产综合回收铟锗镓新技术

1973～1975年周令治组织与主持了株洲冶炼厂“从锌浸出渣中综合回收铟锗镓工艺研究”项目，提出了试验工艺路线。在同事们积极参与下，他与工厂、长沙有色冶金设计院等协同人员一起夜以继日地进行小试与半工业试验，历时两年多研究成功了“综合法回收铟锗镓工艺”，即还原离解铁酸锌-D_2EHPA萃铟-丹宁沉锗-A101萃镓工艺。提铟工序研究成功后便立即投产，使株冶产铟量很快跃居全国前列。该工艺的研究成功，开辟了我国综合回收铟、锗、镓的新路。1975年经冶金部鉴定，认为：“技术上完全可行，经济上较为合理，目前是比较先进，建议设计建厂”。“通比国内外此工艺属国际先进水平”。该成果获得1977年冶金工业部、1979年广东省科学大会奖，以及1980年国家科委、计委、经委及财政部的“全面完成六五国家科技攻关项目纪念证”褒奖。其后萃取工序经其他同事进一步完善为“回收铟、锗、镓的全萃法”新工艺。D_2EHPA的萃铟工艺也成为现在我国提取铟的主流工业技术。

（1）开辟了回收有色冶金废渣中锗镓工艺。1988年周令治认识到金属铁可富集镓的现象，主持进行了还原熔炼有色金属冶金厂矿含铁废渣回收锗镓的科学研究，获得成功并据科研成果提出了“废渣—还原熔炼—电解分离回收铁与稀散金属”的工艺。

周令治又指导研究生开展“Fe-Ga/Ge合金分离及镓与铁的综合利用”的研究课题，研究论文给出了理论与工艺结果，学位委员会决议书指出该论文“具有一定现实意义。在有色系统开拓一条生产黑色金属的道路是该论文独到之处”。当时，临沧地区冶炼厂积有大量的含锗铁渣，多年没法回收其中的锗，工厂处在锗生产与经济低迷的尴尬局面。周令治等用上述研究成果帮助该厂成功地处理了含锗铁渣而生产出锗，使该厂收入突增，使该厂走出低迷并获得发展。当今有色冶金产能扩大，废渣量大增，用周令治的这一思路来处理废渣和综合回收其中有用金属，消除了环保及占用土地等隐患。变废为宝的资源化处理，具有重大而长远的意义。

（2）研究成功“一步法从锗煤中提锗”的技术。周令治指导研究生进行制粒高温弱还原挥发煤中锗镓的研究取得成功后，在工厂扩大工业试验中他的研究生更创造性地改进了炉型与送二次风，使煤气尘中锗等氧化完全与挥发，发明创造出“一步法挥发锗”的新工艺，摒弃了原来收尘后再挥发的两次挥锗老工序，既快速经济，又将锗的回收率由50％提高到80％多。工艺的改进创新，一时促进多地建厂提锗的新局面，令我国锗产量陡然剧增。这一技术现在是我国煤锗的提锗的基本技术，在主产地云南、内蒙古等地广为应用，使我国的煤锗产量增至锗总产量的60％，成为我国重要的锗来源，为我国军工与高新技术的发展提供了重要的保障。

为我国制订稀散金属
发展规划提供翔实的论证

为满足国家经济建设与国防需求，摸清我国稀散金属底子及现状，冶金部和中国有色金属工业总公司向国家提出发展规划与建议，先后下令周令治组织与主持两次全国性的稀散金属普查。

周令治与广州有色金属研究院及北京有色金属研究总院的多名参与者，各历时一年，走访了国家有关部委、国内主要厂矿、院所等单位。普查后，周令治撰写出如下报告给有关部门——《冶金工业部稀散金属·铂族金属调查组总报告》（1973 年 1 月）、《稀散金属调研报告及 1982～2000 年技长远规划草案》（冶金部长沙有色金属长远规划会议，1983 年 8 月）、《有色金属进展》（第 28 篇，稀散金属）（中国有色总公司，1984）、《稀有金属工业发展规划·稀散金属》（北京稀有金属规划会议，1985）、《新中国有色金属工业·稀有金属工业·第九章稀散金属冶炼工业》（当代中国有色金属工业 1987）等。这些成果为1972～1993年国家稀散金属的“五年规划”，以及部领导的规划与工作决策提供了基本咨询资料与建议，获中国有色金属工业总公司科技进步二等奖（（85）中色科字第 0808 号-29）、《有色金属进展》获中国有色金属工业总公司一等奖（（86）中色科字第 0191 号）。

1989 年 9 月 27 日，地矿部、国家计委、国家科委发布《关于继续进行矿产资源对建设保证程度论证的通知》（地发（1989）326 号）。1990 年 2 月，中国有色金属工业总公司予以转发，要广州有色金属研究院作参与单位（中色科字第 90 号文），院令周令治完成。为此周令治完成了《关于继续进行矿产资源对建设保证程度论证·关于（我国）稀散金属产供销及预测的报告》报送中国有色金属工业总公司；1990 年 10 月 11 日按国务院地矿部的要求，向国家相关部门提交了《关于报送我国分散元素矿产资源对建设保证程度的论证报告》，报告提供了有关我国稀散金属的资源现状、开发利用条件、到 2000 年对资源的需求及其保证程度、产供销及展望等翔实的论证材料，对国家制订战略规划和决策具有重要价值。周令治圆满完成了任务，受到上级表彰。

开拓稀散金属的物质组成与赋存状态研究

在20世纪70年代之前，国内外对稀散金属的物质组成与赋存状态的研究与报道极少。周令治认为要迅速发展我国稀散金属工业，为提取稀散金属提供理论依据及提取途径，进行此项研究是最基本之举。周令治在经费困难的条件下，排除急功近利之惑，积极开展了国内外矿产、工业副产物等中的稀散金属的物质组成与赋存状态的研究，如锌浸出渣中的铟锗镓、密闭鼓风炉炉渣中的镓、竖罐炼锌罐渣中的铟锗镓、锌回转窑窑渣中的铟锗镓、有色冶炼厂废渣炼得Fe-Ga/Ge合金中的镓锗、扎伊尔锗石中的锗、有色冶炼厂酸泥中的硒碲、无机化工厂酸泥中的硒碲、火电厂烟尘及煤渣中的锗等，研究考察了这些稀散元素在其中的物质组成与赋存状态。在研究中，不少化学分析、X射线衍射检测工作得到其他教授、专家的大力支持，对准确、快速地完成大量物质组成与赋存状态课题研究起了重要作用。这么多的稀散金属的物质组成与赋存状态的研究均属开拓性科研工作，其成果填补了国内外空缺，对国内研究提取稀散金属帮助极大，如从锌浸出渣中提取铟锗镓、从废渣炼得Fe-Ga/Ge合金中回收镓锗及铁，以及从煤中提锗等技术的成功，均为相关物质组成与稀散金属赋存状态的成果奠定了基础。这些成果大大丰富了稀散金属的学科知识，也大大促进了提取稀散金属技术水平的提高，无疑也是留给未来的一笔财富。

1980～1991年，为推动稀散金属的扩大应用，周令治主持了稀散金属低熔合金(5～60℃，后扩到60～115℃）的研制，获得了较优制备工艺、技术控制及设备数据。1988年，他指导硕士研究生做了“稀散金属铟对Cu-Al合金的组织和抗失泽能力的影响研究”的课题，研究查明了掺入微量稀散金属能使Cu-Al的自然腐蚀电位负移，表面活性提高；能使Cu-Al晶粒细化；能削弱 Cu-Al 的择优取向而促使 Cu-Al 趋于均匀腐蚀，从而使仿金合金的抗蚀能力较普通的高出 5 倍并找到了掺稀散金属的量，使“点铜成金”的仿金装饰品更具竞争力。与此同时，周令治主持了稀散金属仿金合金的研制，成功选定了仿金制备之工艺与技术，试制中更发现了直接浇铸表面具有类非晶结构，其抗蚀能力特优，极具潜在的使用价值。

笔耕不断严谨著学

在主持两次全国稀散金属普查过程中，周令治深切感到我国稀散金属储量十分丰富，处理含稀散金属的厂矿较多，但综合回收者少，技术上颇需完善与提高。为了国家富强，增加高新技术急需的稀散金属的生产，周令治首先想到要鼓励全国重视与加快发展稀散金属生产，他认为有效的方式是写专著供管理者和生产者参考与借鉴。为此，周令治总结了国内外的科研、生产成果及个人数十年从事稀散金属的科研成果，博采众长，择优使用，力求做到点出理论、着眼实用、开拓思路，以稀散金属的综合回收技术为重点来撰写。从 1974 年起，他陆续在刊物上发表了有关稀散金属（铼、镓、铟、锗、硒、碲、铊等）的文章，之后在冶金工业出版社的大力促成下，周令治的《稀散金属冶金》一书于 1988 年面世，由于实用性强，受到国内科研院所、生产厂家及管理者的厚爱。很多买不到书的人写信、打电话或上门向周令治索要，可见对该书需求之急切。1993 年又出版了周令治与他人合编的《稀散金属手册》。多年过去了，有关方面希望有新的提取稀散金属的专著面世，为此周令治等写了《稀散金属提取冶金》，并于 2008 出版。新的专著系统地论述了国内外直到 2007 年的有关稀散金属（镓、铟、铊、锗、硒、碲及铼）的概论、地球化学与资源、用途、物理与化学性质、选矿、综合回收技术、再生、高纯金属制备，以及环境中的稀散金属等，为稀散金属发展又添一砖。此外周令治还在国内外发表学术论文 70 余篇，但因故没能出席英国 Pymetallurgy’87 与日本EARTH’91 的国际学术会议。周令治还为《中国冶金百科全书》、《有色金属进展》、陈家镛院士的《湿法冶金》写了稀散金属相关的章节。

“想为稀散金属的发展呐喊一声！”正如周令治在几本专著的前言中所述，这数本专著的出版达到了他“期望它们能从旁给从事稀散金属的科研、生产、应用、教学与管理工作中的人们以有益的支援”的朴素初衷。的确，他的呐喊唤起了一代又一代的人为我国的稀散金属事业铸造辉煌。

开启与推动全国性稀散金属学术活动

1979～1993 年，周令治主持中国有色金属学会稀散金属分会及中国有色金属工业总公司稀散金属科技协作组的工作，当时国内外还从未曾召开过稀散金属全国性的学术会议。周令治为了鼓励全国重视与发展稀散金属工业，主动联合中国稀有金属情报网，克服无经费等困难，创造条件组织与主持了五届全国稀散金属学术会议（1980 年广州，1984 年广州，1987 年成都，1990 年厦门与 1993 年西昌），以及全国第一届稀散金属应用学术会议（1981 上海），编辑了历届稀散金属学术会议论文集。我国稀散金属工业刚起步，尽管是从未有过的全国稀散金属学术会，但每届与会代表过百，代表踊跃与会之激情和提交论文之多，体现了各界同行对促进祖国稀散金属事业发展的重视，体现了对稀散金属学术的热切支持与渴求。为配合全国稀散金属学术会议活动，供代表及有关单位更多更广地拥有国内外稀散金属的发展资料，有利于规划、科研与生产，周令治每届都特别检索了国外多年多种文献，撰写出年度的稀散金属年评并在会议上宣讲，他还策划编译了《稀散金属译文专集》及《当代高新技术的支撑材料-稀散金属（稀散金属应用专集）》2 辑等，大大开阔了我国稀散金属科技人员的视野。周令治尽心尽力，开启与推动了全国性稀散金属学术活动，为我国从事稀散金属的工程技术与管理人员提供了稀散金属科研、生产与管理的论述、经验、信息与成果的交流平台，让与会者收益颇丰。稀散金属学术会议的成功举办，活跃了我国稀散金属学术氛围，促进了我国稀散金属科研与冶金生产技术的结合和发展，为相关企业提供了重要的科技与人才信息，受到各方及同行的喜爱。有成效、有声势的学术活动，也受到学会及中国有色金属工业总公司的多次表彰。

周令治在学术界是有影响力的学者，他的威望不仅建立在学术成就上，而且与他的谦和为人和学术道德风范分不开。他在指导学生或他人写成的论文中从不署名第一作者，在引用他人的观点、成果时总不忘清楚注明。他的著作中的有些参考文献，因当时收集上的疏漏不合出版规范而被编辑删去，他为此常感歉疚。多年来周令治及时无偿地给国内及国外一些单位、个人提供相关资料，也结交了众多同行朋友。其中很动人的事是在 1990～1998 年，周令治任《中国冶金百科全书》稀散金属分篇主编，组织国内稀散金属的工业生产、科研及高教专家学者 28 人参与、撰写、审定《中国冶金百科全书》稀散金属条目 45 条，共 61.1 千字，历时 8 年。参与者不厌其烦，数易其稿，精心而科学地完成了工作。多年来每当国内涉及稀散金属工作问题的时候，政府部门、学会及厂矿院校的人多会说："去找广州有色金属研究院，找周令治！"这表明社会已经认可了周令治是我国稀散金属事业崛起与发展的推动者。虽然周令治把这当成对他的鼓励，然而每每遇此情形时他总说，他更想听到更多他人的成就。是的，他坚信，我国稀散金属事业必是一片大好！

（陈少纯）

简　历

1952 年 9 月～1954 年 9 月　云南大学矿冶系学习有色金属冶金专业学习。

1954 年 9 月～1956 年 7 月　昆明工学院冶金系有色金属冶金专业（院系调整独立而成）学习，五好学生。

1956 年 10 月～1957 年 2 月　北京俄语学院留苏预备部补习俄语，待去苏留学。

1957 年 2 月～1958 年 12 月　北京有色金属工业综合研究所（现北京有色金属研究总院）及国内几个主要有色冶金厂矿进修。

1959 年 1 月～1962 年 6 月　苏联莫斯科有色金属黄金学院留苏研究生，师从 Ф. М. 罗斯库托夫（Ф. М. Лосскутов）。

1962 年 6 月　如期答辩，21 位评委全票通过而获得苏联科学技术副博士学位。

1962 年 10 月～1971 年 8 月　在北京有色金属研究总院科研工作，实习生、技术员。

1971 年 9 月～1992 年 1 月　在广州有色金属研究院科研工作，工程师、高工、教授级高工、硕士生指导导师。

1980～1992 年　任广州有色金属研究院副总工程师退休。

主要论著

1 Чожу Лин-цзе. Изучение процеса концентрации летучих металлов（германия, кадмия и свинца）прибжиге цинковых концентратов в кипящем слое（Дис。），196206 Москва. 1962.

2 周令治．沸腾焙烧硫化锌精矿时可挥发金属锗镉及铅富集过程的研究．冶金技术，1963，(7)：43-45.

3 周令治．关于还原沸腾焙烧．国外重有色金属，1964，(4)：17-19.

4 周令治．综合利用氧化铅锌矿的商榷．有色金属，1964，(2)：46-49.

5 周令治．稀散金属（概论；铼；镓，铟；锗；硒，碲，铊）．国外稀有金属，1974，N1 PP1-54；N4 PP1-67；N5 PP1-55；N6 PP1-54.
6 周令治．从锌浸出渣中回收铟锗镓//全国首届稀散金属学术会议论文集．《稀有金属》杂志社，1980，7-18.
7 中国有色金属工业总公司（执笔-周令治）．有色金属进展·第28篇·稀散金属．广州：广州有色金属研究院．1984：1-93.
8 中国金属学会（执笔-周令治）．有色金属工业国内外科技水平和差距·稀散金属工业的地位和差距．北京：中国科协，1984：128-131.
9 周令治．有色金属等资源中稀散金属的综合利用．有色金属工业，1986，(24)：13-19.
10 周令治．氧化-还原沸腾焙烧锌精矿新工艺中稀散金属等的综合利用//成都全国第三届稀散金属学术会议论文集，1987：36-40.
11 《当代中国有色金属工业》编委会（执笔-周令治）．新中国有色金属工业·稀有金属工业·第九章 稀散金属冶炼工业．北京：《当代中国有色金属工业》编辑部，1987：221-236.
12 周令治．稀散金属冶金．北京：冶金工业出版社，1988.
13 周令治，陈少纯．氧化-还原沸腾焙烧锌精矿新工艺．有色金属，1989，(6)：17-20.
14 周令治，邹家炎．稀散金属手册．长沙：中南工业大学出版社，1993.
15 周令治．环境中的硒对人类的影响．世界有色金属，1992，(7)：12.
16 周令治，邹家炎．稀散金属等的当前态势及其在海湾战争中的应用．西昌全国第五届稀散金属学术会议论文集单行本，1993：1-19.
17 中国有色金属工业总公司（执笔-周令治，邹家炎）．有色金属进展·稀有金属与贵金属·第八册 稀散金属．长沙：中南工业大学出版社，1995：325（1）-367（43）.
18 周令治，邹家炎．当代高新技术的支撑材料——稀散金属//邱定蕃．有色金属科技进步与展望．北京：冶金工业出版社，1999，303—311.
19 周令治．镓铟铊锗的湿法冶金//陈家镛．湿法冶金手册．北京：冶金工业出版社，2005：1442-1485.
20 周令治，陈少纯．稀散金属提取冶金．北京：冶金工业出版社，2008.

秦 福

（1932～ ）

秦福，半导体材料技术专家。在国内率先研制出砷化镓、砷化铟及锑化铟等一系列单晶材料。在承担国家科委大规模集成电路用硅材料国产化攻关课题中，作为主要研究人员之一，研制出大规模和超大规模集成电路用优质硅单晶。取得多项国家科学技术进步奖和部级科学技术进步奖，并获得发明专利金奖。荣获国防科学技术委员会授予的“献身国防科技事业”荣誉证章。1988年被授予国家级“有突出贡献的中青年专家”称号。

秦福，1932年2月23日出生于辽宁省绥中县靠渤海湾的一个农村——白龙滩屯。从他记事时起就在日本人的压迫下生活。父亲早逝，历史上除他大哥是一名铁路员工外，全家人祖祖辈辈都是农民。家里对他读书没有什么更高的期盼，幸运的是他考上了中学，继而被组织选派到国外学习，完成了大学学业并在国家支持和领导关怀下从事自己热爱的半导体材料研究事业。

他7岁那年开始上学，就读于离家不算太远的万宝山小学。

1944 年冬考取了辽西省立绥中国民高等学校，1945 年日本投降后改为辽宁省绥中中学。1951 年考取了东北工学院，1952 年夏季经组织选拔并通过考试，于同年 9 月作为留苏预备生于北京俄文专修学校学习俄文。一年后，即 1953 年 8 月出国，被分配到苏联乌拉尔工学院学习，专业为有色金属冶金。在 5 年的学习过程中，他成绩优异并于 1958 年 6 月获得优秀论文后毕业回国。

1958 年 6 月下旬，他被分配到北京有色金属研究总院从事硅、锗及化合物等半导体材料制备和性能研究工作，任课题负责人。1980 年 12 月晋升为工程师。1987 年晋升为高级工程师（享受教授、研究员待遇），同年 8 月由国家人事部授予“有突出贡献的中青年专家”称号。1997 年退休后被有研硅股返聘为技术顾问直到 2006 年。2006～2008 年 7 月受聘于北京有色金属研究总院从事半导体锗、硅及硅基材料的技术名词词条编写工作。2008 年至今受聘为江苏省扬州顺大半导体材料发展有限公司技术顾问，从事太阳能电池用硅材料研发工作。

创建化合物半导体材料研究室

1958 年 7 月至 1959 年 12 月，秦福从事半导体硅多晶和锗单晶生长的研究。1960 年年初至 1978 年 7 月，根据国家需要和院里安排，秦福从事化合物半导体材料的制备和性能研究工作，任课题负责人。化合物半导体材料种类繁多，各具特色，性能优异，特别是在微波和红外等方面所具有的独特性能，是锗、硅等材料不能取代的。这些材料在国防建设和人民生活中占有极为重要的位置。对他而言从事该领域的研究工作与所学专业不对口，是完全陌生的，加之，又是属于国内开创性课题，他深感需要充实自身的东西实在太多，困难很大。化合物半导体材料是由两种或多种元素组成的，存在化学配比、组分挥发、晶体缺陷难以控制，以及易燃、易爆、毒性强等问题，课题本身难度很大。他一边坚持到院外，如北京大学、北京师范大学等高校听课学习，一边工作。在秦福的带领下，课题组共同努力，攻克众多关键技术难题，仅用不到一年的时间就成功地研制出化合物半导体材料中最有代表性的、国防工业急需的、我国第一根砷化镓单晶。之后根据国防科工委的要求，他对提高单晶质量和增加单晶品种进行了系统深入的研究，使其尽快达到实用水平。他带领课题组人员采用自身内表面经过喷砂和钝化处理工艺的石英舟取代外质涂层的石英舟。采用熔接籽晶，控制晶体生长方向，改善生长炉各加热区温度分布及掺杂等一系列关键技术，使单晶材料的纯度、完整性、品种和产量得到大幅度提高，仅用两年多的时间就达到了实际应用水平。从事该项研究的人员已由原来的三人增加到几十人，单晶生长工艺、原材料处理和单晶性能检测已形成了完整的体系，化合物半导体研究室已经粗具规模。在研究室工作的基础上，20 世纪 90 年代末国瑞电子材料有限责任公司成立。该公司目前已成为国内最大的化合物半导体砷化镓单晶生产基地，其产量不但满足国内器件单位生产的需要，还出口国外，带来了很好的经济效益和社会效益。

为了进一步提高化合物单晶质量，秦福于 1964 年采用德国和我国仅有的磁偶合法单晶生长技术，先后研制出化学配比好、纯度高、性能参数优异的砷化镓、砷化铟和锑化铟等单晶材料，其性能指标达到国际水平。研究成果在国防建设和尖端科学领域应用中发挥了极为重要作用。为表彰秦福为国防工业建设的贡献，1988 年 10 月 1 日，国防科学技术委员会授予他“献身国防科技事业”荣誉证章。

一心扑在大规模集成电路用硅材料研究的事业上

秦福 1978 年 8 月从事硅单晶材料的研究。硅单晶是制造集成电路重要的功能材料，用途广泛、用量大，是国防建设、人民生活及微电子工业中不可缺少的材料，是信息时代的主角。1980年他参加了由国家科委组织的从原辅材料到器件全国七个有权威单位组成的大规模集成电路用硅材料一条龙攻关课题，这是一项非常重要的系统工程。他除负责制备满足大规模集成电路要求的高质量单晶任务外，还负责各参加单位的协调工作。他工作勤奋、能吃苦、肯钻研，善于抓关键技术。硅单晶材料的质量决定器件的命运，因此他对影响单晶质量的诸多因素，如热场设计和配置，体内微缺陷行为和分布，氧、碳等杂质产生来源和控制方法，以及径向电阻率均匀性控制等进行了系统深入的研究。与此同时，他与承担大规模集成电路制造单位——清华大学微电子所在技术上经常沟通、密切合作，并通过各攻关单位共同不懈的努力，使硅单晶质量获得非常明显的提高。经过器件单位质量检测，单晶质量符合制造大规模集成电路的要求。1984 年和 1986 年，清华大学微电子所用攻关组提供的硅单晶抛光片先后成功地研制出 1KSRAM 和 16KSRAM 大规模和超大规模集成电路并通过了专家鉴定。国家科委组织的大规模集成电路用硅材料单晶一条龙攻关对我国半导体硅材料和集成电路事业产生了深远影响，是一个里程碑。国人靠自己的智慧和技术力量，将国内硅材料和集成电路的质量推向了新高度。在攻关期间秦福共获得的奖项如下。

1985 年 2 月，“大规模集成电路用优质单晶硅”获国家科学技术进步奖二等奖。

1986 年 10 月，“16KSRAM 超大规模集成电路用 ϕ50 毫米 P〈100〉高阻直拉硅单晶制备”获中国有色金属工业总公司（部级）科学技术进步奖二等奖。

1989 年 2 月，“ϕ3N〈100〉硅单晶抛光片及检测方法”获中国有色金属工业总公司（部级）科学技术进步奖二等奖。

1991 年 1 月，“3～5 μm 集成电路用 3～4 英寸硅单晶”获中国有色金属工业总公司（部级）科学技术进步奖一等奖。

1997 年 2 月，“3～5 μm IC 用 125mm 硅单晶（片）研制”获中国有色金属工业总公司（部级）科学技术进步奖一等奖。

严谨务实的科研工作精神

秦福勤于思考，肯钻研，严格要求自己，科研工作态度严谨。他所选择的研究课题既要有理论高度，又要有长远实际的应用价值和发展前景。强磁场作用下拉晶技术、吸除技术和重掺杂技术的研究就是这样的课题。

1992 年秦福承担了强磁场作用下拉制硅单晶技术研究课题。为了赶进度，在设备改造和磁场制造过程中，他每天都与工人师傅们工作在一起，出现技术问题现场及时解决。从磁场系统选择、设计、单晶炉设备改造到加工完成仅用 8 个月时间，而且一次安装、试炉就拉出了 3 英寸 MCZ 硅单晶，速度之快让人称奇。采用 MCZ 技术除生产高质量的单晶提供给器件单位外，他和课题组人员利用自制的测试装置，研究了晶体生长和非生长状态下熔体中不同部位流动速度、杂质输运机制及熔体温度波动范围等与磁场强度的依赖关系，获得了前所未有的研究结果。试验数据可以使人们从理论高度理解 MCZ 硅单晶纯度高、完整性好、有效分凝系数增加的幅度大、氧含量控制范围大而有效、电阻率分布均匀等的原因。他和课题组人员获得的研究成果具有非常大的理论指导意义和应用价值。研究工作非常辛苦，每次试验需要在熔体稳定状态下取几十个数据，需要连续数日不停地工作。在此期间，秦福还完成了制定 CCD 用硅材料的技术标准。该项研究成果共获得如下奖项。

1996 年 1 月，“MCZ 硅单晶生长技术及装置”获中国有色金属工业总公司（部级）科学技术进步奖三等奖。

1996 年 12 月，“红外电荷耦合器件用硅片规范”获中国有色金属工业总公司（部级）科学技术进步奖四等奖。

随着 ULSI 时代的到来，CMOS 工艺因其优异的特性深受人们的关注。大直径重掺硅单晶片作为外延衬底材料的需求十分迫切，而且用量在不断增加。所谓重掺是将选定的掺杂元素（通称掺杂剂）在晶体生长过程中尽可能多地掺入晶体中，接近或达到晶体的固溶度。砷、磷和锑等元素是 CMOS 工艺需要的 N 型衬底片最理想的掺杂元素，但它们的挥发性很强，其中有的在高温下可达数百个大气压，且毒性也很强，特别是砷的毒性。一般都采用直接投入法，即待硅料熔化后将掺杂剂直接投入熔体中。该方法不可取之处在于掺杂剂挥发量大，掺杂效率低，沉积在炉体和观察镜的挥发物破坏了晶体的生长环境，也极不安全。秦福从制备化合物材料工艺中得到启示，发明了一种掺杂扩散方法。其原理正是利用这些掺杂剂在选定的温度下自身产生的蒸汽压力特点，通过特制的石英挥发器的导管和喷口，将气化的掺杂剂直接喷射到硅熔体表面，同时向硅熔体深度扩散而达到掺杂目的。该方法特点是掺杂剂损失很少，掺杂效率和成晶率高，安全可靠。同时，他还研制成功行之有效的完整的尾气净化和渣物处理等环保治理工艺及装置。通过北京冶金建筑研究院环保所对炉前、工作间和尾气排放口等处检测，包括砷等掺杂元素的含量均低于国家标准。该项发明已得到推广并利用本项发明在顺义建成了重掺硅单晶生产基地。该项发明（专利号 ZL 01136694. X）于 2008 年 1 月在第十届中国专利评奖会上被评为金奖，获得中国专利局颁发的奖章。

20 世纪 90 年代后期秦福从事被称为硅片背面软损伤的吸除工艺研究。其目的是通过该工艺将杂质、点缺陷从硅抛光片正表面层，即从器件有源区移走并形成一个洁净区，即器件有源区，从而达到进一步提高器件性能和成品率的目的。他和课题组人员对已掌握的资料经过反复对比考虑，最终选择了投资小、工艺简单、容易操作、见效快的喷砂技术，并对砂子材质、粒径大小、砂浆配制比例、砂浆向硅片背表面的喷射力度及硅片清洗工艺等进行了系统研究。该项研究成果已在硅片生产中广泛应用。

秦福曾担任有研总院学术委员会委员，《半导体学报》编委会委员和《稀有金属学报》编委会委员。首批被聘为硕士研究生导师，共培养了11名学生。

（北京有色金属研究总院供稿）

简　历

1932年12月23日	生于辽宁省绥中县。
1939～1945年	辽宁省绥中县读小学。
1945～1951年	辽宁省绥中中学读初中。
1951～1952年	东北工学院学习。
1951～1953年	北京俄语学院学习。
1953～1958年	苏联乌拉尔工学院学习。
1958～1978年	从事锗、硅和化合物半导体材料的制备和性能研究。
1978～1997年	从事半导体硅单晶材料的制备和性能的研究。
1998～2006年	有研硅股技术顾问。
2007～2008年	受聘于北京有色金属研究总院从事半导体锗、硅及硅基材料的技术名词词条编写工作。
2008～	受聘为江苏省扬州顺大半导体材料发展有限公司技术顾问，从事太阳能电池用硅材料工作。

主要论著

1　秦福．单晶硅//田邦村，赵武壮，蔡显弟．国外有色金属生产技术经济指标统计手册．北京：中国有色金属总公司，1987：441-459.

2　秦福．金属材料（锗，硅半导体材料）//中国冶金百科全书总辑委员会．中国冶金百科全书．北京：冶金工业出版社，2001：43，112，676，874.

3 秦福．半导体材料制备//师昌绪，李恒德，周廉．材料科学与工程手册．北京：化学工业出版社，2004.

4 秦福等．锗，硅，硅基材料科学技术名词：6.1，6.2，6.10//全国材料科学技术名词审定委员会．北京：科学出版社，2010.

5 盛振鸣，秦福，万群．关于P型直拉硅单晶中旋涡形成的探讨．电子学报，1983，(11)：36-39.

张 椿
（1932～　）

张椿，半导体材料技术专家。他多年从事半导体硅材料的研究和开发，解决了多项重大关键技术难题。他承担了多项国家科技攻关重点项目，作为主要研究人员之一，成功地研制了我国首根 $\phi6''$、$\phi8''$、$\phi12''$直拉硅单晶，满足了我国科技发展的需要，填补了多项空白，取得多项重大科技成果，为我国半导体材料的发展做出了重要贡献。

张椿，1932 年 9 月 15 日生于北京市。1951 年，他以优异的成绩考入天津大学，在化工系无机物专业学习；1955 年毕业后分配到北京有色金属研究总院（当时称重工业部有色金属工业试验所，本文以下简称有研总院）这个国家有色金属行业最大的综合性研究院，历任技术员、研究组长；1965～1966 年，分别在四川峨嵋半导体材料厂（739 厂）和洛阳单晶硅厂（740 厂）任技术员，为两厂的建设和发展做出了重要贡献。

1979 年，张椿被调回有研总院，重新开展硅材料的研究开发工作，历任硅材料研究室副主任和主任、半导体材料国家工程研究中心主任、北京金鑫半导体材料有限公司总经理，先后被聘为工程师、高级工程师和教授级高级工程师；与大家一起出色地完成了国家“六五”、“七五”和“八五”科技攻关任务，建成了可生产直径4～8英寸硅单晶和抛光片的生产线，在国内率先研制出直径3英寸、4英寸区熔硅单晶和抛光片，为我国半导体材料科技事业的发展做出了重要贡献。张椿曾兼任中国有色金属学会半导体材料学术委员会副主任委员、中国电子材料行业协会半导体材料分会副理事长。

1992年，张椿获国务院政府特殊津贴；1992年，中国有色金属工业总公司和中国机械冶金工会全国委员会授予张椿“全国有色金属工业特等劳动模范”光荣称号；1995年，获“全国先进工作者”殊荣；1996年，被评为电子行业“八五”科技攻关先进个人。

张椿负责的国家“八五”科技攻关重点项目——“2～3μm IC用ϕ5英寸硅单晶（片）的研制”，于1997年获得部级科技成果一等奖、1998年获得国家科技进步二等奖，同时被评为“八五”国家科技攻关优秀成果。

张椿在半导体材料科学技术上的成就，主要表现在他参加和组织领导的半导体材料研究、开发和产业化实践中，同有关科技人员一起解决了多项重大关键技术难题，填补了国家多项空白，取得了多项重大科技成果，使硅材料的研发和生产始终处于国内领先地位；转变观念，积极推进成果产业化，实现从单一科研型向科研生产型的转变，产生了良好的经济社会效益；他还结合半导体材料的研发及产业化实践，撰写学术论文与科技报告，促进硅材料领域的学术交流与科技进步。

我国半导体硅材料早期的研究者

半导体材料是电子工业和信息工业极其重要的基础材料，对世界科技、工业、军事和经济的影响越来越大，而硅又是半导体中的“巨人”。张椿早在20世纪50年代，就来到了这个“巨人”面前，在国内较早地和它打交道，对它进行了深入的研究与开发。

20世纪50年代中期，年仅26岁的张椿大胆地在有研总院提出开展半导体硅材料研究的建议。1955年开始从事金属铍的研究、提取；1957年有研总院成立半导体硅材料研究组，张椿任组长，开始了$SiCl_4$的制取和提纯研究；1958年有研总院成立硅研究室（338室），先后开展用杜邦法和贝尔法制取多晶硅，最后进行了用西门子法制取多晶硅的研究。

20世纪60年代初期，这个年轻人和同事们一起通过改进$SiHCL_3$提纯工艺和设备，使多晶硅的纯度达到当时的国际水平；多晶硅P型电阻率与当时日本窒素公司水平相当；采用不锈钢筛板塔高塔精馏提纯$SiHCl_3$，改变了用石英塔精馏无法工业化生产的局面，节省了大量的资金并很快被国内各硅厂采用。

20世纪60年代中期，在国际对我国高技术进行严加封锁的背景下，而立之年的他就担负起了我国第一个半导体硅材料生产厂——峨嵋739厂多晶硅工段工艺流程设计和设备安装调试的重担。经过努力，担任副工段长的张椿做到了一次试车成功，在该厂建立了具有自主知识产权的生产线，表现非常出色。

“文化大革命”初期，我国知识分子处境非常困难，他出任洛阳单晶硅厂建厂总调度。在这个特殊的历史时期，他能够勇担责任、敢担风险，难能可贵！对进口的洋设备，他坚持进行改造，事实验证了他的改造主张：年产能力由原来的2.2吨增加到13吨，增加近5倍，而原料的单耗仅为原来的1/3。

20世纪60年代末期，他和大家一起研制成功当时国内最大的筒式外延炉，使装片量由一二十片增加到40多片，产量大大提高。研制成功SiO_2乳胶化学机械抛光机，较当时国内采用的MgO或铬离子抛光工艺，不仅提高了抛光质量，而且缩短了抛光时间。

20 世纪 70 年代，他与洛阳单晶硅厂同志一起设计、研制成功国内最大的四氟浮板塔，减少了金属杂质污染，第二年就用于生产。

20 世纪 80 年代，他组织领导并承担了国家“六五”、“七五”大规模集成电路用硅单晶和抛光片的研制任务，多项成果获得国家级和部级科技成果奖励，为我国硅材料的研究和发展做出了重要贡献。张椿作为负责人的“3～5μm 集成电路用 $\phi>76.2$mm 和 100mm 直拉硅单晶及抛光片生产技术”项目，各项技术指标均达到国家“七五”攻关合同要求并转入批量生产，产生了良好的经济和社会效益。

20 世纪 90 年代，作为半导体材料国家工程研究中心（简称“中心”）主任的张椿，组织领导“中心”全员，共同成功地拉制出 $\phi4''$区容硅单晶，不仅满足了国内电子器件生产所需，而且具备了出口竞争能力，标志着我国大直径区熔硅单晶产业化达到了一个新的水平；拉制成功我国首根 $\phi6''$、$\phi8''$、$\phi12''$直拉硅单晶，这意味着我国半导体硅材料的研制工艺朝大直径、大批量、产业化方向发展迈出了关键的一步并为我国微米及亚微米级超大规模集成电路的研制与发展奠定了良好的基础。

从一个 20 出头儿血气方刚的小伙子开始，一直到如今年近八旬已是满头白发的长者，张椿研究我国的半导体材料长达半个多世纪。

推进半导体材料科研与生产一体化

张椿常说：“科研成果的鉴定，不仅仅在于开个鉴定会，更重要的是在于把其转化为生产力，使其变成真正的产品，而且能够成批量地在使用中得到验证。”

张椿是个有思想、有志向、有韧劲儿的人。有思想的人，总能在发展变化中悟到真谛；有志向的人，总会在人生之旅中找到准确的位置；有韧劲儿的人，总会在坎坷中成熟、成功。

在“文化大革命”时期，几乎一切都无从做起，特别是被视为“臭老九”的知识分子，其处境更是难上加难！那时，刚过而立之年、风风火火的张椿就深刻地认识到：社会要发展，科研、生产一刻也不能停！于是他当时的志向就是实现自己的诺言，决心做我国半导体材料科研与生产一体化的先行者。他在排除种种阻力，攻克诸多关键技术难题中收获了丰硕的成果。

“文化大革命”时期，知识分子大多谨言慎行。当时在洛阳单晶硅厂中任总调度的张椿，面对从日本引进的洋设备却敢负责任地指出：产能太低，原材料消耗太大！同时又敢担风险地提出建议：必须对它进行改造。他和大家一起，紧紧围绕设备改造要解决的问题，提出可行的研究课题并积极进行设计和调试。他们采用了增加设备、强化工艺条件、回收还原炉尾气、综合利用 H_2 和 $SiHCl_3$ 等技术，既提高了产能，又降低了消耗。

这期间，他和有关科技人员一起，围绕生产所需，确定不少重点科研开发项目，解决了生产中的很多技术难题，如减少金属污染和提高抛光片质量问题等，缩短了抛光时间，提高了生产效率，增加了产品的产量。

在改革开放时期，他能及时深刻地领悟到邓小平同志提出的“科学技术是第一生产力”的真谛并使自己立下的志向更加坚定：大力推进半导体材料科技与经济一体化。最终他和大家一起克服种种困难，终于取得良好的经济效益和社会效益。

20 世纪 80 年代末，我国 $\phi 3''$以上区熔单晶片几乎全部依靠进口。为填补我国电力电子器件用大直径区熔硅单晶片的空白，他们与香港东方鑫源（集团）有限公司等四家公司成立了北京金鑫半导体材料有限公司，张椿出任公司总经理。仅一年时间，硅单晶质量就达到了国外同类产品水平，满足了国内市场需求，取代了进口产品，一举成为国内 $\phi 3''$区熔硅单晶的第一生产大户，成为我国唯一能批量生产 $\phi 4''$区熔硅单晶的单位，为发展我国大功率电力电子器件打下了基础。

1993 年，他出任总经理的北京金鑫半导体材料有限公司，被评为北京市新技术开发区“优秀新技术企业”和“先进外商投资企业”；1994 年，$\phi 3''$N〈100〉NTD 区熔硅（片）被评为国家级新产品；北京金鑫半导体材料有限公司被北京市科学技术委员会等四家机构授予“优秀科技企业”称号，其产品被评为“优秀科技产品”，张椿被授予“优秀科技企业家”称号。

1998 年，他带领同志们以只争朝夕的工作态度不到两年建成、具有自主知识产权的 $\phi 8''$硅单晶抛光片生产线通线并投入试生产，这意味着我国半导体硅材料的研制朝大直径、大批量、产业化方向发展迈出了关键一步，对满足深亚微米集成电路需要和我国电子信息产业发展具有十分重要的意义。

永攀科研与产业新高峰

在改革开放的大潮中，一直注重将科研成果转化为生产力的张椿，更加注重根据国内外半导体发展新动向和市场需求的综合调查分析来确定和组织重点科研开发项目，及时把有市场价值的科研成果转化为生产力。为了能够做到这些，他带领全体员工做了不少开拓性工作，填补了不少国内空白，取得了经济效益和社会效益双赢的好成绩。

20 世纪 70 年代末，国家要求迅速解决硅材料的质量问题，以满足我国集成电路生产所需。为此，冶金工业部决定：有研总院重新恢复半导体硅的研究，把停滞了十多年的硅研究工作恢复起来，重新组建硅研究室。那时，该院的硅研究力量大不如前，急需技术中坚力量。于是，张椿又被调回有研总院工作，出任硅研究室副主任。

当时，这个研究室设备落后，没有配套设备，只有两台小型单晶炉和一些简陋的检测仪器，研发水平还不如小工厂，哪儿还谈得上开展高水平的研究工作从而完成国家交给的硅材料质量攻关的重任呢？要改变现状，资金又短缺。面对这诸多困难，张椿仍然果断地提出：必须改进设备和测试手段！

早在20世纪80年代初，张椿就摒弃了“等、靠、要”的依赖思想，牢固地树立了“以生产养科研，以科研促生产”的指导思想。为了解决难题，张椿大胆地提出“向银行贷款，建立一条比较完整的生产 $\phi3''\sim\phi4''$ 硅单晶和抛光片生产试制线”的建议，而且一贷就是200万美元。他绝非凭空提出这个大胆的建议，事先他开展了全面调研和可行性论证并得到了有研总院领导的大力支持和全室同志的鼎力相助。他和大家一道四处奔走、八方张罗，终于用贷款引进两台大型单晶炉和配套切、磨、抛设备，以及相应的测试仪器，构成了一套完整的从研究到试制生产的设备，建起了一个有一定规模、较为配套、具有现代水平的实验室，实现了从单一科研向科研、开发有机结合的转变。

正是由于这些开拓性工作，硅单晶及抛光片的生产工艺水平一直居国内领先水平，为全面完成国家“六五”、“七五”攻关任务和生产创收任务夯实了基础，为争取到国家“八五”攻关任务创造了前提条件。在“七五”攻关中，他们完成了“3～5微米集成电路用 $\phi3''$ 直拉硅单晶及硅片生产技术”的研究并转入批量生产，产品质量达到了国外同类产品水平。

张椿善于紧盯市场抓时机，按市场所需选项、立项、研制、生产。他常说：“市场需要什么，我们就研制什么；用户提出什么，我们就生产什么。”

大直径重掺Sb硅单晶是微电子工业发展不可缺的品种之一。我国虽然引进了 $\phi3''$、$\phi4''$ 单晶生产线，但所需的大直径重掺Sb硅单晶及抛光片一直靠进口。20世纪80年代中期，他集中人力、物力立项研究。结果不到一年，就批量生产出优质产品。为了让产品尽快投放市场，他主动提供产品给厂家免费试用，结果订货的越来越多，几乎替代了当时国内的进口产品。

1989年，他抓住我国大直径区熔硅单晶片的发展机遇，积极申请承担国家“火炬”项目，多方面解决资金短缺的燃眉之急，及时成立了北京金鑫半导体材料有限公司，使我国大直径区熔硅单晶的国产化达到新高度。

我国收录机选曲集成电路用材过去一直从日本进口。因世界半导体材料市场疲软，日本关闭了两条生产线，造成此种器件进口要涨价。张椿抓住这个时机，及时转化成果，迫使日本进口器件不但没涨价，反而降价。

用户需要外延片，在有研总院没有条件生产时，张椿也不放过这个机会。他们利用自己的技术优势提供衬底片，同时利用外界条件，与北京东方电子管厂（774厂）、信息产业部南京第五十五研究所和上海无线电十九厂联合，共同开发了所需的外延片。

张椿率领的半导体硅材料研究室于20世纪90年代承担了国家“908”工程攻关和半导体材料国家工程研究中心的筹建等重任。经过艰苦的科技攻关和建设，建成了年产30万片$\phi 6''$硅抛光片生产线，产品在国际市场有了竞争力，开创了大直径硅单晶批量出口的新局面。

20世纪90年代，已年逾六旬的张椿，以老当益壮的劲头，率领中心全员，在建立科技与经济有机结合的体制和机制中勇于探索！

勤奋耕耘在科研生产一线

张椿同志酷爱半导体事业，对半导体材料的研究、发展、产业化执着地追求了半个多世纪，到1997年他66岁时才卸任中心主任职务。人是从岗位上退下来了，但他所从事的半导体事业并没有停顿，他一直在为我国的半导体事业操劳、奔波、奉献，有求必应。大家都说，“他的心中只有半导体事业”。的确，张椿的愿望和志向从来没有改变过，那就是把我国的半导体事业发展壮大。他认为：我国的半导体事业，和国际上相比是有差距的，但落后并不可怕，就怕甘居落后，就怕没有志气。只要抓紧时机，敢于向困难挑战，我们会迅速赶上世界先进水平的。

张椿获得“全国先进工作者”称号，这是对他在我国半导体材料领域辛勤耕耘几十年的充分肯定。他深有感触地说：“这荣誉不是我个人的，是我们所有科技工作者和全体员工共同的。”

张椿所在的研究室和中心在我国半导体材料领域填补了不少国内空白，创造了很多国内“第一”。

20 世纪 50 年代，成功研制出我国第一根直拉硅单晶和第一根区熔硅单晶，且质量达到国外同类产品水平。

20 世纪 80 年代，成为国内 $\phi3''$区熔硅单晶的第一生产大户，成为我国唯一能批量生产 $\phi4''$区熔硅单晶的单位，为发展我国大功率电力电子器件打下了基础。

1992 年，研制成功我国第一根 $\phi6''$直拉硅单晶。

1995 年，研制成功我国第一根 $\phi8''$直拉硅单晶。

1997 年，研制成功我国第一根 $\phi12''$直拉硅单晶，被“两院”院士评为当年中国十大科技进展之一。

卓著的成绩，给中心带来很多难忘的日子和记忆深刻的事情。

1995 年，“908”工程 $\phi6''$硅单晶抛光片中试全线贯通，第二年通过国家验收，迎来了邹家华副总理的亲临指导。

1996 年，在国家“八五”重点攻关项目“2～3μmIC 用 $\phi5''$硅单晶（片）的研制”通过国家的验收、鉴定并获奖的同时，及时把已达到国外同类产品水平的产品打入国际市场。

1998 年，我国第一条具有自主知识产权的 $\phi8''$硅单晶抛光片生产线在中心全线贯通，这标志着我国超大规模集成电路用硅单晶抛光片生产已达到国际工业生产先进水平，使中心成为国内唯一能批量生产大直径硅单晶及抛光片的单位，且产品质量达到国际水平，迎来全国人大常委会副委员长卢嘉锡、全国政协副主席钱伟长亲临通线剪彩。同年，全国人大常委会副委员长邹家华二次来中心视察，他对“908”、“909”工程硅片生产线完成情况给予了充分肯定。

荣誉和成果的背后注定是巨大的艰辛！张椿好像没有节假日、礼拜天的概念，也找不到八小时内外的界限，他和许多科技工作者一样，像不知疲倦的永动机，有时甚至昼夜不停。

1989年，日本向研究室寻购$\phi 4''$重掺As单晶样品。这个品种生产难度很大，国外很少有厂家能够生产，供货时间又要求很紧。日方根据当时中国国内形势，认定他们不会按时拿到样品，可他们万万没想到，研究室准时把合格的样品送到了。日方通过检测公认：研究室送去的产品已达到国际水平。日方毫不犹豫地签订了400公斤$\phi 4''$重掺As单晶的合同。为了突破难关，满足国外市场所需，靠着对事业的责任心和奉献精神，张椿组织全研究室员工攻关，在较短时间内出色完成了难度很大的样品研制，争得了订单。

如今，科技部、工业和信息化部、国家发改委组织召开的相关会议，张椿都义不容辞地参加，为半导体硅材料的研发和产业化建言献策。时至今日，已年近八旬的张椿还在为我国的半导体事业操劳着、奔波着、奉献着……

张椿主要的获奖成果如下。

(1)“回收氩和工业氩超纯化技术工艺”获得部级科技进步奖二等奖。

(2)“3～5μm集成电路用3～4英寸硅单晶”获得部级科技

进步奖一等奖。

（3）“2～3μm IC 用 ϕ125mm 硅单晶（片）研制”获得部级科技进步奖一等奖。

（4）“2～3μm IC 用 5 英寸硅单晶（片）的研制”，获得国家科技进步奖二等奖。

（周芳燕）

简　历

1932 年 9 月 15 日	生于北京市。
1951～1955 年	天津大学化工系学习。
1955～1965 年	北京有色金属研究总院技术员。
1957 年	北京有色金属研究总院半导体硅材料研究组组长。
1965～1966 年	四川峨眉半导体材料厂技术员、多晶车间副工段长。
1966～1979 年	洛阳单晶硅厂技术员、生产总调度。
1979～1981 年	北京有色金属研究总院技术员、工程师。
1981～1987 年	北京有色金属研究总院高级工程师。
1982 年	兼任中国有色金属学会半导体材料学术委员会副主任。
1983 年	兼任中国电子材料行业协会半导体材料分会副理事长。
1987～1998 年	北京有色金属研究总院教授级高级工程师兼任中国有色金属学会半导体材料学术委员会副主任。
1980～1992 年	北京有色金属研究总院室副主任、主任。
1991～1998 年	北京金鑫半导体材料有限公司总经理。
1992 年	获政府特殊津贴。
1992～1997 年	半导体材料国家工程研究中心主任。
1993 年	获“全国有色金属工业特等劳动模范”光荣称号。
1995 年	获“全国先进工作者”殊荣。
1998 年 7 月	退休、担任有研总院技术经济咨询委员会委员。

主要论著

1 张椿．国外半导体硅材料发展现状及展望．1996年全国硅材料学术会议论文集．1996.

2 张椿．径200mm硅片生产线简介．全国硅材料学术会议论文集．1998.

3 张椿．半导体硅材料．中国材料发展现状及迈入新世纪对策（第五章中的硅材料）．2000.

4 张椿．国际半导体硅材料生产概况．电子行业协会半导体分会年会报告．2003.

5 张椿．太阳能用多晶硅的现状及发展．多晶硅材料“十一五”科技发展战略研讨会论文．2005.

6 张椿．国外半导体硅材料的生产现状．电子信息材料，2006.（4）：32-35.

徐日瑶

（1932～　）

徐日瑶，有色金属镁冶金及镁盐化工专家，中南大学教授，在含水氯化镁脱水、氧化镁与菱镁矿球团氯化、无水氯化镁电解炼镁与真空热还原法炼镁的理论与应用方面取得较大成果，是我国无隔板镁电解槽的开拓者之一，是镁盐化工生产新工艺的发明者。他著书立说、教书育人，为我国镁工业做出了较大贡献。

徐日瑶1932年11月8日出生于江苏苏州西山堂里镇。1950年就读于武汉大学矿冶系，1953年7月毕业于中南矿冶学院（1985年改为中南工业大学，2000年改为中南大学）后，留校在有色冶金系任教。1953～1993年，曾任校有色冶金系教学与设备助理、轻金属冶金教研室实验室主任、教研室副主任。1980年至今被聘为有色金属学会轻金属学委员会委员、镁冶金专业委员会主任，中国有色金属工业总公司咨询委员会委员、中国有色金属工业总公司评定七个专业（氧化铝、电解铝、镁、钛、硅、氟化盐、碳素）高级职称五人小组成员之一。中南工业大学职称评审委员会委员，现为有色金属工业协会镁业分会专家、镁业分会咨询部顾问，全国近 20 家硅热法炼镁厂顾问。1980～1990 年获科技进步奖二等奖、三等奖、四等奖六项。省部级科技进步奖项目名称如下。

（1）MLL-1 型透明立式电炉，二等奖，1981 年。

（2）RTY-1 型熔盐透视测试仪，三等奖，1982 年。

（3）卤水炼镁熔融氯化脱水半工业试验，三等奖，1981 年。

（4）合成氧化镁（菱镁矿）、卤水球团氯化扩大实验，三等奖，1984 年。

（5）二段加压碳化法从白云石中生产轻质碳酸镁，二等奖，1987 年。

（6）无隔板镁电解槽工业试验，四等奖，1979 年。

1980 年参加冶金部组织的学者访问团去挪威波斯格隆（Porsgrum）镁厂与高校进行考察与访问，1979 年 9 月 26 日湖南省总工会授予“增产节约能手”光荣称号，1978 年被中南工业大学聘为副教授，1985 年聘为教授、研究生导师。

编著教科书，为镁冶金工业的发展培养人才

1953 年毕业后至 1993 年，他从教 40 年，一直从事镁冶金理论与生产实践的研究与教学工作，为我国镁工业的发展和镁冶金人才的培育做出了巨大贡献。

1981 年，他主编了我国第一本《镁冶金学》，从此我国轻金属冶金专业的镁冶金教学有了自己的教材。这部书不仅总结了他 1970～1980 年十年的研究成果，而且还编入了他在挪威波斯格隆镁厂考察到的新技术。值得提出的是，这本书的内容反映了我国 20 世纪 50～70 年代镁冶金过程中的新理论，如氯化镁水合物脱水、水解反应的热力学方程、在 HCl-H_2O 气氛下的 $MgCl_2$-H_2O 的相图和脱水过程的物理化学分析，以及 $MgCl_2$-NaClKCl-

$CaCl_2$四元系熔体的物理化学性质及镁电解过程。该书不仅培养了人才，而且起到了指导生产的作用，解决了生产中出现的难题。

随着科学技术的发展，有色金属的需求量日益增加，镁工业与其他有色金属一样，必须加速发展。为了使我国可以自主设计金属镁生产企业，他花了多年时间收集资料与相关数据，于1992年编著了有色金属提取冶金手册——《镁》（第六卷）。这卷书是我国的第一部镁冶金手册，其内容涉及了氯化冶金、熔盐电解、硅热法、炭热法炼镁，较全面地介绍了镁的性质、矿物资源、生产方法及生产工艺中反应机制、设备、过程的物理化学、热化学、电化学诸方面的有关资料、大量数据、图表，给从事镁冶金和氯化物熔盐电化学方面的生产、科研、设计、教学人员提供了非常有益的参考。

为了更进一步提高我国现行镁生产工业的实践水平，提高镁生产工业理论与实践结合的能力，他对其于1996年所编著的《硅热法炼镁理论与实践》进行了修订，于2003年编著了《硅热法炼镁生产工业学》。《硅热法炼镁生产工业学》一书用理论和研究成果回答了生产实践中的150个问题，还对原料与产品的质量提供了较详细、实用、快速的分析方法，满足了生产的要求。该书的出版，对培养我国硅热法炼镁的技术骨干与大批技术人才，指导生产起到了积极的推动作用，也为我国的硅热法炼镁工业的良好发展做出了贡献。我国能成为镁生产大国、出口大国与他在硅热法炼镁的生产与发展上凝聚的心血是分不开的。

2003年，他又编著了《金属镁生产工艺学》，这是一本镁冶金专业的专著。它包括了各种镁资源的开发，镁化合物的生产，海水、盐湖水的综合利用、水氯镁石的脱水方法及其理论基础并用相图分析了 $MgCl_2$-MgO 在脱水过程中的行为，提供了对水氯镁石脱水过程产生的废气采用氯盐解析的处理方法回收的工艺技术条件。另外，该书还详述了 MgO 的氯化、无水氯化镁的熔盐电解、新型镁无隔板电解槽电解工艺与热法炼镁生产工艺，叙述了粗镁精炼方法、除杂机制与镁锭的表面处理，叙述了镁合金制备、新型镁合金的成型技术和铸件的表面处理等内容。这本书积累了他40年的教学经验，对于培养镁冶金人才来说是一本较为全面、系统、实用的教科书，为海内外高校所采用和收藏。

建立新的学术观点和理论，解决生产难题

多年来镁业界对真空硅热法炼镁的反应机制分歧较大，造成还原炉料组分的配比不恰当，镁的还原效率、硅的利用率偏低。徐日瑶教授通过实验研究建立了新的学术观点和理论，他认为硅热法炼镁的反应机制既不是蒸气压较高 SiO 参与的气-固反应，也不是包含有 CaSi、$CaSi_2$ 或 Ca_2Si 液相物质参与的液-固反应，而是固-固相反应（即反应物为 $CaO \cdot MgO_{(固)}$ 与 $Si_{(固)}$），而且是等距离的固-固相反应机制（即硅原子在还原 MgO 的同时，CaO 与 SiO_2 结合为 $2CaO \cdot SiO_2$，完成反应过程）。根据这个机制，他给出了如何让确定经济合理配硅比的计算公式，给出了如何获得最高镁还原效率与硅利用效率的工艺技术条件。另外，他还提出了能预测镁还原效率和硅利用率的数学模型，这些对生产过程与生产成本的控制有着强的指导意义。通过试验研究，徐日瑶教授还提出了硅热法炼镁的宏观动力学模型，推导出了传质和化学反应过程的综合速率方程并用这个方程来判断在不同还原条件下的还原效果和球团在反应区内的反应深度。他提出的这些新的学术观点和理论，无一不凝聚了他的心血，对指导硅热法炼镁的生产与发展起着极大的推动作用。

为了提高金属镁的质量，他率领他的研究团队花了两年时间研究出一种适用精炼粗镁（结晶镁）、熔炼废镁合金的新熔剂，它可以彻底除去粗镁及废镁合金中的非金属和金属杂质，使精镁质量达到ISO的质量标准，使我国金属镁在国际上赢得声誉，赢

得了威望。新熔剂的组分是按徐日瑶教授提出的新的学术观点配制的，即精炼熔剂的组分必须按 $MgCl_2$-KCl-NaCl 混合熔盐的物理化学性质来满足精炼熔剂的条件，用 $MgCl_2/KCl=1.0$摩尔来配制的熔剂组分才是粗镁精炼熔剂最好的组合。

用研究成果建立了镁盐化工厂，为国家创造财富

20 世纪 30 年代，日本在我国大连市以白云石为原料用常压碳酸化的方法建设了一个轻质碳酸镁厂。新中国成立后，在北京市郊用常压碳酸化法建设了一个轻质碳酸镁与轻质氧化镁厂。1980 年以后，以徐日瑶为首的研究团队研究出了以白云石为原料，采用二段（或多段）加压碳化法生产轻质碳酸镁、轻质氧化镁（或轻质活性氧化镁）的新工艺，这个新工艺不仅产量高，重镁水的浓度达到常压碳化法的 5 倍（常压碳化法重镁水的浓度为 3～4 克/毫升，而加压碳化法可达到 12～25 克/毫升），而且产品质量好。常压碳化法获得的轻质碳酸镁的结构为 $MgCO_3 \cdot 3H_2O$，而二段加压碳化法获得的轻质碳酸镁的结构为 $xMgCO_3 \cdot yMg(OH)_2 \cdot zH_2O$（$x=3\sim5, y=1, z=3\sim7$）。在改变作业条件的情况下，利用该新工艺可生产 10 多种镁盐化工产品，这些镁盐化工产品包括轻质碳酸镁、轻质氧化镁、轻质活性氧化镁、轻质磁性氧化镁、轻质空心氧化镁、轻质食用碳酸镁、轻质含镁碳酸钙、轻质含镁防水隔热粉（即水必克）和重质碳酸镁和氢氧化镁等。这 10 多种产品中尤其是含镁防水隔热粉，它是用生产轻质碳酸镁的废渣来生产的，具有防水、防潮、抗冻、隔热、隔音、保温、绝缘、抗辐射、抗紫外光和节能等功能，是很好的功能材料。这个新工艺无“三废”排放，绿色环保，是一个投资小、生产成本低、产品质量高、有经济效益的生产工艺，产品远销东南亚和中国台湾。徐日瑶教授的研究团队利用该研究成果，设计建立了六个镁盐化工

厂，即湖南新化坪溪镁盐化工厂、湖南新邵镁盐化工厂、湖南保靖化工三厂、湖南桂阳流峰镁盐化工厂、青海民和镁盐化工厂、湖南辰溪冶炼厂防水隔热粉分厂。该镁盐生产新工艺与传统的常压碳化法和化学法（用酸法和碱法）相比，具有世界领先水平，其经济效益很大。该新工艺不仅可用于开发白云石资源，还可用于菱镁矿与水镁石矿产资源的开发，生产白度好、含硫低、颗粒超细的产品。为培养镁盐化工方面的人才，徐日瑶教授 1991 年编著了《轻质碳酸镁与轻质氧化镁生产工艺学》一书（内部发行），为我国镁盐化工做出了极大的贡献。

我国镁无隔板电解槽的开拓者之一

1975 年，国家以军工任务在上海下达了镁无隔板电解槽的研究任务，在一无数据、二无设计图纸资料的情况下，徐日瑶及其团队成员开始了艰苦的研究工作。他们利用镁电解的理论基础知识与隔板槽在生产实践中存在的问题，用透明石英玻璃制。作最简单的带导镁槽的无隔板镁电解槽，在熔盐透视电炉上进行电解实验，观察两极产物（阳极氯气、阴极镁珠）的析出状态（生成、长大、脱离、上升）及电解质在两极的循环状态并用电影摄影仪拍摄其过程，在取得镁珠与氯气泡在两极上析出状态及电解质在两极间（阴极与阳极）循环流动的实验数据后，设计了第一台 7.5 千安无隔板槽。该无隔板槽带导镁槽，且具有集镁室与电解室、旁插阴极与上插阳极，槽底向集镁槽倾斜，用隔墙将集镁室与电解室隔开。他所参与设计的第二台 7.5 千安无隔板槽在第一台基础上，做了大胆的改进，即把阴极改成了带导镁槽的框式形状。这一改动，大大提高了无隔板槽的各项性能指标。无隔板槽在上海第二冶炼厂镁车间进行了工业生产试验。他历时两年(1976～1977 年)，圆满完成了国家下达的科研任务并获得了不错的研究结果，获得了无隔板槽在隔墙材质、隔墙插入深度、槽底斜度、导镁槽上翘角度、电解质的循环、镁的汇集、集镁室的温度及氯气的浓度、镁的电流效率与电能效率等方面的一些重要参数，为我国 36 千安、62～64 千安无隔板镁电解槽的设计与研究及工业试验提供了可靠的数据参考。无隔板镁电解槽工业试验的成功，为我国镁工业从有隔板槽走向无隔板槽的生产铺平了道路，而且在工业上实现了 110～120 千安无隔槽镁电解的生产。我国能在电解镁工业上实现无隔板槽的生产，这与徐日瑶团队的矢志不移、潜心研究是分不开的。徐日瑶教授在近半个世纪的奋斗生涯中，矢志于我国镁工业生产的创新，为了我国镁工业的发展、镁资源的开发和综合利用从不放弃理想、从没放弃追求。

（周向阳）

简　历

1932 年 11 月 8 日	出生于江苏苏州西山堂里镇。
1950～1952 年 10 月	武汉大学矿冶系学习。
1952 年 10 月～1953 年 7 月	中南矿冶学院冶金系有色冶金专业学习。
1953 年 7 月～1993 年 3 月	中南矿冶学院（中南工业大学）有色冶金系任助教、讲师、副教授、教授、研究生导师，轻金属冶金教研室实验室主任、教研室副主任。
1997～	有色金属工业协会镁业分会咨询部顾问。

主要论著

1　徐日瑶．镁冶金学．北京：冶金工业出版社，1981.
2　徐日瑶．有色金属提取冶金手册（第六卷）．北京：冶金工业出版社，1992.
3　徐日瑶．镁冶金学．修订版．北京：冶金工业出版社，1993.
4　徐日瑶．硅热法炼镁生产工艺学．长沙：中南大学出版社，2003.

5　徐日瑶．金属镁生产工艺学．长沙：中南大学出版社，2003.
6　徐日瑶．硅热法炼镁理论与工艺学．长沙：中南工业大学出版社，1987.
7　徐日瑶．硅热法炼镁理论与实践．长沙：中南工业大学出版社，1996.
8　徐日瑶．轻质碳酸镁与轻质氧化镁生产工艺学．长沙：中南工业大学出版社．

徐 计

（1932～ ）

徐计，有色金属材料加工专家，有色金属材料加工技术主要开拓者之一。他主持了多个领域的国家重点项目尖端材料开发试制工作，开发的产品填补了多项国内空白，在复杂合金材料变形及缺陷形成机制、复杂异形断面的管棒型、板带线等材料成型及工模具设计方面有着突出的建树，为国防事业和有色金属材料加工业的发展做出过突出贡献并多次获得国家及省部级科技进步奖。

徐计，1932年11月出生，籍贯浙江平湖。家中本是平湖望族，至今保有曾祖伯声公去世时于右任、胡汉民、邵力子等知名人士悼念的亲笔题字和签章。父亲徐以懋，复旦大学毕业，国内知名的财会金融专家，曾受我国著名会计学家闻亦有亲邀编撰了《审计学》一书。母亲吴秀文，上海番禺中学语文老师。堂叔徐以枋，我国著名土木工程专家。

徐计童年时随父母去了重庆。抗日战争胜利后，迁到上海，转入上海复兴高级中学。

1951年在东北工学院有色金属及合金压力加工专业学习。

1955年11月20日徐计被分配到沈阳有色金属加工厂，先后在压延车间、中心实验室、技术科工作，主要参与全厂新产品试制工作和复杂合金板带材的技术攻关工作。他成功试制开发了一系列新材料并对复杂合金板带材成型的相变理论进行了创新性的发展。

1958年年底，他来到洛阳铜加工厂（简称洛铜）参加筹建工作，担任设计科综合组组长，负责设计与现场施工及外部装备协调工作。期间编制了压延车间扩建的设计修改方案，主持了复杂合金线材车间的设计工作。1960年苏联撕毁援建协议撤走专家后，在补充完成遗留的设计任务和解决大量基建现场设计问题方面做出了突出贡献，于1963年被评为厂级优秀工作者。

1965年，在“四清”运动中，作为“三门”干部，他被下放到铜管车间大管工段劳动锻炼。不久后，受命主持铜管棒材科研试制工作并先后担任新产品攻关组组长和技术组组长。

从1965年年末到1978年，徐计所带领的技术团队成功完成包括“09”和“051”工程、大中型雷达、航空航天、原子能工业、大型电站设备、大型整流器、大型熔炼工频感应炉、环形加速器等多项国家重点工程用尖端材料的开发试制任务，填补多项国内空白，确立了我国各类复杂异型断面和大中型铜管棒材料加工成型的理论体系和生产方法。1968年还筹建了我国第一条钛及钛合金管材生产线。

1978年8月，徐计被抽调担任江西贵溪铜加工工程引进谈判机构的临时负责人，随后参与编拟了多项洛铜技术改造的规划和方案。

1979年12月徐计被调到洛铜技术科任副科长，分工主管科研试制和标准。期间在冶金工业部领导下，担任重有色组组长，审定编拟了“1960～1980年全国冶金新材料的投产目录”中的重有色金属部分；组织领导了跨部委的无氧铜质量联合攻关项目，后来该项目获得国防科工委和冶金工业部颁发的联合攻关奖。

1981年，被抽调入洛铜板带攻关工作队进驻板带车间，负责H65出口黄铜带工艺技术攻关。该产品成功打入国际市场并在1982年获国家优质金牌奖。

1983年4月，徐计被任命为洛铜中央试验室主任。同年10月，被任命为洛铜铜管棒厂厂长。他连破生产纪录，且其多项产品创优，其中高精度空调管和HSn70-1冷凝管分别在1984年和1985年获得国家优质产品金牌奖，首创了国内铜管棒材获国家金牌奖的历史。此外，他成功组织了包括“8312”工程所用特种导线管等新产品在内的开发工作。

1985年11月，徐计实现多年夙愿，成为一名中国共产党党员。

1986年3月，他被任命为洛铜总工程师。“七五”期间，他组织全厂技术人员完成研制新产品890项，其中24项填补国内空白，74项顶替进口并完成了超轻超强高温镁合金等七项国家级攻关项目。

同时他协助厂长主抓全厂TQC活动，连获省部级质量奖，1989年帮助洛铜获得国家质量管理奖企业称号，实现该奖项在河南省和有色行业的“双零”突破，徐计作为洛铜代表在国务院小礼堂领奖。

此外，他还兼任洛铜改造指挥部总指挥长，主持了多项现代化技术装备改造项目并主持了我国首条引线框架及异型带材料生产线筹建和生产装备选型及引进工作，实现了洛铜技术装备与国际水平的接轨。

1990年2月5日全国第六届技术进步大会会议秘书处印发了洛铜厂两份典型经验材料：“抓新产品开发，创世界级质量”和“搞好技术改造推动技术进步”。徐计被指定在全国大会上进行了经验介绍。

1991年，徐计获得国务院总理李鹏签署的嘉奖令。

1992年本是徐计退休的时间，但一个大型生产线技术改造项目进展到关键时期。为了企业发展，他拒绝多家企业的高薪邀请，毅然留下坚持到1995年项目建成并试车成功才正式退休。

此外，他在1992年被授予“献身国防科技事业”奖章并被评为突出贡献专家，享受政府特殊津贴专家待遇。1990～1996年，多次担任有色总公司评审教授级高工专家组中金属加工专业组的组长，其中有一次担任评审有色行业突出贡献奖的专家评委。

初出茅庐，在金属材料开发方面崭露锋芒

徐计在大学时所学的专业是苏联著名金属材料专家吉里洛夫教授来我国援建的一个新型专业，徐计响应号召从别的专业转到这个国家急需人才的新专业，成了我国首批有色金属及其合金压力加工专业的大学生。

在四年学习期间，他不仅全部学科成绩优秀，被评为校级三好优等生，而且很早就开始了自己在金属材料加工方面的大胆探索。

他的毕业论文是《三千吨高铅黄铜板带车间设计》，由于大胆采用三向压缩应力的挤压开坯，结合冷轧生产的设计方案，代替了当时国内外普遍采用的单纯冷轧工艺方案。在答辩会上汇报时，他的论文受到了包括吉里洛夫教授和关廉昭在内的国内外专家的肯定和好评并获得了优秀成绩。

1955年11月，他被分配到沈阳有色金属加工厂（简称沈铜）工作。沈铜被称为中国有色金属加工业的摇篮，当时厂内拥有多名在有色金属领域享誉国内的技术专家和生产技术能手。

他在压延车间的见习期间，就对车间的板材生产工艺提出了

“薄下料”的革新建议，为此车间革新了生产规程，大大地提高了车间板材的生产能力。

随后，他被调到中心试验室研究组，主要参与全厂新产品试制工作和复杂合金板带材的技术攻关工作。在这期间，徐计先后成功试制了国防军工急需的铍青铜板、带和棒丝材料，主持开发了符合当时苏联国家标准的镍铬铝和镍铬硅（即 XA 和 XK）热电偶丝及 0.4 毫米×400 毫米×400 毫米的蒙耐尔合金板材，试制开发了我国第一套波导管等关键新材料。

在试制开发的过程中，他多次大胆进行工艺革新，甚至对金属变形的传统理论进行了诸多创新性发展。例如，在生产六角铁芯铅条时，他就进行了大胆创新。铅是软金属，屈服极限和弹性极限都很低，一般变形的方法是采用挤压和压延，不采用拉伸方法，但是原有工艺方法又无法获得决定放电效率的菱形尖角。他打破惯例，创造性采用通过加大拉模锥角、减小定径带及液态铅挤压成管坯然后插入铁丝时注油等措施，减少了拉伸时的摩擦力，改善了金属流动，实现了铅条的拉伸并通过多次圆弧六角拉模拉伸成型的方法解决了角钝而不尖的难题，成功试制了六角铁芯铅条并替代了进口产品。

在试制开发过程中，他还发现在确定复杂合金板带材热轧开坯的变形温度时，通过查对金相平衡图确定的理论值总是与实际试制结果存在一个固定方向的偏移量，然后他自行摸索总结出了一套偏移经验来指导针对复杂合金板带材热轧开坯的变形温度的选取和确定，对原理论方法在实践应用方面做出了创造性的修正，从时间和经济方面均大幅提高了复杂合金板带材的成功试制效率。

由于技术开发方面的成绩突出，1956 年他受邀在全厂的技术交流大会上面向全厂技术人员做了技术开发方面的经验介绍报告。

1958 年徐计还受到洛铜筹建组领导的邀请，参加了在哈尔滨召开的会审苏联援建洛铜压延车间（现洛铜铜板带厂的前身）年产3万吨现代化铜板带车间设计方案的会议。

“一五”筹建，不畏艰难，勇克设计难题

“一五”期间苏联援建的156个项目在今天被人称为共和国工业的长子，但当时面临的困难与付出的努力是今人很难想象的。

徐计一到洛铜就被派到由洛铜与洛阳有色设计研究院联合组成的设计科，具体负责工艺设备的选择和工艺方案、生产装备平面布置方案的审定工作；后来又被指派为负责设计内外协调工作的设计科综合组组长，重点负责138项国内配套设备的内外协调、生产准备协调及各种设计会审会的组织安排工作。

1958年，国家下达了“为保障国家建设需要，洛铜须将现有的年产3万吨压延车间设计方案修改成年产6万吨”的指示。

在制订修改方案时，徐计提出的洛铜压延车间扩建修改设计的工艺平面配置方案因具有投资少、实施便利、与原方案进行了合理衔接等优点，在经过苏方专家组对多个方案的筛选讨论后，得到了时任洛铜援建专家组组长的苏联国立有色金属加工设计院总工艺师齐尔斯和洛铜厂领导许世尧和巫成亮的肯定，且而被采纳于施工设计及后续的建设中。

1960年苏联撕毁协议并撤走专家后，筹建和设计工作受到了空前的挑战。其中欠交关键设备582吨，严重影响133项设备的安装，同时原定40名支援专家中还有30余名专家未到位，导致很多设计还须修改，还有很多设计工作没有完成。

鉴于上述的背景，要建成我国第一个现代机械化的重有色金属加工厂，难度很大。西方发达国家包括苏联很多经济专家和技术专家都预言包括洛铜在内的很多“一五”项目会失败下马。

因又赶上困难时期，中南大区和河南省领导提出洛铜建设必

须下马。关键时刻，李富春同志当场决策，“这个厂国家十分需要，不能‘下马’”。同时国家为了保障洛铜的建设，责成一机部重点安排了138项国内配套设备的制造。

面临危难局面，徐计和他的同事们知难而上，靠着舍身忘家和团结奋斗的精神，夜以继日地审阅苏方的设计方案，边干边刻苦钻研，掌握设计意图，收集和翻译了大量的苏方文献，硬是把一个个设计难题克服了，修改了大量的设计图纸，及时处理了基建施工中的大量设计问题并补充了苏方未完成的部分，有效保障了洛铜筹建工作在1965年顺利完成。

当时的情境现在看来都不可思议。例如，当时很多女技术人员因为工作到晚上十二点时必须赶回去给小孩喂奶，那当月就没有奖金了，因为大家都是工作到半夜两三点才回去；又正值困难时期，多数人吃不饱饭，大多数人身体水肿，即使这样仍坚持奋斗没有耽误工作。也就是靠着这种精神，在苏联专家走后，洛铜人仍然能靠自己的力量，将项目建成并投产。

此外，1960年徐计还主持了我国第一条复杂合金线材生产车间（该生产线后来整体搬迁到西北铜加工厂）从设计到设备选型及后续施工设计的全过程工作。同时他还兼做铜管车间的设计管理工作。同时，他还协助领导组织安排了各项工程施工前的设计会审和辅助系统的外委设计工作。由于工作业绩突出，徐计于1963年被评为厂级优秀工作者。

十年艰辛，铸就了有色金属技术发展史的奇迹

1965年，开展“四清”运动，作为“三门”干部，徐计被下放到铜管车间大管工段进行劳动实践。但不久，随着中苏关系紧张及发达国家的经济封锁，国防建设和国家重点工程急需的高尖端工业材料无处采购，必须走自力更生的创新道路。徐计等这批当时下放劳动的“臭老九”再次被委以重任。

调回之后的首项任务是主持试制军工急需的23项大中型雷达用波导管。与原来设计的波导管相比，这批大中型波导管规格大、断面复杂、内表面光洁度（▽9级）要求高，因此加工变形难以控制，易造成内表面划痕凹坑或尺寸不规整，使微波信号在传送过程中迅速衰减。若用机械加工的方法又会在表面形成非结晶面，导致电磁波在传送过程中衰减或被吸收。原来摸索实践的工艺方法根本无法生产出这样高精度、高质量的波导管。

在查阅了大量文献的基础上，通过对金属变形原理的反复推敲，徐计设计了决定波导管精度的整套工模具并利用了相似形变形缩径的原理创造性地设计了过渡模，实现了金属流动过程中的均匀过渡；采用在成品拉伸时管坯尾部插进可随动的导向芯头的方法，解决了因芯杆自重造成的成品芯头上下表面受力不均匀的影响，历经半年试制成功，受到了国防工委和冶金工业部军工办的表扬。

随后几年，他又对波导管系列不断拓展，实现了紫铜、黄铜和镍合金等9个合金牌号，从最大规格292毫米×146毫米×3毫米到最小规格3.099毫米×1.549毫米×1毫米之间80余种规格的矩形波导管，还有几十种规格内、外圆形波导管；在我国第一次实现了波导管的成系列化生产并为我国矩形类管材成型技术奠定了理论基础。

之后，上级领导又把当时十多项欠交几年的难干产品交给徐计组织开发并把他领导的这个开发团队正式命名为铜管棒车间的新产品攻关组。这些产品均超出了铜管车间原有设备的设计领域。徐计带着攻关组在国内首次尝试了很多新的工艺生产方法并对挤压和拉伸等设备进行了诸多设计革新。

在开发我国首根非焊接偏心管时，以辅助孔法挤压结合热卷成卷和圆盘拉伸法试制成功，这对传统的圆管焊接矩形通条工艺进行了完全替代，使得电热效率得到大幅提升，大型炼铁工频炉设备使用寿命比以前翻了几番。

在开发试制我国第一根无缝双孔管时，首次采用双穿孔针挤压法和双芯头拉伸法生产，并且通过对称“月牙”辅助孔的设计和不同的拉伸模大小斜面角度设计，很好地控制了金属在变形过程中的流向，确保了双孔圆心距符合公差要求，替代了以前通过焊接方法生产的双孔管，使得西安整流器厂生产的我国首台大型硅整流器在性能方面实现了革命性突破。该整流器项目后来曾因此获得过国家和西安地区的多项科技大奖。

在试制我国首根导弹导航用双孔波导管时，创造性地采用相似形大小面加工率相等的原则安排了工艺，有效保障了导弹导航的精度达标。

此外他还和张劭、谭雨轩等同志开辟新型工艺生产路线，利用大型挤压机开发了海底电缆接头用 ϕ300 毫米×35 毫米（皮厚）的大直径铍青铜反挤管，大型电子管底座用的各种瓣数的梅花管、多种形式的齿形管、分叉齿形管、十字形管、外筋管、内筋管、T 形棒、槽形棒等经济断面型材。相比以前，为电表行业节约金属达 60％以上。并且劳动锻炼期间他还被编入“09”工程用 B30 白铜管的开发小组，开发的产品确保了我国第一代核潜艇和导弹驱逐舰的顺利下水。

1968 年前后，徐计又负责组建我国第一条钛及钛合金管材生产线——洛铜管棒车间小管工段。当时我国航天航空和舰船等行业建设急需钛锆材料，但我国筹建的专业生产钛材的宝鸡有色金属加工场所还未建成投产。环境迫使这些技术人员不但要成为金属工艺和机械设计方面的全能专家，而且要成为能够进行设备安装调试和操作的熟练工匠。

徐计带领大家一起自行设计了一批专门设备和工模具。例如，在没有旋压机的情况下，他们将一台旧的 65 车床改造成用于钛管生产的旋压机；设计和安装调试了三辊轧管机；设计并安装调试了真空退火炉，这台退火炉后来还承担了当时洛铜压延车间开发的钛板带材的退火任务；后来又设计了用于生产第一代核潜艇潜望镜材料——大口径薄壁黄铜管的立式旋压机。同时，徐计设计了配套的全部工模具。

由于考虑到钛材的多种特性，且在宜于热变形的温度范围内存在多晶形转变 $\alpha+\beta \rightleftharpoons \alpha$，所以徐计有针对性地编制了全套的生产工艺措施，采取了一系列的工艺革新措施。成功试制了我国第一根 ϕ200 毫米×0.25 毫米的大钛管，以及 ϕ16 毫米×0.75 毫米、ϕ16 毫米×0.5 毫米的 TG2 钛管、大口径锆管、ϕ4 毫米×0.1 毫米的航空用钛管等一大批钛锆及合金管棒等产品。直到 1972 年，宝鸡有色金属加工厂正式建成投产，小管工段才拆除了自行设计的土设备，不再承接钛锆材料的开发任务。

1972 年，车间重建技术组，徐计为组长，组员包括谭雨轩、张劭、巩庆刚、易茵菲等。同时，成立了双革组，以加强对技术开发工作的装备保障。技术组在徐计的带领下，先后开发了一系列尖端材料。其中游动芯头拉伸技术的应用，确立了我国长管拉伸技术的生产方法，推动了整个行业技术的进步。

早在 20 世纪 60 年代，洛铜就在行业内率先开发了 H68、HSn70-1 和 HAl77-2 以替代传统材料，使得冷凝器寿命大幅度延长。但是，在生产大汽轮机组需要的长冷凝管时，难以控制长管拉伸过程中的应力平衡，无法克服“竹节环”难题。

1973 年，我国与日本展开汽轮机引进的商务谈判。洛铜作为组长单位，徐计和厂技术科的董志英作为洛铜的派出代表，和国内其他几家单位人员组成联合专家组，与日方技术人员在北京进行交流。

在日方冷凝管技术专家介绍他们材料的优点时，徐计敏锐地发现，日本在生产工艺方法上采用的是与我国不同的工艺方法，很可能是通过游动芯头拉伸的方法生产。游动芯头拉伸的技术，洛铜早在 1966 年就开始进行试验和摸索，但是始终未实现应用。通过对日方的不停追问并与日方技术人员展开探讨，他发现了日方在运用游动芯头进行直条拉伸和游动芯头设计方面的技巧。回厂后，他随即组织技术组对游动芯头拉伸技术展开再次的攻关，对游动芯头进行重新研究设计，同时还改革了挤压工艺，在巴信来等同志自行设计的25米8吨双链拉伸机上进行反复试制，最终攻克了生产直条长冷凝管的多个工艺难题，成功生产出了长达21米的77-2铝黄铜冷凝管并促使冷凝管质量和成品率也相应大幅度提高，使得在原有装备条件下，新增产能近一倍。洛铜游动芯头拉伸技术在行业内得到了推广，使得整个行业的生产效率得到了很大的提高。当时为了推广交流，技术组还在1975年将易茵菲专门抽调出来，将各阶段工艺总结报告进行整理，编撰了《游动芯头拉伸》一书，在1976年刊印。

一直到1977年，徐计和管棒车间的技术人员们在当时困难的条件下，共完成了1437个开发项目，使得洛铜管棒车间实现了从原设计的20种合金牌号40个品种到129个合金牌号425个品种的历史性跨越，其中多数产品是国防建设或国家重点工程急需的关键产品，很多产品都突破了原生产线的设计领域，不仅填补了我国在铜镍钛及合金管棒材领域的多项空白，也极大地丰富了我国有色金属材料的加工成型及检验检测方面的理论和实践方法。它基本囊括了同时期国内外各种管棒材的加工方法，构建了我国铜管棒生产的工艺体系和方法。大多数产品属于国内首次成功试制，很多工艺方法在国内有色金属行业是首次实践应用，相当多产品在性能方面达到同时期国际先进水平，突破了发达国家对我国金属材料工业的技术封锁和垄断禁运，保障了国家在舰船、航空、航天、军工、雷达通信、电子、电力、冶金、化工、核能等领域的诸多重点工程顺利完工。

纵观世界有色金属技术发展史，能在当时的人力、经济条件和生产装备技术条件下，得出上述成绩是极其不易的。

同时这些项目也锻炼了队伍，如技术组的谭雨轩、张劭、巩庆刚和易茵菲；攻关组和小管工段的高元泰、李宝芝、周善钜、丁富山和李红军等；双革组的赵宝良、巴信来、孔昭文、陆成汉、陶克、严加伦、杨根云、石兰芬、张清凫、尹承厚、魏书美等；当时在管棒车间生产工段中的技术骨干刘永亮、卞富国、刘超文、兰俊武等；后来调到厂技术科主管管棒技术的董志英和厂技术科负责科研试制任务协调和管理的王碧文。经过岁月的洗礼，他们都成长为国内有色金属铜管棒加工领域能够独当一面的知名专家或技术能手。

这支队伍使得洛铜管棒车间成了我国国防事业名副其实的试验开发基地，平均每年要完成军工试制任务近百项，为国防建设做出了不懈的努力和突出的贡献。但辉煌成绩的背后，这些技术人员也作出了太多的牺牲。长期劳累，让他们多数人落下一身疾病；工作忙碌，让他们无暇顾及子女的生活和教育；作为特殊年代参与重要工程的技术人员，他们还要学会对家人和同事沉默；那时没有奖励，即使第一代核潜艇材料的开发，也是在 20 年后在国家授予该项目国家科技特等奖时才将洛铜列到了光荣册里。

他们为了国家建设和行业技术水平的发展，无怨无悔地奉献，无保留、无偿地对同行业内兄弟单位进行技术推广和支持，默默无闻地为保障国防建设做着无名英雄。

在改革开放岁月里，争做
高新有色金属材料开发的带头人

进入改革开放的年代，徐计敏锐地发现铜加工材料在电子工业、高能物理和 IT 领域的应用技术将成为我国 21 世纪高新科技领域发展至关重要的基础材料。为了国家的科技进步和洛铜多年的荣誉，在这方面洛铜要有所作为，早日达到国际水平。

1979 年 12 月，徐计被调任到厂技术科任副科长时就协助李名洲副厂长组织领导了由冶金工业部和四机部对大功率电子管和微波管用无氧铜质量的联合攻关项目，洛铜为组长单位，北京电子管厂为副组长单位，联合其他四家企业，经过三年联合试制攻

关，在1982年8月通过了冶金工业部和四机部的联合验收，洛铜生产的无氧铜被认定为已接近或达到国际先进水平，后来该项目获得国防科工委和冶金部颁发的联合攻关奖。

此外，多年来他为中科院各所属单位成功开发了各种粒子加速器用特种导线管材料。从1978年，徐计还在铜管车间任技术组长时就组织谭雨轩、张劭、巩庆刚、兰俊武和刘超文等人，对环形加速器主磁导线用TU1无氧铜外方内圆管进行试制开发，尝试了挤压-拉伸和挤压-轧制-拉伸两种工艺方案，通过提高挤压工具的配合精度确保穿孔针在挤压模中心的稳定性，合理确定成品拉伸时芯头与坯料的间隙等工艺措施，反复试验，确保了性能要求和规格要求，试制成功并分别生产了5种规格的产品。

1984年，徐计担任洛铜管棒厂厂长时，听说中科院近代物理所建设的重粒子加速器和中科院高能物理所建设的北京正负电子对撞机，所需要的外方内圆长管要从日本进口，就向上反映，主动请缨开发。

这回的外方内圆管的精度要求更高，徐计根据上次的开发经验，确定了这次全部采用挤压-轧制-拉伸的工艺方案。然后又抽调当时厂里的精兵良将，让林效农负责挤压试制，刘亚兰负责轧辊的孔型设计和轧制试制，兰俊武负责拉伸试制；委托机械分厂的林庭槐和杜泽斌负责轧辊孔型制造工艺的安排，王碧文用计算机程序语言将轧辊孔型曲线的计算公式进行计算机编程，以提高试制过程中的计算效率和计算精度。这是国内有色加工行业内首次将计算机编程引入工艺试制工作中。此外该项目还得到了技术处董志英和杨伟声的技术支持，在1978年技术开发工作的基础上，进一步提高了设计要求并在1985年试制成功，按期提供给用户。经国家重大装备办公室组织的鉴定会鉴定认为工艺先进、产品质量达到国际水平、填补了空白，产品分别满足了我国第一台自行设计的重粒子加速器和北京电子对撞机的磁场线圈要求。此项目在1986年度获中国有色金属工业总公司科技进步奖二等奖，1987 年获国家科技进步奖三等奖。因为在北京电子对撞机建设中做出了重大贡献，1991 年徐计还获得国务院总理李鹏签署的嘉奖令。

自 1965 年他到铜管棒车间到他担任厂长的 20 多年中，铜管棒厂平均每年要完成军工试制任务近百项，为国防建设做出了不懈的努力和贡献。

在 20 世纪 80 年代中后期，徐计被中国有色金属总公司任命为洛铜厂总工程师后，又把挑战的目标放到了铜基引线框架材料及异型带，这是一个国家发展信息产业的心脏部件——大规模集成电路芯片所必需的核心关键材料之一。

在一次国家计委组织的由科技部、电子工业部、中国有色金属工业总公司等部门的相关专家代表参加的座谈会上，电子行业的一些与会专家表示我国材料工业落后，一些尖端材料应该进口，其中就包括铜基合金引线框架材料和异型带。在会议上徐计提出了在电子信息产业的材料应用方面，我国应该坚持用国产替代进口走自主创新之路的想法，受到了国家相关部门领导的重视和肯定并很快组织了国内首次的引线框架材料和异型带生产技术引进项目的国内招标。徐计带队与北京市有色金属公司、沈阳有色金属加工厂、上海铜厂等多家有色企业竞标并取得成功，然后组建了专家考察团，以中国有色金属进出口公司北京公司名义组团出国考察。

在这次考察期间，结合我国的生产技术条件及引进技术的难度，徐计和陈德纪、周国桓比较了世界上关于生产引线框架材料的两大加工方法——美国奥林公司的拉伸成型法和法国的高速锤锻退火压延法，确认了欧洲方面的技术更加适合我国当前装备水平和技术条件，进而选择了法国的高速锤锻退火压延法作为发展我国的铜基引线框架材料和异型带的技术发展方案，并且随后在 1991 年 12 月以中国有色金属进出口公司北京公司的名义，正式与法国的 Aubervilliers Griset 工程公司签订了引线框架材料、异型带生产技术及设备的引进合同。

考虑到生产引线框架材料需要高精度的坯料，而我国当时还不具备这样的装备能力，于是徐计再次向国家部委的相关领导呼吁，从而促使国家计委为了保障异型带坯料精度要求，同意进行对洛铜老线150轧机、250轧机的技术改造项目，以及随后的洛铜高精度铜板带线的引进。从此开始了我国自主研发引线框架材料的历程，为我国在20世纪90年代后期能够独立自主地成功开发并批量生产出大规模集成电路创造了条件。

徐计任总工程师以后，洛铜厂的科技工作更是连结硕果。仅“七五”期间，洛铜厂共完成研制新产品890项，其中24项填补了国内空白，74项被用户采用并替代进口，如汽车同步器齿环用复杂黄铜管、新型汽车水箱用薄铜带、高精度电容器用铜带、电子技术急需的引线框架材料194合金带材等具有国际先进水平和极大市场潜力的新产品。“七五”期间还完成了超轻超强高温镁合金等七项国家级攻关项目，在1990年全面通过鉴定验收。到1990年洛铜共获得创优质产品奖项42项，其中国家金质奖产品5项，银质奖4项，省部优产品32项，总数较“六五”期间增加21项。国优部优的优质品产值率达到63.36%，使得洛铜名列全国同行业产品获奖企业之首。

以装备改造和质量管理创世界级品质

1978年8月，徐计被抽调担任冶金工业部江西贵溪铜加工工程引进谈判机构的临时负责人。在冶金工业部紧缩基建后，他又协助厂领导编拟了洛铜的技改规划。在这期间，由于大量接触到西方发达国家技术装备发展状况的资料，他充分认识到我国在铜加工技术发展水平方面的巨大差距，意识到只有尽快改革装备，提高质量管理水平，发挥自力更生、不断创新的精神才可能在较短的时间赶上西方国家的发展速度。因此，他在后来的工作中将很大精力投入到技术装备改造、产品创优、出口和质量管理中。

1981年，他被厂党委派到铜板带厂，参加板带攻关工作队。由于当时洛铜出口带在首次大批量规模供货后，出现了大面积"白点"的重大质量问题，成品率很低，严重威胁着车间的带材生产，1981年150轧机几乎停产。为此总厂抽调全厂各项专业方面的技术骨干，成立了铜板带攻关工作队进驻板带厂，对板带生产进行全面质量攻关。其中总厂副厂长徐芳滋任队长，副总师张渤为副队长，徐计负责工艺技术，质量检查科的张琳干负责质量管理，张森和管棒车间双革组的周善钜负责加热炉和退火炉，机动科的高成涛负责设备、阮锦明负责乳液，供应科的徐继亚负责物资保障、隋振强负责计划。工作队外围还包括中央试验室和供应科油库等处的工人师傅并充实了化学、工艺和情报等有关专业人员。

经过现场的调查分析，带材表面的油花脸、腐蚀痕和"白点"都与乳液的质量有关。在总厂领导的指示下，2月份又成立了乳液质量攻关组，由徐计与供应科副科长陈金甫负责，在攻关试验中定性鉴别了"白点"物质，探讨了乳液稳定性的机制，试验了多种配方及不同质量的原材料对稳定性和腐蚀性的影响，由刘守信和阮锦明执笔写了总结；建立了原材料验收标准，以等当量配比的原则修订了乳液的配置和使用规程。攻关见了成效，乳液稳定，腐蚀性能大为减轻，为保证出口黄铜带的表面光亮创造了条件。

解决了"白点"问题后，他们还进行了出口黄铜带的质量攻关。攻关在当时铜板带车间技术组组长姬广明、技术员兰利亚及车间老工人的配合下，不断总结经验，排除生产中出现的质量问题，重新调整了针对不同材料的轧制退火工艺规程，制定了一系列的工艺革新措施，最终使得成品率从13%提高到40%，产品质量达到国际水平并成功打入国际市场。同时，该产品在1982

年还获得了国家金质奖章。直到20世纪90年代中后期，洛铜以H65黄铜带为主的产品出口数量仍占全国铜加工材出口总量的半壁江山，洛铜也因此成为国家授予的我国首批117家有进出口经营权的单位。

1983年4月以后徐计又先后担任洛铜中央试验室主任和洛铜铜管厂厂长等职。他积极开展质量创优活动，其中高精度空调管和电站用HSn70-1冷凝管分别在1984年和1985年获得国家优质产品金牌奖，首创了国内铜管棒材获得国家金牌奖的历史，并且空调管经日本松下公司认定，已达到日本同类产品的水平。

1986年3月，徐计在被中国有色金属工业总公司任命为洛铜总工程师，主抓全厂技术和质量工作。1987年，在他的领导下洛铜的中央试验室被认证为国家商检局进出口金属材料检验实验室并被刊登在1988年1月24日出版的《人民日报》上，标志着洛铜产品出口材及相关检测水平达到了国际一流水平。

此外，他还积极配合厂长推进全面质量管理工作和完成铜铝两大技术改造工作。在夯实科技基础工作后，在全厂强力地推行全面质量管理工作和产品创优活动，加强了各级领导的质量意识，初步调整和理顺了各部门各类人员的职能。通过抓工序管理，开展群众性QC小组活动，不仅产品实物质量得到稳定提高，“用户至上”理念也落实在行动中。又经过多次请国家质量管理咨询师来厂评审指导，在全厂建立了比较完善的质量保证体系。

这期间，他们开展了产品创优，按国际先进标准组织生产，带动了产品质量的全面提高。1990年出口铜材就有5300余吨。从而洛铜的全面质量管理连上了三个台阶，先后获得河南省质量管理奖、中国有色金属工业总公司质量管理奖并于1988年荣获国家质量管理奖企业称号，实现了河南省和中国有色金属工业总公司在国家质量管理奖上的“双零突破”。

国家技术监督局于1988年12月14日在国务院小礼堂召开

1988 年国家质量奖授奖大会，由于在科技工作和质量管理工作方面对企业和有色金属事业做出的贡献，徐计作为企业代表受邀出席了大会。1988 年被评为“河南省质量管理先进个人”，1989 年被授予“河南省优秀科技工作者”称号，1992 年被评为“中国有色金属工业总公司优秀科技工作者”。为此 1990 年洛铜被河南省第六届技术进步大会授予企业技术进步一等奖；全国第六届技术进步大会会议秘书处 1990 年 2 月 5 日印发了洛铜两份典型经验材料，“抓新产品开发，创世界级质量”和“搞好技术改造推动技术进步”。徐计同志代表企业参加了这两次大会，在会上进行了经验交流。

国家和民族的振兴高于一切

工作 50 多年来，徐计投身改革，献身四化，工作上一贯兢兢业业，刻苦钻研，开拓奋进，求实创新，为人耿直，作风正派，受人敬重。

为了保障国家一个个重点工程的顺利实施，他把自己大半生都奉献给了中国有色重金属材料工业的发展。他把国家和民族的振兴看得高于一切。

在他刚考上大学不久，在听说国家急需要进行冶金材料方面的人才时，就毅然从自己从小喜爱的化学专业转到了冶金系。

刚到沈阳工作的时候，他听说为了保障闽浙前线，急需要进行铍青铜等复杂合金板带材料的开发试制。铍、铅等都有剧毒，但是他不顾当时生产条件简陋和防护条件不足的现状，义无反顾地投身到铍青铜等复杂合金板带材的开发过程中，期间皮肤在接触到含铍青铜的铜屑后过敏起红疹，也没有阻止他忘我的开发试制工作。他很快就成功完成了试制任务。

1968 年，他带着高元泰、丁富山和李红军等在试制开发一批国防急需的尖端材料时，崩断的铜管带着工具以几百公斤的力量把他的左手大拇指齐根轧断。他到医院进行复位固定和简单包扎后，一天都没休息，挂着绷带就又投身到工作中去了，生怕会耽误了试制开发任务的完成。

这么多年来，他就是靠着这种精神，忘我地工作。经他开发过的新材料难以计数，被应用在我国多个重点工程的实施中。他完成了有色金属行业的多个第一，填补了多项空白，对促进我国金属材料的理论和实践做出了突出贡献，为国家创造了难以估量的经济价值。

别看他在工作中为了技术质量的保障丝毫不让步、不马虎、不妥协，而且脾气大，但是他不保守，无论谁向他请教，他都会毫无保留地将知识和经验传授。而且，对待名利金钱，他非常淡然。20 世纪 80 年代，在当管棒厂厂长和总厂总工程师期间，因为多年的工作爱好，他还会直接参与到很多新产品的具体试制工作中去指导开发工作的实施和设计方案的制订，但在评奖的时候，他尽可能地把奖励让给别人。当时很多人感到非常奇怪，问他："为什么?"他的回答是："科研开发工作付出多，牺牲大，这样做，为企业发展尽可能留住人才。"

1992 年，他已到了退休年龄，但受到苏联解体和东欧剧变的影响，洛铜现代化的铜盘管生产项目受到了很大的影响。上海、江浙和广东等地的民营企业家听说他要退休了，许诺高薪聘他，希望他去。但是，他为了洛铜项目建设的顺利完工，选择了拒绝，在洛铜继续工作了三年直到 1995 年项目建成试车成功他才退休。

这么多年，他为了自己的信念无怨无悔。虽然因为工作，胃溃疡、心脏病和高血压一直纠缠着他，但只要国家和企业需要，他都义无反顾。

（徐 刚）

简　历

1932 年	11 月 13 日出生于江苏省南京市。
1951～1955 年	东北工学院冶金系有色金属及其合金压力加工专业本科毕业，被评为校级三好优等生。
1955～1958 年	分别在沈阳有色金属加工厂的压延车间、中央试验室研究组、技术科工作。
1959～1964 年	洛阳有色金属加工厂和洛阳有色设计院联合组成的设计管理科工艺组技术主管、综合组组长。
1964～1965 年	洛阳有色金属加工厂技术科主管管棒工艺。
1965～1968 年	工程师，下放铜管棒车间大管工段劳动，兼从事铜管棒车间的新产品开发。
1968～1972 年	洛阳有色金属加工厂铜管棒车间（现洛铜管棒厂前身）新产品攻关组组长。
1972～1978 年	洛阳有色金属加工厂铜管棒车间技术组组长。
1978～1979 年	抽调担任江西省贵溪工程铜加工厂引进谈判机构的临时负责人。
1980～1982 年	任洛阳铜加工厂技术处主管科研试制和标准的副处长，其中，1981～1982 年被总厂党委派往洛铜板带厂攻关工作队分管板带工艺技术的质量攻关。
1983 年	洛阳铜加工厂中央试验室主任。
1983～1986 年	洛阳铜加工厂铜管棒厂厂长。
1986～1995 年	中国有色金属工业总公司洛阳铜加工厂总工程师，教授级高工；期间还兼任洛阳铜加工厂技术改造指挥部总指挥长、中国有色金属学会理事、第二届有色金属加工学术委员会委员、89 届河南省质量管理协会理事、中国有色金属工业总公司评审教授级高工专家组的金属加工组组长、中国有色金属工业总公司评审突出贡献专家的专家组专家评委。

主要论著

1 徐计．线材轧机考察报告．厂情报内刊专集，1963.
2 徐计．钛合金型材的挤压//国外钛合金文集．北京：冶金工业出版社，1972.
3 徐计，董万余，杨海云，等．日本铜加工现状．铜加工技术．洛阳：洛阳有色设计院，1979.
4 徐计，王福宇，等．重有色金属加工新材料转产目录//1960～1980年全国冶金新材料转产目录．北京：冶金工业出版社，1981.
5 徐计．获得高质量波导管的途径．铜加工．中国有色金属加工工业协会重有色分会，1989.
6 徐计．抓新产品开发，创世界级质量．第六届全国技术进步工作会议典型经验材料之二十一．北京：第六届全国技术进步工作会议秘书处，1990.

刘 文 华

（1933～　）

刘文华，选矿技术专家，长期从事金属矿尤其是铜矿选矿技术的研究与推广应用。在国内外首次研究并提出了难选铜矿物——假孔雀石和墨铜矿的选矿工艺，丰富了铜矿选矿理论与实践。她主持的提高铜矿及伴生金、银选矿指标的研究荣获国家科学技术进步奖，为我国有色金属选矿事业做出了突出贡献。

刘文华，1933 年 7 月 12 日生于黑龙江省富锦县（现富锦市），祖籍辽宁省辽阳县。1948 年前在富锦县读小学，在联合中学读初中，于 1948 年 7 月加入东北民主青年联盟（共青团前身）。1948 年年底转入辽阳市第一中学读初三，1952 年高中毕业，1952 年 9 月考入东北工学院（现东北大学）有色金属系选矿专业，在学习期间被授予第三届优等生。1956 年毕业分配到北京矿冶研究总院选矿室从事研究工作。

在 20 世纪五六十年代，我国经济及国防建设急需大量战略金属铜、钴、镍等。由于我国资源贫乏及选矿水平较低，为提高金属产量及资源综合利用率，国家组织多家科研院所、多学科进行联合技术攻关。1959年，她参加冶金部提高铜陵铜官山选矿指标攻关组，采用新工艺流程，大幅度提高了选铜指标。冶金部在矿山召开全国铜矿山现场会，推广应用该技术。1961年，她参加冶金部组织的武钢大冶铁矿综合利用研究，高质量地回收了钴，解决了军工之急需。1964年，她参加冶金部组织的金川科技大会战，解决了铜-镍矿石选矿多项难题，获得了国家科学技术委员会颁发的荣誉证书。几年的艰苦磨炼，为她日后的发展打下了坚实的基础。她刻苦学习、勤于思考、勇挑重担、敢于创新，通过一个又一个选矿难题的攻关，逐步从一个技术骨干发展成为我国铜矿选矿技术的领军人物。

1965年，刘文华成为北京矿冶研究总院铜专业组组长，多次参加冶金部矿山会议和部工作组，对矿山进行生产调查和技术指导；1972年任冶金部科研技术调查组东南组长；1973年任冶金部派往中条山有色金属集团有限公司工作组副组长；1981年任中国有色金属工业总公司科技协作网铜协作组组长；1984年作为专家组成员对联邦德国鲁齐公司进行考察。

由于工作认真负责，出色完成了各项任务，1977年、1985年、1989年和1990年等，刘文华多次被评为北京矿冶研究总院先进工作者；在编制有色金属工业“七五”、“八五”发展规划中成绩显著，1990年被评为“中国有色金属工业总公司先进工作者”。她通过在铜选矿厂中的技术改进和创新，提高了铜矿伴生金、银回收率，使黄金和白银产量增加，1991年获得了中国有色金属工业总公司“七五”期间“发展金、银事业突出贡献的先进个人”称号。

刘文华1986年成为硕士研究生导师，1987年晋升为教授级高级工程师，发表科技论文20余篇；主笔或主编了《国外铜选厂》、《中国有色金属进展铜分册》、《中国有色金属选矿厂概览（铜部分）》、《矿产资源综合利用手册（铜部分）》等六部著作；

荣获国家科学技术进步奖二等奖一项，中国有色金属工业总公司科技进步奖二等奖四项。她为我国铜基地铜陵有色金属集团控股有限公司、大冶有色金属公司、中条山有色金属集团有限公司、江西铜业集团公司及国内其他重要铜矿山企业（如新疆阿舍勒铜业股份有限公司、浙江建德铜矿）的建设做了大量开拓性的工作。在难选铜矿假孔雀石、墨铜矿及次生铜矿的选矿研究中取得了创造性的成就，为我国铜工业的发展及铜选技术的进步做出了重大贡献。1992 年获人事部授予的“国家有突出贡献专家”称号。

我国铜矿选矿技术应用研究的领头人

刘文华作为北京矿冶研究总院铜专业组组长及中国有色工业总公司铜科技协作组组长，除了为决策层出谋划策规划铜选矿事业的发展及行业技术交流外，绝大部分时间为解决我国铜矿山企业生产面临的技术难题而不懈努力着。我国重要的铜基地几乎都留下了她的足迹和辛勤的汗水。对于铜矿选矿，无论是斑岩型、黄铁矿型、矽卡岩型还是层状、脉状铜矿，无论是硫化铜、氧化铜还是混合铜矿，无论是以黄铜矿为主的原生硫化铜矿还是以（蓝）辉铜矿为主的次生硫化铜矿，无论是含有砷的黝铜矿、墨铜矿的硫化铜矿还是含有假孔雀石的氧化铜矿，她都进行过大量的研究，取得了骄人的成绩，是我国铜矿选矿技术的领头人。

1965 年 4～8 月，以刘文华为首的铜专业组对铜绿山的原生矿、混合矿和氧化铜铁矿石分别进行小型工艺试验。该矿由长沙有色冶金设计院设计，1970 年建成日处理矿石 4000 吨的选矿厂。其中因氧化矿石难选，工艺流程不畅通，专业组于 1967 年补充做了氧化铜铁矿的扩大连选试验，改进了选矿工艺、提高了选矿指标。硫化矿于 1970 年正常生产并达到试验设计指标。硫化矿试验获得铜精矿品位 24.4%、铜回收率 95.04%的选矿指标并在生产中稳定在铜品位22.76%、铜回收率94.84%的指标，超过了铜品位20%、铜精矿回收率93%的设计指标；氧化矿实验获得铜精矿品位18.11%、铜回收率89.11%的选矿指标并在生产中稳定在铜品位17.16%、铜回收率87%的指标，超过了铜品位16%、铜精矿回收率86%的设计指标。在对氧化矿的研究中，他们发现了难选矿物为假孔雀石，用常规硫化法不能浮选，通过研究提出了非硫化羧酸浮选新工艺。

在大冶铜基地的另一座矿山丰山铜矿，1966年2月至1967年5月，刘文华负责对含钼铜矿石进行小型和扩大连选试验，获得铜精矿品位25.22%、铜回收率94.7%的指标，并综合回收钼和金、银，选矿厂设计规模为日处理矿石3500吨，1972年投产。

在江西铜基地武山铜矿，1969年4月至1970年7月，刘文华负责对武山南北矿带铜硫矿石进行选矿工艺流程试验，设计规模为日处理矿石3000吨，1984年投产。

1987～1988年，在主持建德铜矿多金属矿石选矿试验研究期间，她根据铜及金、银载体矿物可浮性的差异、粗粒单体金比重大及闪锌矿中部分含有乳滴状黄铜矿包体等特点，采用低pH、高浓度、无氰组合药剂、混合捕收剂、分速优先浮选新工艺。该工艺既环保又使铜、金、银回收率分别提高2.68%、5.55%和8.77%，分别达93.68%、71.91%和82.46%。经中国有色金属工业总公司专家评审认为，该项技术达国内先进水平，荣获1989年中国有色金属工业总公司科学技术进步奖二等奖，刘文华为第一完成人。一年多的生产实践证明：工艺过程稳定，技术指标先进，经济效益和社会效益显著。经国家科学技术委员会专家评审认为：该工艺技术大幅度提高了金银回收率，解决了铜矿石伴生金银综合利用程度低的难题，工艺和选别指标在国内处于领先地位，达到了国外同类型矿石的先进水平。提高铜矿石伴生金、银选矿回收率的研究，获得1990年度国家科学技术进步奖二等奖，刘文华为第一完成人。

江西铜业集团公司城门山铜矿主要以次生铜矿，即辉铜矿、蓝辉铜矿为主。次生铜的主要特点是嵌布粒度细，易过磨，容易氧化生成硫酸铜，活化黄铁矿，造成铜硫分离困难。1980～1985年10月，刘文华对城门山铜矿含铜黄铁矿、矽卡岩、斑岩等类型矿石进行了多次选矿工艺研究，同时江西铜业集团公司又委托德国和日本两家公司进行研究。北京矿冶研究总院根据工艺矿物学研究成果，进行多方案、多种流程试验，最终采用添加硫化剂，使铜离子形成人造硫化铜后与硫化铜矿物同时选出，同时采用有效组合药剂加强铜硫分离，取得了突破性进展，获得铜精矿品位14.44％、铜回收率86.9％的指标，指标均优于德国某公司获得的铜精矿品位18.5％、铜回收率60％～66％，以及日本某公司获得的铜精矿品位10.9％、铜回收率72.88％的选矿指标。在1988～1992年的研究中，她提出水溶铜含量与矿石新鲜程度呈相关关系，解决了水溶铜长期影响建设的关键问题。1992年的扩大试验获得铜品位20.2％、铜回收率79.8％的优异指标。该试验结果最终作为设计依据建厂并投入生产。该项成果1992年通过了中国有色金属工业总公司专家组评审，认为该工艺流程对城门山各主要工业类型矿石具有较好的适应性，选别指标达到国内选进水平。与国外相比，其选别指标超过1986年日本某公司和德国某公司对城门山铜矿同类矿石的试验指标，获1993年度中国有色金属工业公司科学技术进步奖二等奖，刘文华为第一完成人。

与建德铜矿含黄铜矿、城门山铜矿含（蓝）辉铜矿不同的是，新疆阿舍勒铜矿含有较多的砷黝铜矿，其特点是浮游速度慢、可浮性较差。1996年，她对新疆阿舍勒铜矿三种类型四个样品进行小型试验研究，其中混合矿样由北京矿冶研究总院等国内三家研究单位同时进行，对小型试验结果优胜者再进行下一步扩大连选试验。北京矿冶研究总院以刘文华为首的研究团队采用自主知识产权、新合成的高效捕收剂PAC进行铜锌混合浮选-混合精矿再磨、添加组合抑制剂实现砷黝铜矿高效捕收及铜锌有效分离的工艺流程，取得了很好的选矿指标，赢得了第一阶段的胜利。1996年10月，在扩大连选试验中，再次证明了该工艺流程及选矿指标的先进，获得了铜品位25.39%、铜回收率94.05%的铜精矿。该项成果获得1998年度中国有色金属工业公司科学技术进步二等奖，刘文华为第一完成人。

除铜矿选矿以外，刘文华对铅、锌、镍、钴、铁等矿的选矿也做了卓有成效的工作。1971年，她负责的河北遵化铁矿小型和干式、湿式自磨工业试验获得成功，按湿式自磨建成200万吨/年的选矿厂，1974年投产，年产铁精矿70万吨；1977年参加的凡口铅锌矿无氰工艺四产品流程获冶金部科技成果奖，1978年获国家科技大会科技成果奖；1986年参加金川中性介质浮选扩大试验，获国家科学技术委员会颁发的金川资源综合利用荣誉证书。

墨铜矿和假孔雀石的浮选工艺的开创者

河北铜矿“黑矿石”含有大量铁和蛇纹石，颇为难选，一直影响选矿指标。1962年，她与李家庆共同研究，发现矿石中含有较多的“黑色矿物”，经提纯该矿物，通过化学分析、矿物组成分析等多种研究手段，确定难选的“黑色矿物”为墨铜矿，它是含铜、铁、镁的层状矿物，含铜量较低、矿物结构复杂、无准确的分子式。在当时，铜浮选通常是通过调整矿浆在碱性介质中进行的，但墨铜矿在碱性介质中浮选效果非常差。为此，他们对墨铜矿进行了系统的浮选工艺研究，结果表明在酸性介质（pH5～6）中墨铜矿的可浮性较好，从而首次提出了墨铜矿酸性浮选工艺，提高了铜的选矿回收率。

在研究大冶公司铜绿山高氧化率（88%以上）的铜铁氧化矿

石选矿研究中，她首次发现了颜色与孔雀石相似但其可浮性与孔雀石可浮性相差很大的一种矿物，称之为假孔雀石。通过X光衍射、电子探针、差热分析、化学分析等多种研究手段，查明它是含铜的磷酸盐（$Cu_5(PO_4)_2(OH)_4$）。它不溶于水、酒精和苯，易溶于酸和氰化钾。经纯矿物系统可浮性研究，在常温常压下，假孔雀石无论在酸性或碱性介质中都难以硫化，用黄药类捕收剂浮选回收率极低。通过研究发现，假孔雀石可在弱碱性介质(pH为8)、温度为30℃时，用油酸或羟肟酸直接浮选，从而提出了假孔雀石的非硫化羧酸浮选工艺。此外，通过研究发现，在磁力作用下，假孔雀石显顺磁性，可磁选回收，在磁场强度为0.6～0.9T时回收率可达90%以上。

墨铜矿、假孔雀石是两种稀少的铜矿物，能在实际工作中遇到这类矿物本身就说明她见识广、经验丰富。通过系统选矿工艺研究，她提出了它们的选矿工艺，丰富了铜选矿理论与实践。

为矿业事业的发展不遗余力

刘文华在北京矿冶研究总院工作了40多年，始终奋斗在选矿科研第一线，为矿冶事业的发展坚持不懈地努力工作，取得了丰硕成果。

为提高矿山企业选矿水平，她一方面通过铜科技协作网进行技术交流，另一方面通过企业派员参加试验学习。对于外来参加试验的人员，她在生活上给予无微不至的关怀，在工作上则严格要求。她不厌其烦地给他们示范及讲解如何操作设备，如何根据试验目的、要求来设计选矿试验，如何处理和分析试验数据及如何将试验室成果用到生产实践等。由于得到了她的精心指导，这些人员返回工作岗位后，多数成为解决生产难题的技术骨干，很多同志还走上了企业的重要领导岗位。

她的言传身教激励着学生奋发向上，她指导的研究生范先锋通过努力学习，于1996年8月考入英国伯明翰大学攻读博士学位，毕业后留校，成为中英选矿技术交流的又一座桥梁。

为了她热爱的选矿事业，她工作到快70岁。尽管现在年老体弱，不能亲临指导，但她仍关心选矿的发展，当得知我们2008年承担国家“十一五”科技支撑计划课题“铜矿山二次资源有价元素高效回收利用关键技术与装备研究”后非常高兴。由于该项目是对大冶有色金属公司铜绿山铜铁矿堆存的老尾矿的综合利用，大冶公司是她曾经科技攻关的铜基地之一，她如数家珍地回忆起大冶铜铁矿不同时期、不同类型矿石的特点及其选矿方法，帮助分析老尾矿选矿的难点及可能采取的对策。她的真知灼见使我们受益匪浅。

（陈金中）

简 历

1933年7月	出生于黑龙江省富锦县（现富锦市）。
1952～1956年	东北工学院（现东北大学）。
1956～1978年	北京矿冶研究设计院（现北京矿冶研究总院）。
1978～1981年	北京矿冶研究总院工程师。
1981～1992年	中国有色金属工业总公司铜科技协作组组长、北京矿冶研究总院高级工程师。
1987～1995年	北京矿冶研究总院教授级高级工程师。
1992～	享受政府特殊津贴。

主要论著

1 李家庆，刘文华．罗忠义，等．难选硫化铜矿——“墨铜矿”的浮选．有色金属，1964，(6)：36-42.

2 刘文华，红钢．假孔雀石浮选研究．有色金属，1980，(6)：17-20.

3 刘文华．酸浸沉淀浮选方法处理氧化铜矿石//中国选矿情报网大冶会议论文集．1981.
4 刘文华．铜调研报告．中国有色金属公司科技情报网，1984.
5 刘文华，陈子鸣，等．国外铜选厂（上、下册）．中国选矿情报网，1983.
6 刘文华，贾龙光，罗任贤．中国有色金属进展铜分册．中国有色金属总公司，1984.
7 刘文华，贾龙光．铜工业近况与发展趋势//全国科技协作网论文集，1985.
8 刘文华．从有机炭的钼矿石中回收钼//第三届全国钼矿学术会议论文集，1986.
9 刘文华，贾龙光．国内外铜工业发展近况．有色金属，1988，（6）：36-39.
10 刘文华．中国有色金属选矿厂概览（铜选厂部分）．中国有色金属工业总公司，1990.
11 刘文华，何龙华．建德铜锌多金属矿石快速优先浮选研究及实践．有色金属（选矿部分），1997，5：1-3.
12 刘文华，范先锋．阿舍勒多金属矿石铜锌分离研究．有色金属（选矿部分），1998，5：1-4
13 刘文华．四、有色金属矿产资源的综合利用[4.1]铜//矿产资源综合利用手册编辑委员会．矿产资源综合利用手册．北京：科学出版社，2000：02.

曾 世 铭

（1933～ ）

曾世铭，半导体材料技术专家，中国半导体硅单晶制备技术的主要开拓者之一。他在半导体原料制备及单晶生长技术、半导体级直拉硅单晶及区熔硅单晶，以及太阳电池级硅单晶的科研开发中取得突出成绩，多次获得国家级和部级科技进步奖。

曾世铭，1933年7月19日出生于江苏省徐州市。年幼时随家庭迁到西北读完了小学、初中；1948年来到昆明，在天南中学读高中并以优异成绩获得奖学金；1951年考取云南大学矿冶系，1953年院校合并转至昆明工学院有色冶金系学习。1955年7月大学毕业，服从国家统一分配至北京有色金属研究总院工作，任技术员，1981年晋升为高级工程师，1987年晋升为教授级高工。

1985～1996年，他共获得涉及直拉硅单晶和区熔硅单晶的科技成果奖11项，分别为国家级二项和部级九项。由于科研工作成绩显著，他于1985年、1988年、1991年和1994年荣立北京有色金属研究总院个人二等功三次和三等功一次，成为该时期立功次数最多的科研人员。1991 年荣获国务院颁发的政府特殊津贴。

拉制出中国第一根硅单晶
并研发成功细硅芯拉制工艺技术

（1）拉制出中国第一根硅单晶。1956～1957 年，曾世铭从事半导体锗的原料制备和单晶拉制工作。1958 年，他开始从事半导体硅的科研和开发，担任课题组长并参与单晶炉的设计工作。当时我国受到欧美等国的技术封锁，既无硅多晶原料，也没有籽晶，更没有单晶炉。为了研制出国家发展急需的这种高科技材料，北京有色金属研究总院承担了攻关任务。1957 年，他开展了硅多晶的研制工作，1958 年“十一”献礼，研制出了 100 公斤的四氯化硅锌还原的针状硅并设计和制造了单晶炉，使用从苏联带回来的籽晶，仅用了一个多月的时间，于 1958 年 11 月和同事们昼夜奋战，拉制出了我国的第一根硅单晶，解决了有无问题。之后，在单晶的掺杂技术和增大直径方面，也大有进展。

（2）研发成功细硅芯拉制工艺技术。1963 年，曾世铭使用北京有色金属研究总院开发的高频基座拉晶炉，研究成功细硅芯拉制工艺，成功地解决了批量生产高纯硅多晶工业中氢还原工序必需的细硅芯材料问题。细硅芯以往都是将硅棒用机床切割而成，制造过程速度慢、损耗大、长度短，不利于工业化。当时在国际上仅德国、日本有类似技术，但是我国受到了他们的技术封锁，必须在一无资料、二无设备的条件下，通过自力更生和艰苦奋斗来生产这一关键材料。经过多次试验开发成功的先进的细硅芯拉制工艺受到了国内同行们的欢迎，很快就在全国各个硅多晶生产厂中得到推广，至今已应用了 40 余年，创造了巨大的经济效益。1964 年他还利用该设备拉制出了我国的第一根基座硅单晶。

（3）支援国家三线建设。1966～1976 年，曾世铭受北京有色金属研究总院委派，到洛阳单晶硅厂和总政 2602 工厂负责单晶生产的技术工作。洛阳单晶硅厂是我国第一个从日本全套引进设备的先进的硅材料厂，当地没有技术力量，在北京有色金属研究总院派去的技术人员的大力帮助下，成为当时国内最大和最好的硅厂，支援了国内电子工业的发展。北京大学利用该厂生产的高质量硅单晶制作出了当时国内第一个 1024 位大规模集成电路。

（4）掌握了硅单晶中的控氧、降碳技术，提高了电路级硅单晶的质量。1978 年改革开放以后，我国集成电路的发展迫切需要高质量的硅单晶。由于硅单晶中氧的含量和分布会引起硅片中二次缺陷的生成从而降低器件的性能，所以控制硅单晶中氧含量及如何利用氧沉淀的吸杂工艺来提高某些器件的质量变得尤为重要。国外的科学家在这方面做了不少的研究工作，而国内尚未开展。曾世铭带领科研人员研究了拉晶的工艺参数、加热温度、炉内气压等条件对单晶氧含量的轴向和径向分布的影响和不同器件对氧含量的要求，该研究成果获得了部级二等奖，其研究论文在全国的专业会议上宣读，获得了广泛好评。

（5）不能忽视硅单晶中的另一主要杂质“碳”对单晶质量的有害影响。国内一些单位的单晶产品由于碳含量较高成为废品，甚至成都某工厂的单晶由于碳含量不合格而没有通过全国性的质量检测考核，厂长十分紧张，亲自来北京有色金属研究总院求助。曾世铭和同事早已进行过硅单晶降低碳含量的实验工作，认为主要是单晶炉内热场的配置及氩气的流量和流向不合理所致。经过现场援助，该工厂的碳含量超标问题及时得到解决。该项成果的科研论文在当年的全国半导体会议上宣读后，也指导国内其他工厂解决了单晶碳含量高的难题。

在国内率先研制成功大直径的重掺锑和砷的硅单晶

（1）在国内率先研制成功大直径的重掺锑和砷的硅单晶。20 世纪 80 年代，国内的一些用户新引进了大型外延炉，急需直径要大于 $\phi 3''$的重掺锑硅单晶，而当时市场仅能提供 $\phi 2''$的。曾世铭带领研究生和工程师们克服种种困难，摸索出了单晶拉制工艺并批量投入生产。同时测定了拉晶时锑的蒸发系数，从理论上指导了生产，胜利地完成任务。该项科研成果获得了国家级科技进步奖。

（2）身先士卒，科学性地开发重掺砷硅单晶的拉制工艺。拉制这种单晶，大家十分恐惧砷中毒问题，思想有顾虑，不敢操作，更不愿擦炉。他一方面要求本单位环保科的技术人员协助检测拉晶及擦炉时单晶炉附近的空气中氧化砷的含量，得知仅擦炉时的空气砷含量超标；另一方面采购可防煤气的呼吸器，用于擦炉。他以身作则多次抢着去擦炉，从而消除了大家的恐惧感，带动了大家的工作积极性。1990 年，日本三濑先生由于购买的苏联和德国的重掺砷单晶质量不能满足要求，希望北京有色金属研究总院能提供优质的 $\phi 4''$的单晶。曾世铭带领工程师们日夜奋战，不仅开发出了拉晶工艺，还按时提供给日方约半吨的单晶产品，日方非常满意。

（3）长中国人的志气。20 世纪 90 年代初，北京有色金属研究总院从丹麦引进了 FZ-14 型区熔硅单晶炉，按合同要求除了要拉制 $\phi 3''$的区熔单晶外，还要验收拉制 $\phi 4''$的单晶。丹麦的工程师们接连拉了半个月都无法完成设备验收任务，被判罚了近 5 万美元。丹麦人走后，他带领工程师们设计了一个“三部曲”的区熔单晶拉制工艺，一次试拉就拉制出了 $\phi 4''$的单晶，再连开三炉次共拉制了四根 $\phi 4''$的单晶，掌握了拉制工艺。后来这类产品的中子幅照单晶还获得了1996年国家级科技进步奖。

首先开发成功掺镓太阳电池级硅单晶技术，解决了国际太阳电池的光衰减的问题

曾世铭在国内首先开发成功掺镓太阳电池级硅单晶技术。进入21世纪后，绿色能源是挽救地球免受二氧化碳危害的最佳能源，太阳能发电是解决节能减排的重要措施之一。2000年、2001年曾世铭协助锦州阳光公司培训了大批拉制太阳能级硅单晶的工程师和操作工人。2008年，他受常州美晶太阳能材料有限公司（简称美晶）的邀请解决其技术问题。当时太阳电池转换效率的光衰减率高已成为全球缺憾。为了解决此问题，无锡尚德太阳能电力有限公司（简称尚德）与美晶合作，由尚德提供原材料和电池光衰减率检测手段，美晶负责研究单晶拉制工艺和提供硅片产品，共同探讨。他经过文献检索和调研，提出采用以掺镓代替掺硼来拉制P型硅单晶就可避免单晶中的硼氧复合体产生。太阳电池经强光照射后，硅片中的硼氧复合体会转变为深能级杂质，成为少子寿命杀手，电池的转换效率必然大为降低。在实验的三个月中，美晶掌握了掺镓工艺，拉制出数十根硅单晶，共向尚德提供10万余片的掺镓硅片，转换效率平均为17.5%，光衰减率从原来掺硼单晶的3%以上，大幅降低到小于1%，效果令人瞩目。尚德于2008年8月向全国公开推广此技术，科研论文也于10月在常州举行的第十届中国太阳能光伏会议上发表。2010年11月在南京举行的第十一届中国太阳能光伏会议上，他发表了论文《某些“免洗”多晶硅需再酸洗之谜》，解决了国内单晶生产行业中存在的成品率不稳定的难题。

曾世铭在从事硅单晶材料的科研和开发工作的50年实践中，一直处于第一线，自己查阅文献，收集资料，制订科研计划，带领研究生和工程师们做实验，亲自上炉操作拉单晶，关键时刻一

上炉就干二三十个小时。2000 年在锦州阳光能源有限公司，年近 70 岁的他还经常加班到凌晨。实践出真知，由于掌握了第一手材料，所以当碰到技术难题时，他能够得心应手地加以解决。除了带研究生外，1999 年曾接受中美矽晶制品股份有限公司邀请，赴台湾地区讲课和指导单晶技术。

（冷广军等）

简　　历

1933 年 7 月 19 日	出生于江苏省徐州市。
1951～1955 年	云南大学和昆明工学院冶金系学习并毕业。
1955～1980 年	北京有色金属研究总院任技术员和课题组长。
1981～1987 年	北京有色金属研究总院高级工程师。
1987～1996 年	北京有色金属研究总院教授级高级工程师。
1991 年	北京市政府专业顾问团顾问。
1996 年	退休。

主要论著

1 曾世铭．硅单晶掺杂技术探讨．稀有金属，1979，(03)：46-53.

2 曾世铭．国外半导体硅单晶生产技术的现状和动态．人工晶体学报，1982，(Z1)：140-141.

3 曾世铭，王大平，张鲁．ϕ75mm 直拉硅单晶的控氧工艺．稀有金属，1990，(02)：120-124.

4 曾世铭，张鲁，何林，等．提高 N 型〈100〉硅单晶质量和成品率的研究．稀有金属，1990，(03)：227-229.

5 曾世铭，何林，王君毅，等．Effect of growth parameters on core lengthof ϕ76. 2mm heavily Sb-doped Si crystals. Rare Metals，(02)：11-14.

6 周旗钢，曾世铭，张福珍，等．1995. Growth conditions of ϕ100 mm N

〈111〉 FZ silicon single crystal. RARE METALS，1995，(02)：8-10.

7 常青，曾世铭，何林，等．重掺锑硅单晶制备中锑的蒸发速率常数的测定．稀有金属，1995，(03)：2-5.

8 曾世铭，常青，王锻强，等．ϕ100mm 重掺砷〈111〉硅单晶的制备．稀有金属，1995，(04)：8-12.

9 曾世铭，冯奕，蒋建华，等．高光电转换效率、无衰减的太阳电池硅单晶的研制//杨德仁．第十届中国太阳能光伏会议论文集：迎接光伏发电新时代．杭州：浙江大学出版社，2008：221-224.

10 曾世铭．某些“免洗”原生多晶硅料需再酸洗之谜//魏启东．第十一届中国光伏大会暨展览会会议论文集．南京：东南大学出版社，2010：949-952.

余成洲

（1934～　）

余成洲，有色金属冶金专家。他是我国稀土金属、稀土合金、稀土永磁、稀土储氢材料、镍氢电池等生产关键技术及成果转化重大项目的开拓者和研发者。他研制的单一稀土金属、钇-镁合金、钐-钴永磁粉末及金属氢化物镍电池满足了国防军工、航空航天的急需，为促进我国有色金属工业的发展做出了突出贡献。

余成洲，1934年8月22日生于上海，祖籍浙江宁波，他从小立志要学知识做一个有文化的人，小学期间因学习刻苦、成绩优异而获免学杂费并考取上海市敬业中学，1953年中学毕业，同年被选拔为留苏预备生，在北京俄文专修学校留苏预备部学习俄文一年，1954年10月赴苏联乌拉尔工学院（现为俄罗斯乌拉尔工业大学）有色金属冶炼专业学习五年。他特别珍惜党和国家给予的留学学习机会，1959年以五年全优成绩获全优毕业文凭，为今后从事并热爱的专业工作打下了良好的基础。

1959年，他被分配到北京有色金属研究总院稀土研究室工作，一直从事稀土材料和动力电池的研究。他对工作勤勤恳恳，和同事克服一个个技术难关，总计负责课题 33 个，先后获各种奖励 18 次、荣誉奖六次，编写各类报告规划 45 份、国际会议论文六篇，国内学术会议论文 19 篇，发表论文 15 篇，是第七届国际稀土永磁会议学术负责人、论文集责任编辑，“九五”、“十五”新材料指南及镍氢电池规划起草者。他代表“863”专家委员会及北京有色金属研究总院编写“稀土在高新技术中的应用”的大会重点报告，起草“六五”、“七五”全国稀土规划，稀土储氢合金、镍氢电池生产技术进展（1～12）和动力电池动态，为国家“863”计划镍氢电池生产关键技术及成果转化重大项目做出了重要贡献。

他历任课题组副组长，组长，室副主任，主任，副总工程师，多次参加并主持科研课题的研究。曾任国家计委稀土专家组成员、稀土学会理事、稀土永磁协作网专家组成员、稀土行业协会专家组成员、院士行包头稀土开发区专家组成员。他曾任国家发改委能源材料专家组组长、国家科委镍氢电池专家组成员，负责电池生产技术的产业化，解决天津和平海湾、沈阳三普电池两个示范厂存在的技术问题。1992 年荣获国务院政府特殊津贴。曾任中南大学、南开大学兼职教授、第六届全国人民代表大会代表。

余成洲在多年的科研工作中重视理论联系实际，勇于创新，不断探索解决工艺研究和生产中出现的技术问题。他在科学技术上的成就与事迹体现在如下几个方面。

国内首次开展单一稀土金属制备工艺研究

余成洲 1959 年毕业回国，被分配到北京有色金属研究总院稀土研究室，负责稀土金属的还原制备工作。当时国家刚刚发布《1956～1967 年科学技术发展远景规划纲要（修正草案）》，制定了57项国家最重要的科学技术任务，其中包括钛冶金及其合金，稀有元素和分散元素的开采、提取和利用，半导体技术的建立并对稀有金属的发展提出了具体要求。

1960年，北京有色金属研究总院建成了稀有金属材料试验厂和稀有金属熔炼加工中间试验厂，配备了真空自耗电弧炉、真空退火炉、高温钼片炉、钽片炉等，小批量生产各种稀有金属加工材。他参加了电子束真空冶炼炉攻关工作，取得了很好的试验结果并成功应用于工业生产。

1961～1965年，他负责稀土金属补课重大项目，先后研究出用金属热还原法制备钇族稀土金属，用还原-蒸馏法制备金属Sm、Eu、Yb，用氯化物钙热还原浇铸法制备金属Pr、Nd的工艺和设备。以上都是国内首次开展的研究项目。他编写了“金属热还原法制备单一重稀土金属”、“氯化钇的制备及锂热还原制取金属钇”、“金属钐、铕、镱的制取”、“还原浇铸法制取金属镨、钕的工艺研究”等六篇研究报告，其中“金属热还原法制备单一重稀土金属”在1964年全国第二次415会议上首次宣读。

单一稀土金属的制备工艺、电解制备Y-Mg合金两项研究课题分获国家发明一等奖、二等奖并获得1964年国家科委、国家计委、国家经委和冶金部新产品二等奖。该研究成果被推广到上海跃龙化工厂，建立了我国第一条单一稀土生产线，为我国的稀土金属生产的工业化解决了工艺和设备问题。该工艺在上海跃龙化工厂推广后推向了全国，实现了单一稀土金属生产的产业化。

1960年，根据冶金部的要求，北京有色金属研究总院在既无资料又无设备的情况下，开展还原制备金属钍粉工作并负责为北京国营电子厂（798厂）提供关键材料金属钍粉150公斤。由于时间紧、任务重，而且在制备期间不断出现各种问题，为了按时完成任务，他日夜奋战在工作岗位上，坚持连续工作八天八夜，由于劳累过度，他身体不适，但他仍坚持带病工作，圆满完成了任务，为我国第一颗人造地球卫星的成功发射做出了贡献。

稀土永磁材料研究的开拓者

钐钴磁体是最早得到工业应用的稀土磁体，但当时我国在这方面的研究却很少，而其应用却十分广泛并且重要，国外对我国实行技术封锁，因此我国要迫切解决这一难题。

1969 年，余成洲开始从事稀土-钴永磁材料工艺和设备的研究。他作为课题负责人，负责组建了工艺设备试验室，与同事一道对钐钴晶包结构、形状大小、化学成分、热处理条件等进行研究并绘制图谱，经过反复试验，相继解决了合金熔炼、磨粉、取向成型、测试工艺条件和设备等问题，用黏结法制成了 $SmCo_5$ 永磁体磁环并与中科院电子所合作，在我国首次用于制造行波管，为我国稀土-钴永磁体的研制填补了空白。

余成洲负责研究的合金熔炼法液相烧结制备稀土-钴永磁工艺，解决了生产成品率低的问题，产品性能可靠，最大磁能积为 23MGOe，达到了同类产品的国际水平。在他负责下，试制了 800 多公斤 $SmCo_5$ 永磁体，满足了 40 多家用户的需求，尤其用于返回地面卫星、巨浪火箭发射和 960 路微波通信 II 型机上效果良好，受到好评。1978 年，该项研究成果推广到上海跃龙化工厂，建立了我国第一条熔炼法生产 $SmCo_5$ 合金的生产线。此项研究成果获得 1978 年全国科学大会奖。同时，通过稳定的生产工艺，获得定型产品 Sc-16，1982 年获冶金部三等成果奖。

在推广研究成果过程中，他承担工艺设备的设计及审核，厂房平面配置和组织设备安装、试车。在上海跃龙化工厂的一年半时间里，他每天坚持到现场查看，因地制宜解决问题，对生产设备进行必要的改造以达到试验的要求，带领大家对生产过程出现的各种问题制定相应的对策，对每个环节仔细把关，确保顺利生产，达到条件试验的技术指标。

1974～1979 年，他负责研究钐-钴永磁磁性能再生和烧结过程中的磁体氧化，第一次提出用添加液相的工艺方法使废磁体性能再生，新工艺方法的成品率在 90%以上，不仅降低了生产成本，而且节省了国家的有限资源，同时也给企业带来了更大的利润。他撰写的“钐-钴永磁体的磁性再生与烧结过程中的氧化”研究报告，获得北京有色金属研究总院学术年会论文二等奖。

1978～1982 年，他负责钙热还原法生产钐-钴永磁合金粉末工艺和设备的研究。他采用钙热还原法并控制配料比，使还原过程一次得到 1∶5 相（$SmCo_5$）和适量的 2∶7 相（Sm_2Co_7），省略了添加相制备工艺并改善了还原设备的气密性。用氩气代替氢气，生产工艺安全，从而简化了工艺步骤和设备。“钙热还原制备固相烧结用 $SmCo_x$（$4.5\times2\ x<5$）工艺流程”通过 1980 年冶金部鉴定，获冶金部三等成果奖。采用该工艺制备的 $SmCo_5$ 永磁体原材料消耗比合金熔炼法降低了 47%，烧结磁体性能达 17.6～19.8 MGOe，达到同类产品的国际水平。此工艺 1981～1982 年转让给上海跃龙化工厂，建成年产 30 吨钐钴合金粉末的生产线，是当时国内最大的稀土永磁生产线，产品全部出口国外。该项目获 1985 年国家科学技术进步三等奖。

勇于创新，不断开拓新研究领域

1988 年，余成洲出任北京有色金属研究总院副总工程师，同时兼任 303 研究室（钽、铌、锂）主任。他负责的镍氢电池中试线项目，AA 型电池容量达到 1400 毫安时，1000 毫安时以上成品率高达 98%，为当时国内最高水平。1995 年建成 100 万支/年镍氢电池生产线，组成北京金成电源有限公司，被任命为总经理。“九五”期间，他负责“863”计划项目“镍氢电池产业化关键技术及汽车用动力电池”，子课题包括高性能 AA 型镍氢电池、储氢合金、氢氧化镍、动力电池、镍氢电池测试仪等。镍氢电池有很多优点，但只限制在实验室的条件下完成，如何能把镍氢电池推广并产业化应用是当时的难点。他不断学习和阅读，仔细研究镍氢电池的优缺点和充放电特点，多次做半工业及工业化试验，经常加班到很晚，每天只休息四五个小时。其中，“年产300吨高性能球形氢氧化镍技术”获部级成果一等奖，用该技术生产的氢氧化镍占全国市场的50%，“金属氢化物镍电池”获部级成果二等奖。1999年圆满完成该项“863”计划项目任务，评审专家组评语为：创新地超额完成了任务。他个人被国家科委“863”新材料专家委员会评为“九五重中之重项目中作出重大贡献先进工作者”称号。

1999年，他提出“十五”预研方案并立题负责预研工作，其中包括快冷厚带制备储氢合金，碳核外包覆氢氧化镍廉价正极材料，泡沫铁外包镍、钴的廉价泡沫镍，铁粉镀镍、钴制备廉价导电剂，用以上材料制备廉价镍氢动力电池。为了进一步推广所取得的试验工艺研究成果，2000年他争取到混合动力用电动汽车电池、动力客车用锂离子动力电池、燃料电池用镍氢辅助电池等合作项目。

每一个新工艺的推广，他都亲自指导设计，对出现的问题仔细研究，找出解决方案。实际生产过程中会出现很多实验室难以想象的问题，这就需要找出更适合实际生产需要的技术方法。他敢于大胆尝试，勇于创新。他发明制造了水冷铜管高磁场线包，水冷整流管大电流硅整流器，水介质搅拌磨生产储氢合金粉末，废永磁、永磁粉末磁性再生工艺及设备。这些新型设备在实际生产中发挥了很大作用。在不断创新的基础上，他运用所积累的经验，经过反复试验，成功取得了一系列发明专利：A侧、B侧元素取代型储氢合金发明专利，储氢合金表面活化及包覆铜的发明专利，复合型镍氢电池及镍氢动力蓄电池正极活性材料发明专利，合金快冷厚带设备和采用该设备的制备方法及其产品发明专利。

坚定自身信念，勇担社会责任

1983 年，余成洲被上海市人大选为第六届全国人大代表。身为代表，他经常与周围同事进行深入交流，把大家认为比较重要的问题和难以解决的问题提出来研究，他曾参与恢复技术人员技术职称评定、技术工人技师评定，打击走私，提高中小学教师待遇，加强地震灾害预防等方面的提案工作。

他认为，要做个优秀的科研人员，须具备以下素质。①高度的注意力，只有这样才能专心投入科研工作。②超强的记忆能力与动手能力。做科研需要进行反复的试验，不断地探索，更需要亲自动手去做才能发现问题，并且最终的研究成果要运用于实践，这就需要很强的动手能力。③不怕困难的坚持力。只有坚韧不拔、不怕困难，才能把事情干好。④具有爱国情怀并酷爱本职工作。他曾推却了日本 TDK、CRD、大阪大学国际研究中心、美国匹斯堡大学、澳大利亚 S. X Holding 公司，意大利 Samimin 研究中心、沈阳三普电池公司、上海市、太原开发区等国内外九家单位的优厚条件邀请与聘用，坚持在本职岗位上工作。

他永远坚信：生命因事业而辉煌，生命因人品而高贵，生命因爱心而美丽，生命因健康而幸福。

（冷广军 等）

简　　历

1934 年 8 月 22 日	生于上海市。
1953 年 9 月～1954 年 9 月	北京俄语专修学校留苏预备班学习。
1954 年 10 月～1959 年 10 月	苏联乌拉尔工学院（现为俄罗斯乌拉尔工业

大学）。

1959 年 10 月～1980 年 7 月	北京有色金属研究总院稀土研究室任技术员和工程师。
1980 年 7 月～1981 年 6 月	北京有色金属研究总院稀土研究室任高级工程师。
1981 年 6 月～1987 年 7 月	北京有色金属研究总院稀土研究室任副主任。
1987 年 7 月～1988 年 6 月	北京有色金属研究总院稀土研究室任教授级高级工程师。
1988 年 6 月～1998 年 5 月	北京有色金属研究总院副总工程师，兼任 303 研究室主任，能源材料中心主任。
1998 年 6 月	退休。

主要论著

1 Yu C Z. Proceedings of the seventh international workshop on rare earth-cobalt permanent magnets and their applications，1983.

2 Yu C Z. Research and production of SmCo power by calciotherm process. 第七届国际稀土永磁会议，1983.

3 余成洲．镍氢电池的应用前景．稀土信息，1998，(7)：1-3.

4 余成洲，赖为华．镍氢电池的现状与发展方向．电池，2001，(2)：9-12.

5 董清海，彦广炅，余成洲．提高 MH-Ni 电池循环寿命的研究．电源技术，2000，(5)：55-58.

6 冯冬艺，余成洲，白云．石油污染土壤的植物——微生物联合修复研究．三峡环境与生态．2010，(6)：57-60.

李 国 勋

（1937～　）

李国勋，有色金属冶金技术专家，我国有色金属冶金物理化学科研领域学术带头人之一。他致力于难熔金属熔盐电解、火法冶金反应机制、无机材料合成及化学二次电源等领域的研究，在电解铝、电解钛等难熔金属的熔盐电沉积工艺和电化学理论方面取得了杰出的成果。他重视解决科学研究和工业生产中的实际问题，为促进我国有色金属工业的发展做出了突出贡献并培养了一批优秀的冶金科技人才。

李国勋，1935 年 1 月 15 日生于河北省丰南县（现唐山市）。父母早逝，童年时期到北京投靠亲戚，就读于北京文华小学。由于家庭收入微薄，常有辍学之虑，遂立志勤奋学习，每年都考到前三名以免除学杂费，这为后来学业上的不断进取打下了良好的基础。1947 年考入北京第三十五中学，1953 年毕业时被国家选拔为留苏生，同年进入北京俄语专修学校留苏预备班学习。1954 年 9 月派往苏联列宁格勒加里宁工学院（现圣比得堡工业大学）

冶金系有色金属电冶金专业学习，学制五年半，连读硕士。在苏联学习期间，他特别珍惜党和人民给予的留学机会，刻苦攻读。1960 年 1 月，有关工艺设计的论文《以明矾石为原料年产 20 万吨氧化铝厂》以优异的成绩通过了，获工学硕士学位。

1960 年回国后，他被定为再次赴苏攻读博士学位的研究生，派到东北工学院（现东北大学）以教师的身份实习两年后出国，但由于当时中苏关系恶化而取消原计划。1962 年 10 月由国家科委专家局正式分配到北京有色金属研究总院工作。

1962 年到北京有色金属研究总院后，李国勋就着手组建冶金过程物理化学实验室，任实验室负责人，一直从事有色冶金应用理论、相关材料的制备和冶金新工艺探索等方面的科研工作。该实验室是全院唯一从事冶金应用基础理论研究的实验室，选题面很广，涉及领域较多。40 多年来，李国勋先后主持和参加了 70 余项科研课题的研究，发表学术论文 130 余篇，其中"氯化焙烧法处理锂云母矿机理"项目获部级科技进步奖三等奖。1981 年任高级工程师，开始指导硕士研究生。1987 年为教授级高级工程师，1990 年由国务院学位委员会批准为博士生导师。1992 年享受国务院政府特殊津贴。随着计算物理化学和材料科学的迅速发展，为适应高科技对基础研究的需要，于 1994 年在原冶金物化实验室的基础上组建了冶金物化和材料设计研究中心，任研究中心主任。多次被评为五好职工和先进工作者并于 1984 年加入中国共产党。

他历任有色金属物理化学学会理事、全国熔盐学术委员会委员。1995～1997 年任山东工业大学兼职教授。2002～2008 年任比亚迪股份有限公司的独立董事。

李国勋在多年的科研工作中重视理论联系实际，强调从冶金物理化学的角度入手解决冶金工艺研究和生产中出现的技术问题。他在科学技术上的成就与事迹体现在如下几个方面。

应用基础研究的倡导者

早在留学期间，苏联教授们就特别强调的“对于冶金过程要从物理化学的角度去研究，揭示它的原理和规律，从而改进生产工艺”思想给他留下了深刻的印象。1962 年正当我国处于攻克 64 种有色金属、有色冶金工业由开发阶段转向工业化发展的进程中，工艺研究和生产中存在许多有待改进和提高的问题。他在当时院领导和冶金研究室主任曹蓉江的支持下，积极倡导和筹建冶金物理化学实验室。结合当时军工急需高质量钛、锆、铪等金属的任务，他首先建立了高温熔盐实验室。他领导组织全体技术人员艰苦创业，逐步建起了研究高温熔盐密度、黏度、电导、表面张力、蒸气压和相平衡等物理化学，以及反电动势法和纹波系数法等电化学测试手段。20 世纪 70～80 年代，他结合攀枝花钛铁矿资源的综合利用问题，建立了固体电解质电池和悬浮熔炼渣铁平衡等方法研究炉渣活度的实验手段，建立了差热、热重、扫描量热、石英弹簧秤、X 射线衍射等冶金热力学和动力学测试手段，同时还完善了冶金电化学的研究方法，如循环伏安、计时电流、计时电位和运算阻抗法等暂态测试技术，使物化实验室具备了多学科综合研究能力，同时也培养了一批从事应用基础研究的技术骨干队伍。

联系实际选题，着重解决工艺研究和生产实际问题，提高有色冶金工艺研究水平和生产技术指标

第一，用冶金热力学指导化合物的制备。

为了开展钛电解方面的研究，他首先遇到的一个难题是如何制取纯 $TiCl_2$。1962 年，他到北京有色金属研究总院工作后接受的第一个课题就是纯 $TiCl_2$ 的制备。根据国外文献资料，制取

$TiCl_2$最简便的方法是用 $TiCl_4$ 与金属 Ti 进行歧化反应，但此方法未制出纯度达 99%以上的产品。钛的价态多，歧化反应是个比较复杂的体系。国外文献有关该反应体系热力学方面的报道都忽略了自由焓变量与温度关系在 $TiCl_3$ 相变点 730℃左右应该产生转析的事实，数据选取不当，因此在大于 730℃以上的热力学分析是错误的，不能预见高温歧化反应的热力学行为。他在计算中纠正了这些错误，又根据自由焓变量与温度的关系优选了热力学数据，从而得到了高温下正确的热力学关系式，确定了应控制的温度和压力范围，仅用几个月的时间就制出了纯度达 99%以上的 $TiCl_2$，撰写了“纯 $TiCl_2$ 制备及其热力学分析”的技术报告。李国勋是我国早期倡导用热力学理论指导实践的科技人员。

第二，解决海绵铪含氧高的问题。

1966 年国家下达了“09”工程任务。海绵铪是制造核反应堆控制棒急需的军工材料。当时镁还原法产出的海绵铪存在含氧高（大于 1000ppm①）、合格率低的问题。为此，他亲自到现场进行考察分析判断，确认这是工艺流程中精 $HfCl_4$ 真空脱水条件不合理而造成的。由于 $HfCl_4$ 吸水后生成含结晶水的 $HfCl_4 \cdot 6H_2O$。因此他把这一工艺问题转化为研究 $HfCl_4 \cdot 6H_2O$ 脱水过程的物理化学问题。他组织技术人员认真研究了各个脱水阶段的脱水温度，发现完全真空脱水的温度为 200～210℃，比原来生产中控制的 180℃高出 20～30℃。生产上采用新的控制参数后，铪中的氧含量降到了 600ppm 以下，满足了军工任务的要求。

第三，解决氯化焙烧处理锂云母矿工艺流程的技术关键问题。

江西锂云母矿产资源综合利用是国家“六五”攻关重点项目。氯化焙烧的优点较多，但需要的石灰石量大，国外报道为矿量的 2.5～3 倍，经大量条件实验后认为可变为 2 倍，但仍显得偏

---

① $1ppm=10^{-6}$。

高，回转窑的物料流量大。针对这一技术难题，他提出从研究焙烧反应过程的机制入手，找出最佳工艺条件。为此他组织技术人员攻关，采用差热、热重和X射线衍射等分析检测手段进行了系统的研究和分析，终于搞清了不同配钙量时氯化焙烧的反应机制，在国内外首次发现锂云母矿与石灰石和氯化钙在中温（约900℃）焙烧过程可以生成低钙铝硅酸盐使矿石分解，从而使氯化焙烧法石灰石的配入量减至2/5。该指标仅为国外报道的1/6，极大地减少了物料流量，使氯化焙烧法的工艺显示出更大的优越性。他执笔撰写了题为"盐熔和氯化焙烧法处理锂云母矿机理研究"的技术报告。该项应用理论研究成果获1989年部级科技进步三等奖。

第四，解决钠电解厂生产中的槽渣和钠上升管堵塞问题。

金属钠的一个重要用途是作为生产海绵钛的还原剂，北京化工四厂是我国生产钠的最大厂家。在20世纪70年代，钠生产中经常出现黑色槽渣和钠上升管堵塞问题。槽渣积累造成电解液循环不畅进而易引起阴阳极短路，每隔数月就得停槽清理，不仅影响生产而且清渣的劳动强度极大。他受当时冶金部委托立项与北京化工四厂合作解决现场问题。他作为项目负责人，组织技术人员到现场调研取样。通过对槽渣相结构的认真分析，初步认为是过饱和加料及槽温常有较大波动造成的。为进一步证实这一判断，他通过研究并绘制电解质四元系相图，从初晶点温度与组成的关系证实了这一判断，从而建议工厂改为不饱和加料，制定了加料制度。他亲自下厂做了一个月实验，取得圆满成功。针对钠上升管道堵塞问题，他指导科技人员进行了金属钠与熔融电解质互溶性的研究和堵塞物的物相鉴定，结果表明NaCl在液态钠中的溶解符合分配定律，证明了钠上升堵塞的主要原因不是一般文献中所述由钙的析出所致，而是因NaCl的析出。这一结论为改进钠电解工艺条件和设备结构提供了理论依据。

第五，深入剖析我国$TiCl_4$电解工艺研究中的问题。

20世纪70年代，$TiCl_4$电解新工艺的研究是国家重点科研项目。当时经过多次论证，采用篮筐式丝网阴极结构和敞口电解方式。这种电解工艺具有槽结构简单、操作方便、投资少的特点，但电流效率低一直困扰着这项工艺研究。针对这些问题，在他的主持下，开展了系统的基础性研究并在此基础上结合当时选择的四种阴极篮筐结构，推导了电流分布规律方程式，用到了扩大试验槽的设计上，同时还找出了最佳丝网阴极电流密度的范围。为弄清电流效率低的原因，他采用多种方法探讨了阴极过程中钛离子的电化学反应机制，证明了电解初期电流损失主要来源于钠的析出。对于电解中后期，他应用了电化学和扩散理论详细推敲了当篮筐内形成钛层后 $TiCl_4$ 电解阴极过程的特点，推导了钛离子浓度、电流密度和极化电位沿钛层横向分布规律的方程式，建立了计算理论电流效率的数学模型，阐明了电解中后期电流损失的原因，同时指出这是我国选用的槽形结构的必然结果。针对电解槽进一步扩大加深后电效再度下降的问题，他又研究了电流沿丝网纵向分布的规律，推导了分布规律方程，阐明了再度下降的原因。这些研究不仅丰富和发展了电解制钛理论，同时也指导了工艺实验，为国家对这一项目的决策提供了参考依据。

第六，Y-Ba-Cu-O 高温超导方面的研究。

20 世纪 80 年代高温超导的发现引起了各国学者的兴趣。他在 Y-Ba-Cu-O 超导体合成反应和热力学性质方面也做了非常有意义的工作，发现合成反应分两步进行，每步反应温度受原料中钡化合物种类的制约并提出了最佳合成条件。他在研究氧的非化学计量时，提出了一种新的直接合成热重法，准确地测定了非化学计量值并研究了不同温度下超导体中氧空位浓度的变化，求出氧空位浓度与温度的关系，得出了超导体由正交相转变为四方相的转变温度。此外，他还研究了超导体的热性质和相图，对超导体的制备及性质研究都有较大的参考意义。

第七，提出含钾盐的低温铝电解技术。

铝是当前世界上用途最广、产量最大的有色金属，我国目前年产已达1000多万吨，约占世界的1/3，但也是耗能和排放CO_2最多的有色金属。100多年来，炼铝一直沿用霍尔法，即在950℃左右高温下钠冰晶石——氧化铝（Al_2O_3）熔体为电解质，碳素阴阳极槽中进行电解，不断加入氧化铝，阴极上析出铝，阳极则排出CO_2。几十年来，人们一直设想用惰性电极来替代碳素电极，这一方面可节省优质碳素又可免除CO_2的污染，同时还有可能缩短极距，减少能耗。但是，在高温氟化物盐系中只能使用氧化物阳极，即便如此，在950℃高温熔盐中依然有一定的腐蚀。早期通过对惰性电极的研究发现，温度下降100℃时阳极的耐蚀性可提高2～3倍，但降低电解温度在钠冰晶石熔体中氧化铝的溶解度低。钾冰晶石熔体具有易浸入碳素电极破坏碳素电解槽的问题，因而在霍尔法炼铝中视为禁盐，很少有人问津。但研究表明，钾冰石对氧化铝比钠冰晶石有更高的溶解度。因此，他萌生了使用惰性电极在含钾盐低温熔体中电解铝的新构想，指导博士研究生于1991年开展了这方面的研究。这一思路目前已经得到更多学者的认同，已成为当前研究炼铝新工艺方面的热点问题之一。

第八，镍氢二次电池的开发。

镍氢电池是20世纪80年代末至90年代初世界各国研究和开发的热点。化学电源属于应用电化学领域。基于在冶金电化学方面的较深造诣，又有一支能力较强的科研队伍和先进的实验手段，他仅用一年左右时间就攻克和完善了全部生产工艺并于1993年将镍氢电池技术成功应用到工业生产，而且培养了一批从事化学电源研究的科技人才。

积极培养冶金人才

李国勋是北京有色金属研究总院最早期的研究生导师之一，为国家培养了20名硕士研究生和8名博士研究生。他在指导学生过程中特别重视为人师表、严谨治学。他严格要求自己，以自身刻苦钻研、兢兢业业的敬业精神来感染学生，在学业上、生活上关心他们。他不仅认真听取学生们的阶段研究报告，还经常下实验室，在现场具体地指导他们的实验。他对学生们发表的论文逐字逐句地进行推敲和修改，一丝不苟。他注重启发科研人员和学生们的创造性。例如，在镍氢电池的开发过程中，由于当时经费紧张，无法购置价值十余万元的卷绕机、走槽机和封口机，他就带领大家根据机械原理自行设计并联系加工了简易手动机械，仅花费几千元就解决了实验中的难题。李国勋特别关心青年科技人员业务上的成长，要求他们干一行、爱一行、钻一行，鼓励他们勤奋学习、勇于探索、刻苦钻研。他时常对他们说："思考问题真要达到废寝忘食的程度，就有可能搞出创新性的成果。"10多年来从他的实验室涌现出了一批优秀的科技人才

国际交流和讲学

李国勋非常注重学术交流和科研合作，多次参加国内外的冶金物理化学、熔盐化学和电化学等方面的学术会议并发表了数十篇学术论文，增强了北京有色金属研究总院在这些领域中的影响和知名度，其中较重要的国际交流和讲学活动如下。

1989 年 9 月，应法国巴黎第六大学电化学研究室主任谢米拉教授的邀请，李国勋作为高级访问学者进行了为期五个月的访问，在此期间进行了学术交流和科研合作，发表了"钽在氟化物熔体中的电沉积过程"研究成果。

1990 年 1 月，应法国格林诺勃理工大学电冶金学院波太罗和波衣聂特教授邀请对该校进行了考察访问、学术交流和讲学，作了题为"北京有色金属研究总院冶金物化实验室熔盐电化学的研究概况"的学术报告。

1990 年 5 月，邀请全苏铝镁研究院副总工程师维捷尔尼可

夫和研究员阿赫米道夫来北京有色金属研究总院进行为期一周的访问，进行了铝电解惰性电极研究方面的讲学和学术交流并与北京有色金属研究总院物化实验室签订了合作进行“铝电解惰性电极和多室槽”研究的协议。

1991年5月，应邀赴全苏铝镁研究院访问，进行了参观、学术交流、讲学等活动，作了题为“铝电解惰性阳极研究”的学术报告。在此期间还访问了母校列宁格勒工学院冶金系，与世界著名炼铝专家维丘科夫教授对铝电解有关问题进行了交流。

1992年11月，应幸家教授的邀请访问了神户大学和大阪大学，分别作了题为“难熔金属熔盐电化学”和“钽在氟化物熔体中的电化学行为”的学术报告。同期在日本京都参加了第四届日中双边熔盐化学学术会议，作了题为“钼在氟氧化物熔体中的电结晶机理”及“稀土钇在氟化物熔体中电还原机理”的学术报告。

1999年5月和6月邀请了俄罗斯科学院化学研究所和高温电化学研究所的所长波里亚可夫教授和霍赫洛夫教授来院访问、讲学。同年11月分别对两个研究所进行了为期一周的回访，作了题为“难熔金属熔盐电镀”的学术报告。

（叶尚云）

简　　历

1935年1月15日	生于河北省丰南县（现划归唐山市）。
1953年9月～1954年9月	北京俄语专修学校留苏预备班学习。
1954年9月～1960年1月	苏联列宁格勒加里宁工学院（现圣彼得堡工业大学）冶金系学习。
1960年1月～1960年5月	回国后的政治学习（在外语学院）。
1960年5月～1962年10月	东北工学院（现东北大学）任教。
1962年10月～1981年7月	北京有色金属研究总院冶金室任技术员和工

程师。

1981年7月～1987年7月　北京有色金属研究总院冶金室任高级工程师。

1987年7月～1994年5月　北京有色金属研究总院冶金室任教授级高工。

1994年5月～2002年6月　北京有色金属研究总院任冶金物化和材料设计中心主任，教授级高工。

1989年9月～1990年2月　法国巴黎第六大学电化学研究所访问并合作研究。

2002年　北京有色金属研究总院经济技术咨询委员会委员。

主要论著

1 李国勋．篮筐式阴极四氯化钛电解的阴极过程和电流效率．稀有金属，1980，(3)：10-15.

2 李国勋，乔芝郁．四氯化钛电解的阴极过程．北京钢铁学院学报，1980，(3)：88-97.

3 李国勋，曹蓉江．FeT_iO_3-MgT_iO_3 固溶体的氧分压和活度，金属学报，1982，18 (3)：371-377.

4 李国勋．钛电解过程四氯化钛溶入机理．稀有金属，1981，(2)：5-11.

5 李国勋，徐茵．电位扫描法测定钛离子浓度的研究．稀有金属，1985，(5)：151-153.

6 曹蓉江，李国勋．高铝铝硅合金热法炼镁过程中的某些热力学性质的研究．金属学报，1985，21 (6)：471-476.

7 李国勋，胡永海．富稀土矿高炉渣除氟过程的某些机理研究．稀有金属.1987，6 (1)：20-26.

8 李国勋，李凡超．在氟化物熔体中 Ta 的电结晶研究．稀有金属，1987，1 (5)：331-335.

9 李国勋，黄爱琴．$YBa_2Cu_3O_{7-y}$超导体的合成反应和某些物理化学性质．中国稀土学报，1988，6 (2)：43-47.

10 李国勋，黄爱琴．$YBa_2Cu_3O_{7-y}$超导体的氧非化学计量和缺陷平衡．中国稀土学报，1989，7（2）：21-25.
11 李国勋，黄爱琴．$YBa_2Cu_3O_{7-y}$超导体的热性质研究．材料科学进展，1989，3（4）：343-348.
12 叶尚云，李国勋．Electroplating of zirconium-titanium alloy. Rare Metals (Quarterly)，1989，8（3）：1-5.
13 叶尚云，李国勋．锆在氟化物熔盐体系中的电结晶机理．应用科学学报，1990，8（4）：315-320.
14 李国勋，Lantelme. Electrochemical deposition of Ta in fluoride melt. Transaction of NF Soc，1992，2（3）：64-68.
15 李国勋，王传福．铝电解惰性阳极制备及抗腐蚀研究．有色金属，1993，45（2）：53.
16 王传福，李国勋．添加Y_2O_3对金属陶瓷阳极结构的影响．中国稀土学报，1993，(2)：127.
17 李国勋，樊启新．高温质谱 Knudsen 池进样装置．稀有金属，1993，17（2）：81.
18 李国勋，范德芳．Electrodeposition of Mo in molten $KF\text{-}B_2O_3\text{-}K_2M_0O_4$ system. Rare Metals，1994，13（1）：37-40.
19 高照升，李国勋．Hydraulic model of a new bipolar cell for aluminum production. Tras NF Soc，1996，6（4）：16-20.
20 靳红梅，李国勋．热处理对$La_{0.9}Nd_{0.1}$（NiCoMnAl)$_5$电性能的影响，电源技术，1997，(2)：58-60.
21 靳红梅，李国勋．$La_{1-x-y-z}CexKPryNd_2B_5$电极组成的优化与设计．中国稀土学报，1998，16（4）：38-41.
22 周传华，李国勋．新型低温电解质体系的研究-氧化铝的溶解度和溶解速度．有色金属，1998，50（2）：81-84.
23 李国勋．铝电解工业及其当前的研究热点．稀有金属（专辑），2008，32：41-43.

袁冠森

（1935～　）

袁冠森，材料科学技术专家，是我国超导材料研究的开拓者之一。他致力于新型镁合金、铝合金和贵金属材料及低温铌钛超导材料研究，多次获部级科技进步奖。他开拓高温超导材料研究，研制出国内第一根1米长高温超导实验电缆，被评为1998年度中国十大科技进展之一，在实用超导材料的制造工艺和应用性能研究上做出重要贡献。

袁冠森，1935年2月3日出生于上海市，祖籍浙江省镇海县（今属宁波市）。从小受到良好的家庭教育，立志要刻苦读书、追求科学、积极上进、爱国爱家。

1941年夏，他在上海上小学。后因时局变迁，1943年回镇海乡下读书。1947年夏，考进县城最好中学——辛成中学（今镇海中学）念初中。新中国成立后，1949年秋回上海。1953年夏从上海格致中学高中毕业，考入清华大学机械系铸造专业开始本科学习。

1958年夏，清华大学毕业。他的球墨铸铁应用研究论文《关于延长钢锭模使用寿命的问题》被《清华大学学报》选登。随后，他被分配到冶金部有色金属研究院（今北京有色金属研究总院，简称有研总院）工作至今，历任技术员、工程师和高级工程师。1987年晋升为成绩优异的高级工程师（教授），1992年获国务院政府特殊津贴。1993年被国务院学位委员会批准为博士生导师，同年加入中国共产党。

他1978年任北京有色金属研究总院203研究室副主任。1987年任北京有色金属研究总院钛合金研究室主任，兼中国有色金属学会形状记忆合金委员会主任。1991年任国家超导技术专家委员会委员，1992年任北京有色金属研究总院超导材料研究中心主任。

1978～2005年，他历任北京有色金属研究总院第三届、第五届和第六届学术委员会委员；先后担任国家科学技术奖评审委员会军用材料组评委（1992～2000年）和国家科技部高技术研究发展中心“科技经济专家委员会”委员（1999～2002年）。

走进有色金属科研

1958年，袁冠森到北京有色金属研究总院，在合金加工研究室从事新型镁合金研究。

1961年因苏联专家撤退，冶金部要求北京有色金属研究总院派技术组赴哈尔滨101厂，协助研究航空用大型变形镁合金材料生产工艺技术问题，主要解决连续铸锭严重偏析现象，他为该技术组熔铸专题负责人。驻厂一年期间，他与生产人员一起劳动，深入调研，通过改进合金配料和连铸流槽方案，消除铸锭Mn-Al偏析。整个项目获1964年国家三委颁发的一等奖。

从1962年起，他担任课题研究组组长，继续研究镁合金锰偏析机制，在当年北京市金属学会年会发表Al-Mn相图研究论文，受到关注。

1963～1964年，主持研究成功新型高镁铝合金振膜材料，提高了军队电信器材通话音质，1964年获国家三委颁发的三等奖。

根据军工和民用需要，1964～1965年，他主持研制开发成功高纯氢净化用钯银合金管；1965～1970年，主持研制钢笔尖用锇铱稀贵金属代用品和铱坩埚代用品等项目。与上海制笔实业总公司铱粒厂合作开发的钢笔尖稀贵金属代用合金，由于经济效益显著，1980年获上海市重大科研成果奖三等奖和1981年轻工业部二等奖。

1970年5月，他代表有色金属研究院参加北京市“705”攻关会战。在半年时间里，他奔走于北京有色金属研究总院和北京市钢铁研究所及制造厂之间，深入“东风五”（DF-5）大型火箭铝合金壳体焊接加工现场，调查研究壳体焊缝开裂原因。通过设计配制多种焊料合金，他解决了火箭壳体焊缝开裂的问题，为攻关会战做出贡献。研究成功的两种新型焊接材料BJ378和BJ380，获1977年冶金部科技大会奖。

投身低温超导材料

来院十余年的工作积累，让袁冠森感受到有色稀有金属在军工民用各部门的无限广阔应用前景；不仅在结构材料领域，而且在功能材料领域更能发挥有色稀有金属材料的本征特点。

从1969年年末起，他把研究目光转向世界高新材料科学前沿——实用铌钛（NbTi）超导电材料。他提出要从高起点切入，在开发超导材料的同时，配合建立低温源和低温超导性实验室。他极力讲解宣传新方案并得到了冶金部和北京有色金属研究总院的全力支持。北京有色金属研究总院调整了超导材料科研布局，他努力专注铌钛超导材料的熔炼铸造、变形加工和热处理等工艺技术的研究工作并设计制造了相关超导加工专用设备，配合铌钛超导材料的批量试制生产。

1973～1974年，铌钛超导材料试制生产车间在北京有色金属研究总院建成，4.2K液氦低温源和超导性实验室也同时建成，铌钛超导材料的工艺技术和超导性能研究取得多项成果。批量试制的多规格铌钛超导材料陆续提供给中国科学院电工研究所、海军712研究所等单位开展超导应用研究。到20世纪80年代初，向国内供应的铌钛超导材料数量超千公斤，产值逾百万元人民币。“超导材料研究”获得1978年全国科学大会奖，“超导材料和磁体”和“超导带大型扭绞机”获1977年部级科技大会奖，“MHD用铌钛超导”获1978年部级科技大会奖；多项研究成果通过部级鉴定和获得部级科技成果奖。

1977年，他所带领的铌钛超导研究组被评为“全国冶金系统先进科技集体”。1978年，袁冠森晋升为工程师并被聘任为203研究室副主任。他同年还被评为冶金部“先进工作者”。

在20世纪70年代，他还积极参加国家科委二局和冶金部军工办组织的有关全国超导材料研究发展规划的制订工作。全国冶金系统的低温超导材料研制在70年代得到了很大发展。

1981年，袁冠森晋升为高级工程师。他主持的铌钛超导材料研究工作受到国外同行关注。1983～1985年，应R. W. Boom教授邀请，他赴美国威斯康星大学（University of Wisconsin）的应用超导性研究中心（Applied Superconductivity Center），参加超导低温材料性能研究，负责大型超导储能工程中以铝代铜的可行性研究项目。他首先设计制造了一套全新的实验装置，该装置能够在4.2K下进行金属疲劳实验并能即时测量低温电阻数值。通过新装置测得的大量数据发现，经过不同处理的纯铝在4.2K低温下呈现出特殊的疲劳电阻规律。他提出通过特定工艺处理，纯铝可以在大型低温超导工程中用做复合超导体的稳定化材料的论断 。该研究工作在国际会议上做了介绍，一些大学还进行了相应的后继研究。在美国期间，他还协助指导两名在读博士研究生开展液氦低温实验工作。

为 863 新材料工作

1985 年 12 月，袁冠森从美国回到北京有色金属研究总院，随即参加 1986 年首批“863”计划中的新材料研究计划，主持“航天用新型高性能金属结构材料”和“快速凝固材料及技术”专题，分工负责铝锂合金研究课题，组织协调国内四个院所开展快速凝固 A1-Li 合金材料研究。

由北京有色金属研究总院承担、他负责的“快速凝固高强 A1-Li 合金”课题通过改革传统工艺，采用真空/氩气保护感应熔炼法（I/M）和快速凝固制粉（RSP）的粉末冶金法（P/M），取得了新的研究数据。他的课题工作 1990 年被“863”专家组评为最高级——A 级。他本人 1991 年获国家科委颁发的“863”“七五”重要贡献者奖。

1987 年他晋升为“成绩优异的高级工程师（教授）”，任北京有色金属研究总院钛合金研究室主任，兼中国有色金属学会形状记忆合金委员会主任。在这期间，他在院内着重促进以钛基为主的多种形状记忆合金应用研究，建设完善形状记忆合金生产线。牙齿弓形丝等记忆合金产品在国内获得良好声誉并部分销往国外，经济效益显著。同时，他组织国内和国际形状记忆合金学术交流，协调各高校和各院所的形状记忆合金研究和产品应用开发。他本人获 1988 年“献身国防科技事业”荣誉证章。

开拓高温超导材料

1991～2000 年，袁冠森被国家科委聘任为国家超导技术专家委员会委员，参与组织领导全国超导技术研究开发工作。

1992 年，北京有色金属研究总院决定联合分散在全院各研究室的铜氧化合物高温超导研究力量，组建“超导材料研究中心”、任命袁冠森为中心主任并提出“促进快出成果，多出成果，出高水平成果，为发展我国的超导材料科学技术做出贡献”的奋斗目标。

随后八年里，他全身心致力于实施北京有色金属研究总院提出的奋斗目标，致力于研究中心的建设和发展。1994 年，他提出“高温超导材料学科的发展及建设概略”报告，受到北京有色金属研究总院的赞许和支持。1996 年开始筹建“超导材料工艺实验室”新厂房并于 1997 年落成使用。

研究中心工作得到全面发展，涉及高温超导粉体、块材、靶材、薄膜、线带材、超导磁体、电流引线、超导电缆等各种实用高温超导材料及相应的超导性测试领域；新建工艺实验室厂房，扩大了实用超导材料试制能力。

他积极配合国家超导中心和国家超导专家委员会工作，全力支持和参加国家超导中心的各项活动。北京有色金属研究总院的高温超导材料研究工作受到国家超导专家委员会多次表彰，成为国家超导中心主力之一。

他积极组织参加国内外学术交流，主编《超导专利简介》双月刊（1992～1999 年），邀请国内外学者来院访问、讲课，推荐一批青年出国攻读学位。国内外同行都十分关注北京有色金属研究总院的超导材料研究工作。

在 20 世纪最后十年里，北京有色金属研究总院高温超导研究开发取得多项国家和部级科技奖励。他组织研制的铋系高温超导材料在国内合作制成第一根一米长高温超导实验电缆，1998 年被两院院士评为年度中国十大科技进展之一；其研发的高温超导材料，获部级科技进步一等奖，他本人是第一完成人。

“九五”期间（1996～2000 年）他直接承担的国家超导技术研究课题如下。

1996年1月～2000年12月，“863”计划的超导专项中“钇系高温超导块材及应用”和“新型高温超导带材”两个课题负责人。

1999年1月～2004年12月，国家重点基础研究发展计划（简称“973”计划）“超导科学技术”中的“高温超导单畴准单晶制备技术的基础研究”课题负责人。

2000年1月～2002年12月，国家自然科学基金“内切轧制对高温超导材料显微结构和性能影响”课题负责人。

1992年，获政府特殊津贴；1993年，被国务院学位委员会批准为国家第五批博士生导师，相继培养博士研究生12名，指导博士后1名。

1993年，北京有色金属研究总院授予他“特殊贡献奖”，2001年授予他“九五”期间“优秀学科带头人”荣誉。

（北京有色金属研究总院供稿）

简　历

1935年2月	生于上海。
1953～1958年	清华大学机械系铸造专业本科学习。
1958～1970年	北京有色金属研究总院从事镁铝轻有色合金、贵金属精密合金及其代用材料研究，1962年起任合金研究室的研究组组长。
1969～1983年	主要从事低温铌钛超导材料工艺和性能研究，1978年起任203研究室副主任。
1983～1985年	应邀赴美国Wisconsin大学的“应用超导性研究中心”，从事超导低温材料物性研究，课题负责人。
1986～1995年	参加“863”计划的新材料领域研究工作，主持“航天用新型高性能金属结构材料”和“快速凝固材料及技术”专题。

1986～1992 年　北京有色金属研究总院钛合金研究室主任，兼中国有色金属学会形状记忆合金委员会主任。

1991～2000 年　国家超导技术专家委员会委员。

1992～1999 年　北京有色金属研究总院超导材料研究中心主任。

1999～2004 年　“973”计划“超导科学技术”项目“高温超导单畴准单晶制备技术的基础研究”课题负责人。

2000～2002 年　国家自然科学基金“内切轧制对高温超导材料显微结构和性能影响”课题负责人。

2000～2005 年　北京有色金属研究总院超导材料研究中心顾问总工。

2006～　北京有色金属研究总院技术经济咨询委员会委员。

主要论著

1 袁冠森．超导材料研究开发的回顾与思考．稀有金属，2008，32：45-47.

2 袁冠森．超导材料//路甬祥．中国材料工程大典（第 5 卷）．北京：化学工业出版社，2006：685-716.

3 Yuan G S，Feng R B. Study on Bi（2223）//Vladimir M，et al. Ag Tapes of Inscribed Rolling Process，Frontiers in Superconducting Materials-New materials and Applications. Materials Research Sociaty Symposium Proceedings（USA）. 2004，EXS-3：121-123.

4 袁冠森．第二代高温超导带材涂层导体的研究．低温物理学报，2003，25（增刊）：501-505.

5 Yuan G S，Yang J，Shi K. Epitaxial buffer layers on Ni and Cu-Ni substrates for Y-Ba-Cu-O film，IEEE Trans. on Appl Superconductivity，2001，11（1）：3382-3384.

6 Yuan G S. Present work of YBCO-coated conductor in China. Physica C，2000，337：91-95.

7 袁冠森．第二代高温超导带材——YBCO 涂层导体的研究．低温物理学报，1999，21（Suppl.）：7-11.

8 Yuan G S，Yang J，Shi D Q. Fabrication and properties of YBCO coated

conductor on metallic tape substrate. MRS，1999 Fall Meeting，Boston，USA 1999（11），1999，II 10. 19.

9 袁冠森．高温超导材料实用化的新进展．稀有金属，1998，22（3）：161-163.

10 Yuan G S，et al. The study of sputtering YBCO epitaxial films//Zhou L，Weber H W，Collings E W. Critical Currents in Superconductors for Practical Applications. World Scientific，1998：104-109.

11 Yuan G S. The investigation of high-Tc superconductors：sputtering YBCO epitaxial films. Advanced Materials and Processes，1997，4：140.

12 袁冠森．实用高温超导材料的研究开发//中国有色金属学第三届学术会议论文集．长沙：中南工业大学出版社，1997：416-422.

13 袁冠森．氧化物超导带材工艺、性能及应用开发进展．低温物理学报，1995，17（增刊）：14-18.

14 袁冠森，米绪军，赵卓雍，等．一种快速凝固铝合金的低温光滑和缺口拉伸性能．航空学报，1993，（2）：35-38.

15 Yuan G S. The progress of process，microstructure and properties on high-Tc superconducting materials in China. Actual Problems of Modern Materials Science. Moscow-Tomsk，1992，27-28.

16 Yuan G S. Process，microstructure and properties of the RS-P/M Al-Li alloy//Peters M，Winkler P J. Aluminium-Lithium. Germany：DGM，1992，1：481-486.

17 Yuan G S. Structure and mechanical properties of rapidly solidified AlLiCuMg alloys containing minor Zr and RE. Materials Science and Engineering，1991，A134：1179-1181.

18 袁冠森，朱晓东，匡建平，等．镁含量对高强 Al-Cu-Li 合金组织和性能的影响．第一届全国铝锂合金研讨会论文集．北京：中国金属学会，1991：355-360.

19 袁冠森，Hartwig K T. 纯铝在 4. 2K 下周期应变后强度和电阻的变化．稀有金属，1990，14（1）：13-15.

20 Yuan G S，Lehmann P，Hartwig K T. The effect of prestrain on low temperature fatigue induced resistivity in pure aluminum. Adv Cryo Engn，1986，32：413-420.

聂　大　钧

（1936～　）

聂大钧，铍金属材料专家，我国早期铍金属制取的研究者之一。参与了国防用铍材和我国首座核反应堆用精密铍组件的研制，主持了国防军工、航空航天导航器用铍及其他领域用铍金属材料及制品的研制，多项课题获得了科技部科技进步奖。建立和完善了铍金属材料研究及生产工艺，为我国国防军工、航天用铍金属材料做出了重要的贡献。

聂大钧，山东济宁人，1936 年 1 月生，1940 年随家由山东迁居北京。1947 年就读于北京市第五中学，1949 年初就读于北京市第四中学。1953 年从北京市第四中学毕业后，由国家选入北京俄文专修学校学习俄语。1954 年去苏联留学，就读于乌拉尔工学院，学习有色金属冶金专业，1959 年 6 月以优异成绩毕业。回国后由国家分配到北京有色金属研究总院工作，参加了有关锂、钒的实验工作。1960 年 1 月按组织分配转入有关铍的实验专题，由此开始了他的铍事业。1965 年由北京来到位于贺兰山脚下的宁夏大武口（当时军工保密单位 905 厂）宁夏有色金属研究所。1981年4月第一次铍合金专业会议以后，聂大钧同志全面主持了铍金属材料的研究工作，1983年7月被任命为高级工程师，1984年9月被任命为宁夏有色金属研究所副所长、总工程师［《中国有色金属工业总公司干部任免通知》（84中色人任字第108号文件）］，1987年7月晋升享受教授待遇的成绩优异的高级工程师，1992年10月享受政府特殊津贴。

我国早期金属铍制取的研究者

1960年，进入铍材料实验研究领域工作后，聂大钧从有色金属研究院图书馆仅有的几本苏联编译的美英有关铍的文集中开始了解铍的知识，1960年5月有色金属研究院请当时在中国第二机械工业部工作的苏联专家来院介绍铍的性质及冶金，同时特别介绍了铍对人体的毒害，批评了当时工作中对铍毒防护的忽视。由此他又获得了新的知识，了解了新的情况。1960年年末，北京有色金属研究总院组织英文突击班（三个月），使他捡起了早在中学开始学过的英语；他将学习英语与阅读国外文献相结合，打开了崭新知识的大门。他充分利用业余时间，阅读了国外的专著和技术文章，令眼界大开。他感觉到关于铍有着众多的研究工作要做，有着无限的知识要去学习，所以在国务院专家局咨询回国留学生对工作有什么意见和要求时，他毅然表示，尽管所学专业不完全对口，但铍是国家建设必需的材料，又是极富内涵的研究对象，他还是愿意为铍的研究一直工作下去。这就是为什么在1964年国家进行三线建设时他义无反顾地踏上前往宁夏的征途，其后又一直坚持在铍领域工作的根本原因。

1960～1963年，他参加了高纯氧化铍的扩大实验及小型实验性生产、提高镁还原法研制金属铍纯度的实验。1963年三季度北京有色金属研究总院郭际副院长亲自来铍组下达制备高纯金属铍的任务，聂大钧与全组同志争分夺秒，严格控制技术条件，在以前工作的基础上学习苏联的经验，用真空蒸馏法制出了国家急需的高纯金属铍。其后这一工作获得了冶金部新材料奖。

从备战的角度出发，中央提出进行靠山、隐蔽的三线建设，作为现代国防不可缺少的材料，各种稀有金属均属分散之列，这就使得北京有色金属研究总院的诸多研究室纷纷外迁，散布于宁夏、陕西、山西、四川等地，铍的毒性更使它不能存在首都重地而全部彻底迁出。

1965 年，作为钽铌铍在三线选定的地点——宁夏有色金属研究所已具雏形，也已经选定了氯化-熔盐电解法制取纯金属铍的实验专题。作为预定的专题组长，他在北京进行了有关的资料调研并拟就了专题工作计划后，于 12 月末由北京来到了宁夏的大武口。

我国铍金属材料的艰苦创业者

1965 年的春天，为了满足国防军工的需要，他开始了艰辛的创业之旅。从此，一个为军工配套代号为“905”的稀有金属钽铌铍冶炼、加工小厂和研究所诞生在贺兰山下。当时，他们被安置在冶金部一家选煤厂废弃的四栋选煤小楼和一片供居住生活的窑洞内。考虑到铍的防护和保密的需要，他们另建了一座几百平方米的铍实验室。组内同志来自五湖四海，到达之后立即投入紧张的实验准备工作并于 1966 年 5 月 1 日启动实验设备作为对劳动节的献礼。此时正值“文化大革命”发动之际，幸亏，宁夏地处偏僻，又是个新环境、新集体，实验研究工作得以持续进行。即使在周边地区已经开始“武斗”的情况下，同志们仍能坚持上班，夜班的同志把走廊的门用铁丝捆紧，坚持做实验。正是这种正直、坚持的精神使氯化-电解实验专题得以完成，在国内首次成功制得结晶状无水氯化铍和鳞片金属铍。铍的纯度达到文献报道的国外同等水平。

氯化-电解是除氟化铍镁还原法之外制取金属铍的另一可用的工业方法，它的特点就是铍的纯度优。经过多次汇报，他们争取到了冶金部对扩大实验并建设生产线的支持，冶金部为此拨款50万元。同时，他们得到了北京有色设计院的支持，参加扩大实验的工艺设备设计。然而，在当时的历史条件下，这件事未能有效推进，氯化-电解扩大实验专题组1972年解散，聂大钧转入铍车间，负责技术工作。与此同时所内其他有关铍提取冶金的工作也全部终结，转而从事铍材料及制品的研制。

从繁华的首都来到了不毛之地，百里戈壁、疾风如箭，聂大钧他们就在沙窝窝里安营扎寨了。住的是半截儿埋在地下的窑洞，四周是连绵的沙丘，连接车间和宿舍的是一条细长的沙路。这条路今天走过去，明天又被风卷着细沙抹平。这条路承载着聂大钧他们这一代年轻人的理想和人生目标。冬春两季几乎每天都要刮风，经常袭来的沙尘暴使他们晚上睡觉都要戴着口罩。有一年的秋天，半夜里刮沙尘暴，一个工友的宿舍门突然被刮开，沙粒拥着骆驼刺冲到屋里来，惊醒了沉睡中的工友。他们急忙将草扔出去，用木棍将门顶住。一个工友发现地上有一团黄乎乎的东西，用脚踢了一下，这团黄乎乎的东西突然蹿了起来。有人喊了一声“野兔”！顿时屋里沸腾起来，野兔捉到了，成了第二天的美味佳肴。工厂周围没有树木，也没有商店，许多生活必需品只能从外地运来，有时几个月都难见到蔬菜，方圆几十里的荒滩上仅有一个小卖部，是唯一可以逛的地方……

尽管生产、生活环境恶劣，但聂大钧心中充满着为国防军工事业服务的使命感。当时国家要研制“两弹一星”，急需这些稀有金属材料。面对紧迫的形势，他和工友一道全身心地投入工作中。单位接受了一种特殊用途的铍材研制任务。由于缺乏必要的加工设备，他们只能在厂里制粉、装粉，然后乘火车到北京成型，再到宝鸡进行烧结，最后运回厂里加工。正是在这样的条件下，他们仅仅用了2个月的时间，就如期完成了国防军工的任务，受到了党中央、国务院、中央军委的表彰。也就是在那样艰苦的条件下，他们为我国的原子能工业提供了大量具有国际先进水平的铍材，成功研制了“风云一号”卫星用铍摆镜，达到了国际同类卫星水准，填补了我国航天遥感的空白。

国防、航空航天及核技术用铍金属材料研制的总工程师

聂大钧对铍的事业一往情深。作为铍金属材料的总工程师和铍金属材料的专家，他深知自己肩上的责任有多重。无论是作为普通的技术人员还是作为领导他都在低调地亲力亲为。他在国防核技术用铍材的研制过程中积极查阅国内外资料提出自己的建议。1981 年 4 月的第一次铍合金专业会议以后，聂大钧同志全面主持了铍金属材料的研究工作。在每次接到任务时，他都认真组织、精心布置，提出任务的要点、难点，以及各工艺环节的注意事项。他经常到班组参加制粉、热压、机加等工序的实际操作，学习有关铍粉末冶金的实际知识，在各种铍材的研制过程中对工艺的各个环节认真把关，力求避免研究工作中的任何纰漏，促使研究工作正常进行。

1. 国防用铍金属材料

（1）国防核技术用铍的研制。国防核技术用铍首次研制任务是 1969 年 5 月由国防科委通过冶金部正式下达给宁夏有色金属研究所的。经过广大工程技术人员的共同努力，他们克服设备简陋等许多困难终于按时完成了任务。1969 年国庆 20 周年大庆前夕，我国第一颗氢弹爆炸成功。10 月，在大武口电影院召开“完成任务庆功大会”，自治区革委会给参加研制的全体人员记集体三等功一次。此后这一产品成为一项每年必须完成的任务。1981 年聂大钧主持工作后，从铍金属熔炼、制粉、成型、机械加工、化学分析、物理检验等工艺进行了性能论证和技术改进，

制定了规范，购进了先进的设备，使工艺条件达到了世界先进水平，产品各项性能达到了用户要求和世界先进水平。这一产品成为赢利最好的产品，保证了国防核技术的用铍。

（2）核反应堆用精密级组件的研制。1972 年，我国正式提出了全国第一座大型高通量原子能反应堆用铍反射层和慢化剂材料的研制任务。1978 年部分车间着手开展与精密铍组件有关的工艺试验。1979 年，熔炼、制粉、烧结、挤压、机加工和分析检验等各工艺环节都全面开展了研究工作。到 1981 年，他们共计向使用单位提交精密铍组件产品 157 套（其中挤水器 34 件），所提供的铍组件于 1981 年在我国第一座大型高通量原子能反应堆中装堆投入使用。在我国第一座核反应堆用精密铍组件的研制项目中，聂大钧负责质量保证工作。他组织进行了各工序的现场工艺监督与质量检查，原料中间及最终产品的分析检测，数据的汇总及分析，从一个方面保证了这项重大任务的完成。现在看来，核反应堆用铍组件在近 20 年的运行过程中没有出现质量问题，足以证明我们在研制时工艺的科学，态度的严肃认真和组织管理的严格。反应堆用精密铍组件的研制是对宁夏有色金属研究所管理能力和技术水平的一次大检阅，整个生产过程处理铍珠量约 5 吨，提交产品重量约 1 吨，产品质量全面满足设计和使用要求并达到了美国 MTR（材料试验堆）水平。493 精密铍组件研制任务完成速度之快、质量之高都充分说明宁夏有色金属研究所具有较好的管理能力和较高的技术水平。通过精密铍组件的研制，宁夏有色金属研究所建立了一套完整的铍粉末冶金、机械加工、分析、检验、计量和防护监测系统，使我国铍材加工业从实验室规模过渡到了半工业化规模，奠定了该所成为我国铍材研究中心和加工基地的基础。

（3）微型反应堆用铍组件的研制。1980 年，宁夏有色金属研究所受一国原子能科学研究院的委托，开始第一套微型反应堆用铍组件的研制。全套铍组件包括侧铍环、上铍片、下铍块、铍塞子和铍小棒等零部件，共计83件。研制工作主要涉及粉末冶金、压力加工和机械加工等专业。侧铍环是组件主体的关键部件。这套铍组件经中国原子能科学研究院投入使用后运转良好。之后在1984年、1986年和1987年，该所先后又给中国原子能科学研究院提供了四套相同的微型反应堆级组件产品。所提供的产品都由原子能科学研究院进行了正式装堆使用。1980～1997年，该所共计为中国原子能科学研究院提供了11套微型反应堆级组件，累计创产品销售收入515万元，成为铍材研制实现“由军转民”的最好典型。

2. 航空航天用铍材的研制

（1）惯性器件用铍材的研制。为解决我国战略导弹、卫星、舰船和飞机等的惯性导航器件用铍材，国家科委和国防科工委等领导机关曾于1981年4月和1985年9月两次在银川召开专门会议——“铍合金专业会议”和“惯性器件用铍材制品专业会议”，具体研究和布置“六五”和“七五”期间的惯性器件用铍材研究计划。1983年5月和1986年8月，惯性器件用铍材的研究分别以“惯性导航系统用铍材”和“铍材及铍制品”的专题名称列入国家“六五”和“七五”重点科技攻关项目。中国有色金属工业总公司军工办受国家计委委托，代表国家分别于1983年和1986年与宁夏有色金属研究所签订了“六五”和“七五”科技攻关合同。聂大钧同志兼任该课题组组长，进行了较为全面的文献调研，向会议提交了国外惯性导航系统用铍材研制情况的报告，着重介绍了美国所用铍材的品种、性能、制备工艺及相关的研究工作，提出了我们研制工艺的要点及主要课题，强调了制备高性能铍材的基本环节在于净化粉末、细化晶粒、减少织构，以及掌握工艺条件、微观组织、材料性能三者的关系。

在1979～1981年进行的多项探索试验和大量文献调研的基础上，他们对惯性器件用铍材进行了较为深入的研究。研究工作从铍粉末制备、真空热压成型、冷热等静压成型和铍材料性能检测四个方面入手，围绕着40级铍材和50级铍材的制备进行。1987年10月28日，由中国有色金属工业总公司主持，在乌鲁木齐市召开了RJY铍材成果鉴定会。与会专家一致认为宁夏有色金属研究所研制的RJY40级铍材研制工艺是稳定和成熟的，确认这种铍材的各项性能都达到了《铍合金》所规定的指标并与美国同类铍材性能相当。气流冲击制粉工艺的应用使RJY50铍材研制这个“七五”、“八五”攻关课题于1992年圆满结题，铍材性能又上一个台阶。RJY50铍材是我国中长导弹导航用铍材。聂大钧在接受任务后，认真分析了课题的关键问题是如何解决铍材的密度和杂质，之前的制粉工艺是无法达到要求的，必须找寻新的工艺路线、新的制粉方法。这一课题有较大的技术难度，课题组长要选择有经验、有冲劲、有耐力的技术人员担任。根据课题要求，聂大钧被选定为课题组长并作为课题组人员参加了课题研究。经过他们比较选择的气流冲击制粉工艺可以将以往单一的片式粉末粒形改变为多几何形状的粒形结构，降低杂质含量，提高铍材密度。

（2）铍镜的研制。1980年8月，受上海技术物理所委托，宁夏有色金属研究所承担了资源卫星多光谱扫描仪用铍摆镜的研制。聂大钧作为车间及研究所的技术负责人，主持制定了摆镜坯料压制成型与机械加工工艺并推动实施。1985～1988年，他们就为上海物理研究所研制了六块铍扫描反射镜，其中两块已在我国1988年9月7日发射的“风云一号”第一颗气象卫星上得到了成功应用。卫星通过百镜拍摄的云图照片层次清晰，其效果与美国当时正在轨道运行的TIROS-N水平相当。1984年，核工业部九院一所根据核爆轰试验场地的测试要求，向宁夏有色金属研究所提出了研制高速扫描相机用平行平面铍转镜和三棱铍转镜的要求，同年12月与该所签订了“科研协议书”，1986年该项目被列入国家“七五”重点科技攻关项目。1989～1994年，该所共计向九院一所提供了铍转镜19块。用户进行了装机使用，产生了较好的经济社会效益。

建立完善的研究铍金属材料的工艺体系和科研队伍

由“六五”到“八五”三个五年计划期间，聂大钧根据国家国防、航空航天事业发展及设立重点科技攻关课题的要求提出了铍材料性能升级研发的方向与设想，提出了配备重要仪器设备的规划，主持引进了多项基本工艺与检测设备，其中包括气流冲击制粉设备、多功能高温真空炉、电子探针、金相显微镜、电子显微镜、微焦点 X 射线机、微屈服强度测试系统等。通过三个五年计划国家对惯性器件用铍材研制专题的大力支持及精密惯性导航系统工程，他们建立起了新时期铍材物理冶金与微观材料检测的技术与设备系统，完善了铍金属材料的工艺体系。这是铍和其他材料研究得以深入科学进行的坚实的物质基础。聂大钧同志十分注意技术干部的培养与提高，他曾多次反映技术人员流失的情况，呼吁领导部门采取措施，规划挑选与培养关键岗位的人员；倡议对新时期来厂的技术干部进行新方式的外语培训；举行科技年会，进行技术工作总结和考绩，积极支持科技人员的系统学习和培训，鼓励他们参加对外交流；积极为工程技术人员技术水平的提高提供条件，稳定了科技队伍。

应时著述，治学严谨

1972 年，他和方世京同志对国外铍材料研究及应用情况做了一次全面的资料调研并以此为基础撰写了《铍的应用》一书，由冶金工业出版社于 1973 年出版。1975 年他与马福康合写了《铍》一书，由冶金工业出版社出版。这两本著作提供了其后相当时期内了解铍冶金加工及应用情况的主要参考资料。1978 年他撰写了《铍的国外近况》，发表在《中国有色金属》1978年第2期上。聂大钧曾应邀参加了《中国大百科全书（冶金卷）》、《中国冶金百科全书》、《化工百科全书》、《稀有金属手册》等有关铍条目的撰稿，还主持了《中国材料工程大典》铍章节的编写。为纪念建所三十周年，他会同孙本双等同志编译了《铍工艺进展》文集。

聂大钧十分注意学习有关铍的知识，经常阅读国外有关资料和信息。他深感对国家负有赶超世界水平的责任，也深知使参与铍材研制的技术干部都能直接阅读国外文献资料必能大大推动我们的工作、提高我们的技术水平。所以，早在1973年年末他就主动倡议组织英文学习班并亲自授课，而且强调要做作业、背单词，还要考试。学习班结业时，学员们都结合自己的专业翻译了英文的专业文章，印制了文集。就当时的历史背景而言，这真是值得纪念的一件事。

他曾受聘担任国家自然科学基金学科评审委员，多次担任中国有色工业总公司和宁夏回族自治区高级技术职称评委。聂大钧同志作为一名技术干部，努力在实践中学习，工作严谨认真、实事求是、力戒虚言妄说，在技术讨论中积极参加讨论，力求集思广益，贡献自己的见解，但在行政事务中则常常因为不了解情况而放弃了发言权。由于自认缺乏从事行政工作的兴趣和能力，他曾请辞研究所副所长职务。聂大钧在铍冶金战线上工作已近40年，在宁夏工作的时间也已逾30年，他热爱自己的专业工作。作为一名懂政治的专业人员，他淡泊宁静、不怕铍毒、努力学习、默默工作。他始终不渝的信念就是：铍是国家需要的材料，关于铍，我们有很多工作要做，我们的责任就是在铍的领域不断向深度和广度进军，努力赶超世界水平。

（邓绍玺）

简　　历

1936 年 1 月　生于山东济宁。
1940 年　随家由山东迁居北京。
1947 年 9 月　就读于北京市第五中学。
1949 年 2 月　就读于北京市第四中学。
1953 年 7 月　北京俄文专修学校学习俄语。
1954 年 10 月　苏联乌拉尔工学院，有色金属冶金专业学习。
1959 年 6 月　毕业分配在北京有色金属研究院工作。
1965 年　宁夏大武口宁夏有色金属研究所。
1997 年 8 月　退休。

主要论著

1 聂大钧．铍的应用．北京：冶金工业出版社，1973.
2 聂大钧，马福康．铍．北京：冶金工业出版社，1975.
3 孙本双，聂大钧，刘丽华等．铍工艺进展．北京：冶金工业出版社，1997.
4 钟景明，闵学仁，聂大钧等．冲击研磨铍粉及其材料性能．稀有金属材料与工程，1999，6：40-43.
5 钟景明，聂大钧，付晓旭等．惯性器件用铍材微屈服强度的研究．稀有金属与硬质合金，1999，1：61-64.
6 刘建章，聂大钧．中国材料工程大典．第 5 卷．有色金属材料工程（下册)》第 11 篇 铍、锆、铪及其合金材料．北京：化学工业出版社，2006.

马 福 康

（1936～　）

马福康，俄罗斯工程科学院外籍院士、国际信息化科学院院士和俄罗斯科学院院士，我国铍金属材料专家。他多年从事钽、铌、铍等稀有金属材料的研发，主持和参加了核工业和航天铍材的研制和开发工作，建成了我国重要的铍材基地。他研究的铍材成型、烧结工艺及真空热压直接成型工艺及时解决了国防工业的急需。他研制的反应堆零功率用铍和反应堆用高精度铍组件填补了我国反应堆工程用材的空白。他为我国核工业发展做出了卓越的贡献。他多次获得了国家科技进步奖。

马福康，1936年2月生于天津市的一个知识分子家庭。父亲早年毕业于北洋大学，曾任海河工程局的水利总工程师。父亲治学严谨、为人肃恭，对少年马福康产生了潜移默化的影响，在他善良的心灵里镌刻下了深深的印迹。一直以来，马福康勤奋好学、成绩名列前茅。1954年，马福康以各门功课平均分96.6分第一名的成绩从著名的、培养出众多历史名人的天津市第一中学毕业。由于品学兼优，马福康被选入北京外国语学院留苏预备班，学习马克思列宁主义和俄文，为去苏联留学做前期准备。1955年马福康被派往乌拉尔工学院学习。1957年12月他加入中国共产党，同年被派到莫斯科钢铁学院物理化学系稀有金属冶炼及粉末冶金专业学习。

1961年2月，马福康以优等毕业生的成绩获得了苏联莫斯科钢铁学院物理化学系的硕士学位，回国后进入北京有色金属研究总院工作。不久，28岁的他被提升为粉末冶金研究室技术主任，成为当时北京有色金属研究总院最年轻的中层干部之一。1966年9月，由于国家三线建设的需要，组织上经过慎重考虑之后，决定对马福康委以重任，将他派往宁夏，拟担任宁夏有色金属冶炼厂副厂长兼总工程师，从事钽、铌、铍等稀有金属的研发与生产。马福康刚到宁夏不久，“文化大革命”的风暴随之席卷到这里，他经受了从灵魂到皮肉的磨难和严峻的考验。1969年，由于当时国家军工事业发展的需要，急需稀有金属铍来制造国防战略军工产品，从苏联学成归来、精通科研规律的马福康很自然地被上级点名，挑选出来专门负责此项工作。从此，他投入到紧张的研究工作当中。天道酬勤、皇天不负苦心人。在艰苦条件下，马不停蹄、日夜兼程的马福康和同事们用了短短几个月的时间，赶在当年的国庆前夕向祖国献礼，完成了这一重大军事科研项目。之后，他主持和参加了反应堆、核武器和导航仪用铍材的研制和开发工作，三项成果均获得了国家科技进步奖二等奖。

马福康1981年被评为高级工程师职称；1987年被评为教授职称；1992年开始享受国家级专家政府津贴，同年当选为俄罗斯工程科学院外籍院士；1995年当选为国际信息化科学院院士；1999年在纪念俄罗斯科学院成立275周年的全体大会上当选为俄罗斯科学院院士。马福康教授曾任中国北京有色金属研究总院院长和中国有色金属学会副理事长兼秘书长。由于他在中俄两国科技交流合作方面所做出的贡献，俄罗斯总统普京于2007年10

月 3 日签发了授予马福康友谊勋章的命令。

研制我国核武器用铍材，专注于稀有金属事业

1966 年，马福康被调往宁夏有色金属冶炼厂，从事钽、铌、铍等稀有金属的研发与生产。1969 年，由于国家军工事业发展对稀有金属铍的需要，马福康开始参加并负责核武器用铍材的研制工作，将他的全部的身心倾注到祖国的科研事业当中。他解决了铍材的成型和烧结工艺，促成了铍在我国核武器方面的首次正式应用，在提高核武器的爆炸能力、节约核材料的单位用量方面做出了贡献，受到了国防科工委的表彰。之后，他又参加真空热压直接成型工艺制取该产品的组织工作和产品质量改进工作，该成果获国家科技进步奖二等奖。1970 年，马福康作为技术总负责人参加和组织了“49-3 反应堆零功率用铍”的研制，该成果获全国科学大会奖，填补了我国反应堆工程用材的空白。1978 年，马福康作为技术总负责人，参加和组织了“49-3 反应堆用高精度铍组件的研制”，其性能达到并超过了设计标准和美国 MTR（材料试验反应堆）用铍技术条件，已正式用于四川的高通量材料试验反应，并正常运转至今。该成果获冶金部新材料成果一等奖，国家科技进步奖二等奖，马福康为该项目的第一排名人。这项成果的完成，标志着我国材料试验反应堆已达到国际先进水平并在我国形成了亚洲最大的金属铍加工基地，为铍材料的进一步应用和研究创造了条件。马福康对我国铍基地的建设和发展，对铍材重大科技成果的形成做出了重要贡献。1978 年马福康教授在全国科学大会上被授予“奖给为发展我国科技工业做出重大贡献的科技工作者”证书；所主持及参加铍领域的三项重大成果在 1985 年及其后均获得国家科技进步奖二等奖，其中在“大功率材料实验反应堆用铍组件”项目中名列首位。

作为亚洲最大的生产三种稀有金属的宁夏有色金属冶炼厂厂

长和研究院的院长兼总工程师，马福康殚精竭虑、兢兢业业。企业也在由计划体制向社会主义市场机制艰难的转化过程中不断前进并开始了与国际同行交流与合作的探索。1982 年，由于工作出色，马福康被推选为全国人大代表并作为宁夏回族自治区副主席候选人重点培养。在行政工作与科研工作之间，马福康心里的天平最终还是倾向了他所挚爱的科研工作。由于铍毒性的侵蚀，长期从事铍研究的他，身体健康已经受到了一定的影响，但他仍希望从事具体的科技工作。1984 年，马福康被国务院任命为北京有色金属研究总院院长，翻开了他生命中新的一页。执掌北京有色金属研究总院“将印”八年来，马福康创造性地开展了一系列工作。他组织完成了以递减事业费和推动科技面向经济建设为主要方向的科研体制改革；倡议建立了“院下设所”的组织结构，并提出以新材料为主建设科研-开发-经营型研究院的指导方针；推动并申报组建了国家半导体材料工程中心和有色金属复合材料研究中心，并完成了国家有色金属和电子材料分析测试中心的建设和验证工作。北京有色金属研究总院在他的带领下，各项工作有条不紊地进行，各项计划紧锣密鼓地推进。几年下来，北京有色金属研究总院发展呈现出一派欣欣向荣的景象，获得上级领导和同事的一致好评。1988 年，他获得了“献身国防科技事业”荣誉奖状。

近 20 年来，马福康共主编与合编专著及译著 4 本，独立和参与撰写的论文近百篇，主要有《等静压技术》（1992 年）、《铍》（1975 年）、《钽与铌》（1997 年）、《介观力学及材料的计算机设计》（2002 年）。马福康教授参与组织编译的俄罗斯科学院冶金及材料学研究院的《金属二元系相图》已正式出版。

搭建中俄科技交流桥梁，拓展两国冶金材料领域合作

早年留学苏联和多年卓有成效的科研经历让马福康既收获了

丰硕的学术科研成就，又结识了一批在俄罗斯享有盛誉的科学家并与他们建立深厚的友谊。基于此，马福康又开始以民间的视角关注中俄的科技交流，不遗余力地为中俄之间的科学技术交流和产业合作运筹策划、牵线搭桥。他多年的经营，如今已结出累累硕果。

1990年，马福康与俄罗斯科学院梁基谢夫等院士倡议组织了每两年召开一次的“中俄新材料工艺研讨会”并任首届中方筹委会主席和而后多届的副主席。2009年在我国嘉兴召开了作为庆祝中俄两国建交60周年活动之一的第十届中俄双边新工艺新材料研讨会，马福康被双方组委会授予了突出贡献奖。经过近20年的持续努力，研讨会已成为中俄两国科学技术交流和合作的重要渠道和平台。

20世纪90年代，马福康在领导的支持下创建了北京鑫欧科技发展有限公司和莫斯科的俄中高科技（RCHT）公司，并受国内外友人的邀请出任了北京康博丹科技发展有限公司董事长。到目前为止，他共筛选推荐了上百项先进而实用的技术成果，组织签署了50多项协议。近年来，马福康又为中国引进了多项具有世界水平、填补国内空白的高新技术项目，主要有宁夏东方钽业的铌冶炼工艺改造项目，烷基苯磺酸技术已在锦州得到工艺应用，玻纤生产用的铂铑弥散强化合金漏板制造技术已在重庆应用，从俄罗斯引进的总投资近13亿元人民币、年产1000吨的多晶硅项目已在四川乐山投产，成为中国首家形成千吨生产能力的电子工业原料生产企业。还有目前宜昌在建的中俄联合设计年产1500吨多晶硅的生产线及在内蒙古建设的神舟硅业1500吨多晶硅厂。多晶硅项目的投产打破了西方的技术封锁。2007年，马福康协助中国铝业集团公司和俄罗斯阿里科姆（ARICOM）公司达成协议，在佳木斯市合资建设3万吨海绵钛厂，为推动两国的科技合作做出了重大贡献。

为表彰马福康在拓展俄中两国冶金学领域合作中所做出的积

极贡献，根据俄罗斯联邦总统令，马福康获得了俄罗斯授予外国友人的最高荣誉奖章——友谊勋章。2007 年 11 月 20 日，在俄罗斯驻华使馆隆重举行了对中国学者马福康教授授予俄罗斯友谊勋章的仪式。俄罗斯驻华特命全权大使谢尔盖·拉佐夫在授勋仪式上发表讲话："这枚勋章是对马福康先生为发展我们两国之间科技领域及冶金领域合作所做出贡献的高度评价的证明。"大使指出，现任北京康博丹科技发展有限公司董事长的马福康教授，作为基础科学领域及冶金学实践领域的资深专家为俄罗斯联邦冶金材料界专家们所熟知。大使评价说："马福康教授是一位创建中国的行业基础科学，以及作为学者和实践家为发展中国的冶金工业做出了重要贡献的学者。"大使强调，由于马福康教授的努力，在中国的四川省采用俄罗斯工艺并在俄罗斯专家参与下，建成了多晶硅生产厂，使其成为中国首个千吨级的电子工业原料生产企业。2007 年，在马福康先生的倡导下，中国铝业同俄罗斯 ARICOM 公司签署了在中国佳木斯市利用在阿穆尔州开采的精矿建设海绵钛生产厂的原则协议，这一项目的成功建设将成为两国合作开发利用俄罗斯远东资源的标志性工程。

马福康和他领导的技术团队将继续努力推进中俄之间的科技交流与合作，以期为我国筛选吸收具有世界先进水平，填补国内空白的高新技术项目，同时致力于促进和组织双边的合作研究和人才的培养工作以协助国内企业和研发单位不断提高自主创新能力。

（北京康博丹科技发展有限公司供稿）

简　　历

1935 年 2 月 18 日	生于天津市。
1949 年 9 月～1954 年 9 月	就读于天津市第一中学。

1954 年 9 月～1955 年 6 月	选送到北京外语学院留苏预备班学习。
1955 年 9 月～1957 年 7 月	乌拉尔工学院（现为以叶利钦命名的俄罗斯联邦大学）学习。
1957 年 8 月～1961 年 2 月	莫斯科钢铁学院（现为莫斯科国家钢铁与合金大学）学习至毕业。
1961 年 7 月～1966 年 9 月	有色金属研究院工作曾任粉末冶金研究室技术主任。
1966 年 9 月～1984 年 4 月	宁夏有色金属冶炼厂、宁夏有色金属研究所工作。曾任室主任、副总工程师，以及厂长、所长兼总工程师等职。
1984 年 4 月～1993 年 2 月	北京有色金属研究总院任院长。
1992 年 2 月～1995 年 9 月	中国有色金属工业总公司教育局局长。
1995 年 9 月～2000 年 12 月	中国有色金属学会副理事长兼秘书长。
1995 年 9 月～2005 年 8 月	中国有色金属工业总公司北京鑫欧科技发展公司副董事长兼总经理。
2005 年 8 月～	北京康博丹科技发展有限公司董事长。

主要论著

1 马福康．烧结铝制备工艺研究总结报告．北京有色金属研究院内部资料．1964.

2 马福康．049 材料研制报告．宁夏有色金属冶炼厂及宁夏有色金属研究所内部资料．1982.

3 马福康．493 材料试验反应堆用精密铍组件研发报告．宁夏有色金属冶炼产及宁夏有色金属研究所内部资料．1983.

4 马福康．等静压技术．北京．冶金工业出版社，1992.

5 马福康，聂大均．铍．北京：冶金工业出版社，1975.

6 马福康，等．铌与钽．长沙：中南工业大学出版社，1997.

7 马福康，万群．介观理学及材料的计算机设计．北京：冶金工业出版社，2002.

8 马福康．中国贵金属产业及科技工作发展状况及国际合作建议．柏林国际贵金属学术会议文集，2004.
9　马福康．中国材料工程大典．第14卷．粉末冶金材料工程．北京：化学工业出版社，2006.
10　马福康，等．金属二元系相图．北京：化学工业出版社，2009.

赵 国 权

（1936～ ）

赵国权，有色金属冶金专家，他长期从事重有色金属、黄金、白银和稀散金属的提取、分离技术和综合回收利用研究。他负责完成了多项国家大型有色金属项目的研究及设计，创新了多项有色金属生产工艺；研究成果广泛应用于工业生产，并为我国第一个专业黄金冶炼厂建设提供了设计依据。为促进我国有色金属工业的发展做出了突出贡献。曾获得全国科学大会奖和多项国家及省部级科技进步奖。

赵国权，1936 年 12 月 5 日出生于浙江省温州市，童年就读于温州市广场路小学，后进入欧海中学和温州市第二中学学习，1955 年 7 月以优异成绩毕业并考取了留苏预备生。1955 年 9 月～1956 年 7 月就读于北京俄文专修学校（现北京外国语大学）留苏预备生部，1956 年 9 月被国家派送到乌拉尔工学院（现俄罗斯乌拉尔国家科技大学）有色冶金系贵金属专业学习，于 1961 年 7 月毕业回国，获工程师学位，后被分配到冶金部有色金属研究院工作。

在研究院期间，他从 1961 年开始一直从事课题研究，如贵金属——金、银和铂族金属的提取和分离技术研究，从金川阳极泥中提取铂族金属工艺研究，秦岭地区多金属矿提取金、银和其他有价金属流程研究，重有色金属铜、镍、钴的冶金提取和稀散金属锗的综合利用研究；以大组长身份参与了白银炼铜法的富氧熔炼和自热熔炼工作；担任了凡口锌精矿锗的优先挥发的研究工作；筹划、组织、指导和开发高纯贵金属超细粉（$<0.5\mu m$）和延伸的厚膜独石电容器用银钯电子系列浆料产品，并参与多项软课题研究。他历任课题组长、大组长，1984 年 2 月任选冶研究室（304 室）副主任并主持工作，1984 年年底任研究室主任，1987 年年底任北京有色金属研究总院副院长，主管院新产品试制开发、生产管理、技术咨询、转让、科学研究和管理工作。他还曾任北京金鑫半导体材料有限公司的董事长和浙江兰溪环宇铝型材厂副董事长。

1978 年他晋升为工程师，1987 年晋升为教授级高工，1992 年享受政府特殊津贴。

1985 年他被选为有色金属学委会重金属学委会第一届委员，其后又当选第二、第三届副主任委员，第四、第五届顾问。

1989～1999 年担任中国有色金属工业总公司科技进步奖的评委。

2001～2009 年担任中国有色金属工业协会科技进步奖的评委。

1990～2000 年担任国家科学技术奖励工作办公室国家科技进步奖和发明奖的冶金材料组评审委员，曾任《稀土学报》《金属世界》杂志的主任编委和副主任编委，《有色金属》和《化工冶金》杂志的编委。

他目前是无污染有色金属提取及节能技术国家工程研究中心和国家金属矿产资源综合利用研究中心（北京）第一、第二届工程技术委员会委员，是中国有色金属工业协会再生金属分会咨询专家委员会委员，以及北京中色再生金属研究所技术顾问。

赵国权同志在科学技术上的成绩主要表现如下：他主持和参与的相关课题成果被生产企业应用或成为建厂设计依据，而且多次经历了科研课题立项、方案确定、小试、扩试、半工业试验和投产的全过程，积累了丰富的经验，结合实践提高了解决问题的能力，取得丰硕成果，获 1978 年全国科学大会奖，中国有色金属工业总公司科技进步奖一、二、三等奖共 9 项，撰写了报告、论文 45 篇之多，参编和主编的著作多部。

我国早期铂族金属提取和分离技术研究者、开拓者之一

贵金属包括金、银、铂、钯、铑、铹、锇和钌共 8 种，后 6 种金属统称为铂族金属。它们有着优异物理化学性质。科学技术的发展，特别是铂族金属的许多独特的性能被发现和应用，更增添了它们的光彩。新中国成立初期，我国没有铂族金属的生产厂家，一直到 1958 年沈阳冶炼厂从金电解废液中为国家首次回收了铂和钯，虽然产量甚少，但这是唯一的生产厂家。据统计 1958～1964 年我国累计生产铂金属 28.12 公斤，钯金属 11.90 公斤，且潜力非常有限，国家急需寻找有潜力的铂矿资源。

1959 年 9 月，甘肃金昌发现了金川硫化镍铜矿，且伴生有钴和铂族金属，但铂族金属的品位很低（仅 0.5 克/吨），比世界上盛产铂族金属的三大生产国（南非、苏联和加拿大）的铂矿品位都低。尽管如此，但是唯一的。当时的冶金部部长吕东对金川硫化镍铜矿有这样的认识："金川资源，我们应视为镍铂钴矿，铜次之，铂族金属我国极缺应先解决有无问题。"金川矿床资源巨大、储备可观，探明的金属储量镍 545 万吨、铜 343 万吨、钴 16 万吨、铂 120 吨、钯 61 吨、银 1270 吨，还有少量的铑、铱、锇、钌和金等。面对资源现状，必须寻求适合于我国资源特点的

提取技术，且要加速开发。在这样的背景下，1963 年，北京有色金属研究总院承担了冶金部下达的金川铂族金属的研究提取任务。为集中国内的技术力量，1964 年昆明贵金属研究所也加入提取铂族金属的开发课题。1964 年组成了联合工作组，且兵分两路，一路人马留在北京开展实验室研究，另一路人马前往金川现场，动手建立研究室，配置必要设施以便接力北京的小试结果并在现场开展工作。联合工作组同志不分昼夜、争分夺秒地工作，终于按上级要求完成任务，提出了提取铂族金属的工艺流程，即硫化镍电解阳极泥——洗涤热沪脱硫——热炉渣加压浸出贱金属富集贵金属，浸渣水溶液氯化分解转化-分离提取的纯化和二次电解的备用方案，即洗涤热沪脱硫-铸锭二次电解、二次阳极泥焙烧浸出、浸出渣水氯化-分离提纯的工艺。赵国权作为课题负责人之一，在工艺研究的关键工序发挥了积极作用。他能吃苦耐劳，在现场发生氯气中毒事件的情况下仍没有退却，仍然坚持直至完成任务。在现场参与和指挥试验期间（1965 年9 月～1966 年 5 月），整整 9 个月没有离开过，最终圆满完成任务，迎来了胜利。之后扩试装备在稍作调整之后转入小批量试生产，为国家提供了急需的铂族金属。而正式的贵金属车间一直到 1970 年才正式建成投产。该车间就是现金川集团有限公司第二冶炼厂的前身。

虽然实验条件、实验装备、技术资料、人员组成和生活环境等条件十分困难，但参与现场试验人员凭借执着、认真、不怕苦、不怕累、不怕失败的精神，最终圆满完成任务，在当时的贵金属界产生较大反响，得到了冶金部领导的重视和赞赏。该项目获得 1977 年冶金部科技大会和 1978 年国家科学大会的嘉奖。

事过多年，金川铂族金属回收从原料到工艺技术、装备水平和控制技术都有了很大变化和进步提高，但当年洗涤热沪脱硫、加压浸出贱金属富集、水溶液氯化等单项技术，现仍被应用并发挥作用。

我国第一专业黄金冶炼厂建厂工艺流程的提供者

20世纪70年代末，河南、陕西两省交界的秦岭地区发现储藏有丰富的含金多金属矿（金7.355克/吨、铜0.158%、铅0.391%、锌0.150%），是我国黄金生产基地之一。

由于秦岭地区各矿点的历史和现状，当时往外运输困难，矿石积压严重。冶金部黄金局提出了以大混合矿为原料，寻求合理的处理工艺，回收金、铅并综合回收铜、银、硫、锌等，并于1983年4月19日召开了含金多金属精矿的发布会，希望各研发单位参加，要求用半年时间提出合适方案，进行选择。会议安排多家研发单位进行探索研究。为了便于公平、合理比较各方案，试验原料和矿样统一由河南黄金公司提供。冶金部黄金局于1983年12月17日在河南三门峡市召开了中原黄金冶炼厂工艺方案科研论证和筛选会，参会的七个单位提出了12个方案，与会专家和黄金局主管领导认真细致讨论、筛选和评价，最终，北京有色金属研究总院的酸化焙烧、酸盐浸氰化提金方案脱颖而出，得到与会专家的认可。最后会议主持单位冶金部黄金局委托北京有色金属研究总院完成全流程实验及部分单元公斤级闭路实验。课题组经过一年不间断的努力、严密的组织和合理分工，圆满完成任务。1984年11月29日，冶金部黄金局召开“秦岭地区含金硫化精矿冶炼流程”评审会，与会专家一致认为北京有色金属研究总院完成的“焙烧—酸盐浸—氰化”提金、铅和综合回收流程，试验工作系统完整、技术成熟，适用于处理秦岭地区多金属含金精矿，可以满足可行性研究的要求，可作为设计依据。这一结论在“614-85工程中原黄金冶炼厂可行性研究报告”的总论和可行性研究报告审查会议纪要中有明确记载。赵国权同志作为课题负责人亲身经历了立项、方案的设定、全流程的试验和部分单元技术的闭路扩大试验，以及技术审核的全过程。他认真、执着，在极短时间内完成了大量工作，功不可没，是中原黄金冶炼厂建厂工艺流程的提供者。中原黄金冶炼厂投产至今已 20 多年，经历了技术进步和提高，但流程的基本框架仍没有变。

凡口锌精矿优先挥发锗研究的倡导者、组织者和执行完成者

华南地区的凡口铅锌矿是 20 世纪 60 年代初期开发的品位高、储量丰富的多金属硫化矿，除铅锌外伴生有锗等稀散金属，原矿含锗品位为 0.003%，是非常宝贵的锗资源。当时（1965～1966 年）在大力发展电子工业的大潮中，锗的回收被重视是自然的事。冶金部已开始组建韶关冶炼厂和中南冶炼厂并决定引进英国密闭铅锌鼓风炉技术。该工艺技术对锗回收基本未给予考虑。在这样的大背景下，1967 年 7 月北京有色金属研究总院接受了冶金部科技司的任务，提出了优先挥发锗的技术方案。课题组的同志在赵国权的统一领导组织下严格按程序进行了小型实验和 ϕ250 毫米×4000 毫米的扩大实验，以及半工业实验。1969 年和 1971 年他两次到现场完成了半工业实验和全流程实验。1975 年 3 月项目鉴定会召开，他们的成果得到参会 16 个单位 52 位代表的认可：认为提出的一次回转窑、二次竖炉挥发直接得到含锗为 14%～15%的富集物的工艺可行，技术先进且设备简单，革除了浸出、单宁酸沉锗、煅烧等工序，锗的挥发率为 90%～92%，一次挥发收率为 80%～83%，二次竖炉挥发总收率为 75%，比设计收率指标高出 25 个百分点，为建厂提供了设计依据。

课题任务是在特殊环境和时间下达的，经同志们的艰辛努力才得以完成，得到了上级领导的嘉奖，获得 1977 年冶金部科技

大会奖和1978年全国科学大会奖。赵国权作为课题组长亲历试验的每一环节，还承受了“文化大革命”及长期出差的工作压力。该项目由于事情的变故、高层人事的变动等因素，没有能被韶关冶炼厂应用。

现代炼铜技术开发的参与者

自1958年芬兰奥托昆普闪速熔炼现代炼铜技术问世以来，随之开发的现代炼铜技术很多，可大致分为两类：一类是以空间反应为主，有闪速熔炼和悬浮熔炼；另一类则是以熔池熔炼为主，有艾萨法、奥斯麦特、诺兰达法、瓦纽科夫法、三菱法、白银法和水口山法。白银法和水口山法也是20世纪70年代初期开发的，白银法目前仍在白银冶炼厂和鹏辉冶炼厂应用，且有新的发展。

赵国权自1974年以来，先后参加白银法的空气熔炼、富氧熔炼和后期的自热熔炼的工作。项目先后多次获得国家科技进步一等奖和中国有色金属工业总公司、中国有色金属工业协会的科技进步一等奖。为了推动富氧的应用，他在组长毛月波同志的组织下参与编译了《富氧在有色冶金中的应用》一书。1981年他在《有色金属》还发表了《浅谈我国炼铜工艺技术改造》和《有前途熔炼方法-熔池熔炼》两篇文章，文中涉及喷吹方式、喷枪的布点、喷吹的介质等内容。他在组内发挥着积极作用。

离析法技术的研究者

1923年发现的离析法主要针对铜的难选氧化矿。离析法技术实属氯法冶金反应，在过程中食盐被水解产生氯化氢，而后氯化矿石中的氧化铜，形成挥发性较稳定的三聚氯化亚铜，吸附在炭粒上且和过程产生的氢发生还原反应，还原的金属铜沉积在炭粒上，而后再用磁选分离铜、铁和脉石，磁选部分再经浮选即可回收铜和贵金属。因此，研究初期把难选氧化铜矿或含碱性脉石高且不适于湿法处理的物料作为主要研究对象。离析法不仅可以处理氧化矿且同样可以在全焙烧的基础上对硫化铜精矿进行处理。当时正值轰轰烈烈开展现代炼铜技术之际，用离析法另辟蹊径也不能不算是一条捷径，因此课题组也对硫化铜精矿离析进行大量研究和详细考查。作为该课题组组长之一的他，1982 年在《有色金属》上发表了《关于硫化铜精矿离析工艺的若干问题探讨》一文，文中探讨了氧化矿和硫化矿离析的差异、氯化挥发、就地还原、SiO_2的作用，氯化剂的种类、硫酸盐对离析的影响，金、银的行为等问题，进而对含金、银的黄铁矿烧渣进行离析研究。同样的研究工作在国外的刊物上时有发现。研究结果显示，该工艺还是很有前途的，研究内容丰富、深入、历时时间长，处理原料对象多样，对有价金属综合利用具有现实意义。随着自然资源的枯竭，以及综合技术水平的提高，离析技术被应用的可能性越来越大。该项目获中国有色金属工业总公司科技进步奖三等奖。

贵金属和合金超细粉（ 0.5 微米）和电子浆料系列产品开发的策划者、指导者和组织者

由于科技体制改革和拨款制度的改变，科研机构调整了科研方向，为适应竞争并在竞争中立于不败之地，急需开发新材料项目。在备选项目中有贵金属合金超细粉与它的延伸产品——电子浆料系列产品。项目策划之后组织具体方案落实和试制，乃至生产线的组建和随后的产品销售，赵国权同志都亲自参加策划指导和组织，为产品技术的突破和成功及我国独石电容器材料的国产化做出了积极贡献。该项目 1985 年立项，1987 年生产线建成，仅花了短短 3 年时间，到了 1994 年，年销售额已达 2000 多万

元，利润达200多万元。

赵国权从事研究课题范围变化大、接触面较广、适应性较强，出任研究室主任之后，较快适应了工作需要，对技术问题有很强的分析和判断能力，且有较强的组织能力，能组织各种形式的科研课题，能带领全室同志在科技体制改革中开创新局面，取得好成绩。

1988年由于工作调动，他由原来的研究者、开发者、参与者变为管理者，由一线转入二线，主管北京有色金属研究总院创收经营、生产试制、技术开发、咨询转让等工作，并且短时间参与了院的财务和改革工作。期间根据该院条件和现状，他撰写了《创造条件、挖掘潜力，使我院综合经营收入达到新水平》《充分发挥综合优势、努力提高我院在行业中地位》和《我国科技成果研究与转化应用阶段经费投入比例及其调控研究》等多篇文章并参加软课题研究，期间除争取“九五”计划任务和日常管理工作外，还根据北京有色金属研究院总院条件参与组织、申请、组建“国家半导体材料工程研究中心”、“国家稀土材料工程研究中心”和“国家复合材料研究工程中心”并参与管理工作、验收工作。他工作认真、态度严谨，重视发展方向，制订规划、计划，重视实际，不好高骛远，重视一线实践，注意积累经验。1999年退休，之后参加的软课题如下。

再生金属企业技术和环境要求标准　2000年

加大废杂铜处理——有色的战略之举　2003年

再生有色金属回收利用立法商榷　2006年

国内外常用有色金属精矿原材料标准的现状和探讨　2006年

“十一五”有色工业协会科技规划　2006年

有色金属矿业重大装备和技术专项规划　2006年

有色金属冶金技术的最新进展　2007年

再生有色金属（Cu、Al、Pb、Zn）产业技术政策研究　2007年

再生有色金属铜企业利润空间探讨　2007年

"十二五"Cu、Al、Pb再生金属规划　　2009年

（北京有色金属研究总院供稿）

简　　历

1936年12月5日	生于浙江省温州市。
1944年9月～1949年7月	就读于温州市广场路小学。
1949年7月～1952年7月	就读于温州市欧海中学。
1952年7月～1955年7月	就读于温州市第二中学。
1955年7月～1956年7月	就读于北京俄语学院（现北京外国语大学）留苏预备生部。
1956年7月～1961年7月	就读于苏联乌拉尔工学院（现俄罗斯乌拉尔科技大学）有色冶金系。
1961年9月	北京有色金属研究总院技术员。
1978年～	北京有色金属研究总院工程师。
1984年2月～	北京有色金属研究总院研究室副主任（主持工作）。
1984年12月～	北京有色金属研究总院研究室主任。
1985年～	北京有色金属研究总院研究室主任、高级工程师。
1987年年底	北京有色金属研究总院副院长、教授级高级工程师。
1999年	退休。

主要论著

1　赵国权．有色金属、冶金、材料、再生与环境．北京：化学工业出版社，2003.

2　赵国权．铜回收、再生与加工技术．北京：化学工业出版社，2007.

3　赵国权，等．有色金属进展（1996～2005年）·第四卷·重有色金属．

长沙：中南大学出版社，2007.
4 赵国权（参编）．富氧在有色冶金中的应用．北京：冶金工业出版社，1988.
5 赵国权（参编）．中国冶金百科全书（有色金属冶金）．北京：冶金工业出版社，1999.
6 赵国权（参编）．铅锌冶炼生产技术手册．北京：冶金工业出版社，2010.

石　力　开

（1937～　）

石力开，材料科学技术专家，在有色金属材料制备和加工方面取得多项科研成果。他主持开发了钛合金材料多项技术，是我国钛合金工业生产技术体系的奠基者之一。他开发了以旋压、静液挤压、高性能金属基复合材料制备、真空快速凝固气雾化合金粉末制备、喷射成形、半固态加工、致密金属零件激光快速成型等一系列材料加工技术。曾任“863”计划新材料领域首席科学家，为我国新材料的发展做出了重要贡献。

石力开，1937年4月17日出生于河南省开封市。抗日战争期间住在陕西城固农村。先后在陕西城固古路坝西北工学院附小、西安同志小学和西仓门小学读书。1948年考入西安第一中学读初中，并继续读高中直到毕业。1954年因病在家休学一年。1955年考取清华大学机械系（后改名冶金系）金属压力加工专业，1961年毕业（六年制）。大学毕业后留校继续读研究生，直到1965年毕业。

1965 年 6 月研究生毕业后，分配到北京有色金属研究总院工作，长期从事钛合金、铝合金等有色和稀有金属材料以及其制备和加工工艺技术研究，历任技术员、工程师、高级工程师和教授级高级工程师。1979～1982 年在英国进修（访问学者），1984 年任研究室主任，1987 年任北京有色金属研究总院副总工程师。1994 年任国家有色金属复合材料工程技术研究中心主任。

石力开从 1987 年起担任“863”计划新材料领域专家委员会委员和常委，参与了我国新材料技术研究的组织和实施工作。1996～2001 年担任新材料领域专家委员会的首席科学家。从 2000 年起，担任“973”计划“材料先进制备、成形与加工技术的科学基础”项目的首席科学家。

石力开还曾任中国材料研究学会和中国有色金属学会常务理事，国家新材料产业发展战略咨询委员会副主任和秘书长。

我国钛合金工业生产技术体系的奠基者之一

北京有色金属研究总院是国内最早开展钛合金材料研究的单位。20 世纪 60 年代后期，石力开同志担任钛合金研究组组长，参加和主持了国外钛合金的仿制、新型钛合金的研究，特别是钛合金成形加工工业化生产技术的开发工作，曾长期下厂指导相关工厂建立了国产钛合金的工业生产技术体系。例如，主持研究开发了大直径薄壁管的旋压成型技术，在国内首次制造出了大直径钛合金薄壁管材，为我国卫星的研制提供了急需的材料；主持研究开发了钛合金精密管材的制造技术，在国内首次研制出了飞机液压系统用钛合金精密管材和 TC10 钛合金厚壁管材，在国内首次利用斜轧穿孔技术制造成功了大直径 TC10 钛合金无缝管；主持了 TC4 钛合金飞机发动机压气机盘件的研制，提出了多次换向锻造的工艺路线并结合工厂实际制订出了合理的模锻工艺，在国内首次模锻出了合格的压气机盘锻件，实现了批量生产并在国产飞机上获得应用；在担任驻抚顺钢厂钛合金工作组组长期间，结合工厂实际条件，主持开发了全套钛合金工业化生产技术，改造了相应设备，培训了技术骨干，使抚顺钢厂掌握了六个主要钛合金品种的锻件、棒材、板材的工业化生产技术，建立了当时国内最大的钛合金生产基地。上述研究开发成果为我国航空、航天、兵器工业等的发展提供了重要的材料支撑。

开拓了材料制备与成形加工技术的新领域

20 世纪 60～80 年代，石力开同志参加和主持了当时国内最大的强力旋压设备——大型 2 米立式旋压机、多用途卧式旋压机等的设计制造，研究开发了筒形件、异形件、精密薄壁管材的旋压技术，制造出了精密大直径薄壁钛合金管材、钼管、Hastelloy-C 合金管等大量特殊用途的产品，带动了我国旋压技术的蓬勃发展，在航空航天、兵器、核能、机械、化工等领域得到了广泛的应用；主持了大型压力机和高压容器制造过程中的核心技术——预应力钢丝缠绕技术的研究开发工作，在国内首先建立了预应力钢丝缠绕压力机机架的设计计算方法，开发出了压力机机架和高压筒体的缠绕工艺及设备，总计缠绕了 30 多台承载能力为 1000～5000 吨的压力机机架和承压达 1600 兆帕的高压筒体，成功地用于多台万吨级压力机的制造；主持了静液挤压工艺和设备的研究开发工作，解决了高压筒体设计制造、高压液体密封、锭坯在高压筒体内的定位和控制等关键技术，设计制造出了国内最大的 2000 吨静液挤压机并先后开发成功了金属复合材料的静液挤压技术、中温和高温静液挤压技术，开辟了难变形材料（如粉末冶金材料、金属间化合物材料等）加工的新途径，达到了当时的国际领先水平。

从 20 世纪 90 年代初期起，石力开同志领导和主持了国家有色金属复合材料工程技术中心的建设，主持开发了一系列金属基复合材料的先进制备技术，如高能球磨-机械合金化技术、工业级真空搅拌熔炼技术等，建立了目前国内最大的铝基颗粒增强复合材料真空搅拌熔炼设备，研制成功了目前国内外性能指标最高的 B_4C 颗粒增强铝基复合材料，组织领导了航空航天飞行器用大尺寸、复杂结构的铝基复合材料精密锻件和零部件产品的研制，有力推动了我国金属基复合材料的发展进程；主持了喷射成型技术的研究开发工作，设计建造了目前国内最大、综合性能最完善的喷射成型中试设备，在国内率先突破了圆锭、管坯、板坯的喷射成型制备技术，研制成功了 820 兆帕强度级超高强铝合金材料和一系列高强过共晶铝硅系合金材料，达到了国际先进水平；主持了有色金属半固态加工技术的研究开发工作，设计建造了国内第一条铝合金半固态坯料中试生产线和多工位二次感应加热装置，批量试制出了汽车用铝合金高质量压铸件；主持了气雾化快速凝固合金粉末生产技术的研究开发工作，设计建造了目前国内最大的高温、高真空气雾化合金粉末生产设备，开发成功了汽车轴瓦用铝铅合金粉末和金刚石触媒合金粉末等一系列产品，设计建成了国内第一条汽车用铝铅轴瓦材料生产线，创造了显著的经济效益；主持了致密金属零件激光快速成型技术的研究开发工作，建立了国内第一套致密金属零件激光快速成型实验装置并研制出多种不同合金材料的复杂零件，使我国在该领域的研究方面赶上了世界先进水平。

主持“973”计划“材料先进制备、成形与加工技术的科学基础”项目研究工作

从 2000 年起，石力开同志担任了“973”计划“材料先进制备、成形与加工技术的科学基础”项目的首席科学家，针对材料制备与成形加工领域的基础科学问题，领导制订了相应的研究规划，组织了高水平的研究队伍，卓有成效地开展了研究工作，在

短短两年内，在快速凝固非平衡体材料的制备、离子束驱动远离平衡态条件下的材料制备、计算机辅助快速成形、液态及半固态成形与组织精确控制等领域取得了突破性和创新性的基础研究成果，为我国新一代材料制备与成形加工技术的发展奠定了坚实的基础。2005 年，该项目顺利地通过了结题验收，获得了科技部和同行专家的高度评价。

担任“863”计划新材料领域的专家和首席科学家

石力开同志 1987 年开始先后担任“863”计划新材料领域专家委员会委员、常委，1996 年开始担任首席科学家。在此期间，他积极支持并推动了我国新材料领域的技术创新、多种新材料的研究开发和产业化工作，特别是在以金属间化合物和金属基复合材料等为代表的轻质高强结构材料、以镍氢电池为代表的能源材料、人工晶体和全固态激光器、片式电子元器件、金刚石薄膜、材料先进制备加工技术等方面的研究开发和产业化都取得了显著进展，为我国高技术新材料的持续发展做出了重要贡献。

（北京有色金属研究总院供稿）

简　历

1937 年 4 月 17 日	生于河南省开封市。
1955～1961 年	清华大学冶金系金属压力加工专业学习。
1962～1965 年	清华大学冶金系研究生。
1965 年至今	北京有色金属研究总院工作。
1979～1982 年	赴英国进修（访问学者）。
1987～2001 年	国家高技术新材料专家委员会委员、常委和首席科

学家。

2000～2005年　任973计划“材料先进制备、成形与加工技术的科学基础”项目首席科学家。

主要论著

1　石力开.21世纪新材料丛书.天津：天津大学出版社，2001.
2　石力开.材料辞典.北京：化学工业出版社，2005.
3　石力开.中国材料工程大典.第四、第五卷.有色金属材料工程.北京：化学工业出版社，2005.
4　石力开.轻质高强金属材料前景展望.2005技术预见报告.北京：科学出版社，2005.
5　石力开.有色金属材料研究新进展.2006高技术发展报告.北京：科学出版社，2006.

陈　民　扬

（1937～　）

陈民扬，矿床同位素地质专家，主要从事金属矿床同位素地质研究工作，创建了我国第一个硫同位素地质实验室，填补了我国硫同位素地质研究的空白。他完成了测定成岩成矿时代的定年方法，对多矿种数百个矿床进行了综合性同位素地球化学研究。他撰写了大量研究报告和科学论文，所承担的研究项目获全国科学大会奖，参与研究的多个项目获国家和省部级科技进步奖。

陈民扬，山西省灵石县人，1937年4月20日出生于北京市灵石会馆。出生不久日本侵略军发动“卢沟桥事变”，北京沦陷。一家七口依靠父亲在学校做文书所得微薄薪金勉强维持生计。1947年父母因病相继去世，更使一家生活陷入困境。年龄稍长的大姐担当起抚养弟妹的责任，在会馆众多乡亲们的关怀帮助下，姐弟五人相依为命艰难度日。为了两个幼小弟弟的成长，大姐牺牲了自己的幸福，终身未嫁。贫寒的家境、姐姐的无私奉献，激励幼小的陈民扬认真学习，他成绩优良，深得老师及院邻长辈们的喜爱。童年的苦难生活也使陈民扬养成了生活朴素、勤俭节约、不畏艰苦、诚恳忠厚、富有同情心等优良品格。

北京解放使一家彻底脱离了困境：二姐走上了工作岗位，三姐参加革命队伍随军南下，陈民扬和稍长的哥哥也获得了继续学习的良好机会。他先后在北京市第四中学和北京市第五中学完成了学业后，被选送到苏联列宁格勒大学（今俄罗斯圣彼得堡大学）地质系学习结晶岩石学专业。在苏联五年的学习生活，使陈民扬深刻地体会到只有国家富强了，人民生活才能得到改善、人民才会幸福。而国家富强离不开科学技术，这也使陈民扬确立了要努力学习为国家富强、为祖国地质科学事业贡献一生、不辜负党和人民期望的坚定信念。

1961 年，陈民扬毕业回国。同年 9 月，他带着年轻人的一腔爱国热情走上了工作岗位。1961 年年末，冶金部矿山研究院（今中国有色桂林矿产地质研究院）引进一台联邦德国生产的 CH4/58-IV 型质谱计，陈民扬怀着干一番事业的闯劲，主动请缨承担起了创建同位素地质实验室的重任。1962 年 2 月陈民扬被派到中国科学院地质研究所同位素地质研究室学习同位素地质基础理论知识和钾-氩法同位素测试技术；1962 年 8 月两单位组成了同位素地质联合实验室，利用 CH4/58-IV 型质谱计开发稳定同位素地质研究，创建了我国第一个硫同位素地质实验室，开始了我国金属矿床稳定同位素地质研究的篇章。

中国科学院地质研究所（今广州地球化学研究所）同位素地质研究室是我国最早建成的同位素地质研究室，聚集着李璞、陈毓蔚、戴橦谟等一批我国最早从事同位素地质研究的优秀科技人员。和他们一起长达四年多的学习工作经历，不仅使陈民扬获得了许多诸如真空技术、同位素组成测试、同位素分馏机制等原属陌生领域的知识，更重要的是培养了他对同位素地质的热爱，树立了为同位素地质事业奋斗终生的志愿。

1966 年 3 月陈民扬怀着成功创建硫同位素实验室的喜悦回

到了冶金部地质研究所（今矿产地质研究院），准备独立展开同位素研究工作。此时，武建勋所长的一番话深深地印在他的脑海里："在我们研究所同位素地质一定不能搞成脱离地质生产实际的学院式的研究，同位素地质也要为冶金地质生产科研服务，要敢于突破前人的框框，闯出一条同位素地质找矿的新路子。"武所长的告诫与教导使陈民扬认识到绝不能满足于创建硫同位素实验室的已有成绩，也使他明确了自己的努力方向、前进目标。

经过十多年坚持不懈的努力，他们终将同位素地质研究室建设成为一个拥有钾-氩、铷-锶、铀-铅等同位素年代测定方法和硫、氧、氢、碳、锶、铅等稳定同位素方法的多元综合性同位素实验室，为在金属矿床地质找矿工作中应用同位素先进技术创造了良好的前提条件，开辟了应用同位素方法找矿评价研究的新途径。

为了探索同位素方法研究金属矿床的有效途径，陈民扬深入野外地质生产第一线，积极与地质人员密切合作开展工作。他参加承担的国家攻关项目、冶金部组织的找矿会战等一系列矿床地质研究课题。他根据矿床中存在的具体问题，采用多种方法开展多元化综合性的同位素研究，对一些研究课题提出了独特见解，如关于斑岩型铜矿与矽卡岩型铜矿的生因联系，邯邢式铁矿的成矿物质来源及成矿机制，煎茶岭镍矿成矿过程中的硫化作用，区域性铅同位素演化与成矿作用的关系等。

陈民扬参加完成的科研课题"金属矿床硫同位素地质研究"获 1978 年全国科学大会奖，另有两项荣获国家科技进步奖二等奖，四项获部级科技进步奖三等奖，两项获冶金部科技成果四等奖。

1994 年陈民扬获得国务院颁发的政府特殊津贴。

艰苦努力克服困难 创建同位素地质实验室

1962 年 8 月，中国科学院地质研究所和冶金部地质研究所组成同位素地质联合实验室共同开发稳定同位素地质研究。陈民扬和联合实验室的同事们在李璞先生指导下，准确地选择了硫同位素地质研究作为联合实验室的主攻方向。联合实验室的同事们同心同德密切配合，查阅了大量资料，没有合适的实验工具和设备就自己动手设计创造，经过多次失败后，成功创建了高真空实验装置。经过数百次实验，最终获得了最佳的反应条件，摸索出了合理的实验流程。为了获得可靠的实验结果他们经常加班到深夜。经过三年多的努力，从安装调试 CH_4-Ⅳ型质谱计开始，完成了从天然硫化矿物制备供同位素质谱测试样品的 SO_2 高真空实验装置及实验流程，SO_2 中硫同位素组成的质谱分析方法等室内实验室工作，对红旗岭铜-镍硫化物矿床和大厂锡石-硫化物矿床两个不同类型金属矿床的硫同位素研究课题等一系列工作，成功地创建了我国第一个硫同位素地质实验室，开创了我国稳定同位素地质研究的新篇章。该项研究成果 1978 年荣获全国科学大会奖。

成立于 1955 年的冶金部北京地质研究所，是直属于冶金部（1983 年始改属中国有色金属工业总公司）的地质科研单位。自建所以来，该所始终坚持为冶金生产建设服务的方针，科研课题与国家急需的有色金属、稀有金属、金矿、富铁矿等资源开发紧密相关，科研工作密切结合地质生产实际，力求解决矿床地质生产中遇到的具体紧迫问题。科技人员十分重视野外地质工作，不畏艰险深入地质生产第一线，工作踏实、不图名利、勤恳朴实。这些传统的优良作风在陈民扬身上得到了充分体现和发扬并始终贯穿于他的同位素地质科研工作实践中。在建设地矿院同位素实验室的过程中，陈民扬突破当时同位素地质偏重于同位素地球化学基础理论研究的思想认识，多从地质应用角度思考问题，不囿于单一的硫同位素研究方法，始终不渝地坚持紧密结合金属矿床的找矿实践，不断地探索、开拓采用多种同位素地球化学方法综合研究金属矿床的途径。

陈民扬通过富铜富铁研究课题的工作，逐步深入地了解了硫同位素地质方法的优势所在，同时也逐渐发现了它的不足之处。特别是在20世纪70年代初在全国地质界掀起的寻找富铁矿资源的热潮中，陈民扬更深刻感受到对于铁、锰、钨、锡、铝等矿种而言，硫同位素研究方法有很大的局限性。他认识到作为一个以金属矿床为主要研究对象的地质科研单位不能满足于单一的硫同位素方法，而应该根据金属矿床的不同地质条件、不同研究内容合理地采用不同的方法手段，开展多元的综合性同位素地质研究。他决心大力开拓研究的新领域，创建新方法，努力建设一个可以解决各类矿种矿床中存在的各种地质问题的拥有众多研究方法的多功能的综合性同位素地质实验室。

为了实现这一目标，陈民扬怀着对国家强烈的责任心和对科研事业的热爱，没有被外迁出京所带来的困难压倒、没有在“文化大革命”的逆境中沉沦，而是带领同事们坚持“抓革命、促生产”，努力做好搬迁工作，自己动手修建实验室，以锲而不舍的精神克服了当时桂林的水、电、液体氮、科研实验器材供应严重短缺及潮湿高温的气候条件等不利因素，与兄弟单位广泛开展协作攻关共同发展，相继建成了铷-锶法和铀-铅法年代学实验室、碳、氢、氧稳定同位素实验室。1989年中国有色桂林矿产地质研究院同位素地质研究室已经发展成为拥有多功能的CH_4-Ⅳ型、MAT-260型（固体）和MM-1200型（惰性气体）三台质谱计，超净化学实验室和一系列制备同位素分析样品实验室，实现了包含钾-氩、铷-锶、铀-铅、铅-铅等年代测定方法，以及硫、氧、氢、碳、锶、铅等稳定同位素方法的综合性多元同位素地质实验室的建设目标，为矿床地质研究工作中厘定成岩成矿时代、探讨成矿物质来源、了解成矿溶液性状、判定矿床成因类型、认识成矿环境条件、确立成矿规律和历史、确定找矿方向等矿床地质重要课题创造了良好的实验技术条件，基本满足了矿床地质研究的要求。

陈民扬领导建设的桂林矿地院同位素地质研究室是我国较早

建成的同时拥有年代学和稳定同位素方法齐全的少数单位之一，更难能可贵的是自建室之初就确立并始终坚持“面向全国地质生产一线，来者不拒”的服务方针。多年来完成了来自有色、冶金、地矿、石油、化工、煤炭、黄金、核工业、地震、科学院等十多个部门的300多个地质科研生产单位及许多地质院校送来的大量地质样品的测试任务，累积测定了近20 000个硫同位素数据、近2000个钾-氩年龄数据、500余个铷-锶等时线年龄数据、3000多个锶同位素数据、5000余个铅同位素数据及1000多个氢氧碳同位素数据。这些地质样品采自全国近千个矿床（点），涉及铜、镍、铁、铅、锌、金、银、锡、锑、钨、铝、钼、汞、铀、铌、钽、稀土等金属，硫黄、石英、石膏、硼等非金属及煤炭、石油、天然气等30余种矿种。同时，还配合有关单位开展了海洋地质、地热、环境、陨石学等学科领域的同位素地球化学研究，取得很好的社会效果。

对于桂林矿地院同位素地质实验室的成功创建、完善，以及和众多兄弟单位卓有成效的友好协作，陈民扬在其中起到了关键作用。同位素地质研究室以“同位素地球化学实验测试方法”为题获得中国有色金属工业总公司科技进步三等奖，这是陈民扬和研究室众多同事多年来对硫、氧、氢、碳、铅、铷、锶、氩等各种元素同位素组成测试样品制备实验方法研究的综合成果，体现了该研究室同位素分析方法的发展和提高历程，代表了该研究室的同位素测试水平。其中不乏创造性工作成果。

紧密结合地质生产
开展金属矿床同位素地质研究

在20世纪60～70年代掀起的钢铁工业发展高潮中，包括河北邯郸、邢台，河南安阳、林县，山东中部，淮北，苏北等地在内的华北东部地区内分布许多与花岗闪长岩有关的富铁矿床

（邯-邢式铁矿），具有十分重要的经济意义，是找矿的重点地区之一。长期以来，这类铁矿床的成因被认为属于接触交代类型。后来有人提出新的看法，认为上述地区的花岗闪长岩都是中奥陶古海底火山喷发的火山岩，铁矿也是海底火山喷发活动的产物，从而引起了很大的争论。对矿床成因的认识不同，找矿前提就不同，找矿方法和找矿方向也不同，对矿床规模大小、矿产储量的评估也不同，直接影响矿山及钢厂的设计方案，关系到冶金工业的部署等重大问题。为了解决这个分歧争议问题，陈民扬与其同事对采自冀邯-邢、晋南、豫安-林、鲁中金岭、皖北等地区有关矿区的花岗闪长岩、铁矿石及其他地质标本近100个矿物-岩石样品采用钾-氩法和铷-锶法进行了同位素地质年龄测定。结果表明最老的数据只有1.6亿年，全部数据在7400万至1.6亿年内变化，均属于燕山期，而与中奥陶纪（距今4亿年左右）在时代上相距甚远，从而有力地否定了奥陶纪火山成矿的认识。类似的情况同时发生在鄂东地区铁矿。以大冶铁矿为代表的鄂东铁矿储存于中、下三叠统石灰岩与花岗闪长岩接触带，传统认为铁矿是与燕山期岩浆活动有成因关系的接触交代型矿床。而在当时也被认为是和印支期海底火山活动有关的矿床，而花岗闪长岩则被认为是印支期的火山岩。陈民扬带领桂林矿地院同位素研究室对由中南冶金地质勘探公司研究所地质人员采集的40余件标本的年龄测定数据在距今1.53亿年至7400万年，都属于燕山期，从而也否定了印支期火山作用的看法。

陈民扬通过对邯-邢式铁矿做的工作还发现，铁矿石中黄铁矿的硫同位素组成并不如预期的那样具有岩浆硫的特征，而是与奥陶系灰岩中硫同位素组成一致，即具高正值的$\delta^{34}S$值，富集^{34}S同位素。这种硫同位素组成说明矿山中的硫可能主要不是来自闪长岩类，而是来自被侵入的围岩，揭示了矽卡岩型铁矿成矿物质的多来源性及成矿作用的复杂性多样性。

煎茶岭镍矿成矿过程中的硫化作用

产于铁镁质-超铁镁质岩浆岩中的铜镍硫化物矿床一向被认为是岩浆熔离矿床，是典型的岩浆矿床或叠加了岩浆期后热液成矿作用，是岩浆不混熔与结晶分异的结合。而成矿元素，包括铜（Cu）、镍（Ni）、硫（S）、铁（Fe）、钴（Co）、金（Au）、银（Ag）和铂族元素等均来自深源岩浆。这种单一成因观点自20世纪初形成以来，很少受到质疑。陕西煎茶岭含钴硫化镍矿床却是国内外一个具有异常特点的矿床，为了揭示其成矿作用，陈民扬和同事采用了Sm-Nd、Rb-Sr、K-Ar法等同位素定年方法及铅（Pb）、锶（Sr）、钕（Nd）、硫（S）、氧（O）、氢（H）、碳（C）等稳定同位素方法，以及稀土元素地球化学、矿物流体包裹体等多种方法开展了综合性研究。结果表明煎茶岭镍矿床成岩和成矿是不同时期两种不同地质作用的产物——煎茶岭超基性岩体形成于元古代（Sm-Nd法测定年龄值为927百万年），但由于硫亏损，岩浆所含有的镍、钴、铁、铜等金属物质多分散形成硅酸盐矿物存在而未能聚集成矿；后期（加里东期，Rb-Sr年龄为400百万年）富含硫的酸性岩浆侵入导致先期的基性-超基性岩体中的Ni、Co、Cr等元素活化、迁移、富集而成矿。硫同位素组成表明酸性岩浆中富含的硫源于古老的围岩地层。这种复杂的成矿过程，陈民扬称之为“硫化作用”。煎茶岭镍矿床成矿过程中“硫化作用”和后期酸性岩浆叠加作用至关重要。是后期酸性岩浆侵入到地壳，汲取了围岩地层中的硫，之后才发生硫化物熔浆与硅酸盐熔浆的不混熔现象。成矿的物质部分来源于围岩，成矿环境是半开放体系，而不是传统的封闭体系。成岩成矿是不同时期两种不同地质作用的产物，成矿物质并非单一来自岩浆，而是多来源的这一认识得到矿区地质人员认同并用来指导找矿勘查工作。类似的成矿物质的多来源、成矿作用的多样化和成矿过程持续的多期性等现象在他所研究的湘南粤北铅锌矿带的众多矿床、个旧-大厂锡矿、长江中下游矽卡岩型铁-铜矿床中屡见不鲜。许多矿床中硫化矿物的硫同位素组成表明这些硫具有非岩浆成因的特点，这些积累的硫、铅等同位素资料和提出的认识有很大的科学意义和学术价值，为矿床多成因论点提供了重要科学依据。

煎茶岭矿床研究成果获得冶金部科技成果四等奖。

铅同位素找矿方法的完善和应用

怎样才能使同位素组成变异特征，成为直接的评价标志应用到找矿勘查生产实践中去的问题，一直萦绕在陈民扬的脑海中。他把建立、完善应用同位素找矿方法视为义不容辞的责任。多年来陈民扬和他的同事们努力学习国内外学者在这一领域的研究成果，不断地探讨应用同位素方法直接用于找矿评价的有效途径。“六五”期间，在湘南—粤北铅锌矿带的课题研究中，他曾经进行了铅同位素方法找矿评价的探索性试验，取得了良好的效果。自 1986 年承担新疆“同位素方法评价铁帽、化探异常研究”专项课题开始，在陈民扬带领下，桂林矿地院同位素研究室持续十多年先后在安徽铜陵、陕西煎茶岭、海南抱板-土外山、河南洛宁等地的金-银矿和贵州独山锑矿区，河南南召、吉林西林铅锌矿区，以及内蒙古突泉铜-多金属开展了铅同位素方法在找矿勘查中应用的研究，积累了各类经验，完善了铅同位素找矿方法，取得了很好的效果。他们的研究成果表明不仅是对含铅量极高的铅、锌矿区，而且对含铅量不高的金、银矿床，甚至只含有微量铅的一些矿种（如锑矿），铅同位素的变异特征仍不失为找矿评价的重要标志。在工作中他们对铅同位素数据的处理方法、建立相似性系数判别模式等重要环节做了深入研究，提出了平面剖面线——垂直剖面线铅同位素变异显示法、铅同位素变异椭圆圈定图示法，建立了相似性判别模式的数学公式等多种处理数据方法。实践表明，这套数据处理方法具有简捷可靠、直观醒目的特点，对铅同位素找矿评价方法非常适用有效。这项研究成果1996年获得中国有色金属工业总公司科技进步奖三等奖。

积极宣传普及同位素地质知识

陈民扬把普及同位素地质知识视为自己科研工作的主要任务之一。他认为只有广大地质人员掌握了这门新技术并在地质生产工作中运用这些新方法才能使同位素地质这门新学科获得发展。为此他撰写了一些科普性文章，翻译了国外学者的成功研究成果，编写讲义介绍给我国地质工作者，利用参加野外地质工作的机会结合各地区的具体地质特征积极热情地向第一线的地质同行们介绍同位素地质的基本知识，宣传应用同位素方法解决一些矿床地质问题、提高找矿效果的实例；还不辞辛劳地应邀在冶金地质系统内多次举办同位素地质学习班，系统地讲授同位素基础知识及其在地质研究和生产实践中运用同位素方法解决工作中遇到的疑难地质问题。讲授中突出介绍我国科技工作者研究的成功范例，使同行们倍感亲切更易于接收；强调紧密结合地质生产实际，根据具体地质背景进行详细地质工作的必要性，特别着重指出不要脱离具体地质情况孤立地看待同位素数据、不要停留在同位素数据变异的表面现象，要深入探讨造成同位素变异的本质，根据同位素资料从一个新的高度去认识自然界的发展，合理地解决疑难问题。他的讲授深入浅出，密切结合地质实际，应用起来切实可行，受到广泛欢迎。这些学习班的参加人员少则十多人，多则200余人，粗略估算共有700多人次参加，取得了很好的宣传效果。为了巩固学习班的学习成果、推动冶金系统矿床同位素地质研究工作，陈民扬于1982年11月还筹划组织、主持召开了

“金属矿床同位素地质工作成果交流会”，冶金系统地质勘探队、研究所的 70 余位代表参加了会议，使同位素地质方法在岩石和矿床研究、找矿勘查工作中得到了广泛应用。根据收到测试样品的记录统计，1980～1985 年，就有 55 个冶金地质勘察队的地质人员在各自工作的矿区内采用了同位素方法进行矿床地质和找矿实践的研究工作。

为了充分发挥已有同位素地质年龄数据的作用，发动广大地质工作者采用同位素年龄资料来研究、解决地质问题，陈民扬在 1974 年倡议编纂出版《全国同位素地质年龄数据汇编》，得到了全国各有关实验室的响应和支持，他亲自参加了收集编纂工作。《全国同位素地质年龄数据汇编》第一集收集了我国 13 个实验室的 3151 个年龄数据及苏联、日本实验室对采自我国各地岩石标本的测定结果。《全国同位素地质年龄数据汇编》第一集在 1975 年 11 月举行的全国首届同位素地质工作经验交流会上面世，立即引起了与会代表的极大兴趣并议定将这一工作延续下去。在全国同位素地质工作同人的热情支持下，继第一集之后，在 1977 年、1983 年和 1986 年又陆续出版了第二集、第三集、第四集。四集“汇编”共收集到 1983 年 6 月以前全国二十余个单位的同位素年代学实验室所测定的 11348 个地质年龄数据，受到了广大地质工作者的广泛应用和热烈欢迎，充分发挥了这些数据的实际效果，收到了很好的社会效益。

热心学会工作　促进学科发展

在“文化大革命”这个特殊的历史时期，1973 年中国科学院地球化学研究所的同志们顶着巨大的压力，以非凡的魄力和勇气倡议召开全国性的同位素地球化学学术会议。陈民扬立即积极响应这项倡议，亲自参加会议的各项筹备工作并以此为契机带领全室同志认真总结了开展同位素地质研究工作 10 多年以来积累的研究资料，撰写了10余份研究报告、科学论文，倡议出版了《全国同位素地质年龄数据汇编》等。第一次全国同位素地质工作经验交流会于1975年11月23日～12月2日在贵阳召开，与会人数达200余人。会议共收到了研究论文、技术资料、调研报告等120余篇。这次会议为此后我国建立同位素地球化学学术组织和开展全国性的同位素地质学学术交流开创了一个具有生命力的平台。

陈民扬参加了这次会议的筹备、组织工作并被推举为编辑小组组长，将会上交流的论文汇编成《全国同位素地质会议文集》（1～3集）正式出版。

陈民扬注意到会议收到的120余篇报告、论文中涉及铁矿的研究成果只有寥寥几篇，与当时寻找富铁矿资源的热潮极不相称。为了改变这种状况，陈民扬和他的研究集体向全国同位素地质界的同行们发出邀请，于1978年6月在桂林召开了“铁矿同位素地质研讨会”。有23个同位素地质实验室的50余位代表应邀参加了会议，交流了在铁矿勘查工作中同位素地质研究的经验、成果，对进一步深化开展铁矿同位素地质工作进行了热烈讨论，取得了很好的效果。

1979年，隶属于中国矿物岩石地球化学学会的同位素地球化学委员会正式组成。自此我国同位素地质的学术活动得以规范化、经常化的有序开展。在委员会的精心筹划、组织、推动下，我国同位素地质界的学术交流活动非常活跃，既有每四年一届定期举行的全国同位素地质年代学、同位素地球化学学术讨论会，又有众多小型的各类专题讨论会、专业短训班、实验技术交流会等。四年一次的综合性大会是对我国同位素地质-地球化学研究工作的检阅。小型的专题讨论会等既可作为大会的补充，又是同行的深入交流、相互探讨的极好机会，具有针对性强、效果明显、经济实用、及时方便等特点，大大促进了学科的发展、创造了良好的学术氛围。陈民扬在繁重的科研任务之外，不惜花费许多时间和精力热心地参与了委员会的一些工作并取得了出色的成绩。例如，适时地筹划、组织了氧同位素地球化学基础理论讲习班、氢氧同位素实验测试技术交流会、稳定同位素地质应用成果交流会等一系列学术活动，为我国氧同位素地质实验室成功创建及铁矿氧同位素地质研究的迅速崛起发挥了重要推动作用。他对所主持的“硫同位素实验室标准样”的建立过程，从野外地质调查、样品采集、选样到组织多次标样测试会议等，都事必躬身，所建立的LTB-1和LTB-2两个标准样在全国20余个硫同位素实验室作为工作标准，一直沿用至今。

陈民扬曾被选为学会工作积极分子，受到中国矿物岩石地球化学学会表彰，他对我国同位素地质事业发展所做的努力获得同行们的肯定和赞扬并推选他担任同位素地球化学委员会副主任（1979～1995年）和中国矿物岩石地球化学学会理事会理事（1983～1998年）。

热情指导、培养年轻科技人员迅速成长

在工作中，陈民扬十分重视对年轻技术人员的培养，除了向他们明确日常工作的任务、安排老同志给予他们及时的帮助和支持、放手让他们挑起工作重担外，还采取了多种形式积极开展培训工作。例如，鼓励、支持他们参加与同位素地质有关的国际、国内学术报告会、经验交流会；邀请国内外知名同位素地质学家来院进行专题讲座、学术报告等学术活动；与我国著名同位素地质学家进行合作；选派人员到其他的同位素实验室进行短期工作、学习；选送相关人员到地质院校及有关企业进行专业培训、进修；有计划地选派人员参加英语、日语、俄语口语培训，派出人员到日本、澳大利亚做访问学者；推荐优秀人员报考博士、硕士研究生等。年轻科技人员在工作中得到锻炼，业务水平、工作能力取得很大进步，许多人成长为技术骨干，有的还走上了领导岗位。现在有七名年轻技术干部（其中三名曾是他的硕士研究

生）在美国、加拿大、澳大利亚和日本的大学及科研机构工作。他们大都获得了博士学位，工作取得了不俗的成绩。

陈民扬还应邀于 1978 年春在中国科技大学为地球与行星科学系本科生讲授硫同位素地球化学课程；1986 年在中南工业大学、1987 年及 1988 年在昆明理工大学分别为两校地质系研究生班开设了同位素地球化学课程。对来院实习的北京大学、中国科技大学同位素地球化学专业的大学生，以及中国科学院地球化学研究所、中南工业大学、昆明理工大学的研究生们，陈民扬和他的同事们都给予了热情的帮助和指导。

（桂林矿产地质研究院供稿）

简　历

1937 年 4 月 20 日	出生于北平（今北京）。
1949 年 9 月～1952 年 7 月	在北京市第四中学初中部学习。
1952 年 9 月～1955 年 7 月	在北京市第五中学高中部学习。
1955 年 9 月～1956 年 7 月	在北京俄语学院留苏预备部学习。
1956 年 9 月～1961 年 6 月	在苏联列宁格勒大学（今俄罗斯圣彼得堡大学）地质系结晶岩石学专业学习。
1961 年 9 月	分配到冶金部矿山研究院（今桂林矿产地质研究院）矿床研究室任技术员。
1962 年 2 月～1966 年 3 月	在中国科学院地质研究所—冶金部北京地质研究所（今桂林矿产地质研究院）同位素地质联合实验室工作。
1966 年 3 月	返回冶金部北京地质研究所筹建本所同位素地质实验室。
1969 年 2 月～1970 年 11 月	先后下放到云南蒙自县草坝冶金部“五七干校”和湖北当阳县烟墩集研究所自办“五七干校”劳动。

1970 年 11 月～1997 年 5 月　返回冶金部地质研究所（今桂林矿产地质研究院）从事同位素地质研究工作。历任助理工程师、工程师、高级工程师、教授级高级工程师；硕士生导师；岩矿室同位素地质研究小组组长、同位素地质研究室副主任、主任、主任工程师。

1979～1995 年　中国矿物岩石地球化学学会同位素地球化学委员会副主任。

1980～1985 年　中国地质学会矿床委员会稳定同位素组副组长。

1983～1999 年　中国矿物岩石地球化学学会第二届、第三届、第四届理事会理事。

1989～1997 年　中国地质学会同位素地质委员会委员。

1997 年 5 月　退休。

主要论著

1　陈民扬，刘宏英．勉-略-阳地区岩石钾-氩法同位素年龄测定．地质与勘探，1972，(3)：23-25.

2　陈民扬，刘宏英．几个矿区火成岩体的钾氩法同位素地质年龄．地质与勘探，1973，(1)：16-18.

3　陈民扬，姜齐节，姚金炎．某些金属矿床的形成时代及侵入体的同位素年龄．地质与勘探，1974，(1)：14-23.

4　陈民扬，张理刚，范嗣昆．全国同位素地质年龄数据汇编（第一集）．内部资料，1975.

5　陈民扬，夏毓亮，申浩沏，等．全国同位素地质年龄数据汇编（第二集）．北京：地质出版社，1977.

6　陈民扬．关于矽卡岩铁矿硫同位素数据的讨论．福建冶金地质，1978，(1)：33-36.

7　刘宏英，陈民扬．华北地台某些侵入体的钾-氩同位素地质年龄测定//全国同位素地质会议编辑组全国同位素地质会议文集（第二集）．北京：地质出版社，1979：35-44.

8 陈民扬，刘义炎，郦德火．江西德兴斑岩铜（钼）矿田同位素地质特征及其找矿意义//全国同位素地质会议编辑组．全国同位素地质会议文集（第三集）．北京：地质出版社，1979：95-105.

9 陈民扬，王丽芝．红旗岭一号岩体铜-镍矿床的硫同位素组成//全国同位素地质会议编辑组．全国同位素地质会议文集（第三集）．北京：地质出版社，1979：88-94.

10 陈民扬．我国主要类型铜矿的硫同位素分布特征．地质与勘探，1979，(6)：6-17.

11 陈民扬，等．我国硫同位素地质标准样．地球化学，1980，(1)：65-73.

12 陈民扬，杨志，宋显志．煎茶岭岩体的“硫化作用”及矿床成因．冶金部地质研究所所报，1981，(1)：44-49.

13 陈民扬．我国斑岩铜矿的硫同位素地质研究//冶金工业部地质研究所．中国斑岩铜矿．北京：科学出版社，1984：123-143.

14 陈民扬，蒋治渝．粤北两种类型铅-锌矿术同位素特征对比及其找矿意义//会议编辑组．第三届全国同位素地球化学学术讨论会论文汇编，1986：25-27.

15 庞春勇，陈民扬．煎茶岭地区同位素地质年龄数据及其地质意义．矿产与地质，1993，(5)：354-360.

16 王静纯，陈民扬，肖孟华．1994. 中国银矿床的时空分布．华北地质矿产杂志，1994，(1)：111-116.

17 陈民扬，庞春勇．煎茶岭镍矿床成矿作用特征．地球学报，1994，21(1-2)：89-93.

18 陈民扬，庞春勇，肖孟华，等．铜矿床同位素地球化学//于津生．中国同位素地球化学研究．北京：科学出版社，1997：376-409.

19 王静纯，余大良，陈民扬，等．西林铅锌矿成矿预测研究．有色金属矿产与勘查，1999，(6)：455-458.

金 其 坚

（1937～　）

金其坚，有色金属材料及加工专家，新中国第一代科研面向生产的探索者。他致力核级 Zr-2 合金管材的研制，在静液挤压工艺及设备的研发上有突出建树。其研制的锆合金管材曾获全国科学大会奖并获国防科工委、国防工办重大科技改进奖。金其坚被授予国家级“有突出贡献的中青年专家”称号，还荣获国防科工委颁发的“献身国防科技事业”荣誉证书，获国家科委表彰。

金其坚，1937 年 9 月 12 日出生于江苏省吴县。

1955 年 10 月～1956 年 7 月于北京俄语学院进修俄语，1956 年 9 月～1961 年 7 月在苏联乌拉尔工学院冶金系攻读压力加工专业。他回国参加社会主义建设，在北京有色金属研究总院从事稀有、有色金属加工工艺研究工作。曾任北京有色金属研究总院课题组长、专题组长、加工工艺研究室副主任、主任、高级工程师和副总工程师等职位，组织并参加了一系列解决国家重要工程项目及技术攻关项目关键性问题的工作。1962～1963年承担了国家钛及钛合金管材生产工艺研究任务；1963～1973年主持了核级锆合金管材的研制及批量加工的任务；1972～1981年从事静液挤压技术的研发工作；1983～1986年负责“钨丝直径均匀性研究”专题研究；1987～1994年负责国家“863”课题“难变形材料加工”的研究；1991～1992年负责镀锡铜带生产线工艺和设备的研发；1985年至今，致力于中小企业改造的工作。

由于在有色金属领域的卓越贡献，金其坚多次荣获上级部门的表彰奖励。1963年获全国新产品奖；1977年被评为冶金部机关和在京院所的模范工作者，受邀出席了全国科学大会；1978年获全国科学大会奖；1979年获国防科委、国防工办重大科技改进二等奖；1980年被评为全国冶金战线的劳动模范；1981年、1982年、1985年被评为北京有色金属研究总院先进工作者；1984年9月被授予国家级“有突出贡献的专家”称号，同年荣立北京有色金属研究总院二等功；1987年获中国有色金属工业总公司科技进步一等奖；1988年荣获国防科工委颁发的“献身国防科技事业”的荣誉证书；1990年获国家科委表彰；1992年获中国有色金属工业总公司二等奖。

作为有色金属领域的知名学者，作为北京有色金属研究总院首批享受政府特殊津贴的专家，金其坚曾担任国家发明委委员，中国金属学会理事，中国有色金属学会理事，全国钨钼材料分会主任，北京有色金属研究总院第三届学术委员会委员，中国有色金属研究总院第四和五届学术委员会副主任，“863”计划新材料领域材料特种加工技术专题组组长，北京市人民政府专业顾问等社会职务并光荣当选为北京市西城区第八、第九届人民代表大会代表，以科学家的务实和严谨，提交了许多有建设性的议案，受到大家的好评。

金其坚在科学技术上的成就与事迹，主要表现在他主持和参加锆合金管材与静液挤压技术研发实践中，同有关的科技人员一起解决了多项重大技术关键，取得了锆合金管材和静液挤压工艺和设备研制成功的丰硕成果；结合研制工作的实践，参与创建了科技型企业——厦门火炬特种金属材料有限公司；他还十分重视对青年科技工作者的扶持和帮助，培养了数十名研究生和众多青年科技骨干。

刻苦攻坚、开拓创新的探索者

根据国家《科学技术发展十年规划》，北京有色金属研究总院于1963年开展了核级Zr-2合金管材的研究工作。1963～1973年，金其坚主持了核级锆合金管材的研制工作，在他的主持及同事们的共同努力下，1964年9月，在国内首次研制出一批尺寸公差、室温性能及水压、扩口、压扁等均符合要求的Zr-2管。此后，金其坚与科研团队再接再厉，攻克了Zr-2管生产上的重重技术难关，终于建成了集锻造、挤压、轧管、电抛光、精整、退火、超声波探伤、涡流探伤、内径测量、壁厚测量、腐蚀检验等于一体的一套完整的生产工艺和相应设备。1966～1973年开展核级锆合金工程化技术开发，为建设宝鸡有色金属加工厂Zr-2管材车间提供了较完整和成熟的工艺技术，为我国的国防建设做出了重大贡献。由于金其坚及其科研团队的出色工作和突出贡献，Zr-2管材的研究成果获得1978年全国科学大会奖，1979年又获得国防科委、国防工办重大科技改进二等奖，1987年11月获得中国有色金属工业总公司科技进步一等奖，该课题所属的专题项目获国家技术进步奖。

1972～1981年，金其坚参加主持静液挤压技术、设备及工艺的研发工作。静液挤压技术是解决难变形材料成形的新方法，需要攻克的技术难关很多。作为技术负责人之一，金其坚深知责任重大，科研道路艰辛。他凭着知难而进的工作作风、不屈不挠的过人毅力，以及扎实、深厚的技术理论基础和刻苦钻研的奋斗精神，在与其科研团队共同努力下，经过深入的原理分析、完备的技术方案设计和各种实验，终于按时、圆满地完成了静液挤压技术、设备及工艺的研发任务，先后研制成350吨和2000吨冷静液挤压机、60吨温挤静液挤压机和200吨立式热挤静液挤压机，使北京有色金属研究总院在这一技术领域处于国内领先地位。金其坚还与团队共同进行了超高压发生设备研制、工艺开发、性能研究及理论研究工作，建立了我国第一个静液挤压实验室。采用这些设备和技术工艺，相继研发了铜包铝、铝包铜、钛铜复合、高比重合金、铍铜合金、低温超导材料、金属间化合物、SiC/Al合金等多种材料的静液挤压工艺；同时，开展了高压变形对金属材料的变形性能影响及机制研究，复合金属静液挤压时的流动研究及高液压模锻技术的研究，金属基复合材料高压下力学性能及塑性行为的研究等。以这些研究工作为基础，我国建立了比较完整的静液挤压加工体系，实现了高压技术在金属压力加工中的实际应用。为表彰静液挤压技术取得的巨大突破，该项目成果获得全国科学大会奖一次，获部级成果奖两项、三等奖一项、四等奖两项并获批专利一项。

在诸多的荣誉面前，金其坚并没有安于现状，而是选择了在科研道路上继续前行。他采用静液挤压技术成果，协助主持了机架及高压筒体的钢丝缠绕工艺、设备及计算方法的科研项目，开发出了我国第一套钢丝缠绕技术及设备。这项技术于1978年获得全国科学大会奖并于1980年通过冶金部的技术鉴定，获得了冶金部二等奖。

严格缜密、一丝不苟的实干家

几十年来，金其坚始终本着严谨务实的治学态度。在调研工作中，他能够全面翔实准确地搜集国内外的研究资料并做出评价；在科研工作中，他能够广泛听取意见建议，慎重、具体地提出方案，严谨地进行实验，细致地进行分析。例如，在静液挤压技术的研究中，金其坚及其科研团队采用滑移线法、上限法、主应力法、变分法及弹塑性有限元法等方法分析塑性加工问题；自编程序、软件进行计算，结合各种工艺实验，系统地分析变形过程中的力学行为和流动行为，准确地预测加工过程中的力能消耗，研发了更加合理高效的工艺规程和工艺装备。在研究铝包铜复合材料静液挤压工艺的过程中，通过工艺实验、数值模拟等多种手段，系统地分析了各个工艺参数对流动场的影响，揭示了芯材破断的原因，确定了铝包铜静液挤压塑变区的边界形状。他还对静液挤压铌钛超导线的宏观形貌特性进行了研究，协助探讨了用 350 吨静液挤压机加工的铌钛复铜棒和多芯复合超导体的几何形状、芯线沿横断面及轴向分布规律，采用静液挤压法加工出了多芯极细芯（<1 微米）Ni-Ti 超导复合线。这些研究成果对我国的有色金属制造行业起到了推动作用，并且促进了我国静液挤压技术的发展。

在主持核级锆合金管材的研制工作期间，金其坚相继克服了从原材料到挤压荒管、轧管、精整、超声波探伤、检验等生产工艺和相关设备研制过程中遇到的关键技术难题，研发成功了能够生产四种不同规格锆合金管的生产线。对于技术难题，他都亲自进行分析、计算，反复进行试验和论证工作。而且，他还能够以其深厚的学术功底和科研工作经验为基础，组织开展重大技术难题的相关调研和预先研究工作。通过与其团队的共同分析和不断论证，设计了锆合金管材生产的整体试验方案，较好地解决了挤压润滑、冷轧润滑和黏模等问题。另外，以挤压后锆合金管材组织均匀性方面的研究为基础，提出了采用铜包套的挤压润滑方法，解决了锆合金表面易氧化和易黏模等问题。正是这些扎实的基础性研究工作，既保证了多种规格锆合金管材的研制成功，还为其他成分锆合金管材的工艺选择、研发和推广工作奠定了理论与技术基础。

献计献策、排忧解难的热心人

为响应国家号召，贯彻科研要面向生产、为生产服务的方针，金其坚在北京有色金属研究总院负责成立了中、小型企业改造组，负责技术改造、新建企业的可行性研究、初步设计，使用设备的购置、引进、安装和调试，以及建成后的生产工艺等工程。他协助内蒙古突泉县农机厂的铜板带生产车间、无锡市冶炼厂的铜板带车间、江苏仓环铜业股份有限公司太仓铜材厂管材车间、江苏武进的铜棒线材车间、烟台钟表材料厂等引进了全套的外国设备并组织安装、调试和投产，为当地政府和企业创造了较高的经济效益。

1992 年，金其坚主持研究的精密特殊铜合金带材生产新技术被列入国家火炬项目。当时正是金其坚科研工作的巅峰时期，他毅然暂时告别了自己熟悉和热爱的科研环境，前往厦门主持成立了由北京有色金属研究总院和外资企业合资的厦门火炬特种金属材料有限公司。在该公司创建初期，由于基础建设未能及时落实、工作条件比较艰苦、技术难题较多，金其坚以厂为家、无私奉献，作为生产一线的工程师，带领和协助相关的科研、工作人员解决了实际生产中遇到的连铸表面质量差、生产效率低、拉丝表面开裂等各种技术难题。同时，为公司引进了大量的生产设备并亲自主持了安装、调试、生产工作，为该公司的正常运营打下了坚实的基础，也大大开拓了相关销售市场。这一时期，金其坚以其多年积累的宝贵技术经验、成熟的“科研成果向生产力转化”的思路，为厦门火炬特种金属材料有限公司的创立、产业化及不断发展作出了贡献。作为北京有色金属研究总院科研成果的产业化基地，该公司现已发展成为拥有先进的水平连铸、精密线材生产线及完善的分析检测设备的现代化高科技型企业，开发的铜镍基材料品种达 20 余种，填补了多项国内空白。该公司同时承担国家火炬计划项目、厦门市科技计划项目、厦门火炬高新区技术创新项目，1994 年通过厦门市高新技术企业认证并先后通过了 DNV、CQC 及 ISO 9001：2000 质量体系认证，于 2008 年再次被认定为高新技术企业。

（郭青苗）

简　　历

1937 年 9 月 12 日	出生于江苏省吴县。
1955 年 10 月～1956 年 7 月	北京俄语学院进修俄语。
1956 年 9 月～1961 年 7 月	苏联乌拉尔工学院冶金系压力加工专业学习。
1961～1963 年	北京有色金属研究总院技术员。
1963～1973 年	北京有色金属研究总院课题组副组长、组长。
1984～1988 年	北京有色金属研究总院加工工艺研究所副主任。
1988～1989 年	北京有色金属研究总院加工工艺研究所主任。
1987 年	北京有色金属研究总院教授级高级工程师。
1990 年	北京有色金属研究总院副总工程师。

主 要 论 著

1 金其坚．高压变形对难熔金属性能的影响．稀有金属，1987，6：63—74.

2 Jin Q J. Cold hydrostatic extrusion of tungsten base alloys，the first Int. conference on the metallurgy and materials of W，Ti，RE，Sb，1988：789～793.

3 金其坚，周淑人．钨丝直径不均匀原因及获得丝径连续均匀钨丝的方法．稀有金属，1990，(4)：287-291.

古 德 生

（1937～ ）

古德生，中国工程院院士，中南大学教授，采矿工程专家，是我国振动出矿技术和地下金属矿连续开采工艺技术的开拓者。他发明多种新型振动设备，创造了一步骤回采的采矿模式，提出了“开采环境再造”的技术思路，开辟了松软破碎矿体规模化开采的新途径；他提出在深井高地应力环境下诱导矿岩致裂的学术思想，首次在金属矿山实现了基于人工扰动诱发岩石力学系统失稳原理的诱导崩落采矿技术；创造性地研制成功岩石诱变力学实验系统，开展了岩石诱变力学的原创性研究。

古德生，1937 年 10 月出生于广东梅县丙村溪口一个普通的农民家庭。因家庭贫穷，小学毕业后在家辍学一年。次年，母亲用两担大米抵作学费，为他换来踏入中学大门的机会。1950 年夏，家乡获得解放，从此靠国家助学金直到在丙村中学读完高中。

1955 年 4 月临近高中毕业，古德生作为优秀学生，学校拟保送去军事学院学习，但体检时因体重不够被淘汰下来了，于是他准备报考大学。这是百废待兴的年代，该报考什么志愿？古德生思考着。一天，他被《人民画报》上的一幅图深深地吸引住了。一台八面威风的大电铲正向大机车装载着矿石，满载的机车轰隆隆地向前奔驰着。这是我国辽宁阜新露天煤矿的场景。面对这一壮观景象，他的思绪与国家建设的节拍产生了共鸣，一个向往上大学、做着金色梦的纯真少年就这样选定了志愿，从此与矿业结下了不解之缘。

1955 年 7 月他被中南矿冶学院（今中南大学）录取，来到有千年文化积淀的长沙岳麓山下，开始了大学生活。他带着理想刻苦学习，靠助学金支持学业。生活磨炼造就了他奋发自强的个性，他常告诫自己：事无艰难，何来人杰。他十分珍惜大学的学习机会，刻苦学习，尊师重道，深受一代宗师的教育和熏陶，得到了老师们的正直为人、严谨治学和专业学术的真传，学会了做人，学到了做学问和搞科研的方法并终生受用。作为学生中的佼佼者，他于 1960 年 7 月留校任教。五年的大学生活非常充实，少年时代泛舟书海的梦想如愿以偿，他隐约感受到科学殿堂的大门正向自己悄然敞开。之后，他在教育岗位上奋斗了 50 年，取得了卓越的的成绩。他先后获得如下奖励。

1983 年获国家发明三等奖（主持和参加研究、研制的“颠振性振动出矿机”）。

1986 年被授予国家有突出贡献中青年专家称号。

1987 年获国家教委科技进步二等奖（“振动出矿原理”）。

1991 年获中国有色金属工业总公司科技进步一等奖（“盘区回采振动出矿连续开采法研究”）。

1992 年获国家科技进步一等奖等（“地下矿连续开采工艺技术与装备研究”）。

1995 年当选为中国工程院能源与矿业工程学部院士，现任中南矿冶学院教授、博士生导师，湖南省政协委员、全国政协委员。

2008年6月荣获中国第七届光华工程奖。

首创振动出矿技术

1960年，他怀着干一番事业的抱负，常常在脑海中勾画“宏伟蓝图”。但是，史无前例的“文化大革命”使学校处于瘫痪状态，偌大的校园难觅一角安宁。古德生内心再也无法宁静，于是他毅然邀集王启宇、王惠英、李觉新等几个志同道合的同事，走向矿山生产第一线，熟悉各个生产环节，亲眼目睹工人在极其恶劣的环境下劳动，每吨矿石都倾注了他们全部的心血、汗水甚至生命。古德生看在眼里，急在心上。他强烈地感受到作为一位采矿科技工作者的责任。他深深地认识到：出矿作业在每吨矿石成本中占30%～45%，在全矿工伤事故中占40%～50%，这是生产系统中最薄弱的环节。经过调研，他选择通过振动能量传递来降低矿石散体的内摩擦力、改善矿石的流动性的技术路线，设计出了颠振型振动出矿机。

由于振动出矿是通过对矿石散体的强力振动并部分借助矿石的重力势能而实现的连续、均匀、易控的强制出矿，所以放出矿石的尺寸提高了2～3倍，它有效地消除了传统工艺经常发生的卡堵、跑矿等现象，工伤事故基本消除，出矿效率提高2～4倍。1978年在国家的支持下，建成了“国家新技术推广示范样板”，成果很快在全国大面积推广，带来很大轰动，创造了巨大的经济效益，我国的出矿技术从此进入一个新的发展时期。1983年，“颠振型振动出矿机”获得国家发明三等奖。

改革开放的春风为科技工作者带来了新的机遇，也给古德生注入了无穷的力量和信心。他和课题组的同事根据作业条件的差异和工艺技术新思路的提出，又相继研制成功原矿振动给矿筛洗机、定向振动装载机等十种不同功能的新型振动设备，创造了主溜井振动出矿自动化作业线、原矿仓给矿、筛分、脱泥短流程等六项新工艺，给大块物料、粉料和泥质料的处理工艺带来一场变革。与此同时，依据不同的矿床开采技术条件，又创新了振动出矿留矿法、盘区回采连续开采法等五种采矿方法，还创造了采场出矿的技术生产能力 1064 吨/小时的新纪录。众多成果在多次国际学术会议上得到同行专家的高度评价。

一步骤回采技术创奇迹

在振动出矿技术取得重大成果的基础上，针对 20 世纪 80 年代发展起来的大量落矿采矿法中存在的落矿高效率与出矿低效率的严重问题，古德生提出了实现地下金属矿采场连续工艺的科学命题。大量落矿采矿法一次可落矿几万吨甚至十几万吨，而重力放矿和电耙出矿每天却只能放出二三百吨。这种间断式的出矿工艺，严重抑制着矿山生产的发展，必须变革。1986 年，“地下矿连续开采工艺技术与装备研究”被列为国家攻关项目，制订了“牙轮钻机钻凿垂直深孔、多排同段爆破侧向挤压崩矿、采场平底结构、轻型组合式振动机出矿、移动式分节振动运输列车运搬矿石、原矿振动条筛上聚集与处理大块、电机车运矿”的攻关总体方案。具有我国特色的、能运输 1100 毫米大块的单质体、超共振、自同步惯性定向振动的分节式振动运输列车等全套连续作业设备也研制成功，还创造性地实行了“采场块度标准两部制”的大块控制与管理并在地下矿金属矿山建成采场出矿运矿连续作业线，万吨崩落矿石通过连续作业机组，源源不断地从采场运“流”出来，从而创造了采场实际生产能力 1643 吨/日的奇迹。现场的专家和工人无不为古德生科研团队的探寻精神所折服。在第二届世界非金属矿物会议上，该成果引起澳大利亚、印度、俄罗斯等国专家的极大关注。1992 年，“地下矿连续开采工艺技术与装备研究”获国家科技进步奖一等奖。

如果说20世纪70年代开创“振动出矿技术”新领域是古德生科研团队迈上的第一科研高地的话，则80年代实现的“采场连续工艺”是攀登上的第二高地。在这两项成果的基础上，他又提出了90年代攀登第三高地的新目标，即变革传统的“二步骤回采”为“一步骤回采”，实现“地下金属矿床连续开采”。

在房式采矿法中实现“一步骤回采”，就是要在开采阶段上不留间柱、连续推进。这是实现规模化开采、最大限度地回收矿产资源的根本途径。1995年，“硬岩无间柱连续开采技术研究”被列为国家重大项目，古德生科研团队制订了总体方案：以大矿段为回采单元，在阶段开采连续推进（不留间柱，一步骤回采）回采过程中，落矿、出矿、运矿、充填等各工序具有相对独立的作业条件，各工序间相互协调、在不同空间平行连续进行，采下矿石用连续作业机组运至采场溜井，用电机车运往井底车场。工业实验中，采用了与高效落矿相适应的采场出矿运矿连续作业线，实施了与深孔落矿相适宜的块度控制技术，从而创造了各采矿工序间相互协调的高效连续采矿法。实验取得很大的成功。2001年“硬岩无间柱连续开采技术研究”获国家科技进步奖二等奖。

古德生的科研团队，从开创振动出矿技术、采场连续工艺，到实现地下金属矿床连续开采，经历了18个年头。20世纪70年代古德生所萌发的大胆设想终于得到实现。他给国内外一直沿用的传统采矿模式带来了改革，他为地下金属矿山的作业机械化、工艺连续化、生产集中化和管理科学化起了很大的推动作用；他所开创的金属矿床连续开采的技术路线，已在许多矿山得到发展并深刻影响着矿山的未来。

古德生团队的科研轨迹始于国家重大需求，一直沿着采矿科技前沿方向延伸。传统的二步骤回采模式，特别是大范围的非常规采矿，使我国金属矿山留下许多安全隐患，矿产资源损失也十分惊人，有色金属矿山的隐患矿产资源就占25%～35%，这对于资源相对贫乏的我国来说，是个非常严重的问题。针对这种状况，古德生的科研团队在1998～2007年，重点开展了隐患矿产资源有效回收的研究，先后完成了“金属矿床开采矿岩致裂与控制技术及其应用”与“隐患金属矿产资源安全开采与灾害控制技术”国家重大项目，两个项目分别于2005年和2007年获得国家科技进步奖二等奖。

高应力矿岩诱导致裂研究新领域的提出

随着矿床开采深度的增加，世界矿业面临许多新的挑战。近20年来，世界矿业面对一个重大科技问题，那就是千米深井高地应力环境下的岩爆灾害问题。长期以来，国际学术界把深井高地应力固化为致灾因素，把注意力主要集中在岩爆机制与灾害防治方面。但事实上任何事物都有两面性，是否也可以将高地应力诱变为有利因素而加以利用呢？2001年，古德生的科研团队在深井生产实践中认识了一些不同于传统岩体的动力现象。在香山科学会议第175次学术讨论会上，他提出了深井矿岩在高应力环境下诱导致裂的学术思想，认为高地应力固然是致灾因素，但也可以通过诱导手段来利用高应力矿岩的内部能量，达到致裂破碎的目的。这一诱导高应力矿岩致裂的全新学术思想的提出，拓展了深井开采科学技术的发展空间。1998～2007年所完成的上述两个重大项目正是基于诱导致裂学术思想上开展的。在科研过程中，基于人工扰动诱发岩石力学系统失稳原理的诱导崩落技术，在复杂空区环境下的隐患矿体的开采取得了很好的效果。事实表明，这是高应力矿岩环境下的一种低成本的高效采矿技术。

在工程实践中，深井开采的许多技术难题实际上都源于深井岩石力学。因此，古德生的科研团队在高应力矿岩诱导致裂学术思想的基础上，于2005年提出了研究岩石诱变力学的研究方向。由于深井高应力环境下的矿岩工程对外部动力扰动的影响及效应是个未知领域，它不是单纯静载环境的岩石力学问题，所以岩石诱变效应很难用传统的岩石力学实验和理论加以解释。为了开展岩石诱变力学的研究，古德生的科研团队创造性地自行研制了岩石真三轴诱变实验系统，以期从研究岩石诱变效应与机制入手，实现深部矿床开采、地下工程、水利工程等工程领域的理论创新和技术创新。

教书育才是一生的追求

古德生自1960年任教以来，培养出了一个知识团队，可谓桃李满天下。1985年担任系主任以后，他始终以高度的责任感，全身心地投入自己的工作。他身体力行，一手抓教学、科研，一手抓专业学科的建设，经过艰苦努力，团结广大教师，使专业学科发生了很大变化。他为造就一支高水平的学科队伍、创造一批标志性的教学科研成果、培养和弘扬学科特色与优势，为提高学科在国内外的学术地位，做出了突出贡献。

20世纪80年代末至90年代中期，世界矿业全面萎缩，在国内外唱衰矿业为夕阳工业的时候，我国采矿工程专业的招生规模大幅度减小，不少高校采矿工程专业停止招生甚至被撤销。在专业生存处于极度困难的时刻，古德生领导采矿工程专业进行改革，他说："我国是世界上最大的发展中国家，能依靠进口金属原料来搞工业化吗？国家需要采矿工业，矿业不是夕阳工业，矿业的黄金时代终究会到来。我们的出路在于改造传统专业，发展矿业科学技术。"因此，他提出了全面的改革方案，在国内率先开展了采矿工程专业改革的大讨论。为了适应我国矿业的发展和大规模基本建设的需要，确定采矿工程专业改革目标是培养以采矿工程为主、兼顾岩土工程的复合型人才。这一改革取得很大的成功，为采矿工程专业的长远发展和相邻学科的诞生奠定了基础。采矿工程专业的改革，推动了矿业相关学科的新生和发展。

以采矿工程老学科为依托，增设了"安全技术及工程"和"城市地下空间工程”两个新专业，组建了资源与安全工程学院并将“采矿工程”、“安全技术及工程”和“岩土工程”建设为国家级重点学科。三个学科形成了一个互相支撑、紧密结合的学科群体。如今，这个群体取得了令人瞩目的成绩：自“七五”以来，培养了2000多名较高水平的工程技术人才（其中博士生200多人）；与此同时，还为我国矿业科技进步做出了重要贡献，先后获得了包括国家科技进步奖一等奖、二等奖，以及国家发明奖等在内的八项国家级的标志性成果。为此，采矿工程专业在国内享有很高的声誉。

1995年5月，古德生当选为中国工程院院士。

这些年来，在学科群的浓厚学术氛围下，古德生培养了硕士生15人、博士生46人、博士后12人。如今，不少学生已崭露头角，有的已成为我国矿业企业界的领军人物，有的成为采矿界的有影响的专家和部门单位的学术带头人及主要技术骨干。这让古院士感到无比欣慰。

在近50年的教学、科研生涯里，他对教师、研究生关怀备至，给了学生许多精神财富。他从自己的人生经历中，深深地领悟了科技事业的真谛，他常常这样告诫学生。

“科技事业是需要集体智慧的群体事业——在科技攀登路漫漫，只靠个人力量是困难的，尤其是工程类的科研，单枪匹马断难获得重大成果。

科技事业是需要坚强意志的强者事业——科研征途顺意者固然有之，但绝大多数的成功是在艰难和挫折之后，最后几步往往需要更大的勇气和信心。

科技事业是没有终点的永恒事业——科研无止境，只有保持旺盛的科研热情，淡泊名利，事事凝聚大家的学术灵感与智慧，科研道路才会越走越宽。

科技事业是需要奉献精神的壮丽事业——成功要付出代价，不摒弃功利主义，就不可能全身心地献给科学事业。一个人的最大幸福和快乐莫过于为国家做出了贡献。”

经过近半个世纪的奋斗，古德生有过许多荣誉，如获得“光华工程科技奖”、何梁何利基金的“科学与技术进步奖”等。他常说：荣誉首先应属于团队，属于一起为科研奉献的同事。只要说到过去取得的成绩，他就非常怀念曾经和他一起在科研征途中摸爬滚打的王启宇、黄存绍两位教授。他们都因长期忘我工作，积劳成疾，直至身体无法支撑时才从科研一线退下来，随后就匆匆离开了人世。值得欣慰的是，在这崎岖道路上成长起来的年轻一代相继成为栋梁之材，肩负起了国家矿业现代化的重任。

“挥洒无穷灵性于天地，求索不可思议之万物”，这是古德生院士给他学生的赠言，也是他人生的真实写照。我们衷心期望古德生院士在科学的道路上永葆青春、创造更多的快乐。

（唐百友等）

简　历

1937 年 10 月	出生于广东梅县。
1955 年 7 月～1960 年 7 月	中南矿冶学院（中南大学）采矿系学习。
1960 年 8 月～	中南矿冶学院任教。
1985 年	中南矿冶学院系主任。
1995 年 5 月	当选为中国工程院院士，任中南矿冶学院教授、博士生导师，湖南省政协委员、全国政协委员。

主要论著

1　古德生．振动出矿原理．中南矿冶学院学报，1980，(3)：34-44.

2　古德生．振动出矿机的设计与测试．金属矿山，1981，(8)：15-18.

3　古德生．ZGSJ 振动给矿筛分机的试验．金属矿山，1982，(1)：24-27.

4　肖厚生．古德生．振动出矿半自动化作业线．冶金自动化，1983，(1)：14-17.

5　古德生．振动出矿机埋设计参数分析．有色金属，1984，(4)：16-18.

6 古德生．振动出矿的特征及其工艺效果．矿山技术，1984，(2)：29-31.
7 古德生．FZC 溜井振动出矿机系列．矿山机械，1985，(9)：33-36.
8 古德生，王英惠，李觉新．振动出矿技术．长沙：中南工业大学出版社，1989.
9 古德生，余佑林．采场出矿运矿 ZCYS 连续作业机组．有色金属（矿山部分），1991，(6)：19-24.
10 古德生，许伦武．地下金属矿山采矿连续工艺．中国矿业，1992，(2)：49-52.
11 古德生．地下金属矿山采矿连续工艺技术与装备研究//《采矿技术》编辑部．第四届全国采矿学术会议论文集，1993：554-561.
12 古德生．浆体管道输送动力减阻作用分析．江西有色金属，1993，(1)．
13 李夕兵，古德生．岩石冲击动力学．长沙：中南工业大学出版社，1994.
14 古德生．对中国矿业可持续发展问题的思考（一）．世界采矿快报，1997，(2)：3-5.
15 古德生．对中国矿业可持续发展问题的思考（二）．世界采矿快报，1997，(3)：3-5.
16 古德生，邓建．无间柱连续采矿的岩石力学优化．中南工业大学报，1999，30 (5)：441-444.
17 彭怀生，古德生，董鸿镉．无废害开采规划与评价．北京：冶金工业出版社，2001.
18 古德生，邓建．地下金属矿山无间柱连续采矿可靠性分析与设计．中国工程科学，2001，3 (1)：51-57.
19 古德生．对西部矿产资源开发问题的思考，矿业研究与开发，2001，21 (1)：1-3.
20 古德生．21 世纪矿业．有色冶金设计与研究，2002，23 (4)：1-5.
21 古德生，李夕兵．有色金属深井研究与科学前沿．矿业研究与开发，2003，SI：1-7.
22 古德生，李夕兵，吴超，等．现代金属矿床开采科学技术．北京：冶金工业出版社，2006.
23 陈建宏，古德生．矿业经济学．长沙：中南大学出版社，2007.

杨 显 万

（1937~ ）

杨显万，昆明理工大学教授，有色金属冶金专家，我国湿法冶金学术带头人之一。他在湿法冶金基础理论研究、微生物湿法冶金、复合电沉积、低品位难处理氧化锌矿的高效清洁冶金技术等方面取得了一系列创新性成果，为我国湿法冶金技术与基础理论的发展，以及有色金属冶金人才的培养与学科建设做出了重要贡献。

杨显万，曾用名杨继平，1937 年 10 月 19 日出生于四川省万县龙驹坝，时逢父亲杨正南、母亲邵琼芝在四川万县、南充一带从事党的地下工作，投身革命事业的父母无力抚养年幼的儿子。1940 年 10 月年仅 3 岁的杨显万被迫送回祖籍——四川省西充县莲池乡由祖母抚养。此后，他在贫穷的家乡度过了童年，完成了小学学业并于 1949 年秋考入四川省西充中学。1951 年春，少年杨显万辗转至雅安（原西康省雅安市，今四川省雅安市）与分别 11 年的父母团聚并于雅安中学就读。时任西康省政府副秘书长、文教厅长的父亲是一位忠于革命事业、追求真理、廉洁奉公的革命者，对自己的子女要求十分严格，时常教育他们热爱党、热爱祖国、爱憎分明、好学上进、艰苦朴素。这些对杨显万的一生产生了积极的影响。1954 年其父奉调云南工作，杨显万随父来到云南，就读于昆明市第五中学。勤奋好学的杨显万成绩在班上一贯名列前茅，1955 年高中毕业并以优异成绩考取了留苏预备生资格。在北京俄语学院留苏预备部专项学习一年之后，于 1956 年赴苏留学，在莫斯科加里宁有色金属及黄金学院稀有金属专业学习。1960 年 7 月回国后的他受聘于昆明工学院（今昆明理工大学），一直从事有色金属冶金方面的教学与科研工作，将毕生精力奉献给了冶金专业的教育与科研事业。在职 47 年，历任科研处长、冶金系主任、昆明理工大学副校长、正校级巡视员、学术委员会主任等职。1985 年加入中国共产党，1987 年晋升为教授，1992 年享受国务院特殊津贴，1993 年被国家学位委员会遴选为有色金属冶金专业博士生导师，先后发表学术论文 220 余篇，撰写了《高温水溶液热力学数据计算手册》、《湿法冶金》、《矿浆电解原理》、《微生物湿法冶金》等专著，参加编写的有《贵金属提取与精炼》、《化学镀镍》、《电沉积多功能复合材料的理论与实践》、《微波能的技术新应用》、《生物法净化低浓度有机废气技术基础与应用研究》、《松节油择形催化》等著作，担任《中国大百科全书》有色冶金卷湿法冶金分支副主编。主持并完成省部级与企业委托科研项目 25 项，获省部级科技奖 12 项，其中一等奖 3 项、二等奖 5 项、获发明专利 4 项，先后共指导博士生 18 人、硕士生 16 人。组织或参加了 7 次重要国际学术会议，其中两次担任国际学术会议学术委员会主任，在 1990 年举行的第二届国际湿法冶金学术会议上做大会报告。两次应邀在国外（美国、日本）举行的国际学术会议上做主题报告，一次应邀到美国犹他大学讲学。先后在国内外大专院校、工矿企业做专题学术报告 50 多场。

先后担任过中国有色金属学会常务理事，中国有色金属学会冶金物化第三、第四、第五届学术委员会副主任，云南省有色金属学会副理事长，云南省行为科学学会理事长，国家自然科学基金委员会冶金学科评审组成员，国家科技进步奖与发明奖冶金与材料组专家评委，云南省自然科学基金委员会委员，云南省自然科学奖评审委员会副主任，云南省发展与改革委员会高新技术产业化专家咨询委员会副主任，《中国有色金属学报》、《有色金属》(季刊)、《贵金属》等期刊编委等职务，西安建筑科技大学兼职教授等。

湿法冶金基础理论方面造诣高，丰富和发展了湿法冶金的基础理论

(1) 编著了我国第一部《高温水溶液热力学数据计算手册》，为湿法冶金的热力学研究提供了数据支撑。热力学数据是热力学计算的基础。1973 年，巴伦（Barin）等人借助于电子计算技术编著并出版了《无机物热力学性质》一书，共收入了 3000 多种无机物在不同温度（以 100℃ 为间隔）下的热力学数据。然而这部手册没有吸纳水溶物种的数据，其温度范围与间隔也不适合于湿法冶金的热力学计算。1978 年，巴纳（Barner）编著的《化合物与水溶物种热力学数据手册》出版了，这本手册虽然可用于湿法冶金的热力学计算，但只收录了 754 个物种的热力学数据，远远未能反映出当时国际上数据工作的成就，其使用功能有着很大的局限。在此学术背景下，杨显万与其合作者何蔼平等人收集整理了与湿法冶金热力学计算有关的热力学数据并对之进行了鉴别和筛选，通过计算机大量计算，于 1983 年编著了我国第一部《高温水溶液热力学数据计算手册》，为我国湿法冶金的热力学计算提供了有力的数据支撑。这部手册收录的物种数量扩大到了 1800 个，比前述手册大大增加，此外还列入了另外 277 个水溶物种在 298K 下的热力学数据，使其适用性大幅度提升。前者列出的是物种的摩尔生成自由能与生成热，后者是物种

的热焓与吉布斯自由能，是对水溶物种不同温度下热容的计算；前者使用的是平均热容法，而后者采用了1978年由D.F.泰勒（Taylor）提出的离子线性热容法。这些计算方法的改进更便于计算和使用。该书出版后被大量引用。

（2）湿法冶金体系优势区图的研究。由M.布拜（Pourbaix）提出的E-pH图（E代表电位）是优势区图的一种，因其直观易懂并概括全貌，被冶金工作者广泛用于湿法冶金过程的热力学分析。1966年出版的由M. Pourbaix编著的*Atlas of Electrochemical Equilibria in Aqueous Solutions*（英文版）一书，收录了90种元素——H_2O系在298K下的E-pH图。1964年C.M.克里斯（Criss）与J.W.科布尔（Cobble）提出了"离子熵对应原理"，使得对高于298K下的湿法冶金过程的热力学分析成为可能。从20世纪70年代开始，杨显万与其研究生计算并绘制出了Zn-H_2O系、Cu-H_2O系、Ni-H_2O系、Co-H_2O系、In-H_2O系、Ga-H_2O系等高温E-pH图。联系具体的有色金属矿物湿法冶金过程计算并绘制了PbS-H_2O系、Ag_2S-H_2O系、Bi_2S_3-H_2O系、Sb_2S_3-H_2O系、（Zn、Fe）S（高铁闪锌矿）-H_2O系、$CaWO_4$-H_2O系、$FeWO_4$-H_2O系、$MnWO_4$-H_2O系E-pH图，以及Sb_2S_3-Cl^--H_2O系、Bi_2S_3-Cl^--H_2O系、PbS-Cl^--H_2O系、Tl-Cl^--H_2O系、Sn-Cl^--H_2O系E-lg［Cl^-］图，针对复合电沉积绘制了Ni-P-H_2O系E-pH图。除此之外还研究了一系列矿物在氨水和NaCl溶液中的溶解度并绘制了相关的lg［Me］-pH图（［Me］代表金属在水溶液中的浓度）。对这些矿物的湿法冶金过程进行了系统的热力学分析，发表了一系列论文，为这些矿物的湿法冶金提供了理论依据。

（3）湿法冶金过程动力学的研究。杨显万与其研究生开展了湿法冶金过程的动力学研究，其中重要的有高铁闪锌矿、辉铜矿氧压浸出，低品位氧化锌矿制粒柱浸（氨浸），建立了相应的动力学模型，在*Hydrometallurgy*等国内外刊物上发表了一系列论文。

传统的流固反应动力学研究方法把固体设定为表面光滑的球体，当固体物料粒度非常细时这样的设定接近真实，因而动力学研究的结果能很好地反映客观规律。若固体是块状物料时，用传统方法建立的数学模型所得出的结果与实际就会产生明显的偏离。传统方法的这种局限性源于把固体颗粒的几何特征做了简化设定，事实上块状物料的几何形貌与球体相距甚远，其表面有大量皱折，内部有很多裂缝与孔隙，矿块内成分的分布也并不均匀。如此众多的不确定性是传统动力学研究方法无法包容的。20世纪末，在杨显万的具体指导下，其博士研究生陶东平把表面分数维的概念引入流固反应的动力学研究中，应用分形几何方法揭示了流固相反应中长期存在的用规则几何无法客观真实描绘的多孔介质固体表面形貌和孔道结构与反应动力学之间的定量关系，并且在焦炭气化反应的动力学实验中得以证实其可靠性。

针对生物化学法净化含有机物的工业废气，杨显万在国家“863”项目及国家自然科学基金项目的资助下开展了在生物膜填料塔中用假单胞菌属（Pseudomonas sp.）中的短杆菌脱除再生胶工业废气中低浓度甲苯、二甲苯等过程的动力学研究，建立了“吸附-生物膜”理论的动力学模型。用该模型计算的废气中甲苯去除量、出口气体甲苯浓度与实验值十分吻合，为生物化学法净化工业废气提供了新的动力学建模思路，不必涉及传统的气体吸收双模理论中气膜扩散、液膜扩散等问题，使分析研究与计算大为简化。相关论文发表于《环境科学学报》等刊物。

杨显万在湿法冶金基础理论方面的工作集中反映在他与邱定蕃院士合作编著并于1998年出版的《湿法冶金》一书中。该书被冶金界工程技术人员广为使用并成为国内相关大专院校与研究院所的师生教学参考书与招生考试指定参考书，出版以来已三次印刷。

积极开展湿法冶金新工艺与新技术的研究取得了一系列创新性成果

杨显万始终十分注意世界湿法冶金的新趋势，围绕国际湿法冶金技术的前沿，积极开展湿法冶金新工艺、新技术的研究。

20世纪90年代他系统研究了支撑液膜在有色金属分离提取中的应用，先后研究了用支撑液膜分离Ni、Co，从溶液中提取与富集铜和稀土等。1994年其研究成果应邀在美国圣地亚哥举行的*Metallurgical processes for the early Twenty-First Century*国际学术会议上做主题报告。

1997年与邱定蕃院士共同指导博士研究生张英杰对矿浆电解新工艺的基础理论做了深入系统的研究，其研究成果集中反映在杨显万、张英杰合著的《矿浆电解原理》一书中。书中对硫化矿矿浆电解热力学进行了系统的分析，揭示了矿浆电解时方铅矿、黄铜矿、黄铁矿、单质硫、Fe^{2+}的阳极行为与电极过程动力学参数，以及Pb^{2+}、Cu^{2+}、H^{+}、Fe^{3+}的阴极行为，对矿浆电解过程的浸出机制提出了独到解释，从电解质溶液中液固界面双电层结构与颗粒的机械运动出发推导出一个公式，由此公式可计算出矿浆电解时PbS的浸出仅有13.43%靠矿粒与阳极表面的直接碰撞氧化，其余的则是靠Fe^{3+}与Cu^{2+}的氧化，这一推断与从阳极极化曲线得出的结论相一致。这些成果为矿浆电解新技术的进一步发展发挥了重要作用。该项目获云南省2002年自然科学奖二等奖。

20世纪90年代末期，杨显万与其博士研究生郭忠诚等人投入大量的精力进行金属表面复合电沉积的研究，此技术旨在显著提高金属表面抗腐蚀与机械性能。研究工作十分全面，包括复合电沉积配方、电沉积工艺、复合镀层的热处理、复合镀层的结构、复合镀层的性能表征等，并最终形成了一项产业化技术。

Re-Ni-W-P-SiC 复合电沉积技术被列为 2002 年国家发改委高新技术产业化推进项目，实现了产业化，研究工作取得了丰硕的成果，发表了大量论文并在 2000 年美国旧金山召开的 *The Second International Conference on Processing Materials for Properties* 上进行了交流。该项目获得了云南省 2000 年科技进步奖二等奖，以该研究内容撰写的博士论文被评为 2003 年全国百篇优秀博士论文。

从 1992 年起，杨显万着手研究微生物湿法冶金，2003 年与云南铜业（集团）有限公司合作完成了云南景谷民乐铜矿细菌浸出的工业试验（云南省重大科技项目）。与其研究生孙珮石等开展了生物净化法处理再生胶生产废气脱除其中的甲苯、苯、二甲苯等有机物的研究。自行筛选并培育出假单胞菌属中的短杆菌，用此菌株在填料塔内的填料表面挂膜形成生物填料塔，含有甲苯等有机物的废气从塔底部通入塔内，向上流经生物填料层，填料中的细菌捕获并吸收气流中的甲苯进行好氧生化降解。除甲苯外，对苯、二甲苯也有净化作用。工业试验的测试表明该技术对再生胶废气的净化作用良好，对其中的苯与甲苯的净化效率达到 90%以上，出口气体中的甲苯浓度仅为 4～25 毫克/米^3，低于 GB16297—1996 中规定的标准值 60 毫克/米^3。2000 年该技术在昆明凤凰橡胶有限公司再生胶厂投产，成为生物膜净化技术在我国首次成功的工业应用，在学习借鉴国外先进技术的基础上，自主创新形成了以工程化菌种培育技术、生物膜填料塔及其挂膜技术、生物膜修补技术为核心的系列自主知识产权，为我国净化处理工业低浓度有机废气提供了一项有效的工业实用新技术。该项目获 2002 年云南省科技进步二等奖并于 2002 年在河北省任丘市京东橡胶公司推广。

杨显万对微生物湿法冶金学科十余年的深入研究与科学实践，使其在微生物湿法冶金方面积淀了丰富的知识，2003 年编著了《微生物湿法冶金》一书，并得以出版。该书以微生物湿法冶金基础理论的系统阐述为主导，同时辅以众多的实验研究成果与成功工业应用案例，具有较强的理论和实践指导意义，受到业界广泛欢迎。该书于 2006 年第二次印刷。

研发低品位难处理矿高效清洁冶金新技术，取得了重大成果

有色金属冶金是典型的资源投入型产业，对原料的依赖性极大。资源有限已成为有色金属工业可持续发展的严重制约因素，提高资源利用率成为国家经济发展的重要战略需求。锌的矿产资源有硫化矿与氧化矿两大类。20 世纪初发明了硫化矿的浮选技术后，世界锌冶金基本上以硫化矿作为原料。储量巨大的氧化矿特别是低品位氧化矿，由于难选长期未能有效开发利用，采用火法可以部分富集，但能耗高、污染严重。

紧密结合国家的经济建设，加强与企业的联系，产学研结合共同解决企业发展中的一些带共性、关键性的技术问题，是杨显万多年来科学研究的指导思想与实战目标。2004～2008 年，杨显万与云南祥云飞龙实业有限公司总工程师舒毓章、他的博士研究生沈庆峰及公司其他技术人员一道，经历了从小型试验到大规模产业化，成功创造了一项用于从氧化锌矿、含锌烟尘及氧化锌矿酸浸渣中提取锌的新技术，实现了资源高效利用与节能减排的目标。

采用此成果共建成七条生产线，2005～2007 年共生产电锌 195 738吨，累计产值 46.51 亿元，新增利税 11.99 亿元，利润 7.8 亿元。

项目成果经中国有色金属工业协会组织专家鉴定，结论为“总体技术达到了国内领先、国际先进水平”。该技术生产成本低，实现了废水零排放，明显提高了资源利用率，是一项高效清洁冶金技术，不仅可获得很好的经济效益，同时还具有显著的节

能减排效果，对锌冶金行业的技术进步有重要的促进作用，为非硫化物锌资源的高效利用开创了一条可靠途径，使锌冶炼可用原料范围大幅拓宽，具有广阔的推广前景。

该项成果获 2008 年云南省科技发明一等奖、有色金属工业协会科技进步一等奖。

杨显万在该项成果中的主要贡献如下。

（1）担任从氧化锌矿酸浸渣中回收锌课题的负责人，负责实验阶段的方案制订、实验指导与实验结果的评价。

（2）创新性构想突破了关键技术难题。虽然用有机溶剂萃取的技术可以将低硫酸锌浓度溶液中的锌富集，使反萃液中锌浓度达到电积要求，但料液中的少量杂质元素在萃取过程中也会被萃取或夹带进入有机相，在反萃锌时同时进入反萃液而富集超标。通常采取的措施是对负载有机相进行洗涤，除去杂质，这样必然产生大量含有可观数量锌和酸的洗水，该洗水如何处理又派生出很多问题。面对这个难题，杨显万提出了一个新的构想，即把有机溶剂萃取与传统的湿法炼锌相结合，萃取前料液不经净化而直接萃取，负载有机相不洗涤而直接反萃，反萃液不直接进行电积提锌而是并入工厂湿法炼锌主流程用于浸矿，其净化问题在主流程中一并解决。按照这一构想顺利实现了产业化，大大简化了工艺流程，而且所有的湿法炼锌厂都能采用这一技术回收废水、废渣中的锌，具有很好的推广价值。

（3）灵活变通的研究思路令项目得以顺利推进。试验阶段负载有机相在反萃锌时会生成大量硫酸钙沉淀，使过程不能正常进行。最初做了大量实验试图避免硫酸钙的生成，但未能奏效。杨显万此时提出了一个反向思维方法，用他的话来说“天要下雨，娘要嫁人，要生成就让它生成吧，我们要做的是它生成后怎么办”。在这种思维的启迪下课题组采取了萃取槽与搅拌桨材质的选择（为避免硫酸钙在萃取槽壁与搅拌桨上结垢），改进萃取槽结构，设法将萃取槽内生成的硫酸钙脱除等多种措施，终于圆满地解决了这一问题，保证了反萃取过程的顺利进行，在国内首家实现了锌有机溶剂萃取的产业化，投产多年来一直运行顺畅。

（4）建立了一个 D2EHPA 萃取锌的萃取平衡数学模型，可用于预测在不同条件下萃取与反萃取的结果，其准确度高于国外文献报道的模型。

道德风范

杨显万热爱祖国，有强烈的事业心与高度的责任感，一心扑在祖国的冶金科技与教育事业上，顾全大局、与人为善、乐于助人、严于律己、待人热情坦诚，表现了一个正直的学者应有的道德风范。

1. 教书育人，诲人不倦

杨显万从事有色冶金的教学工作近 50 年，担任大学教授 20 年、博士生导师 15 年，怀着满腔热情，以正派严谨的学风，为人师表，言传身教，孜孜不倦地为国家培养人才。他长期勤奋好学，努力实践，虚心向生产第一线的人学习，积累了丰富的知识与经验。严谨治学，为本科生、研究生开设湿法冶金、冶金新技术、微生物湿法冶金等多门课程。在全国一些企业和大专院校、研究院所做关于湿法冶金、企业创新能力建设等方面的专题讲座 50 余场。他讲课内容丰富、旁征博引，语言生动、风趣幽默，深受学生欢迎，以至于他的有些说法学生在毕业多年后仍记忆犹新、念念不忘。杨显万先后培养了博士研究生 18 人，硕士研究生 16 人，不仅在学习上对他们严格要求、认真指导，而且在生活上、为人处世上对他们也多方关心。研究生的论文他一般要多次修改，从主体思想、框架结构、数据处理、结论表述，直到遣词用字、标点符号，事无巨细都一丝不苟地认真改正。尤其注意帮助学生如何从一大堆实验结果与数据中得出规律，看到事物变化的本质，凝练为科学概念与科学结论。在他指导下的博士研究生郭忠诚的博士论文《电积 RE-W-P-SiC 多功能复合材料镀层的理论研究与应用》被遴选为2003年全国优秀博士论文，同时也是云南省第一篇“百优”博士论文。除此之外，他还利用节假日带领学生跋山涉水，到大自然中陶冶情操并就此机会与学生们进行广泛的交谈。他渊博的学识、深刻的语言、超前的思维意识和常带哲理的论点使学生在做人、做事和治学上深受启发、受益匪浅。经他培养的研究生大多很有作为，其中许多人晋升为教授，有的成为大型企业、大专院校的领导人，有的在学术上取得了显著成就成为本地区或本单位的学科与学术带头人。

2. 学科建设，不遗余力

杨显万对推进我国有色金属冶金的科技进步与学科建设倾注了大量的心血。在担任各种社会学术性兼职时，他参加国家行业与云南省科技规划、各种指南的制订，主持或参加了许多大型科研项目的立项论证、验收、鉴定。他不唯书、不唯上，对国家与云南省科技发展中的一些重大问题直抒己见。1989年他向有关领导建议把20世纪80年代中期国家提出的“科技兴国”的基本国策改为“科教兴国”；1999年中央政府做出了西部大开发的战略决策，2000年9月在西安举行了由国家自然科学基金委员会工程与材料学部主办的“西部矿物资源开发利用战略研讨会”，杨显万在会上做了报告，提出了“可持续发展的前提是发展”这一命题。

他无论在何岗位上始终关心并致力于昆明理工大学冶金学科的发展与建设。1996年领导与组织申报成功了“固体废弃物资源化国家工程中心”，2004～2006年大力倡导并积极参与策划申报成功了“真空冶金国家工程实验室”，大力支持并帮助大型科研项目的申报立项工作，积极为学校申报成功国家一级冶金学科博士点、国家重点学科献计献策，积极参与学科建设规划的制订，提出了一些富有远见的建议。

杨显万热心扶掖后进，十分关心年轻人的进步，经常主动向他们提出有益的建议，鼓励并支持他们申报科研项目，不少人得到过杨显万的帮助、支持与指导。昆明理工大学有色冶金学科出现了人才辈出的大好局面有他的奉献。

他在担任冶金系系主任期间及后来成为有色冶金专业博士生导师后一直大力提倡团结合作的团队精神，他主张以“三人”原则待人，即“与人为善，助人为乐，成人之美”并身体力行，在与人共事时注意倾听并尊重他人的意见，而不自以为是、固执己见，更不以势压人。很多与他共过事的同志认为与杨显万一起工作十分轻松愉快，对冶金系形成并能够保持团结合作的良好风气起到了很好的言传身教和引导作用。

他从创新的自身规律出发，极力主张学术民主，提出要正确对待权威，要尊重权威但不迷信权威，要正确对待小人物，要倾听并尊重小人物的意见，鼓励发表不同的学术观点，不怕争论。在他的倡导与带动下，昆明理工大学冶金系形成了浓厚的学术空气与有利于创新的文化氛围。

所有这一切对昆明理工大学有色冶金专业成长为全国重点学科做出了重大的贡献。

（沈庆峰）

简　历

1937 年 10 月 19 日	出生于四川省万县龙驹坝。
1956～1960 年	莫斯科加里宁有色金属及黄金学院学习。
1960 年 7 月～	昆明工学院（今昆明理工大学）。
1985 年	晋升副教授，加入中国共产党，担任昆明工学院科研处长。
1987 年 7 月	晋升教授，担任昆明工学院冶金系系主任享受国务院政府特殊津贴，担任昆明工学院副院长，应邀赴美国犹他大学讲学。
1992 年	被全国学位委员会遴选为有色金属冶金专业博士生导师。

1995 年 10 月～1996 年 10 月　　副校长主持昆明理工大学工作。
1996 年 10 月～1998 年 2 月　　任昆明理工大学正校级巡视员。
1998 年 2 月～2007 年 10 月　　昆明理工大学教授、博士生导师。
2007 年 10 月　　退休。

主要论著

1 杨显万，何蔼平，袁宝州．高温水溶液热力学数据手册．北京：冶金工业出版社，1983.

2 杨显万，邱定蕃．湿法冶金．北京：冶金工业出版社，1998.

3 杨显万，张英杰．矿浆电解原理．北京：冶金工业出版社，2000.

4 杨显万，沈庆峰，郭玉霞，等．微生物湿法冶金．北京：冶金工业出版社，2003.

5 杨显万．Tl-Cl-H_2O 系 E-pH 图．稀有金属，1981，(5)：1-7.

6 Yang X W，Liu L M. Rare eath recovery by supported liquid menbrane. Transactions of nonferrous metals socity of China，1994，4 (1)：54-58.

7 Yang X W，et al. Recovery and separation of metals by supported liquid menbrane (SLM) .//HongYong SOHN. TMS. Metallurgical Processes for the Twenty-First Century，1994，I：955-963.

8 Yang X W，Guo Z C，et al. High temperature oxidation of multifunctional electrodeposited Re-Ni-W-P-SiC composite coating. Proceedings of Second International Conference on Processing Materials for Properties. Nov. 5-8，2000：131-134.

9 杨显万，孙珮石，黄若华，等．再生胶工业废气的生物净化研究．环境工程，2001，19 (6)：37-39.

10 Xie K Q，Yang X W. Kinetic study on pressure leaching of high iron sphalerite concentrate. Transaction of Nonferrous Metals Society of China，2007，17 (1)：187-194.

11 Jin B J，Yang X W. Kinetics of copper dissolution during pressure oxidative leaching of lead-containing copper matte. Hydrometallurgy，2009，99 (1-2)：119-123.

赵　怀　志

（1937～　）

赵怀志，贵金属材料专家。他的研究与开发工作取得了一系列科技成果，首创银-铈电接触材料，发现和合成一些新物相，揭示缅甸砂铂矿的矿物种类和特点，实验制作了一些贵金属二元和三元相图等。他获得国家发明奖、省级自然科学奖和省部级科技进步奖多项，参与起草并制定国家部颁标准，撰写专著，发表论文，推广科学技术，为我国贵金属科学技术的发展做出了重要贡献。

赵怀志，1937年11月25日出生于湖南省衡山县松柏乡荆州村木瓜塘。他7岁丧父，家境贫寒，但自幼好学，在母亲的支持下，艰难地读完了小学和中学。1957年8月，考取了华中工学院机二系铸造专业，成了他家庭和村里的第一个大学生。三里五村、左邻右舍都为他高兴，亲戚们力所能及借给他路费，弟弟承担着家务和照料母亲的重担。在众人的支持下，他由一个农村子弟进入了高等学府深造，在校学习期间有国家助学金资助，得以完成学业。他时刻准备着为祖国的建设出力，一辈子没有忘记过支持他上大学的人。弟弟对他的支持，他一辈子铭记在心。

1960 年，他加入了中国共产党，是在党的教育和培养下成长起来的。1960 年 9 月，他被学校选做定向教师培养并送至吉林大学物理系进修金属物理专业。1962 年 9 月毕业于华中工学院金属物理专业，后留校在机二系金相热处理教研室任助教。1974 年 4 月，为解决夫妻两地分居，他调动到昆明贵金属研究所工作。从此，开始了他在贵金属科学技术领域的研究生涯。

1974～1976 年他从事金相实验室工作；1977 年，主持“贵金属-稀土金属电接触材料”项目研究工作。1981 年 9 月至 1983 年 1 月，他以访问学者身份在联邦德国贵金属及金属化学研究所工作。该所因在贵金属合金相图方面的卓越工作而享誉世界。他在访问研究期间发现了一种新的金属间化合物，属黄铁矿结构 RuTe2 的同素异构体。该所对基础研究工作非常重视，同时与企业相结合进行新材料新工艺的开发，给他留下了深刻的印象，这对他后来担任所长工作时重视全所的科研工作是有影响的。1983 年他回国后继续从事贵金属方面的研究工作。

1984 年 7 月至 1994 年 11 月，他担任昆明贵金属研究所所长，在 1985 年《中共中央关于科技体制改革的决定》指引下，他带领全所职工进行了该所的早期科技体制改革。1987 年 9 月，中国癌症基金会批准认定昆明贵金属研究所为“贵金属抗癌药物研究中心”，赵怀志任该中心主任。1988 年 6 月任昆明贵金属研究所研究员。1991～1995 年担任《中国有色金属学报》第一届编委会编委。1991～2001 年担任《贵金属》刊物第二届编委会主编。1992 年被云南省评为有突出贡献的优秀专业技术人才。1993 年获中华人民共和国国务院颁发的“政府特殊津贴”证书，享受国务院政府特殊津贴。1994 年任“国家贵金属材料工程技术研究中心”第一任主任。1995 年 2 月至 1999 年 2 月担任中国有色金属学会第三届理事会理事和常务理事。1998 年，中国材料研究学会受中国工程院委托，聘请赵怀志为“中国材料发展现状及迈入新世纪的对策”咨询项目有色金属材料研究组咨询专家。1999～2008 年任博士研究生导师。从 2001 年开始，他被聘为云南省计划委员会“高技术产业化专家咨询委员会”咨询专家。2005 年 2 月，被聘为云南省科技厅“第一届专家咨询委员会”咨询专家。

他长期从事贵金屋材料研究与开发工作，取得了一系列科学技术成果，先后在国内外刊物上发表论文 50 多篇；获得国家发明奖三等奖一项、省部级科技进步奖二等奖两项、省级自然科学奖二等奖一项、省部级科技进步奖三等奖一项、部级科技成果奖四等奖一项、国家新产品“金龙奖“一项、参与起草并制定国家部颁标准一项、获国家发明专利两项、云南省有突出贡献的优秀专业技术人才二等奖一项、撰写和参与出版专著三部。

赵怀志的主要科学技术成就如下。

发明银-铈电接触材料

20 世纪 70 年代，国际上贵金属电接触材料的研究已成为热点，在用量最大的银和银基系列电接触材料领域内，已相继开发出银基固溶体合金、银基固态不互溶合金、银基氧化物复合等电接触材料，但国内所用材料多为仿制的。昆明贵金属研究所的赵怀志和刘雄、卢邦洪，站在国际前沿，独辟蹊径，采用银基金属间化合物体系，利用我国富产资源稀土金属，研制出了 Ag-Ce0.5 合金。该合金组织为（Ag）＋AgCe4，即以（Ag）为基，保障了材料的良好导电性能，利用 AgCe4 金属间化合物的特性则可保障材料良好的抗电弧侵蚀和优异的抗熔焊性能。1977 年 10 月，赵怀志带着新材料和其他同志一道来到贵州都匀八九一厂，与 Ag-CdO 做对比实验，发现添加微量稀土铈对电接触材料的性能有非常好的影响，验证实验取得成功。用该材料做电器触点，大大地提高了电器开关的电接触性能，因而在全国许多厂家获得迅速推广和应用。有的厂家用在出口电器上，在国内外获得好评，产生了重大的社会效益和显著的经济效益。这项发明成果为稀土银基电接触材料的发展提供了一条新途径。

国家“六五”期间把新一代微动开关列入科技重点攻关项目。赵怀志项目组考虑到 Ag-Ce0.5 合金的优异性能，将其制成复合材料可满足新一代微动开关性能要求，他们采用室温固相轧制技术，制备出了 Ag-Ce0.5/H62 和 Ag-Ce0.5/T2 复合材料用于微动开关电器中。其性能完全满足国际电工委员会有关标准的要求。

20 世纪 80 年代，赵怀志参加的另一项研究课题，又开发出了一种银锡铈新型接点材料并获得应用。

1985 年 10 月，由国家经委推荐，新型银-铈电接触材料在英国伯明翰“技术市场展览会”上展出并获得好评。后来，《中国有色金属报》(1986 年 5 月 15 日）对此做了报道：“昆明贵金属研究所首创的银-稀土合金在英国伯明翰展览会上展出后，引起了国际技术市场的重视。”

这项发明成果除在国内外引起重视外，也多次获得奖励。1979 年 5 月，因该材料已用到某电器开关上用于我国第一枚洲际导弹的成功发射而获得了中共中央、中央军委、国务院、国防科委发来的嘉奖电及贺信。1981 年 3 月，赵怀志等获冶金部 1980 年度科技成果四等奖（排名第一)；1983 年获国家经委颁发的优秀新产品“金龙奖”；1988 年银-铈电接触材料获国家发明奖三等奖（排名第一)。

发现和合成一些新物相

1982 年，在联邦德国作访问学者期间，他主持了 Ru-Te 二元系和 Ru-Se-Te 三元系两项课题的研究工作。铂族元素属亲铁元素，同时也具有强烈的亲硫性质，因此研究 Ru 和硫族元素

（O、S、Se、Te）的相互作用，对铂族金属科学有重要的研究意义，对探寻新材料也具有重要的技术意义。已有研究表明，Ru-Te 系中只存在一个化合物，即 RuTe2，属黄铁矿结构，这是 L. 托马斯（Tomassen）早在 1929 年发现的，其后无任何进展。赵怀志和他的德国同事经过几个月的探索实验，采用元素直接合成法，在 470℃以下合成出了具有白铁矿结构的 RuTe2 化合物，它是具有黄铁矿结构的 RuTe2 化合物的同素异构体，德国同行也为他高兴。这项研究成果发表在 *J. Less Common Met*. 上（1982 年第 86 期）。接着，他测定了 RuTe2 两个同素异构体的均相区和存在的温度范围。随后，他在 Ru-Se-Te 三元系的研究中又取得新的研究成果，研究出了三元合金相图，做出了 800℃的等温截面。他在德国的研究成果用两篇论文发表在国际学术刊物上。回国后，他研究了 RuTe2-OsTe2-Te 系的研究，合成出了具有白铁矿结构的新的三元化合物相 Ru（Os）Te2 并发现该相也具有同素异构转变特性，即在高温下可转变为黄铁矿结构。他和杨秀珠一起还合成了 $RuS_2 \cdot RuS \cdot 10H_2O$ 非晶化合物相。

1983 年，张康侯、周月华和赵怀志在研究 Ag-Cu-Zr 三元系中发现了一个具有高硬度的新的三元化合物相，该金属间化合物有较宽的成分范围，简称为 m 相，属体心四方结构，熔点 1079℃，当 m 相的成分为 Cu66. 6Ag16. 7Zr16. 7 时，硬度 $H=556$。

在缅甸砂铂矿中，他发现一种 Rh/Pd 原子比接近于 1 的矿物相，其矿物相的化学式为（Ru、Pd、Pt）2 As；同时，还发现一种 Rh/Pd 原子比近于 5∶1～4∶1 的含 Pt、Ni 的砷化物相，其矿物相的化学式为（Rh、Pd、Pt、Ni）2 As。

物相和物相之间的关系是材料科学重要的基础研究工作，他在这方面做了一些细致的工作，一些研究成果除以论文发表外，其他相关课题的研究成果还获得国家奖励，如钯-银-稀土系的相关系及合金材料的开发研究课题成果获 1996 年中国有色金属工业总公司科技进步奖二等奖（排名第三）；银合金相图和相变课题成果获2003年云南省自然科学奖二等奖（排名第四）。

赵怀志在新相的发现上，在国外做出了有影响的研究工作，在国内也取得多项研究成果。

查明了缅甸砂铂矿中的矿物种类

砂铂矿多是由超镁铁质超基性岩体中的铬-铂矿床风化次生形成的。20世纪20年代规模开采砂铂矿时，受分析检测仪器、技术及研究手段的限制，世界上对砂铂矿的矿物学研究并不充分。中华人民共和国成立之前，我国对铂族金属的研究是一片空白，对砂铂矿没有做过任何研究。

20世纪下半叶，在缅甸伊洛瓦底江下游河段发现砂铂矿，它与砂金矿共生。1992～1993年，由赵怀志主持、陈立新参加，完成了“缅甸砂铂矿中的矿物种类”课题研究。实验用砂铂矿精矿是通过手工淘洗将金浸出后获得的。

他们采用电子探针（EDMA）等先进仪器设备分析了130多个矿样，结合化学分析，发现该矿矿物种类复杂，变种很多，其矿物种类可归纳为四大类。①自然金属类。除发现自然铂之外，还发现被铂包裹着的自然铱、自然锇、自然钌。②金属互化物类。有Os-Ir-Ru系、Pt-Fe-Cu系、Os（Ru）-Ir-Pt系等各类金属互化物。③硫化物、砷化物、锑化物类。例如，RuS_2-OsS_2-IrS_2系中各类矿物。④含铂族元素的贱金属硫化物矿物种类，包括含铂族元素的Fe、Ni、Cu硫化物矿物。此外，还发现几个新的陌生矿物相。

这项研究成果以论文形式发表在《矿物学报》（1994年）上，是我国学者在铂族金属砂矿研究上做出的有科学价值的研究工作。

铂族金属二次资源及其等离子冶炼富集物的物相分析

我国铂族金属资源贫乏。20 世纪 60 年代末，中苏关系破裂，苏联对我国实行铂族金属禁运，一时危及国家安全。因此，赵怀志一直呼吁要解决我国铂族金属资源渠道多元化的问题并实行战略储备。

1992 年 11 月，由赵怀志带队一行三人到美国探寻铂族金属二次资源回收工作的国际合作并与美国 PGM 公司签订了三项科技合作协议。①关于铂钯铑废催化剂 4L 浸出液初步实验的科技合作。②关于 5 吨废钯催化剂回收中试。③200 吨废钯催化剂的工业规模实验的技术合作。他主持和组织了这些项目的实施。实施中第一项任务已圆满完成并达到了国际要求，第二项也得到了试验结果。后因海运时间过长，难以担当国际贵金属价格变化的风险而终止了第三项研工作，但对探寻铂族金属二次资源回收的国际合作做出了有益的尝试，其研究成果获中国有色金属工业总公司 1994 年度科技进步奖三等奖（排名第一）。

开启了与美国的合作以后，美方另一个单位与昆明贵金属研究所陈景院士联系，提出等离子体熔炼铂族金属二次资源富集物的回收处理工艺问题，物料到达后，由赵怀志主持对“铂族金属二次资源等离子冶金产物的物相分析”课题做了细致的研究。通过研究得出如下结论：①等离子体冶金物料中的 Fe、Ni、Cu、Sn 是铂族金属二次资源中 Pt、Pd、Rh 的有效捕集剂；②富集物的主体物相是 Fe 或 Fe、Ni 为基含铂族金属的合金固溶体相；③等离子冶金产物下落到下设的铁板上产生了急冷，生成有急冷亚稳相；④含 Si 量较高的物料中，有 Fe 或 Ni 的硅化物相；⑤微量 Sn 除生成固溶体合金外，还生成锡化物相。物相分析结果对等离子体冶炼铂族金属二次资源的问题及富集物的回收处理工艺问题有指导意义，这项科技成果以论文形式发表在《有色金属学报》（1998年）上。

著书立论福荫后人

20世纪末，赵怀志和宁远涛考虑到，随着世界科学技术的突飞猛进，金、银这两个古老金属又会焕发出新的活力，金、银的科学技术又迎来了一个新的发展阶段。他们认为，金、银除在金融中仍保留一定地位外，已一跃成为高技术应用的金属，但一直缺少金、银综合性专著。因此，赵怀志和宁远涛俩人合作编著了《金》《银》两本书，使人们对金、银科技有了更深刻的了解，使金、银科技在社会和国民经济中发挥更大的作用。

《金》、《银》两书的内容包括金、银古代科技史，金、银货币的历史沿革，金、银资源与生产，金、银的物理和化学性能，金、银材料学和材料化学，金、银的化合物，金、银的药物医用学，金、银与生物圈的关联作用等。两本著作较详细地介绍了金及其金合金、银及其银合金，以及金化合物和银化合物，展示了它们在现代工业与环境保护等领域中的应用成就和新的应用前景，展示了金、银的近代科学技术，其中许多领域是21世纪金银科技的热点。

在写书的过程中，除了对金银现代科技做了收集整理之外，赵怀志和宁远涛还对古代中国的金、银科技史料做了整理与分析，同时也对古代中国的金、银药用医用资料进行了分析整理。整理出的成果《中国古代的金粉制造技术及应用》和《古代中国的金药》都刊登在国际刊物*Gold Bull*（《金通报》）上，并被SCI收录。

为贵金属事业的发展恪尽职守

赵怀志担任昆明贵金属研究所所长长达十年时间。在1985

年《中共中央关于科技体制改革的决定》指引下，在党委领导下，他和其他干部在摸索中前进，在前进中探索，带领全所职工进行了早期科技体制改革。改革中，他重视科研工作，在经费极其困难的情况下设立了“贵金属研究所科学技术发展基金”，推动了贵金属研究所科技工作的发展，加速了改革中的科研体系的建设，扩大了试验体系和中试线体系的建设，使科研从“仿创结合”阶段发展到以“创新为主”的新阶段，加速了科技成果转化为生产力的进程。在改革中他既重视军工科研，又积极面向国民经济主战场。在党委领导下，昆明贵金属研究所始终站在科技体制改革的前沿，他也在所长岗位上尽职尽责。

经历了早期科技体制改革的探索，全所改革由单项改革进入配套改革。从此，研究所“计划由国家订，课题任务由国家下，经费由国家拨”的吃“皇粮”制度改掉了，研究所度过了“断奶断粮”的难关，研究所已由纯科研型转向了科研-开发-经营型，在全所职工的共同努力下，创造了良好的改革业绩。据国家科委1997年5月发布的《中国科学研究与技术开发机构综合科技实力与运行绩效评价总结报告》，在全国前300家工业研究开发机构排名中，昆明贵金属研究所的“科研实力”排名是：1992年为第61名、1993年为第37名、1994年为第20名；在“运行绩效”排名中：1992年为第26名、1993年为第4名、1994年为第1名。从这份评价报告中可以看出昆明贵金属研究所在全国早期科技体制改革中的骄人绩效。

赵怀志以不断进取的精神，为建立“国家贵金属材料工程研究中心”而奔波。1991年8月，昆明贵金属研究所首次向国家科委申报国家工程技术研究中心并递交了可行性论证报告；1993年，再次向国家科委申请国家工程技术研究中心立项并递交了论证报告；同年10月，他亲自带队在中国有色金属总公司内部做预备论证报告；随后，派副所长赴北京进行正式论证。经论证评审后，1994年1月国家科委批示同意组建该中心。1994年3月国家科委批准成立“国家贵金属材料工程技术研究中心”。他为该中心的成立做出了锲而不舍的努力。

赵怀志急国家之所急，发挥了“贵研人”无私奉献的精神，完成了国家的急迫任务。1992年春节期间，全国航线上的运七飞机因故停飞，急需两种测量应力应变的贵金属材料用于WJ5发动机排故障检测。昆明贵金属研究所为此组织了紧急攻关，党委书记、所长、副所长齐上阵，组织科技人员和技术工人不分白天和黑夜，连续作战、共同攻关。赵怀志和其他人一样，没有在家吃年夜饭，没有在家看春节晚会节目，始终奋战在第一线。这次攻关也体现了“贵研人”为科学事业的献身精神。在领导干部的带领下，全体参加会战人员提前完成了这项紧急任务。事后，中国有色金属工业总公司发来了贺电，航空航天工业部也送来了“真诚合作，无私奉献”的贺匾。

（昆明贵金属研究所供稿）

简　历

1937年11月25日	出生于湖南衡山。
1957～1960年	华中工学院机二系学习。
1960～1962年	吉林大学物理系金属物理专业进修。
1962～1974年	华中工学院任教。
1974年4月～1981年9月	昆明贵金属研究所从事金相分析及材料研究工作。
1981年9月～1983年1月	联邦德国贵金属及金属化学研究所做访问学者。
1983年1月～1984年7月	昆明贵金属研究所从事贵金属材料研究工作。
1984年7月～1994年11月	任昆明贵金属研究所所长。
1988年6月～2004年5月	任昆明贵金属研究所研究员。
1993年	享受国务院政府特殊津贴。

1995～1999 年	任中国有色金属学会第三届理事会理事和常务理事。
1999～2008 年	任博士生导师。
2001～	任云南省发展和改革委员会“高技术产业化专家委员会”咨询专家。
2005～2008 年	任云南省科技厅“第一届专家咨询委员会”委员。

主要论著

1 赵怀志．稀土-银合金相图及热力学数据递变的反常行为．稀有金属，1980，4：25-29.

2 赵怀志，卢邦洪，刘雄．银铈电接总材料的研究．稀土，1981，1：32-36.

3 Zhao H Z，Schils H W，Raub C H J. RuTe2 ein Rutheniumtellurid vom Markasit-Typ. Journal of the Less Common Metals，1982，86：13-15.

4 Zhao H Z，Schils H W，Raub C H J. Untersuchungen im System Ruthenium-Selen-Tellur. Journal of the Less Common Metals，1985，113：75-82.

5 Zhang K H，Zhao H Z，Zhou Y H. A high-hardness compound in the Ag-Cu-Zr System. Science Bull，1986，31（9）：615-617.

6 杨秀珠，赵怀志．$RuS_2 \cdot RuS \cdot 10H_2O$ 非晶态化合物的合成．贵金属，1986，12（3）：1-8.

7 张康侯，周月华，赵怀志．AgxCu50-xZr50 非晶态合金及其晶化．物理学报，1988，37（6）：978-982.

8 赵怀志．银-铈电接触材料．物理，1990，6：383.

9 赵怀志，赛启龙．RuTe2-OsTe2 系的研究．贵金属，1991，12（4），16-22.

10 赵怀志，陈立新．缅甸铂族金属砂矿中的矿物种类．矿物学报，1994，14（3）：285-291.

11 Wen F，Ning Y T，Zhao H Z，et al. Influence of rare-earth elements on

electrical properties of Pa. J Mater Sci Techol，1994，10：459-462.
12 Ning Y T，Yang Z F，Zhao H Z. Structure reconstruction in palladium alloy catchment gauzes. Platinum Metals Rev，1995，39（1）：19-26.
13 Yang Z F，Ning Y T，Zhao H Z. Changes of composition and sarface state of palladium-nnickel alloy gauzes used in ammonia oxidation apparatus. Journal of Alloys and Compounds，1995，218：51-57.
14 许思勇，赵怀志，冯嘉猷，等．离子束溅射制备 Co/Pt 多层膜的结构和磁性．真空科学与技术，1995，15（2）：92-96.
15 赵怀志．迈入 21 世纪的贵金属环境材料．稀有金属，1997，21，增刊（F）：213-219.
16 赵怀志，宁远涛．贵金属在天体物质中的分布特征．贵金属，1998，19（4）：41.
17 赵怀志．铂族金属二次资源等离子体冶金产物的物相分析．中国有色金属学报，1998，8（2）：314-317.
18 赵怀志，宁远涛．植物和中草药中的贵金属．贵金属，1999，20（1）：45-52.
19 赵怀志，宁远涛．中国古代金药、“药金”、“金液”评论．贵金属，1999，20（3）：49-54.
20 赵怀志，宁远涛．古代中国和印度的金粉制造技术和应用．贵金属，1999，20（2）：55-58.
21 赵怀志．贵金属粉体材料//邱定蕃．有色金属科技进步与展望．北京：冶金工业出版社，1999，289-296.
22 Zhao H Z，Ning Y T. Techniques used for the preparations and application of gold powder in ancient China. Gold Bull，2000，33（3）：103-105.
23 Zhao H Z，Ning Y T. China's Ancient Gold Drugs. Gold Bull，2001，34（1）：25-29.
24 赵怀志，宁远涛．古代中国的金银鉴测技术．贵金属，2001，22（2）：43-48.
25 赵怀志．银的主要应用领域和发展现状．云南冶金，2002，31（3）：118-122.
26 赵怀志．一些铂族元素的硫族化合物．贵金属，2002，23（1）：39-44.

27 秦国义，赵怀志，宁远涛．超音速电弧喷射雾化银合金熔滴的传热与冷却．贵金属，2008，29（2）：1-4.
28 赵怀志，宁远涛．金．长沙：中南大学出版社，2003.
29 宁远涛，赵怀志．银．长沙：中南大学出版社，2005.

刘 安 生

（1937～　）

刘安生，电子显微学和微分析技术专家，他致力于材料的微结构和微缺陷、性能与工艺条件关系的研究，创建了我国唯一的超高压电子显微技术应用研究室，率先建立了微分析室，在我国发展了各种超高压电子显微技术和各种微分析技术，并将这些技术应用于我国有色金属、稀有金属、合金、陶瓷、复合材料和半导体材料研究中，取得多项创新成果，促进了新材料的发展。

刘安生，江西省彭泽县人，1937年12月8日出生于安徽省安庆市一个教师家庭。出生后不久，由于日本军国主义入侵，随家庭逃难到四川。童年的他过着动荡贫寒的生活。1943年就读于重庆市歌乐山小学。由于生活不安定，多次迁居，先后转入重庆市半山小学、冷水场小学、泰邑小学、马王庙小学、临江小学等六个小学才完成小学学业。1950年在重庆市赣江中学念初中，赣江中学与重庆市第六中学合并后在第六中学读完初中课程。1953年进入重庆市第七中学念高中。1956年他考入了四川大学物理系，在固体物理专业学习。1961 年大学毕业，被分配到北京有色金属研究院金属物理研究室工作。

在北京有色金属研究院工作期间，开始在金属物理室金相组任技术员，从事金属和合金中的扩散方面的研究工作。1966 年开始用金相复型和金属薄膜直接观察的电子显微技术研究各种有色金属材料的组织结构并用高分辨电子衍射方法分析其结构。到 20 世纪 60 年代末，开始调研超高压电子显微镜的发展和应用。同时，用电子显微分析方法研究 Nb-Ti 低温超导材料的亚带密度、GaV_3超导材料的亚晶粒度、Nb_3Sn 的第二相与工艺和超导性能的关系，电真空锆粉粒度和粒形对性能影响的研究等。在进行材料微结构研究的同时，1973 年主持超高压电子显微镜实验楼的建设，1975 年进行设备安装调试和验收。然后，开展各种超高压电子显微镜的试验方法的研究。与此同时，开展钛合金和锆合金等各种有色金属材料的组织结构、半导体材料的缺陷和夹杂的分析研究，还对一些材料的电子辐照缺陷的形成和演化进行研究。1978 年评为工程师，1980 年被任命为金属物理及性能测试研究室副主任，负责室里的技术管理工作，同时他主持和参与一些课题的研究工作。例如，半导体材料的缺陷分析、急冷 Al 合金粉末的微结构研究等。主持并参加了该室的硬质合金攻关和掺杂钨丝性能提高等的研究工作。

1987 年晋升为高级工程师。同年作为客座研究员赴日本金属材料研究所利用高分辨电子显微技术研究稀土永磁材料的微结构和微缺陷，以及高温超导材料的微结构研究并使用该所带有磁畴观察附件的超高压电子显微镜研究了永磁材料的畴结构。同时，还在该所的分析电子显微镜上采用原子位置确定的通道增强微分析技术研究了 Fe、Co 掺杂元素在晶格中的位置。回国后，担任分析测试技术研究所副所长及国家有色金属及电子材料分析测试中心副主任。1990 年被评为教授级高级工程师，担任院学术委员会副主任、院学位评定委员会委员。他除承担技术管理工作外，还负责和参加了多种SOI半导体材料的再结晶结构和缺陷的研究、高温超导材料（YBCO系、BSCCO系等）制备工艺如何通过微结构对性能影响的研究。1992年获“国家政府特殊津贴”。1995年以后卸去管理职务，全心投入科研工作，进行了$Si_{1-x}Ge_x$异质多层膜微结构和界面缺陷的研究、Si（Ge）MOS-FET等器件的微结构研究、超音速喷涂材料界面结构的研究等课题。1997年退休。退休后被返聘继续进行超高压电子显微镜的改造工作和部分高分辨电子显微技术分析研究工作。近三年又参加高稳定性高压电源和场发射电子枪电源的研究工作。他先后有译著和专著七部出版，在国内外刊物和国际会议上发表学术论文160余篇；获部级科学技术进步一等奖两项、二等奖三项、三等和四等奖三项，全国科学大会奖一项。2006年获电子显微学领域最高奖——钱临照奖。刘安生还培养了13名研究生。

我国超高压电子显微分析技术的创业者

20世纪70年代初，刘安生和李永洪、赵卓雍等人从超高压电子显微镜实验楼的设计建设开始，创建了我国唯一的超高压电子显微技术应用研究室，开展了各种高压电子显微技术和实验方法（加热动态实验、应变原位观察实验、电子辐照效应实验方法、临界电压效应实验方法、磁畴观察技术、高分辨衍衬技术、多重暗场像和多束像成像技术等）的研究和应用。研究成果除在国内外重要刊物上发表外，获得的W、Ti、Cu、Si等在高温、应力、电子辐照条件下的原位动态录像还受到澳大利亚、德国、日本、英国、苏联等国专家、学者的高度评价，先后被多个国家的学者索取作为演示资料。该仪器运转30年来，向国内材料、化工、物理、地质、医药、生物等部门开放，做了大量的分析实验工作，为用户提供了大量的关键性数据。该实验室的超高压电子显微镜是世界上该型号唯一还在运转使用的电镜。这种大型仪器在国外均由生产厂家负责每年一度的维修和加速管解体、清洁、组装调试工作，费用昂贵。但是，该仪器自从在该实验室安装以来，一直由他们自己进行维修和调试，不仅节约了大量的资金，而且缩短了维修时间。1997～2001年，刘安生和孙继光、邵贝羚等同事一起对该超高压电子显微镜进行了改造，重新设计和制造了新的真空排气系统，将原来与镜筒连接的管道改造成自同轴柔性连接，不仅保证了真空度的提高，而且防止真空系统的震动传递到镜体，使分辨率不受影响。改造以后，镜体真空度提高一个多数量级，有效地降低了试样的污染速率和高温动态研究时试样表面的氧化，极大地扩展了高温动态实验的范围。在超高压电子显微镜改造中他们还增设了高温拉伸动态观察试验功能，可以进行高至1000℃下的形变机制的动态研究。原有的超高压电子显微镜通过光学透镜组传递，用正析摄像管记录动态图像，分辨率低、灵敏度差、噪声高，而且只能记录模拟图像。在超高压电子显微镜改造中，他们设计、制造和安装了具有变速扫描扩展功能的视频/慢扫描双模式数字图像接收处理系统，可以用于获得更高分辨率的动态图像记录，使电子显微图像的观察、记录、存储、处理、传递产生了根本性的变革。该改造项目于2004年获中国有色金属工业科学技术进步奖一等奖。另外，他参加的通用型“透射电子显微镜的数字图像接收处理系统”项目于1999年获中国有色金属工业局科学技术进步奖二等奖。他主要参加的“扫描电镜电子背散射衍射装置及数据处理系统”项目于2006年获中国有色金属工业协会和中国有色金属学会颁发的科学技术进步奖二等奖。

首次观察和记录了钾泡形成的动态过程
提出钾泡形成的新机制

掺杂钨丝是在2000℃以上使用的，不可能采用通常的沉淀物强化机制，在那样高的温度下沉淀物都会熔于基体，只有弥散的气泡才有可能作为第二相起高温强化作用。掺杂钨丝采用弥散分布的钾泡来强化。为了获得性能优良的、高强度的掺杂钨丝，首先应弄清楚钾泡形成的规律和机制。刘安生和他的研究小组在世界上首次采用加热动态实验技术直接观察和记录了掺杂钨丝中钾管分裂、球化和钾泡形成的全过程，提出并论证了钾泡分裂的动力是形变储能，分裂的微观机制是钨的增原子表面定向扩散和一次分裂的钾泡数受其表面能制约的新的钾泡形成机制和强化模型。他们还采用超高压电子显微镜的形变动态观察技术成功地记录和分析了掺杂钨丝在形变过程中位错的发射、运动、与钾泡相互作用的行为，以及钾泡在裂纹形核和扩展中的作用。研究结果被《中国科学》中、英文版刊用，还被国外有关专业杂志选登。该研究用分析电子显微技术确定了常温下泡壁上的钾与基体钨的晶体学取向关系，研究了不同丝径（ϕ0.35～1.25 毫米）掺杂钨丝的再结晶行为，发现粗细钨丝都有二次再结晶，更正了长期以来认为粗丝（$\phi>$0.6 毫米）无二次再结晶的结论。首次报道了掺杂钨丝在使用温度下出现小平面化和迁移行为，证明了小平面为低能面，为提高掺杂钨丝的高温蠕变性能提供了改进方向。结合掺杂钨丝加工工艺，研究了不同高温蠕变性能的钨丝的微观组织和结构，获得大量工艺条件与微结构关系的电子显微图片，找到钾泡的弥散度与其高温性能和常温塑性的关系，为长寿命掺杂钨丝工艺改进提供了依据，论证了钾泡对位错运动和晶界迁移的有效钉扎是钾泡高温弥散强化的本质。制定出新的掺杂钨丝弥散热处理工艺，使有关钨丝厂家生产出来的掺杂钨丝不仅具有高的抗高温蠕变性能，而且具有良好的常温塑性，质量获得全面提高。为国家标准《钨钼材料图谱》提供了大量典型工艺的组织结构图像照片。该图谱于 1986 年获电子工业部科学技术进步奖一等奖，国家标准局科学技术进步奖二等奖。

探索材料的微结构
与材料性能和加工工艺的内在联系

绝大多数材料都是结构敏感的，有什么样的组织结构就具有什么样的性能，而组织结构又取决于材料的成分和加工工艺。尽管材料科学已经给出了它们的一般规律，但是对于具体材料，它们的组织结构、性能及加工工艺之间还有特殊的关系。他的科学技术生涯就是在研究一些有色金属材料和电子材料的微结构、微缺陷与其性能、加工工艺的关系中度过的。他从事过的项目主要有钛合金的相变和界面相，难熔金属的再结晶和强化机制的研究，锆的特殊变形组织及抗腐蚀机理的研究，低温超导材料、高温超导材料的微结构与临界电流关系的研究；稀土永磁材料的微结构、畴结构和添加原子分布的研究；硅、化合物半导体材料、异质结构材料、大规模集成电路中微结构和微缺陷的研究；材料电子辐照效应的研究；材料的形变机制的动态研究；高温和应力条件下相变的原位动态观察与研究，以及缺陷形成和交互作用的动态研究等。在这些研究中，他取得一些创新性的研究成果。例如，在钛合金的相变和界面相研究中确定了两相钛合金界面相的本质和它的形成条件、界面相与氢化物的区别和关系。研究还表明，界面相的产生将降低钛合金的强度，氢化物则使合金变脆。因此，界面相和氢化物的研究不仅具有理论意义，对于新型高强高韧钛合金研制时热处理工艺的选定也有实际的参考价值；系统地比较了静液挤压和常规拉拔加工条件下锆的变形机制，发现静液挤压加工模式有促使锆多种变形机构动作的作用，形成位错亚结构的特殊形态和围绕挤压轴向的微扭折带群，证明了静液挤压是锆合金变形加工的有利工具；使用原位动态实验方法系统研究了硅中辐照缺陷形成的条件，发现了杆状缺陷的产生、相互作用和演化的规律；对高温超导材料的微结构与临界电流关系的研究指导了新型高性能高温超导材料的研制，为成功研制高性能的M27（27芯）M19（19芯）等多种铋系银包套高温超导多芯带材提供了有关组织结构、超导相（2223相）、非超导相（2212相）和杂相（氧化铜、氧化锶、氧化钙等）的比例和分布，晶粒、亚带和缺陷的晶体学特征等重要的实验数据；同时还研究了电子辐照后高温超导材料组织结构变化和辐照缺陷在超导材料中的演生、辐照缺陷的晶体学本质，以及辐照缺陷对不同磁场条件下的高温超导材料的临界电流的影响；系统地研究了热沉结构、厚度调制结构、反射条结构等的SOI材料的微结构和微缺陷，工作区的结晶状态，缺陷聚集区中的缺陷类型（位错、微孪晶和亚晶界等）和晶体学特征，为集成电路的新工艺提供了重要的数据；采用电子显微技术，特别是高分辨电子显微技术从原子尺度研究了 $Si_{1-x}Ge_x/Si$ 多层膜结构的界面缺陷、晶格错配、界面应力场分布，确定了各种微缺陷的晶体学特征；研究了多种工艺因素影响其微结构和微缺陷形成的规律，为SiGe/Si材料质量提高和性能的改善提供了有指导意义的数据，同时阐明了该材料缺陷的形成机制和晶体学本质。

微结构的研究不仅对新材料的研发十分必要，对传统材料性能的改进和提高也是很有用的。工业纯锆在化工介质中显示出十分优良的耐蚀性能，但做成容器后，在焊区的优先腐蚀问题十分严重，其腐蚀速率是母材的20倍，以致设备过早地泄漏损坏。在20世纪80年代初期，为解决这一问题，他对锆焊缝的热影响区的显微组织结构进行了分析研究，发现在热影响区的片状α相晶粒之间和原β晶界上连续分布着不耐腐蚀的 $Zr(Fe,Co)_2$ 和 Zr_2Fe 第二相沉淀，由于晶间优先腐蚀，所以锆材晶粒大量剥落致使容器泄漏破坏。知道原因以后，在容器焊接后，对焊缝进行适当的加工和退火处理，打碎晶界上第二相的连续分布就有效地提高了耐酸锆容器的耐蚀性能，极大地延长了锆罐的使用寿命。

努力推广和普及材料微分析技术的应用

材料的微结构和微缺陷分析技术是打开新材料研制大门的钥匙，是提高和改进传统材料性能的重要手段。

20 世纪 60 年代末，正值电子衍射的运动学理论和动力学理论蓬勃发展和应用于薄晶体电子显微技术之际，刘安生就关注和跟踪了这一发展趋势，在没有原著的情况下，利用图书的照片努力钻研衍射衬度的运动学理论和动力学理论，后来又将电子显微学的经典著作《薄晶体电子显微学》翻译成中文，由科学出版社正式出版并介绍到国内。到 20 世纪 70 年代中期，应用电子衍射的动力学效应开展了各种高压电子显微技术的研究和应用。到 80 年代初，他又用较大的精力关注相位衬度成像机制的高分辨电子显微技术和分析电子显微技术的发展，先后翻译了《材料评价的高分辨电子显微方法》、《材料评价的分析电子显微方法》和《二元状态图》等书籍并由冶金工业出版社出版，对普及电子衍射和衍衬理论、高分辨电子显微实验技术和分析电子显微实验方法起到了促进作用。为推动高压电子显微技术的应用，特别是原位动态研究的交流，还主编了两部《电子显微技术在材料科学中的应用》(I)(II)(英文)。他十分注意理论和实验技术的结合，一直坚持亲自参与和进行实验工作。实验中他始终注意理论对实验的指导，使实验图像符合运动学条件或动力学条件的理论要求，确保了拍摄的实验图像是可以解释的像，保证了图像的真实性和准确性。他将这些实验技术在各种刊物和专业会议上发表，先后介绍了高阶明场像技术、高阶暗场像技术-弱束像成像技术、临界电压效应和临界电压成像技术、二次电子成分衬度像成像方法及其应用、多重暗场像和多束像成像技术、形变和裂纹扩展的原位动态实验技术、加热动态观察方法、电子辐照试验技术、电子辐照缺陷分析和辐照缺陷演化的晶体学表征、磁畴观察的洛伦兹技术、原子位置确定的通道增强微分析技术等。他注重学术交流，先后主持举办了多次各种类型的电子显微学应用技术讨论会、学术报告会和电子显微技术学习班，对推进电子显微技术的普及和发展，以及在材料科学中的应用起到了良好的促进作用。

（北京有色金属研究总院供稿）

简　历

1937 年 12 月	生于安徽省安庆市。
1956～1961 年	四川大学物理系学习。
1961～1980 年	北京有色金属研究总院金属物理研究室技术员、工程师。
1980～1986 年	北京有色金属研究总院金属物理研究室工程师、研究室副主任。
1987～1988 年	日本金属材料研究所客座研究员。
1989～1995 年	北京有色金属研究总院分析测试技术研究所高级工程师、教授级高级工程师、副所长、院学术委员会副主任、院学位委员会委员。
1995～	北京有色金属研究总院分析测试技术研究所教授级高级工程师。

主要论著

1 Hirsh P，Howie A，Nicholson R B，et al. 薄晶体电子显微学．刘安生，李永洪译．北京：科学出版社，1983（第一版），1992（第二版）．

2 Liu A S，Gao Y Z，Li Y H，et al. Applications of electron microscopy in materials science—Reports of Electron Microscopy Laboratory I. RM Mini-Computer Publishing Office，1992.

3 Liu A S，Shao B L，Yang Y H. Applications of electron microscopy in materials science—Reports of Electron Microscopy Laboratory II RM Mini-computer Publishing Office，1995.

4 进藤大辅，平贺贤二．材料评价的高分辨电子显微方法．刘安生译．北京：冶金工业出版社，1998.

5 进藤大辅，及川哲夫．材料评价的分析电子显微方法．刘安生译．北京：冶金工业出版社，2001.

6 长崎诚三，平林真．二元合金状态图集．刘安生译．北京：冶金工业出版社，2004.

7 刘安生．高分辨衍衬技术及其应用．电子显微学报，1982，1 (1)：52-59.

8 刘安生．多重暗场象和多束象成象技术．电子显微学报，1982，1 (2)：44-49.

9 Liu A S，Tao D X，La J H. The interface phase and hydrogen in Ti-6Al-4V alloy Proceedings of The Production and Application of Less Common Metals，1982，34/1-34/17.

10 Liu A S，Shao B L，Li Y H，et al. Applications of in-situ experiments in defect research Recent Development of Electron Microscopy. Proceedings of The 2nd Chinese-Japanese Electron Microscopy Seminar，1983：57-60.

11 李永洪，徐炜，刘安生，等．掺杂钨丝中形变和裂纹扩展的原位观察，中国科学，1984，9A：856-862.

12 刘安生，朱祖芳，刘萍．锆焊区的显微组织观察和分析——锆焊区腐蚀机理．稀有金属，1984，3 (2)：63-68.

13 刘安生，邵贝羚．铜中辐照层错环形成和演化的动态观察和分析．电子显微学报，1985，4 (1)：43-50.

14 林一坚，刘安生，桑吉梅，等．静液挤压 Zr 形成位错亚结构的特殊形态．金属学报，1986，22 (2)：A109-A114.

15 Liu A S，Shao B L，Xu W，et al. Morphology and behavior of potassiun bubbles in doped tungsten wire at different temperatures. Materials Research Bulletin (U S A)，1986，21 (7)：807-816.

16 Liu A S，Daisuke Sindo，Kenji Hiraga，et al. Site occupation of additional elements in Sm-Co based permanent magnet by ALCHEMI，Makoto J Electron Microscopy (Japan)，1989，38 (4)：223-229.

17 Liu A S，You L P，Shao B L，et al. Microstructure of rapid solidification Al-Pb-Si-Cu-Sn alloy powder. J of Materials Science Letters (Eng-

land), 1990, 9: 42-44.
18 Liu A S, Shao B L, Yuan J M. Observations on defects in zone-melting-recrystallized Si films. Rare Metals, 1992, 11 (2): 92-97.
19 刘安生，邵贝羚，王晓华，等. YBCO/Y-ZrO_2/ (1120) 兰宝石多层膜超导材料的分析电镜研究. 电子显微学报，1994，13 (3)：222-225.
20 刘安生，邵贝羚，李永洪，等. 定域再结晶 SOI 的透射电镜研究. 半导体学报，1995，16 (10)：736-740.
21 刘安生，平贺贤二，进藤大辅，等. 不同时效状态的 Sm (Co，Fe，Cu，Ti$)_7$ 合金高分辨电子显微观察. 中国稀土学报，1995，13 (4)：340-347.
22 Liu A S, Shao B L, Wang X H, et al. Study on magnetic domains in Sm-Co based alloy. Rare Metals, 1996, 15 (1): 6-11.
23 Liu A S, Shao B L, Chen L F, et al. Study on epitaxial $YBa_2Cu_3O_{7-x}$ thin film deposited on (1120) sapphire with YSZ buffer layer. Journal of Rare Earths, 1996, 14 (3): 231-234.
24 Liu A S, Shao B L, Wang J, et al. Microstructure observation of P-MOSFET device. Chinese Journal of Electronics, 1997, 6 (1): 47-51.
25 Liu A S, Shao B L, Li Y H, et al. TEM study on localized recrystallization SOI. Transactions of Nonferrous Metals Society of China, 1997, 7 (1): 46-50.
26 刘安生，安生，邵贝羚，等. Si (Ge) MOSFET 器件微结构的研究. 电子显微学报，1997，16 (3)：312-317.
27 刘安生，邵贝羚，安生，等. 叠层结构的 P^+-$Si_{0.65}Ge_{0.35}$/p-Si 红外探测器的微结构研究. 电子学报，1999，27 (11)：12-14.
28 Liu S H, Shao B L, Liu Z, et al. TEM study on P^+-$Si_{0.65}Ge_{0.35}$/p-Si HIP infrared detector. Transactions of Nonferrous Metals Society of China, 1999, 9 (3): 481-486.
29 刘安生，邵贝羚，安生，等. 红外探测器中的异质界面和缺陷的研究. 电子显微学报，2000，19 (4)：507-508.
30 刘安生，邵贝羚. 高压电子显微镜的发展. 电子显微学报，2004，23 (6)：674-678.

邵　全　渝

（1938～　）

邵全渝，选矿技术专家，长期从事选矿工艺流程研究和选矿厂设计，在自磨/半自磨工艺技术的应用和推广上有突出建树，在选铜工艺流程和铜选矿厂设计方面也有新的突破，参与了国内首部《选矿手册》的编写和《中国冶金百科全书》条目的撰写。曾获省部级科技进步奖，为推动我国选矿技术的发展做出了重要贡献。

邵全渝，1938年3月26日出生于重庆市，祖籍江苏省无锡市。1957年毕业于江苏省常州高级中学，同年考入东北工学院（现东北大学）有用矿物精选（矿物加工）专业学习，1958～1959年因病休学一年。1963年8月毕业分配至原冶金部南昌有色冶金设计研究院工作。历任技术员、工程师、高级工程师、选矿室及黄金工程部主任工程师、教授级高级工程师、矿山及黄金工程分院副总工程师。设计院改制为股份制的中国瑞林工程技术有限公司（简称瑞林公司）后任技术顾问。

自磨/半自磨工艺技术的开拓者和推广者

选矿厂的常规碎磨工艺是采用三段碎矿加磨矿，流程长，生产环节多，投资大，维修时劳动强度大，粉尘难以治理，污染环境，危害工人健康，对于含泥含水矿石来说，流程难以畅通。而自磨/半自磨工艺，流程短，生产环节少，没有粉尘，环境友好，节省投资和钢球消耗。自磨即大块矿石在磨机内代替钢球研磨矿石，而半自磨即在自磨机中添加少量钢球来研磨矿石，简化了碎磨工艺。西方在 20 世纪 70 年代已用在铁矿石和铜矿石的处理中。邵全渝于 1976 年在德兴铜矿 ϕ2.4×0.9 米自磨机上进行了一段全自磨流程的半工业性实验，1980 年年初完成了对德兴铜矿两矿区两种矿石类型及混合矿石的自磨/半自磨流程的实验，提交了冶金系统第一份系统完整的自磨/半自磨流程的半工业实验报告，1982 年获冶金部科技进步奖三等奖。在随后的德兴铜矿一选厂改扩建中，他根据实验数据采用了开路“ABC”自磨工艺流程（即开路自磨＋球磨＋破碎），选用了当时国内首次生产的 ϕ7.5 米×2.5 米自磨机和 ϕ3.6 米×6.0 米球磨机，完成了扩建设计，使一个系统国产设备的最大生产能力从 2000 吨/天提高到 5000 吨/天。与常规碎磨工艺流程相比，投资节省了 28%，铜的回收率提高了 1.5%～2%。该项设计于 1986 年获中国有色金属工业总公司优秀设计一等奖（部级）。武山铜矿原矿含泥含水，常规碎磨工艺流程因堵塞难以畅通，被迫加洗矿作业，流程复杂，生产环境恶劣，在改扩建中，邵全渝根据其矿石在 ϕ2.4 米×0.9 米自磨机上初步实验数据，提出半自磨＋球磨的工艺流程，立即得到矿方支持。选矿厂建成后，很快达到并超出了设计的产量。这是长江中下游矿山的碎磨处理取得的突破。随后在城门山铜硫矿、铜陵东瓜山铜矿、新桥硫铁矿及几个小型金矿均采用了半自磨＋球磨工艺流程。贵溪冶炼厂的炉渣处理采用的是从日本引进的常规碎磨流程，且要三段磨矿，流程冗长。由于炉渣中常混入冰铜块，圆锥破碎机常发生断轴，影响生产且检修强度大。在扩建工程中，邵全渝提出了半自磨＋球磨工艺流程，炉渣粒度一次磨到 85%-325 目进行浮选，大大简化了整个工艺流程。投产后，产量和选矿指标都超过了设计要求。该工艺已成为瑞林公司的技术特长，已陆续在山东、云南、福建、白银、金川等铜冶炼炉渣处理中得到应用。近年来，国内一些大型矿山的建设常邀其作为专家组组长或顾问，协助业主确定半自磨工艺流程和设备选型。他在全国性选矿会议和技术交流会上介绍自磨/半自磨工艺，对自磨/半自磨工艺的应用和推广，以及磨矿设备的大型化做出了积极的贡献。

选铜工艺流程上的突破

德兴铜矿一选厂长期是在一段磨矿（细度 60%-200 目）下进行铜的浮选。铜精矿品位 14%左右，回收率不超过 85%。在改扩建工程中，邵全渝根据国外斑岩铜矿的工艺流程，设计了一段粗磨（60%-200 目）产出低品位粗精矿进一步细磨（85%-325 目）精选的选铜工艺流程。投产后，精矿品位达到 24%，回收率近 87%，打破了流行于选矿界的提高精矿品位会使回收率下降的传统理念。这一指标已达到国外同类选厂的先进指标。武山铜矿有含铜矽卡岩和含铜黄铁矿两类矿石，研究部门是按两种不同类型矿石分别完成流程实验。若按此设计，就必须是分采、分运、分别处理，会给矿山生产带来极大的困难。邵全渝具有深厚的理论功底，认为两类矿石的铜矿物都是黄铜矿，选铜药剂应该是一样的，不同的是调整剂，流程结构上没有大的区别，可以将两类矿石混合处理并提出了混合处理的实验要求。结果表明，混合处理的选矿指标与两类矿石分别处理的选矿指标的加权平均值是一致的。按此进行设计，矿山生产就简单了。选厂自投产以来，生产指标一直平稳。城门山铜硫矿有矽卡岩、斑岩和含铜黄铁矿三类矿石，且从上而下分为氧化矿、混合矿和原生矿，三类矿石犬牙交错，多年的选矿实验均未见成效，严重制约了城门山铜矿的开发。邵全渝分析研究了历年所做的数份实验报告，提出了以混合矿为主干的各类矿石大混合处理的流程方案，进行了小型和扩大连选实验（半工业性质），获得了很好的选矿指标，达到国外铜选厂的先进水平，为城门山铜矿的开发取得突破性进展。该项成果于1993年获中国有色金属工业总公司（部级）科技进步奖二等奖。据此设计，建成的选矿厂已顺利投产，目前正在扩建中。

热爱祖国、淡泊名利、不断进取、关怀年轻人的成长

邵全渝出身贫寒，靠助学金完成了中学和大学的学业，他曾立志要为祖国工作50年，以报效国家和人民对自己的培养。他工作一贯认真踏实、兢兢业业，并且能克服家庭生活困难。他曾常年坚持在科研、施工和现场设计一线，随时解决出现的技术问题并不断地总结设计中的经验、教训，做到“精心设计、精心修改”，深受业主和施工单位赞扬。在完成了中条山胡家峪选矿厂“填平补齐”现场工作后，他写的《设计工作总结》，受到冶金工业部领导的表扬并建议设计部门认真学习。他认为选矿厂设计是一项实践性很强的工作，工艺设计人员不但要了解矿石性质及其变化，还要了解相关专业（水、土、电等）知识。设计是很多专业协调配合的一个整体作品，要有团队协作精神。在上海薄板上煤系统主车间施工中，他发现土建设计出错，致使起重机不能安装，严重影响工程进度。他在现场与设备厂家商量，对起重机动“手术”，很快就解决问题，没有耽误工程进度。

邵全渝是一位真诚待人、从不计较名利的实干家，他胸怀坦荡、宽容谦逊。他总能与同行和相关专业的同事合作共事以

求事业成功。在德兴铜矿一选厂 $\phi3.6$ 米×6.0 米球磨机吐矿影响生产，为此他设计了一个自返装置，交由选厂年轻的机械工程师实施。成功后，该同志得到矿方的技术革新奖励，他同样高兴并鼓励其推广到二选厂。90 年代中期，组织上拟安排他当室主任，他为今后的发展，推荐年轻同志并表示在工作上会支持和帮助他。上述两位同志，经多年努力已先后晋升为副矿长和副院长了。

邵全渝热情关怀年轻人的培养和成长，他不但培养了一名本专业的硕士，还大胆地启用年轻人担任专业负责人和总设计师。在担任主任工程师期间，经常编写设计中多发病和常见病的事例告诫年轻的设计人员。在任顾问时，编写了《专业负责人手册》和《工作手册》，不仅汇编了必须知晓的设计规程、规范，还将多年的经验和心得写入。他总是平易近人、平等待人、毫不保留地传授技术，深受年轻人的尊敬。

（雷存友）

简　历

1938 年	3 月 26 日出生于重庆市。
1957 年	毕业于江苏省常州高级中学。
1957～1963 年	就读于东北工学院（现东北大学）。
1963 年	分配至冶金部南昌有色冶金设计研究院。
1983 年	任南昌有色冶金设计研究院工程师。
1987 年	任南昌有色冶金设计研究院选矿室主任工程师。
1988 年	任南昌有色冶金设计研究院高级工程师。
1992 年	兼任南昌有色冶金设计研究院黄金工程部主任工程师。
1993 年	获国务院特殊津贴。
1995 年	任南昌有色冶金设计研究院教授级高级工程师。
1997 年	任南昌有色冶金设计研究院矿山及黄金工程分院副总工

程师。

2007 年　　　任中国瑞林工程技术有限公司技术顾问。

主要论著

1 邵全渝．德兴铜矿一段温式自磨工艺半工业试验．矿山机械，1976，(4)：19-21.

2 邵全渝．俄尔茨堡新的半自磨铜选矿厂．国外金属矿选矿，1995，(5)：9-12.

3 邵全渝．论自磨技术的进展及对策．国外金属矿选矿，1999，(8)：1-5.

4 邵全渝．我院自磨技术的研究和应用．有色冶金设计与研究（院刊），2003，(2)：6-9.

5 邵全渝．半自磨功指数及应用“国外金属矿选矿”，2004，(9)：13-16.

6 邵全渝．自磨/半自磨技术的进展．国外金属矿选矿，2007，(10)：4-9.

7 邵全渝．自磨/半自磨技术发展的历程和体会．第九届中国选矿大会，2009.

晏 从 高

（1938～ ）

晏从高，采矿工程技术专家，中国矿山大面积地压活动预测预报技术的主要研究者之一。他成功地预测预报大面积地压活动，首次组织完成DQ-18型地下汽车的研制，首次研究和应用块石砂浆胶结充填技术，组织完成了充填体中高大矿柱的高效回采技术研究，为我国采矿技术发展做出了重大贡献。

晏从高，1938年4月22日出生于江西省萍乡市湘东区。1959年7月自省立萍乡中学高中部毕业，同年9月考上江西冶金学院（1988年更名为南方冶金学院，2004年更名为江西理工大学）地下开采工程专业。1964年7月本科毕业后，分配到广西大厂矿务局工作。在局属长坡锡矿实习一年后，1965年8月至1984年3月，一直在局属巴里锡矿负责采矿技术工作，1982年6月取得采矿工程师资格。1982年4月加入中国共产党。1982年11月任巴里锡矿副矿长，1984年3月至1985年7月任巴里锡矿矿长。1985年8月至1989年2月，任局属高峰锡矿

100号矿体筹备处副主任兼书记。1988年4月，取得采矿高级工程师资格。1989年3月至1993年6月，任局属铜坑锡矿矿长。1993年7月至1995年10月，任广西大厂矿务局副局长兼总工程师。1993年10月起享受国务院政府特殊津贴。1995年11月，获教授级高级工程师资格。此后一直任广西柳州华锡集团有限责任公司（大厂矿务局更名）副总经理，主管财务、人事及营销等方面的工作，直至1998年3月退休。

在长期的工作中，晏从高担任了诸多的社会兼职。1988年7月任广西科技进步奖评委会冶金矿山专业评审组成员，1995年任中国有色金属工业总公司科技进步奖评委会委员。1995年2月起，任中国有色金属学会第三届理事会理事。1994年11月起，任中国信息协会有色金属信息分会理事会常务理事。1995年2月起，任中国有色金属学会采矿学术委员会第三届委员会委员，同年的4月起，任中国有色金属学会第三届采矿学术委员会岩石力学专业委员会委员。1995年4月，被长沙矿山研究院聘为留学该院的莫斯科矿业大学研究生叶夫根尼的指导教师，同时被南方冶金学院聘为兼职教授。1995年7月，担任《世界采矿快报》理事会副理事长。1995年11月起，任中国有色金属工业采矿信息网副理事长。

1978年8月获得了冶金工业部的嘉奖；1982年4月被广西壮族自治区安全生产委员会授予“广西安全积极分子”光荣称号；1990年被评为广西大厂矿务局年产精锡突破万吨关的一等功臣；1991年、1992年连续两年被评为河池地区优秀企业管理者；1994年12月获中国有色金属工业总公司科技进步奖二等奖；1994年12月获中国有色金属工业总公司科技进步奖一等奖；1996年12月，获中国有色金属工业总公司评为科技进步奖二等奖。

晏从高在科学技术上的成就与事迹主要表现在他主持和参加矿山采矿工程的生产实践中。他与广大科技人员一道解决了多项重大技术关键难题，取得了成功预报巴里锡矿大面积地压活动、DQ-18型地下汽车研制、块石砂浆胶结充填技术研究和应用、充填体中高大矿柱的高效回采等多项技术成果；他还结合应用高效的技措和先进的企业管理技术，促进矿山产生显著的规模效益等，总结并发表了对科技进步有推进作用的多篇论文。

独立完成巴里锡矿通风系统的调整

20世纪60年代初，巴里锡矿井下通风条件较差，粉尘浓度合格率不到50%，对井下采矿人员的健康和安全影响极大。为改变这种现状，1971～1972年，晏从高不畏艰险，深入各个坑道进行调研并以严谨求实的精神手工完成了大量的通风网路计算（当时没有计算机）工作和通风系统的设计，独立完成了巴里锡矿通风系统的调整。实践证明，该设计系统的网路计算是科学的，完全符合实际的检测结果。运行调整后的通风系统，大大提高了井下通风效率，使矿山的粉尘浓度合格率由原来的不到50%提高到72%以上，明显地改善了井下作业条件。由于此项设计成效显著，晏从高于1982年4月被广西壮族自治区安全生产委员会评为“广西安全积极分子”光荣称号。

成功预报巴里锡矿大面积地压活动

由于一直坚持在第一线工作，晏从高敏锐地发现了巴里锡矿地压活动迹象较明显，所以及时向局领导提出对巴里锡矿的地压活动开展研究的建议。此建议得到了上级的大力支持。1975年8月，由广西壮族自治区冶金工业局和广西区劳改局协调和指导，巴里锡矿与新洲锡矿组成了地压联合小组，对巴里山地压活动进行了详细的调查研究。

1975年12月，由广西大厂矿务局试验所与巴里锡矿组成了

"巴里锡矿地压研究小组"，晏从高任组长。在两年多时间里，他们用地音仪、声速仪、木滑尺和裂缝调查等手段对地压进行观测，建立了较大范围地压观测网，选定了观测周期并详细研究了地压破坏的显现特征，终于研究出适用于对巴里山地压活动做近期、远期预测预报的方法。尤其成功的是，对 1977 年 11 月 22 日巴里矿第二次大面积地压活动做了远期预报、近期预报和临前的紧急预报，及时停止了地压活动区的生产并将设备和人员提前撤离，避免了人员伤亡和财物的重大损失。由于对巴里锡矿地压活动成功预报的效益显著，该项目于 1978 年 8 月获得了冶金部的嘉奖。他在对矿山地压活动规律进行较深入的研究后，撰写了岩石力学方面的论文十余篇，分别在《冶金安全》《金属矿山》《矿业研究与开发》等科技期刊上发表。其中，《巴里锡矿大面积地压活动的观测与预报》一文在第一届全国矿山岩体力学学术大会上宣读并收入会议论文选集，由冶金工业出版社出版，同时也在《有色金属》杂志上发表，对国内同类矿山的地压研究工作有重大的指导意义。

首次组织完成 DQ-18 型地下汽车的研制

地下汽车是地下无轨采矿的关键设备，对简化采矿工艺、强化开采和提高采矿生产能力有着至关重要的作用。当时的广西大厂矿务局铜坑矿是以东风牌五吨载重汽车作为地下运矿汽车的，每年仅汽车损耗就有近十辆，价值人民币上百万元。而且这种地面柴油汽车的尾气在井下也造成了严重污染。因此，研制专用的高效率的地下汽车已成为当务之急。1990 年 8 月，广西大厂矿务局与长沙矿山研究院有限责任公司签订了 18 吨地下汽车的研制合同，1992 年 1 月，广西大厂矿务局、长沙矿山研究院有限责任公司和南宁重型机器厂签订了 18 吨地下汽车研制的补充合同"，从而确定由三方共同研制 DQ-18 型地下汽车。此项目列入国家“八五”科技攻关计划中。

晏从高在“八五”期间，兼任国家科委科技攻关大厂矿务局“八五”科技攻关领导小组成员，亲自领导和组织并直接参与了这一项目的研究。经过一年时间的研制，顺利地完成了该项目。

1993 年 2 月，由国家有色冶金机械监督检测中心对 DQ-18 型地下汽车进行了整车性能检测，同时还通过工业试验中运矿 77 340 吨的考验。检验结果表明，整车设计合理，性能优良，使用可靠，其主要技术性能参数、总体结构参数及液压系统等方面已达到 20 世纪 80 年代末的先进水平，填补了有效载重 18 吨地下自卸汽车的国内空白。

此项目于 1994 年 12 月获中国有色金属工业总公司科技进步二等奖。

组织矿山首次研究和应用块石砂浆胶结充填技术

国外的一些大型矿山采用块石胶结充填，取得显著的效益。而在 20 世纪 80 年代末，国内尚未真正采用过此类充填方式。当时的广西大厂矿务局铜坑锡矿采用的是水泥棒磨砂胶结充填，存在工序多、能耗大、充填体强度低、成本高、充填能力小等缺点，不能满足井下开采的要求。

经过全面细致的论证，1988 年年末开始进行“块石胶结充填技术研究”，此项目也是国家“八五”攻关项目，由广西大厂矿务局和长沙矿山研究院有限责任公司等单位共同承担。为取得经验，局领导带领攻关小组的主要成员于 1991 年赴澳大利亚芒特艾萨等矿山考察，开拓了试验的思路。由于试验工程量巨大，且与铜坑锡矿细脉带停产改造工作相冲突，研究工作在极为艰难的条件下，经过五年多艰苦细致的工作，终于圆满完成了项目研究。该项目成果具有块石胶结充填料充填时自流性好、坡面角小、布料均匀、有利于接顶充填的特点。因块石胶结充填所用块石为掘进废料，充填费用比棒磨砂胶充填大幅度减少。同时，块石胶结充填与棒磨砂胶结充填相比，具有充填能力大的优点，满足了生产发展的要求；充填体强度高，抗爆破震动性能强；自立性好；水泥消耗大幅度降低；外泄砂浆少，改善井下作业环境。该项目技术设备配套齐全、合理，特别是根据工艺要求采用了绳架式皮带运输机，同时根据狭长形采场的特点，采用三支管分流技术，填补了国内空白，达到世界先进水平，为我国类似矿山，特别是无砂或少砂矿山胶结充填提供了可靠的经验和技术，具有广阔的应用前景。

此项目于 1993 年 11 月通过省部级鉴定并于 1994 年 12 月获中国有色金属工业总公司科技进步一等奖。

91 号矿体矿柱开采技术的研究者

晏从高作为项目的组织者和主要参与者，自始至终参加了“91 号矿体矿柱开采技术研究”。整个项目研究自 1991 年开始，至 1995 年结束。其主要工艺技术特点如下：①采用 ϕ165 毫米大直径深孔、平行中深孔和单边扇形中深孔相结合的凿岩工艺和分段微差爆破技术，使矿石破碎块度好，对两侧充填体破坏小；②利用矿山已有的遥控铲运机，采用端部出矿为主、侧面进路出矿为辅的出矿方案，采场底部结构大大简化；③空区嗣后用非胶结块石充填，以增强矿房胶结充填体的稳定性。该成果于 1995 年通过省部级鉴定，达到国际先进水平，可在类似矿山推广应用。此成果于 1996 年 12 月获中国有色金属工业总公司科技进步二等奖。

促进企业突破年产精锡万吨大关的功臣

1989 年 3 月，上级决定调晏从高到铜坑锡矿任矿长。当时他患肝炎还未完全康复，但是他还是顾全大局，临危受命，走马上任。

铜坑锡矿是企业的主力矿山，尽管是特大型多金属矿床，但当时的生产规模很小，出矿量只有 600～700 吨/天，而车河选厂的处理量为 3000 吨/天，来宾冶炼厂的年炼锡能力超过万吨。可见，矿山供矿不足是制约企业实现大规模生产产生规模效益的症结所在。

晏从高通过深入调研发现，可采、备采矿量严重不足，生产布局不合理，提矿、运矿系统效能差，设备管理失控等均是导致矿山产量低下的因素。面对种种困难，晏从高迎难而上，多管齐下，对铜坑锡矿进行综合治理，立志三年扭转生产被动局面。

（1）加大了钻探、掘进力度，增加备采矿量。从 1990 年春开始，他加大了掘进力度，年底即创下进尺 8405.6 米、1991 年进尺 11 600 米的新高水平，解决了掘进不足的问题，为结束三级矿量不平衡的历史打下了坚实的基础。为增加备采矿段，探明 91 号矿体边沿矿石品位和储量，1992 年春开展了钻探大会战，仅用 10 个月就突破了 5000 米大关，年底进尺 6609.33 米，完成计划的 330%。经过上述努力，使备采矿量逐渐增长至正常水平，为实现规模生产奠定了良好的基础。

（2）加大了充填力度，增加和开辟新的采场。当晏从高到任时，铜坑锡矿的第一盘区已采完，第二个盘区仅剩两个采场，如不尽快开发第三个盘区，全矿将面临无矿可采的困境。因为开辟一个新采场准备周期至少需一年，如果在 1990 年年底不启动，1992 年全矿将无矿可采。于是，在局、矿领导层意见不一致的情况下，晏从高顶着压力，坚持开辟了三个新采场，避免了无矿可采的危险并在 1991 年始加大了充填力度，完善了废石系统，使排废石与出矿自成体系，互不干扰。当年的充填量就由 1990 年的 6 万多立方米提高到 10 万立方米，充填体间更多的矿柱变成可采采场。这使生产布局更为合理，可采矿量日益充足，生产规模逐步扩大，生产能力大幅度提高。

（3）改造提矿、运矿系统，提高运输效能。从1990年春开始，投资200万元对斜井提升系统进行改造，工程提前两个月完成，开采能力由500吨/月提高到1400吨/天。接着又投资100多万元解决井下供水系统工程，改变了因缺水而停产的局面。全长5.33公里的二期送矿索道是维系全矿生产的生命线，但建成后运矿能力并没有达到设计要求，成为制约规模生产的“瓶颈”。1989年8月，晏从高亲自带领有关技术人员顶着烈日，翻越十几座大山沿线考查，在月底便拿出了整改方案。到1991年冬，改造后的二期索道达产达标，送矿能力从500吨/天提高到1600吨/天。这使提矿、运矿能力达到规模生产的要求。

（4）强化目标管理，充分发挥设备效能。在理顺生产布局，完善提矿、运矿系统后，晏从高又把工作的重点放在提高职工素质和加强设备管理的环节上。首先针对铜坑锡矿的管理现状，着手制定了切合本矿实际的288个岗位工程24 148条共计100多万字的工作标准、技术标准和管理标准，用制度规范约束每个职工的行为，明确了各自的岗位目标要求，增强了各岗位人员的责任心和责任感。其次，加强了设备管理。晏从高在日常生产工作中特别强调了设备的维护和保养，制定了设备维护点检制，推行包机制，把维修和使用分开。在维修方面，对出矿龙头铲运机实行包人包机，保证在设备老化且十多年未添置新铲运机的情况下可以正常出矿。一改因铲运机常坏、生产不正常的局面。1990年，他组织人力把浸泡在泥浆里的铲运机拉到地面清洗，重新装配，先后修复铲运机11台，当年节约修理费200多万元。这充分发挥了设备效能，满足了出矿等产能要求。1991年，铜坑锡矿全面完成了各项生产任务，十大主要生产指标均突破历史最高纪录，提前一年实现了三年翻身的宏图伟业。

通过采用上述技术，完善了采矿相关系统，确保了三级矿量平衡，加快了铜坑锡矿大规模生产进程。1990年，广西大厂矿务局年产精锡突破了万吨大关，晏从高因其为企业发展做出了关键性的贡献而被评为一等功臣。

推行三项制度改革使企业扭亏为盈的强者

1992年，因有色金属价格跌幅较大，企业出现严重亏损，资金紧缺，不得不撤并一些老单位。晏从高顾全大局，主动向局里提出把长坡矿划归铜坑锡矿统一管理并承担了将亏损日益严重的长坡矿接收、合并的任务。当时的长坡矿一个季度就亏损了200多万元，且有1500多名职工。整合两矿的人力、物力资源是一件繁杂而又棘手的工作。晏从高充分显示了一个共产党人的大无畏精神，两矿合并后即着手开展人事、劳动、工资的三项制度全面改革。经过三个月的艰苦细致工作，本着精简机构、精简三线、压缩二线、充实一线的原则，将全矿职能机构由40个精减为18个，管理人员由462人减少为313人，职工由4314人精减为3598人。在精简人员的基础上，严格实行合同管理，动态运行，把竞争机制引入用工制度，极大地调动了职工的积极性和主动性，增强了企业的活力。他的努力最终换来了人心稳定、生产正常、产量和利润稳步上升、矿山实现扭亏为盈的喜人局面。

善于总结企业理财管理经验的当家人

晏从高不但对科技攻关十分重视，在矿山经营活动中也很注意总结企业理财管理经验，从而为从技术专家向企业家转型打下了坚实的基础，为矿山企业创造了更大的经济效益。

1992年，晏从高在任铜坑锡矿矿长。由于原材料、产品市场的大幅波动，再加上资金紧缺，全年因缺电缺水被迫停产达上千小时。面对危机，晏从高组织广大员工认真总结企业理财管理经验，开展节能降耗保产量活动，带头进行矿山经营中的量本利分析，从中找到以最小的成本获取矿山生产最大利润的方法和措施并实施，使铜坑锡矿的各项生产指标仍然超过历史最好水平，并实现了高产低耗。他所撰写的《量本利分析在矿山经营中的应用成果》论文，于 1992 年获中国有色金属工业企业管理协会企业管理现代化二等奖。因其对企业管理贡献重大，1991 年、1992 年连续两年被评为河池地区优秀企业管理者。

惜才善任关心群众的好领导

晏从高深知一个企业要健康地发展，必须爱惜技术人才并及时培养后备管理干部。在日常的管理工作中，他十分注意对不同专业技术人员才干的考察，尽量做到人尽其才，使技术干部能充分发挥自己的作用。他不拘一格，只要发现具有管理潜能的好苗子，就及时大胆提拔，给予发展的机会。他提拔的年轻干部大多成为矿山的技术骨干，或者走上领导岗位，为企业的发展做出了较大的贡献。为此，群众都称赞他为惜才善任的伯乐。

晏从高还十分注意帮助解决职工的生活困难。一位技术骨干，由于无法解决夫妻分居问题，十分苦闷，萌生了去意。晏从高得知情况后，心急如焚：一方面找这位同志谈心，稳定其情绪；另一方面找到有关领导进行协商，终于妥善地帮这位技术干部解决了家属安置问题，使其心情舒畅，更加努力地投入工作中。

有一次，晏从高了解到劳动模范蒙振景尚未解决住房问题，而且家属又在偏远的农村，马上决定特事特办，解决其住房问题并将其家属安排到矿里的劳动服务公司。领导主动帮助解决后顾之忧，使得蒙振景这位掘进尖兵十分感动，他激动地说："有这样关心我们的好领导，把自己的命献给矿山都值了！"此后，他工作起来劲头就更大了。

在 30 多年的工作中，晏从高一直活跃在矿业的第一线，是广西大厂锡业基地的建设者和发展的见证人，是一位惜才善任关心群众的好领导，深受广大员工的尊敬和爱戴。同时，其出色的学术水平和高尚的道德风范在矿业界也有着良好的声誉。

（杨伟忠）

简　历

1938 年 4 月 22 日	出生于江西省萍乡市湘东区。
1959 年 9 月～1964 年 7 月	在江西冶金学院学习地下开采工程专业。
1964 年 8 月～1965 年 8 月	在广西大厂矿务局长坡矿实习。
1965～1982 年	在广西大厂矿务局巴里锡矿任采矿技术员、助理工程师。
1982 年 11 月	任巴里锡矿副矿长。
1984 年 3 月	任巴里锡矿矿长。
1985 年 8 月	任高峰锡矿 100 号矿体筹备处副主任兼书记。
1988 年 4 月	取得采矿高级工程师。
1989 年 3 月	任铜坑锡矿矿长。
1993 年 7 月	任广西大厂矿务局副局长兼总工程师。
1995 年 11 月	获教授级高级工程师资格。
1995～1998 年	任广西柳州华锡集团有限责任公司副总经理。

主要论著

1 晏从高，何泰，李典文．巴里锡矿大面积地压活动的观测与预报//第一届全国矿山岩体力学会议论文编委会．第一届全国矿山岩体力学会议论文选集．北京：冶金工业出版社，1982.

2 晏从高，何泰．巴里矿全面法采空场矿柱破坏的分析．中国矿山工程，1982，(4)：34-37.

3 晏从高，叶粤文．矿山岩层冒落的监测预报．矿业研究与开发，1995，(4)：11-14.

张 振 民

（1938～　）

张振民，有色金属冶炼冶金炉专家。主要从事有色冶金炉研究与设计工作，主持并亲自参与开发设计了用于铜、铅、锌、镍有色金属冶炼的反射炉、电炉、闪速炉、吹炼炉等数十台大型冶金炉，解决了多种冶金炉的炉寿命短等一系列技术难题，带头设计出我国第一台用于工业生产的氧气斜吹旋转转炉，为我国有色金属冶金炉大型化、现代化，为我国有色金属冶炼技术的发展做出了重要贡献。

张振民，1938 年 4 月出生于河南省荥阳市。1958 年考入武汉钢铁学院（现武汉科技大学），学习冶金机械专业，1963 年毕业。1960～1962 年在校期间被抽调到学校机械原理及机械零件教研室，从事一年半教学工作。毕业后，分配到北京有色冶金设计研究总院冶炼处设备科冶金炉组，开始从事有色冶金炉设计研究工作，先后担任过冶金炉专业组组长、冶金炉室主任、设备所副总工程师等职。1998 年退休。退休后一直被原单位返聘，继续从事有色冶金炉的设计研究工作。40多年来，先后参加过中国大冶、金川、吉镍，巴基斯坦山达克，赞比亚谦比西等国内外20多个大型有色金属冶炼厂数十台有色冶金炉的设计工作。曾经担任设计、审核的主要冶金炉有195平方米铜熔炼反射炉、8.6平方米炼铅鼓风炉、大功率炼镍矿热电炉和渣贫化电炉、大型炼镍（炼铜）合成式闪速炉、40平方米浆式进料金精矿沸腾焙烧炉、109平方米锌精矿沸腾焙烧炉。消化引进技术，主持设计了ϕ4.8米×18米诺兰达炼铜炉、ϕ4.4米×13米富氧顶吹炼铜炉、ϕ5米×16.5米富氧顶吹镍熔炼炉。近几年来参与了氧气底吹炼铅、炼铜新工艺的研究，和同事一道自主开发设计了ϕ3.8米×11.5米氧气底吹炼铅炉、ϕ4.4米×16.5米氧气底吹炼铜炉等新型冶金炉。上述冶金炉多为国内最新最大的有色冶金炉，达到了国内领先水平并进入了世界先进行列。这些大型、现代化炉子的建成投产大大提高了我国有色冶金炉的技术水平，在有色金属冶炼中发挥了重要作用，收到了很好的经济效益和社会效益。曾获得国家优秀设计金奖一项，部级优秀设计一等奖三项，部级科技进步一等奖两项、二等奖两项。多项技术获得国家专利。

张振民在工作中注意理论学习，同时经常深入现场。他在大冶、金川、吉镍现场从事设计施工服务的时间都超过了两年。他多次被派往国外进行技术考察和工程施工，搜集了大量行业新技术发展资料，为日后国内工程的改进和创新奠定了坚实的基础。他团结同事一道工作，尤其在担任专业组长、室主任时，不仅自己直接参与设计、审核工作，更注意发挥团队的作用。他关心年轻同志，言传身教使之快速提高、独立工作。

张振民1980年加入中国共产党，1994年晋升为教授级高级工程师，2008年2月获得了中华人民共和国勘察设计注册冶金工程师资格证书。

解决熔炼反射炉寿命难题

20世纪60年代初投产的大冶有色金属冶炼厂195米^{2}熔炼反射炉是当时我国主要的一台大型炼铜炉，但结构上存在一些问题：炉底寿命短，2～3年就要大修一次；炉顶寿命更短，一般只有半年左右；炉寿短，不仅严重影响产能，而且对安全生产也是很大的威胁。

1965年冶炼厂决定对该反射炉进行大修，张振民负责大修设计和施工服务。他深入现场，同其他技术人员一道冒着刚停炉的高温，对损坏的炉底进行损坏情况的测量，取样分析。经过深入研究，他认为原来的石英砂烧结的酸性炉底，不能满足铜冶炼工艺的要求。他提出用镁砂烧结的碱性炉底取代原石英砂烧结炉底的方案，吸取昆明冶炼厂小反射炉的经验，完成了195平方米反射炉镁铁烧结炉底的设计并实施。实践证明，镁砂加适量铁粉捣打经高温烧结而形成的整体镁铁炉底非常成功，完全满足工艺要求，成为了永久性炉底，炉体寿命问题得以解决。此技术之后推广到了白银（中国）、山达克（巴基斯坦）、来宾（中国）等冶炼厂的熔炼反射炉上。

大型反射炉第二大寿命问题是炉顶寿命短。张振民经过调查研究，吸取炼钢平炉吊挂炉顶的经验，为反射炉设计了独特的吊挂止推式砖拱炉顶，使炉顶寿命由半年左右提高到了一年以上。

以上两个难题的解决，使熔炼反射炉成为了一个安全、长寿的冶金炉。

开发设计新型高效的矿热电炉

矿热电炉在铜、铅、锌、镍等有色金属冶炼中应用广泛。几十年来，张振民参与设计的电炉有数十台，从小到大，从简单到复杂。目前 ENFI 设计的矿热电炉已达到国际先进水平，得到了国内外同行的认可，享有很高的声誉。张振民为矿热电炉技术的发展做出了突出的贡献。

1. 解决电炉寿命问题

1968 年我国自行设计的国内第一台 16 500 千伏安炼镍矿热电炉在金川建成投产。投产后多次发生漏炉事故，严重影响电炉的产能和安全。张振民深入现场调查研究，发现漏炉的主要原因是电炉炉底砖体结构不合理。炉底垫层只用素耐火混凝土，且拱脚处为通缝砌筑，致使开裂严重，因此他提出了新的炉底结构方案。一是将用耐火混凝土整浇的炉底垫层（底座）改为平砌黏土砖，这就大大增加了炉底的整体性。他还提出湿砌的黏土砖须烘干后才允许砌筑其上面的镁砖的技术要求。二是在炉墙和炉底交界处采用大砖压砌的拱脚结构。三是将其设计压力由原来的 2.1 千克/厘米^{2}提高到了 4 千克/厘米^{2}以上，解决了分析计算认定的砖体夹紧力偏小问题。上述措施在金川、吉镍等矿热电炉上都已采用，效果显著，解决了漏炉的问题。吉镍 125 000 千伏安炼镍电炉第一炉期开了 15 年。

2. 提高渣口高度，降低渣含镍，提高资源回收率

冶金炉渣熔炼过程中，不同高度渣层的渣含铜和镍不同，放渣口应设在渣含金属最低的高度上。20 世纪 70 年代，张振民同金川的同志一道，对金川炼镍电炉渣层含镍进行取样分析，结果表明原来的渣口高度 1300 毫米设低了并将其提高到了 1550 毫米。平均渣含镍由原来的 0.18%降到了 0.16%以下，仅此一项简单的措施一年就可以多回收镍 50～60 吨。

3. 创新设计了整体弹性骨架结构

20 世纪 80 年代张振民同其他同志一道，消化吸收闪速炉技术，创新设计了整体弹性骨架结构用于电炉，保证了电炉炉体夹持力均匀及炉体的均匀膨胀，大大提高了炉体的稳定性和可靠性。整体弹性骨架使用效果很好，已成为 ENFI 大中型电炉优选

的骨架结构。

4. 合理水冷技术的应用

渣贫化电炉的难题就是渣线处砖体受高温熔渣腐蚀和冲刷，损坏快，炉体寿命只有3～6个月。张振民提出用水冷解决此问题。他在5000千伏安镍渣贫化电炉上设计了砌入渣线砖体中的铜块水套，将炉寿提高到了2年以上。20世纪70年代有色炉炉衬采用水套冷却，在国内尚属首次。

20世纪80年代，随着先进的闪速炉技术的引进，张振民等又将闪速炉用的立体式冷却炉衬技术移植到了电炉上，设计了不同形式的铜板钻孔水套、埋铜管紫铜铸造水套且取得了成功并取代了进口产品。

5. 电极柱技术的创新与完善

电极柱是电炉的重要部件，电能通过电极柱导入炉内进行熔化冶炼。在冶炼过程中电极需上下运动，调节电流大小，保持功率稳定。之前我国电炉电极柱技术很落后，电极升降采用卷扬机，电极压放是钢带吊挂式，导电装置是悬吊的裸铜线，电极柱升降压放都是人工操作。这种电极柱功率受到限制，电极事故多，安全性差，电耗大。

几十年来，张振民参加并组织同事一起完成几十台电炉的设计，对电极柱结构进行了大量的研究，吸收国内外电炉的先进技术，总结生产实践经验，开发设计新电极柱。到目前已形成了ENFI独特的电极柱结构，电极升降与压放采用液压传动、自动或程序操作；导电装置采用铜管固定集电环-软铜带-移动集电环-导电铜带-铜瓦-电极系统。导电系统压降损失小，功率系数高。这种电极柱结构相对简单，维护量小、电极事故少、安全可靠、电损耗小，大大提高了电炉的操作时率和供电效率，电炉的产能提高，产品单位能耗降低。这种电极柱的先进性得到了国内外同行的认同。

近年来，张振民组织并亲自参与开发设计了大直径石墨电极不停电自动压放装置，提高了电炉操作时率和电炉操作的安全性。该装置获得了发明专利。

氧气斜吹旋转转炉（卡尔多转炉）开发设计

金川镍矿在冶炼过程中分离出一种含镍的二次铜精矿，冶炼成粗铜时须将其中的镍尽量分离出来，否则将严重影响后续的铜电解精炼。工艺人员通过小型实验提出，用卡尔多转炉可以实现除镍的工艺要求。卡尔多转炉结构复杂，炉身呈枣核形状，工作时倾斜，氧枪插入炉口吹炼时炉体旋转，加料、出渣、出铜时炉子要倾动。当时国内只有一台很土的小实验炉，20 世纪 70 年代也难于到国外考察或引进技术。

张振民组织几名同志认真考察了实验炉，研究分析，收集到的仅有的一些资料，设计出了我国第一台用于工业生产的氧气斜吹旋转转炉，并很快建成投入使用，解决了金川含镍二次铜精矿冶炼中一个难题。该转炉已成功运行了 20 多年。近期张振民等已设计了全液压传动的新型氧气斜吹旋转转炉并已投产。

我国第一台炼镍合成闪速炉设计

20 世纪 80 年代中期，为了充分利用金川的镍资源，增加我国镍的产量，提高我国镍冶炼技术和装备水平，金川决定建设镍冶炼二期工程。经过多方案比较，决定二期工程采用先进的闪速熔炼工艺，引进澳大利亚卡尔古利冶炼厂镍闪速炉技术。为了节约外汇，降低投资，决定只引进技术，国内自行设计建设。

闪速炉是该工艺中的核心设备，作为闪速炉的主要设计者，张振民赴现场进行了考察。他与国外专家合作，在澳大利亚完成了闪速炉的方案设计。该闪速炉结构上最大的特点是在普通闪速炉后边对接了一个电热贫化区（贫化电炉），对炉渣直接进行贫化。它可以使炉渣含镍达到弃渣水平，直接排放。这种合成闪速炉与普通闪速炉加贫化电炉相比，具有占地小、厂房高度小、减少一次放渣作业、减少热损失等优点。

该闪速炉采用的上部吊挂式反应塔和上升烟道，倒梯形炉膛断面（斜炉墙），弹性骨架都具有简单、实用的特点，尤其是炉体采用铜水套冷却，可以延长炉体寿命，是一项先进的水冷技术。在设计中充分吸取了该闪速炉的特点，同时根据我们对普通闪速炉技术和其他冶金炉的设计经验，对澳方炉子存在的缺点进行了许多改进。将斜坡形沉淀池炉顶改为拱顶，将贫化区吊挂砖平顶改为由水冷梁支撑的耐火浇注料浇注的整体炉顶，解决了吊挂砖平顶漏风大的问题，保证了出炉烟气的 SO_2 浓度，有利于烟气制酸。将固定式精矿喷嘴下料管改为可调式并在加料管外装了一个风速调节锥。生产中可调节下料口在喷嘴喉口处的位置，使炉料和富氧气体很好地混合、分散，保证炉料在反应塔内快速完成熔化反应。贫化区采用自主设计的电极柱，结构紧凑、电效率高。液压传动可自动控制。在闪速炉反应塔下部与沉淀池连接处设计了一圈倒“F”形水套，改善工作条件，减少连接处损坏。这一结构后被其他闪速炉移植采用。

张振民组织同事并直接参与完成施工图设计。该合成闪速炉设计采纳国外先进技术，融合了国内的成功经验。设计得到了国内外专家的认同，1993 年顺利建成投产。该闪速炉是国内首座、亚洲最大的镍闪速炉。我们自己设计、建造不仅节省了大量外汇，而且投产后的生产实践证明设计非常成功。根据最初三年的统计，与电炉炼镍相比可节约能源 25%，提高硫酸回收率 16%，提高劳动生产率 102%。它的建成投产使我国镍冶炼技术跨入世界先进行列。该工程先后获得了国家建设部“全国最佳工程设计特奖”，部级科技进步一等奖。该闪速炉投产至今已安全运行了 16 年，与国内外同类炉子相比，这无疑是领先的。该闪速炉十几年来产能大大提高，创造了显著的经济效益和社会效益。该闪速炉设计所取得的经验、技术很多已推广到了其他类型的有色冶金炉上，如铜水套冷却技术、整体弹性骨架、斜炉墙等技术等。该闪速炉的成功投产对有色冶金炉的发展起到了积极的推动作用，与此炉类似的炼铜合成闪速炉也于 2005 年建成投产。

卧式转炉（P-S 转炉）开发设计

卧式转炉是传统火法炼铜工艺中将铜锍吹炼成粗铜的炉子。20 世纪 80 年代之前我国的转炉设备非常落后，炉寿短，几乎每周要修一次，炉口漏风严重，烟气中 SO_2 浓度低，影响制酸，污染环境。张振民参加了冶金部组织的转炉炉寿攻关小组和消化吸收引进的转炉技术课题组。在课题组研究的基础上主持并参加了大冶、金川等工程新转炉及其配套的常压汽化密封烟罩、环保烟罩的设计。这些转炉均已顺利投产，实现了生产机械化，延长了炉体寿命，生产能力提高了 30%以上。一台转炉每天可节水约 180 吨，每年节电约 40 万度，炉口的漏风率由原来的 100%～200%降到了 60%，主要技术经济指标达到了国际先进水平，获得了中国有色金属工业总公司科技进步二等奖。新型转炉技术得到了广泛采用，其中密封烟罩技术之后又移植到了大冶有色金属公司冶炼厂引进的诺兰达炉上，取得了非常满意的效果，其技术指标优于国外的烟罩。

浸没式喷枪富氧顶吹熔炼炉引进与开发设计

20 世纪 90 年代，澳大利亚澳斯麦特和艾萨两家公司推出了浸没式喷枪富氧顶吹熔炼工艺，主要用于炼铜。1996 年，我国中条山冶炼厂首先引进了澳斯麦特炉炼铜技术，2000 年云南冶炼厂引进了艾萨炉炼铜工艺。张振民参加了此项新技术的引进工作，负责冶金炉方面的技术。通过国外考察、多次技术交流和学习研究，他基本掌握了这项新工艺的核心设备——顶吹炉和喷枪装置的结构和设计要点。在引进工作和转化设计中，他根据经验提出了一些有价值的修改建议。这两个工程很快建成投产，投产后显现了该项新工艺的优点，收到了明显的经济效益和社会效益。此后该工艺不仅用于炼铜，而且扩大到了炼锡、炼铅、炼镍。张振民几乎参加了所有这些顶吹炉的引进和设计工作，为确保这些顶吹炉顺利建成投产做了大量工作，掌握了顶吹炉的设计。现在在得到技术使用许可的条件下，我国可以自行设计顶吹熔炼炉。近期投产的金川炼镍的 ϕ5 米×16.5 米富氧顶吹熔炼炉就是在国外公司基本设计的条件下，我们自己完成详细设计的。他充分运用了国内的经验和技术，设计了一台全新的顶吹熔炼炉。这是世界上第一台用于炼镍的顶吹炉，目前也是世界上最大的顶吹炉。该顶吹炉已顺利建成投产达产，得到各方好评。该顶吹炉的结构设计，尤其是新型水冷技术的设计非常成功。该工程获得 2009 年部级科技进步一等奖。

氧气底吹炼铅（铜）炉的开发设计

氧气底吹炼铅工艺是我国具有自主知识产权的专利技术，它具有备料简单、产能高、能耗低、环保好、投资省等突出优点，自从 2001 年第一台底吹炼铅炉建成投产以来，已有超过十台底吹炼铅炉建成投产。氧气底吹炼铅炉是该工艺的核心设备。张振民一开始就参与了工艺的研究工作，重点是研究底吹炉的开发设计。他首先研究确定了底吹炉的主要技术参数，根据工艺提出的炉料处理量，确定炉体直径和长度等主要尺寸并在此基础上进行结构设计，包括炉壳结构、砖体结构、支撑结构及传动结构等。在结构设计中他提出了采用铜水套冷却出烟口、水套式加料口、水冷出渣口、虹吸式放铅口、可更换的喷枪口套砖结构等具体的设计方案。张振民主持并参与了多台底吹炉的设计，这些炉子均已顺利投产，投产即达到设计指标，为底吹炼铅工艺的实现提供了有力的支持。底吹炼铅炉的底吹喷枪是一个关键部件。通过模拟实验和理论分析计算，他设计了多层套筒、分散孔洞的喷枪。实践证明，这种喷枪可以满足氧气底吹的工艺要求，而且寿命较长，更换也较为简便。目前他设计的 $\phi3.8$ 米×11.5 米、$\phi4.1$ 米×14 米底吹炉可以满足年产铅 5 万～8 万吨和 8 万～12 万吨的需要。氧气底吹炼铅工艺，获得了 2003 年部级科技进步奖一等奖、部级优秀设计一等奖和 2004 年国家十一届优秀工程设计项目金奖。

氧气底吹炼铜工艺也是我国具有自主知识产权的专利技术。第一台工业化 $\phi3.1$ 米×11 米氧气底吹炼铜炉于 2007 年已在越南生权工程中建成投产，第二台 $\phi4.4$ 米×16.5 米的氧气底吹炼铜炉于 2008 年在山东东营顺利投产，投产的实践也证明，该工艺同样具有上述突出优点。张振民在该工艺理论及底吹炼铜炉开发设计方面做了大量工作，主持并参与了炉子结构的设计。底吹炼铜炉与底吹炼铅炉相比，具有砖体和氧枪寿命更长、熔炼强度更大等优点。氧气底吹炼铜已得到了国内外业内人士的认可，是一种先进的炼铜工艺。目前他正在开发设计更大的氧气底吹炼铜炉，同时也在配合工艺研究设计底吹炉产出的铜锍连续吹炼转炉和铜渣的连续还原贫化炉。该炉与底吹炉配套，可以形成先进的连续炼铜新工艺。

（唐　建　尉克俭）

简　历

1938 年 4 月 26 日　　出生于河南省荥阳县。

1958 年～1960 年 8 月　　武汉钢铁学院学习。

1960 年 8 月～1962 年 3 月　武汉钢铁学院教师。

1962 年 3 月～1963 年 8 月　武汉钢铁学院学习。

1963～　中国有色工程设计研究总院。

专业组长、室主任、设备所副总工程师。

工程师、高级工程师、教授级高级工程师。

主要论著

1 黄其兴，张振民，等．铜镍矿电炉熔炼．北京：冶金出版社，1981.

2 张振民．铜镍精矿熔炼矿热电炉的改进．有色冶炼，1986,(11)：32-35.

3 张振民．金川闪速炉设计与实践．有色冶炼，1996，(10)：21-26.

4 张振民，高桂兰．诺兰达炉的消化、试制和密封烟罩的开发．有色冶炼，1995，(5)：27-29.

5 《有色冶金炉设计手册》编委会．有色冶金炉设计手册．北京：冶金出版社，2000.

6 梅炽，彭容秋，张振民，等．铅锌冶金学．北京：科学出版社，2003.

7 张振民，陆志方．金川镍闪速炉的技术发展．有色金属，2003.（1）：3-7.

宁 远 涛

（1938～ ）

宁远涛，贵金属合金材料专家。主要从事贵金属合金功能材料开发研究，完成多项国家攻关项目、国家自然科学基金项目及军工配套材料攻关项目等。主持研制了一批贵金属功能型材料，用于多项国防重点工程；开发了新型铂合金催化剂材料和钯合金捕集材料并付诸实践。在学术研究中取得了丰硕成果，曾多次获得国家和省部级科技进步奖。

宁远涛，1938 年 7 月 1 日出生于湖北省汉阳县（今武汉市蔡甸区）宁家湾。父亲是武汉市一家工厂的职工，母亲在农村务农。他们的勤劳俭朴和艰苦奋斗精神给予他深刻影响。

童年在育杰小学读书，中途辍学两年在家放牛和帮助务农。1952 年以后就读于汉阳县第二初级中学和咸宁高级中学，1957 年考入北京钢铁学院（北京科技大学）工艺系压力加工专业。1960 年 4 月由学院抽调到理化系数学教研组任实习教师，1961 年被派往学院理化系数学专业进修。1962 年 9 月按国务院文件返回特种金属压力加工专业学习，1964 年，在董德元和苏敏文教授指导下完成了《挤压过程光塑性模拟研究》毕业论文，这是我国最早的关于光塑性的实验研究论文。

宁远涛响应“到祖国边疆去”的号召，1964 年 9 月到昆明贵金属研究所（简称“贵研所”）工作。贵研所是我国第一所从事贵金属冶金、材料分析的综合研究所。当时，贵研所材料研究室处于创建阶段，贵金属合金生产设备仅有一台很小的旧轧机，常采用铁砧铁锤手工加工合金。宁远涛参加了压力加工实验室建设工作，安装调试定型的加工设备，还参加非标准加工设备的设计方案讨论和论证，承担和完成了小型双联轧机平辊辊型和多个系列的型辊孔型设计。在国家支持下，压力加工实验室建设很快取得进展并形成了一定规模，为贵金属合金材料研究、试制和生产提供了保障。

航空发动机的点火触头是关系到飞机和飞行员安全的关键材料。20 世纪 60 年代，为了稳定国产航空发动机点火触头材料的质量和制造工艺，贵研所成立了有熔炼、加工、金相、质检方面的科技人员参加的质量调研组，材料室周月华主任任组长，宁远涛任副组长。工作组经过周密的调查、实验研究和走访客户，提出了点火触头材料质量调查报告和实验报告八篇，其中宁远涛执笔撰写了《点火触头合金细化晶粒实验报告》和《点火触头合金加工试验小结》报告。这些报告对随后稳定点火触头材料的质量和生产工艺具有积极的作用。

1969 年以后宁远涛承担多项项目研究，其中包括三项国家攻关项目、一项国家火炬项目、七项军工配套材料攻关项目、五项国家自然科学基金项目、两项省部级重点攻关项目和多项研究所内部研发项目，历任项目组长或项目负责人。1981 年任贵研所第五研究室（非晶态材料研究室）副主任，1987 年任第二研究室（贵金属材料研究室）主任。1994 年参加国家贵金属材料工程技术研究发展中心筹建工作，任副主任，负责组建化工催化网生产线建设。1997 年受聘为工程中心技术工程委员会委员。

宁远涛曾两次被派往美国从事合作科研工作。1984～1985 年赴美国东北大学从事合金和金属玻璃项目合作科研工作，在 B. C. 吉逊（Giessen）教授实验室完成了“难熔金属非晶态和微晶材料制备、性能和结构研究”项目，制备了大量 Ti 基和 Mo 基非晶态和微晶材料，其中高熔点 Mo 基合金急冷微晶耐磨材料首次在国际上研制成功；撰写了 *Precipitation Hardening in rapidly solidified Mo Alloys*、*Structure and Precipitation Hardening of rapidly solidified Mo-Zr-B Alloys* 等论文，分别在 1985 年度美国矿冶工程师年会上宣读，在第六届国际急冷金属会议论文集和《金属学报》上发表。1997 年受国家公派以高级访问学者身份再次赴美国东北大学吉逊教授实验室合作从事“金属等离子体氮化”项目，制备了等离子体氮化高硬耐磨材料。完成任务后，他立即回国，继续承担相关科研任务。

宁远涛于 1987 年受聘为贵研所研究员。1987～1992 年，担任 *Chinese Journal of Metal Science & Technology*（《中国金属科学技术杂志》）编委。1988 年受聘为《中国冶金百科全书》金属材料卷编写组委员并撰写铂族金属及其合金条目。自 1991 年起至今一直担任《贵金属》（中国科技核心刊物）编委。

宁远涛于 1992 年享受国务院政府特殊津贴，1998 年获云南省有突出贡献优秀专业技术人才一等奖。宁远涛研究小组承担的玻璃纤维新型漏板材料项目获 1978 年全国科学大会奖，他本人先后获得国家科技进步奖三等奖（1999 年）、国家自然科学奖四等奖（1988 年）、省部级科技进步奖二等奖（七项）和省部级科技进步三等奖（四项）共 13 项科技成果奖，获国家发明专利七项，均为第一发明人。在国际、国内学术刊物上发表中文论文 130 余篇，英文论文近 60 篇，其中有三篇论文分别获得《金属学报》李薰基金优秀论文三等奖（1986 年）、李薰基金优秀论文二等奖（1993 年）和“第六届中国科协期刊优秀学术论文”三等奖（2008 年）。与同事合著和参与撰写专著六部。

承担与完成多项国家攻关项目

宁远涛和他的研究小组先后承担了国家“六五”、“七五”和“八五”攻关项目。1981 年，电子工业部提出了低温形状记忆合金的研究课题，计划将低温形状记忆合金用做自调式节流制冷器热敏元件，以简化武器系统结构和提高可靠性。这一课题列为国家“六五”科技攻关项目。宁远涛担任项目负责人，周新铭为技术负责人。项目设计了合金体系和合金成分，解决了合金加工工艺和低温形状记忆元件制造技术，提供了低温形状记忆元件和低温弹簧作为制冷器调节机构的功能元件。在当年，这种新型制冷器在国内属首次研究和制造，国外也尚无这种新型制冷器的报道，具有技术进步意义，1985 年通过了中国有色金属工业总公司鉴定。

在“七五”初期，为了适应我国波导元件的钎焊，电子工业部提出“膏状铝钎料研制”任务。经过中国有色金属工业总公司和电子工业部联合组织“七五”攻关论证会，宁远涛的研究方案通过并承担了这项任务。项目原技术指标建议采用水溶性载体制备，宁远涛在查阅文献后认为水溶性载体稳定性和实用性较差，贮存寿命短，建议采用有机溶剂载体以提高焊膏的黏附性和贮存寿命。他的建议被电子工业部采纳。宁远涛带领一批年青科技人员做了大量实验，研制了以有机溶剂为载体的系列焊膏产品和系列焊粉产品。经电子工业部多家研究所和工厂实验和应用，其性能完全达到攻关技术指标，某些性能超过攻关指标。所研制膏状铝钎料不仅适用于军用产品，也适用于民用产品，特别适用于精度要求高、焊缝多和形状复杂产品的钎焊。采用铝焊膏钎焊的高精度波导元件已用于雷达产品，一些工厂钎焊各种类型的波导和翅式换热器具备批量生产能力。项目 1989 年通过了中国有色金属工业总公司和国家机电部联合鉴定。

在“八五”期间，金川集团股份有限公司确立了“镍钴贵金属深加工工艺及制品研究”的攻关项目。1992 年初金川集团股份有限公司与昆明贵金属研究所签订了“硝酸工业用低铑催化网材料研究”和“硝酸工业用新型不含金捕集网材料研究”两个子项目攻关合同，材料研究由昆明贵金属所承担，工业试验由金川集团股份有限公司承担。基于前期在相关项目中的研究基础，宁远涛研究小组承担了这两个子项目的研究。在新合金设计、制备工艺、结构性能研究的基础上，他们制造了小型催化网，在修复某硝酸工厂原已废弃的小型氨氧化装置上进行硝酸生产试验，最终确定了催化网材料和不含金捕集网材料的成分设计和制造工艺。然后，他们将技术资料转交金川集团股份有限公司并协同织造工业用催化网和捕集网使硝酸工业应用获得成功。该两子项目于 1996 年通过中国有色金属工业总公司鉴定。

创造新材料用于国防军工

宁远涛先后承担了多项军工配套材料攻关项目。1969 年国家下达的“651”项目的研究任务包括研制钨渗银、钨渗铜和多孔钨喷嘴材料。由于项目研究任务繁重、难度大，研究中途贵研所组织高逸群教授、邓德国教授和宁远涛等人参加项目组工作，1970 年改由宁远涛担任项目组长。项目组齐心合力，采用在当时较先进的技术并建立了相应的设备，如采用等离子体技术制造球形钨粉、建立等静压粉末成型装置与工艺、建立多孔钨孔隙率测试装置与方法、建立钨渗银和钨渗铜工艺等，成功地完成了任务，向用户提供了小批量钨渗银和钨渗铜喷嘴试样和多孔钨试样，客户进行了试验验收。

在 20 世纪 70～90 年代，宁远涛项目组研制了一些高可靠性军工配套新材料，如精密电位器用高耐磨 Au 基合金精密电阻材料、微波元器件专用高熔点 Mo-Ru 合金专用焊料、高可靠 NSC 合金电接触材料和某型号专用软钎焊料等研究项目，获两项国家发明专利。NSC 合金是由宁远涛研究小组与“贵州省都匀市”891 厂科研人员合作多年研制的新型高可靠精密电接触材料。将它用做 TO-5 型系列微型继电器的电接触材料，替代早先使用的六元合金，可使该类型继电器的性能大幅度提高，机械寿命提高 10 倍。该类型电器成为我国当年唯一环境温度范围在－65～125℃具有 W 级高可靠性质量水平的微型密封继电器，性能达到国际先进水平。该项目 1994 年通过部级鉴定并获得部级科技成果二等奖，获得国家发明专利授权。某型号专用软钎料产品也用于某国防工程跟踪器汇流环焊接。

宁远涛研究小组所研制的系列军工配套新材料已在我国多项国防重点工程配套产品中应用并获部级二等奖等奖项。宁远涛获国防科工委颁发“献身国防科技事业”荣誉证章。

把研究成果转化为生产力

我国是铂资源相对贫乏的国家，在多年的研究生涯中，宁远涛很重视开发研制新型节铂工业铂合金并致力于转化研究成果为生产力，实现产业化。

在 20 世纪 70～80 年代，宁远涛研究小组与南京玻璃纤维研究设计院的研究人员合作，研制成功两种新型玻璃纤维生产用漏板合金材料，制定了技术标准，制造了一系列漏板产品并推广到玻纤工业生产中应用。经过六年的工业试验，证明所研制的漏板合金材料可以实现多孔漏嘴密排，明显节约铂合金用量和电力消耗。

我国硝酸、化肥工业每年使用几吨铂合金催化剂，但没有我国自己的品牌产品。20 世纪 80 年代后期，在对我国硝酸工业用催化剂进行调研的基础上，宁远涛提出研制新催化剂材料的方案和立项建议并获得中国有色金属工业总公司和化工部的支持。根据我国资源特点，他开发了两款具有我国自主知识产权的高性能新产品，即节铂型氨氧化催化剂和增强型氨氧化催化剂，获国家授权发明专利。为了将新产品催化网推广到工业应用，实现产业化，宁远涛在五年的时间内走访了国内主要硝酸和化肥生产厂家，宣传推广新型催化网所具有的抗毒性增强、节铂和降氨耗的特性并做好售后服务工作。在国家支持下，催化网产业化被列为国家火炬项目，宁远涛任技术负责人并建成了国家贵金属材料工程中心新铂网、钯网生产车间，使催化网生产规模不断扩大，催化网销售到全国。

硝酸生产过程中铂合金催化网因氧化挥发而失重，估计我国硝酸工厂每年损失的铂达几百公斤。国外的硝酸工厂在20世纪70年代就采用钯合金捕集网回收铂。为了让硝酸和化肥工厂回收损失的铂，宁远涛最早在《贵金属》上发表《硝酸工厂回收铂的原理与方法》文章，介绍钯合金捕集网回收铂的原理、技术和方法并向工厂呼吁采用钯合金捕集网回收铂技术，同时研制和生产了不含金捕集网并推广到工厂应用。经过众多研究机构和工厂多年的努力，硝酸工厂回收铂的技术逐步在国内各工厂实施，为节约和回收铂资源做出了贡献。

致力于贵金属合金化原理和稀土改性新材料研究

宁远涛十分重视基础和应用基础领域的研究工作，注重稀土元素对贵金属合金微合金化作用和发展稀土改性贵金属合金材料，并在学术研究中取得了一定成绩。

（1）实验合成六个新金属间化合物 。1980～1984年，宁远涛参加了中国科学院上海冶金研究所陈念贻教授领导的“熔盐与合金化学键理论研究”国家自然科学基金项目。采用化学键模型，陈念贻教授提出了众多金属间化合物晶型结构预报表。为了验证预报结果的准确性，宁远涛承担了过渡金属-稀土金属间化合物实验合成工作，制备了一批金属间化合物。经分析和验证，他发现了六个新化合物，它们是具有 $CaCu_5$ 晶型结构的 $LaPd_5$，具有 $MgZn_2$ 晶型结构的 $EuFe_2$，具有 $MgNi_2$ 晶型结构的 $EuNi_2$，具有 $AuCu_3$ 晶型结构的 $NdIr_3$、$GdIr_3$ 和 $DyIr_3$。论文在国际核心刊物 *J. Less-Common Metals* 上发表，上述新合成的化合物的晶体学结构数据被收录在第二版 *Pearson's Handbook of Crystallographic Data for Intermetallic Phases*（1993）中（《皮尔逊金属间化合物晶体学数据手册》）。

（2）贵金属合金固溶度及其晶格常数的预测。关于合金固溶度的规律性的分析，经过长时期的思考和研究，根据米德玛（A. R. Miedema）液态合金溶解热模型和固态合金生成热模型，宁远涛提出了分析和预测贵金属合金固溶度的公式：$\ln C_{max} = 4.6052 - k(|\Delta n_{ws}^{1/3}| - n_R)$，式中的 C_{max} 是合金元素在贵金属溶剂中的最大固溶度，$|\Delta n_{ws}^{1/3}|$ 是溶剂与溶质元素原子的维格纳-塞兹元胞的电子密度差的绝对值，n_R 是反映溶剂与溶质原子间 s-d 杂化相关的系数。当溶剂与溶质同为过渡金属或同为非过渡金属时，d-p 电子杂化不出现，$n_R = 0$，公式中无 n_R 项；否则，$n_R \neq 0$，n_R 项的大小与溶剂的电子密度 $\Delta n_{ws}^{1/3}$ 相关。这样，就可以用单一的参数 $\Delta n_{ws}^{1/3}$ 分析和预测合金元素在贵金属特别是铂族金属中的固溶度倾向并指出溶剂与溶质原子间 s-d 杂化对固溶度产生正的贡献。这项研究论文发表在 *Chin. J. Met. Sci. Technol*.（1990 年第 6 卷）。

（3）固溶体的晶格常数是最基本的特征参数之一。1971 年莫林（ Moreen）建立了有限和连续固溶体的晶格常数与浓度之间的关系模型，用于预测固溶体的晶格常数。宁远涛和徐桦教授根据合金电荷迁移理论，引入固溶体中原子尺寸和间距随溶质浓度改变的观念，修正了莫林的固溶体晶格常数预测模型，提高了平衡固溶体和快速凝固亚稳扩展固溶体的晶格常数预测精度。相关论文发表在《金属学报》上（1985 年第 21 卷第 1 期）。

（4）稀土微合金化和改性贵金属合金新材料研究。自20世纪70年代起，在国家自然科学基金支持下，宁远涛系统研究和评述了贵金属与稀土金属合金化作用及其规律性，预报了未知合金相的存在与结构；研究了稀土元素微合金化对贵金属合金结构和性能的影响，以及强化效应和机制，在国内和国际学术刊物上发表了一系列学术论文。在此研究基础上，他开展了稀土改性的贵金属合金材料研究并开发一些相应的稀土改性合金材料，如稀土改性铂（钯）合金、稀土改性抗自软化银合金、稀土改性高耐磨Au基合金、高强度和高导电率Cu-Ag-RE原位纳米纤维复合材料、耐热金属复钯（稀土）合金复合材料等，获得授权发明专利四项。这些新材料可用做电接触材料、催化材料、高耐磨材料与高强导体材料。

快速凝固亚稳相形成规律研究与亚稳态材料

自1960年杜维兹（P. Duwez）教授采用快速凝固技术发现非晶态材料以后，国际上掀起了研究非晶态材料的热潮。1980～1990年，在国家自然科学基金资助下，宁远涛进行了长期系统的研究工作，在快速凝固亚稳态合金形成规律的研究方面取得了一定的学术成就。

（1）提出非晶态合金形成判据。1981年，宁远涛和周新铭教授在《金属学报》上发表了《熔体淬火形成非晶态的判据》文章，提出在10^8 K/秒冷却速度范围内形成非晶态的判据并根据这个判据讨论了非晶态合金形成的浓度分布和相图特征。由于这个新判据考虑了合金成分和中间相的影响，所以提高了判断形成非晶态合金的准确性。

（2）合金固溶度亚稳扩展机制和规律研究。在快速凝固条件下，合金的固溶度可以获得不同程度的扩展而形成亚稳态过饱和固溶体，但是关于合金固溶度亚稳扩展机制和规律性在早先的文献中并无系统深入的研究。在近10年的时间内，宁远涛系统地研究了在快速凝固条件下简单金属、过渡金属和稀土金属在 Ag、Cu 和 Al 中的固溶度的亚稳扩展，取得大量实验数据并此为基础研究和建立了合金的固溶度扩展机制与液态合金混合热 ΔH_{AB}^{M} 的关系，建立了共晶系、包晶系、偏晶系等不同合金系固溶度亚稳扩展遵循的规律性。这些研究成果在国内学术界受到好评，被认为“从理论和实验两方面做了大量工作，找到了一系列的经验规律，对制备新的亚稳合金相有指导意义”等。该项目获得云南省自然科学奖二等奖，在国内外发表论文约 16 篇，其中两篇论文分别获得《金属学报》李薰基金优秀论文二、三等奖。相关论文发表在 *J. Alloys & Compounds* 刊物后，某些亚稳相的晶体学结构数据也被收录在 *Pearson's Handbook of Crystallographic Data for Intermetallic Phases*（1993）中。

重视应用基础研究，努力提高研究学术水平

宁远涛不只满足于完成任务下达的技术指标，还注意观察新现象和数据的规律性，重视应用基础研究，尽力提高研究工作的学术水平和创新性。

在 20 世纪 70 年代，为了发展新型玻璃纤维漏板材料，熔融玻璃对 Pt 合金的浸润性受到广泛研究。英国江森·马塞公司的研究人员最先发现 Au 组元可以明显提高浸润接触角。为了寻求接触角与合金组元的某种基本性能之间的规律性和 Au 组元提高接触角的机制，宁远涛特别设计了一组 Pt 合金并测定了高温下的接触角。经过长期研究，他提出了熔融玻璃对金属浸润性能的键参数分析模型，同时建立了接触角与玻璃黏度的关系，满意地解释了合金组元和玻璃组元离子对接触角影响的机制。论文以中文和英文分别在《金属学报》和《分子科学学报（英文版）》发表后，由江森·马塞公司主编的学术刊物 *Platinum Metals Review*（《铂族金属评》）发表了详细摘要和评论。

在研究和生产铂合金催化网和钯合金捕集网的时候，宁远涛走访了许多工厂并做售后服务，了解生产过程中催化网和捕集网的使用情况，同时收集大量的样品带回研究。在国家自然科学基金资助下完成了一系列有新创意的学术论文，如《硝酸工厂铂合金催化剂的铂耗》、《铂合金催化网表面化学状态》、《钯合金捕集网回收铂的机理》、《钯合金捕集网表面结构再造模式》等论文，发表在 *Platinum Metals Review*、*J. Alloys & Compounds*、《中国有色金属学报》、《中国科学基金》等国际和国内学术刊物上。他总结了铂合金催化网的铂耗规律，研究了铂合金催化网和钯合金捕集网在高温的表面化学状态，提出了钯合金捕集网回收铂的机制，建立了铂合金催化网及在回收铂过程中钯合金捕集网表面结构再造模式。这些论文不仅具有较高的学术价值和科学意义，对于正确设计和使用铂合金催化网和钯合金捕集网材料也有实际意义。

工作勤奋努力，治学严谨务实，关心青年科技人员的培养

宁远涛事业心强，作风正派朴实，勇于挑担子，始终坚持在第一线从事科研工作。有一年因手术住院期间，他忍着疼痛侧身躺在病床上写国家自然科学基金项目申请书。在科研工作中，他能很好地团结课题组年轻科技人员并发挥他们的积极性，因此能顺利完成所承担的各项任务。他注重培养研究生的自学、自律和创新精神。

宁远涛勤奋好学，治学严谨、务实，不好虚名。他在国内外学术刊物发表的近 200 篇论文都是亲自撰写或亲自参加实验的论文。他重视工作经验积累和知识积累，注意总结文献资料。在此基础上，他与同事合作撰写了几本学术专著，对贵金属材料科学的发展做出了贡献。

（昆明贵金属研究所供稿）

简　历

1938 年 7 月 1 日　生于湖北省汉阳县（今武汉市蔡甸区）宁家湾。
1957～1964 年　北京钢铁学院（今北京科技大学）学习、任教。
1964～1998 年　昆明贵金属研究所助理研究员、副研究员和研究员，室主任。
198～1985 年　美国东北大学化学系访问学者。
1994～1998 年　国家贵金属材料工程技术研究发展中心副主任。
1996～1997 年　美国东北大学化学系高级访问学者。
1999～2009 年　被昆明贵金属研究所返聘。

主要论著

1 宁远涛，王永立．几种合金元素对 Pt 高温蠕变激活能的影响．金属学报，1979，15（4）：548-557.

2 宁远涛，周新铭．熔体淬火形成非晶态的判据．金属学报，1981，17（3）：278-283.

3 宁远涛．熔体淬火条件下若干过渡金属在 Ag 中固溶度亚稳扩展研究．金属学报，1983，19（4）：A346-353.

4 宁远涛，徐桦．关于固溶体晶格常数的预测，金属学报，1985，21（1）：B45-50.

5 宁远涛，周新铭，戴红．稀土元素在 Al 中固溶度亚稳扩展研究．金属学报，1992，28（3）：B95-100.

6 Ning Y T，Wang Y L，Yuan Q L. A bond parameter approach to the wettability of molten glass. Metals J of Mol Sci，1982，1：33-42.

7 Ning Y T，Wang S H. Age-hardening response in rapidly quenched molybdenum alloys. Mater Sci Engineering，1988，98：363-366.

8 Ning Y T，Zhou X M，ZhengY. et al. The predication and synthesis of some new intermetallic compounds between transition metals and rare-earth. Metals J Less-common Met，1989，147：167.

9 Ning Y T. Some factors influencing the thermal stability of non-crystalline alloys based. Pd-Si Mater Sci Engineering, 1989, A119: 169-173.
10 Ning Y T. Relationship between metastable extension of solid solubility of eutectic systems and phase diagram. Acta Metal Sinica, 1989, 2B (1): 8-12.
11 Ning Y T. Relation between the solid solubility of alloys and the electron Density. Chin. J Met Sci Technol, 1990, 6: 27-30.
12 Ning Y T, Zhou X M. Metastable extension of solid solubility of alloying elements in silver. J. Alloys & Compounds, 1992, 182: 131.
13 Ning Y T, Yang Z F, Zhao H Z. Structure reconstruction in palladium alloy catchment gauzes. Platinum Metals Rev, 1995, 39 (1): 19-26.
14 Yang Z F, Ning Y T, Zhao H Z. Changes of composition and surface state of Pd-Ni alloy gauzes used in ammonia oxidation apparatus. J Alloy & Compounds, 1995, 218: 51-57.
15 Ning Y T, Yang Z F, Zhao H Z. Platinum recovery by palladium alloy catchment gauzes in nitric acid plant. Platinum Metals Rev, 1996, 40 (2): 80-88.
16 Ning Y T, Wen F. XRD study of recovery process of cold deformed Ag and Ag-Ce alloy. Acta Metall Sinica, 1996, 9: 27-30.
17 Ning Y T. Recovery of cold deformed high pure silver. Trans NFsoc, 1996, 6 (2): 105-108.
18 Ning Y T. Metastable phase and age hardening in rapidly-solidified silver-rich Ag-Gd alloys. Trans NFsoc, 1996, (4): 138-140.
19 Ning Y T. Research on surface structure of catalyst and catchment alloys used in nitric acid industry. Science Foundation in China, 1998, 28-31.
20 Ning Y T, Yang Z F. Platinum loss from alloy catalyst gauzes in nitric acid plants. Platinum Metals Rev, 1999, 43 (2): 62-66.
21 Ning Y T. Alloying and strengthening of gold via rare earth metal additions. Gold Bulletin, 2001, 34 (3): 72-77.
22 Ning Y T. Alloying and strengthening effects of rare earths in palladium. Platinum Metals Rev, 2002, 46 (3): 108-112.
23 Ning Y T, Peng Y, Dai H. A new electrical contact materials with high

reliability based on gold. Gold Bulletin，2002，35（3）：75-80.
24 Ning Y T，Hu X. Strngthening platinum-palladium-rhodium alloys by ruthenium and cerium additions. Platinum Metals Rev，2003，47，（3）：111-119.
25 Ning Y T，Zhang X H，Qin G Y. Influence of cerium addition on microstructure and properties of Cu-Ag in situ filamentary composites，J Rare Earths，2005，23（Supplement）：392-398.
26 Ning Y T. Properties and applications of some gold alloys modified by rare-earth additions. Gold Bulletin，2005，38（2）：68-72.
27 Ning Y T. Influence of Gd addition on the structure and properties of Au-Ni and Au-Ni-Cr Alloys. Gold Bulletin，2006，39（4）：220-225.
28 Ning Y T，Zhang X H，Wu Y J. Influence of microstructure refinement on strain strengthening effect of Cu-Ag alloy. Engineering Science，2007，5（1）：8-17.
29 赵怀志，宁远涛．金．长沙：中南大学出版社，2003.
30 宁远涛，赵怀志．银．长沙：中南大学出版社，2005.
31 宁远涛，杨正芬，文飞．铂．北京：冶金工业出版社，2010.

陈　登　文

（1938～　）

陈登文，矿物工程设计专家，全国工程勘察设计大师，我国难选氧化金矿石硫脲法、碳浆法和富氧碳浸提金工艺的倡导和应用开发者之一。他提倡的“多碎少磨”和高压辊磨机为主的新多碎少磨工艺，节能效果显著。他在德兴特大型铜矿力推铜钼等可浮、强化铜金浮选新工艺，提高了资源回收率，为发展我国有色金属和黄金选矿工业技术做出了重要贡献。

陈登文，1938 年 8 月 20 日出生于广东省普宁县（今普宁市）。1959 年考入中南矿冶学院（今中南大学）选矿专业学习。1964 年毕业分配到北京有色冶金设计研究总院（今中国有色工程设计研究总院）任职，从此专门从事矿物加工工程设计与科技研究工作。历任技术员、工程师、高级工程师、教授级高级工程师、主任工程师、副总工程师、高级顾问专家（其中，于1981～1982 年被美国凯萨工程公司聘为项目设计工程师），兼任过中国有色选矿学会副主任委员、北京金属学会理事、中国黄金选冶学术委员会委员、中国人民政治协商会议北京市第九届委员会委员等职。

陈登文勤奋工作，以求实创新的精神，努力为我国有色金属和黄金选矿事业的发展奉献了近50个春秋，为跟踪、开发、推广选矿新技术和提升选矿技术水平，为创作一批具有当代选矿国际先进水平的设计佳作，为国家重大矿物工程建设和涉外资源开发项目的设计创新做出了较大贡献。以他为主开发成功的硫脲法提金工艺、炭浆法提金工艺、富氧炭浸提金工艺，为发展我国难选氧化金矿石的提金工艺技术并使其达到国际先进水平做出了重要贡献；他主持及为主参加的几十项国内外重大矿物工程设计，项目技术水平都达同期、同类型项目的国际先进或国内领先水平，效益良好，对繁荣我国矿物工程设计创作并走向国际，个人贡献突出；在他退休返聘工作期间，积极采用现代矿物加工技术改造、提升和发展我国有色金属和黄金选矿工业技术，做出了新的贡献。

他先后获国家及省部级科技进步奖和优秀工程设计二等以上奖五项、三等奖三项；1991年享受国务院政府津贴；1994年被授予“全国工程勘察设计大师”称号；1996年被授予“中央国家机关精神文明职工”光荣称号。

为发展我国难选氧化金矿石的提金技术做出重要贡献

1981～1982年，陈登文在美国凯萨工程公司工作期间，认真学习和掌握国外先进选矿技术和矿物加工工程设计经验。回国后，他倡导和主持张家口金矿技改工程。由于采用的炭浸法提金新工艺技术符合该矿矿石特性，设备选型合理、先进、节能、高效，再加上精心设计和密切配合施工，技改工程一次建成投产成功并顺利达产达标。黄金回收率比技改前的浮金工艺提高20%以上，浸吸搅拌设备的能耗比当时国产设备减少约90%，技术经济效果显著，从而使该矿步入辉煌并使我国难选氧化金矿石的提金技术跃居20世纪80年代世界先进水平。该技术于1990年获部级科技进步奖一等奖、优秀工程设计一等奖，1992年获国家优秀工程设计银奖。

在张家口金矿技改工程设计及建设期间，陈登文与中国恩菲工程技术有限公司（ENFI）设备专业设计工程师紧密配合，在消化、吸收国外先进、高效提金设备的基础上，成功研制出高效浸吸搅拌槽、高效浓缩机及絮凝剂自动制备装置、解吸柱、电积槽、高效除屑筛等炭浆法提金高效设备并进一步创新，使上述设备系列化，为我国推广炭浆法提金新技术、新建炭浆厂或改扩建黄金选矿厂提供了先进高效的提金设备。1989年以他为主设计、以ENFI研制的炭浆法提金设备作为核心装备的红花沟黄金选矿厂技改工程顺利投产并迅速达产达标。该工程技术指标先进、节能降耗且经济效益显著，为我国中小型提金厂采用炭浆法提金新技术进行改造和技术提升开创了新的高效途径。该技术获国家黄金局优秀工程设计二等奖。

张家口难选氧化金矿石和红花沟低硫原生金矿石两类黄金选矿厂技改工程的成功设计和显著效果强有力地推动了这两类金矿石新建或改扩建的提金厂普遍采用炭浆法提金新技术。迄今，我国有大、中、小型炭浆法提金厂约150座，对提高我国黄金资源利用率、节能降耗、提高黄金提取技术水平和经济效益，特别为我国黄金氰化厂设备的更新换代、赶上世界先进水平起着积极的推动作用。

为使我国炭浆法提金技术不断提升与发展，1991年陈登文又倡导并为主成功地开发了富氧炭浸法提金新工艺。通过小试、工业试验和工业生产实践证明，采用富氧炭浸法提金新工艺改扩建传统的炭浆法提金厂强化了黄金浸出，缩短了浸出时间，减少了氰化物消耗，降低了基建投资和生产成本，进一步提高了炭浆厂的提金技术经济指标，使我国的炭浆法提金技术迈向新的台阶，促使我国炭浆法提金技术保持在国际先进水平上。ENFI自主研发成功的富氧炭浸法提金新工艺获省部级科技进步一等奖。

致力于我国矿物工程设计走向国际

陈登文的英文水平较高，收集和积累的国外矿物加工工程设计与生产资料较多。为了促进我国选矿厂工艺设计尽快与国际接轨并走向国际，他于1978年主编了《国外设计选矿厂配置图册》，选编了国外49座选矿厂的矿床及矿石类型、矿石特性、工艺流程及主要设备、选矿主要工艺参数、设计及生产指标、投资及运营成本、车间设备配置及厂房布置等文图资料，大量印发给ENFI及国内黑色、有色选矿工艺设计工程师参考。

1981～1982年，陈登文在美国凯萨工程公司工作期间，认真学习和掌握国外先进选矿技术和工程设计经验，这为他主持或为主参加境外重大工程设计奠定了坚实的基础。在ENFI，他先后主持或为主参加了一批国外重大工程的设计工作，主要有巴基斯坦山达克12 500吨/天铜金矿采选冶联合企业、赞比亚谦比西6500吨/天铜选厂、越南生权铜矿3000吨/天选矿厂、巴布亚新几内亚红土矿10 000吨/天选矿厂、刚果（金）华刚铜钴25 000吨/天选矿厂、墨西哥巴霍拉齐低品位铜钼矿40 000吨/天选矿厂等。

20世纪90年代，陈登文成功主持设计的巴基斯坦山达克铜金采选冶大型综合工程是我国在海外总承包建设的第一座矿山工程。他努力协助主管院长，密切配合总设计师和总经济师，精心高效地组织该工程设计的全过程，实现了基建投资、建设进度和工程质量三大控制，为工程总承包单位北京改装车俱乐部(MCC)，获利数千万美元。山达克铜矿铜属低品位矿，为了提高项目效益，他让该工程于1995年一次投产成功，为我国开展境外矿山工程设计积累了经验，为我国矿山工程设计走向世界及缓解我国铜的短缺作出了贡献。该工程的设计深受总承包商MCC和巴方业主区域分发中心（RDC）的赞扬。

陈登文为主参加的赞比亚谦比西6500吨/天选矿厂工艺设计，建成投产后获得铜精矿含铜40%～45%、铜回收率高达96%，居世界同类矿石选矿指标的领先水平，经济效益显著。

越南生权铜矿选矿厂设计基础资料严重不足。为满足设计及建设进度的需要，他经深入分析研究有限的设计资料后，草拟了该厂选矿工艺、参数及指标，供研究部门做验证试验和ENFI开展可行性研究设计。验证试验及投产结果证明，他所推荐的选厂工艺设计方案不仅符合该矿矿石性质，而且先进、实用和高效。

巴布新几内亚瑞本红土矿的选矿工艺是ENFI涉及的新领域。陈登文为该厂的工艺、设备及配布置设计方案提出多项优化建议，为节省数以千万计的基建投资、加快建设进程做出了较大贡献。

为我国有色金属大型选矿厂的革新改造、提升和发展努力奉献

为创建资源节约、环境友好、节能降耗、技术经济指标先进的有色金属选矿厂，陈登文遵循科学发展观，积极采用高效、节能、低耗、低排放、先进、可靠的核心技术，适时地对ENFI设计投产的重大的有色金属选矿厂进行革新改造、提升和发展。

1979年，陈登文负责金堆城钼矿选矿厂的技术攻关任务，成功地提出以强化粗选，粗精矿浓缩、擦洗脱药，多段再磨、强化精选，选冶联合新工艺改造三选厂，从而使我国的选钼技术赶上国际先进水平。随着选矿科技不断进步，2007年他在金堆城三选厂扩建新生产线的过程中，又为主决策采用当今以高压辊为核心技术的新多碎少磨流程，以及以浮选柱为主、浮选机为辅的高效节能粗、精选工艺技术生产特优钼精矿的改扩建

工艺设计方案。由于率先在有色金属选矿厂采用高压辊磨新技术，所以金堆城钼矿的选矿整体技术步入21世纪国际先进水平的前列。

自1981年起，陈登文参加国家特大型重点工程德兴铜矿6万吨/天选矿厂工艺设计，先后担任该工程选矿专业负责人和主任工程师，由于工作出色被江西铜基地总指挥部评为国家重点工程建设立功竞赛先进个人。1989年他担任院副总工程师之后，继续主管该矿的设计工作。进入21世纪，为了进一步做强做大该矿，提高资源利用率、节能降耗和增效，他力促把德兴铜矿10万吨/天采选能力改扩到13万吨/天，并集成当代符合该矿矿石特性的铜钼等可浮、强化铜金浮选新工艺、新药剂，以及大型高效节能的碎、磨、浮等选矿新设备更新改扩选矿厂，不仅提高了主产品铜精矿的质量和回收率，而且使共、伴生的钼、铼、金、银、硫综合回收率大幅度提高，还节能降耗，为德兴矿大规模高效利用做出了较大贡献。

金川是我国最大的镍基地，其一、二选矿厂是20世纪60年代建成投产的，其工艺、设备及控制水平远不能满足当代高效选矿的生产需要。他针对该厂资源利用率低、产品质量差、能耗大、人员多、生产成本高及产能不足的诸多问题，积极策划并主持该厂扩能改造。迄今，已完成的富矿选矿系统扩能改造工程有效地解决了上述问题，不仅提高了铜、镍选矿回收率，选吨矿石节能达10千瓦时以上，而且由于精矿有害杂质氧化镁的含量显著降低，利于冶炼节能降耗，对提高金川集团股份有限公司的整体经济效益起着关键的作用。当前，他正在策划金川集团股份有限公司贫矿选矿系统的扩能改造、提升和发展，为金川选矿工艺技术全面提升发展继续奉献。

（唐　建　尉克俭）

简　历

1938年8月20日　生于广东省普宁县（今普宁市）。

1959～1964年　中南矿冶学院（今中南大学）选矿专业学习。

1964～1981年　任北京有色冶金设计研究总院技术员、工程师。

1981～1982年　任美国凯萨工程公司项目设计工程师。

1983～　任北京有色冶金设计研究总院（今中国有色工程设计研究院）高级工程师、教授级高级工程师、主任工程师、院副总工程师、高级顾问专家。

主要论著

1 陈登文，等．选矿厂设计手册．北京：冶金工业出版社，1972.

2 陈登文．硫脲提金新工艺的研究与展望．第14届国际选矿会议论文集．1982.

3 陈登文．发展首都高科技产业需要注意发挥中央在京设计院的桥梁作用，北京市政协第九届委员会．1998.

4 陈登文，李恒石，伍南通，等．现代选矿技术手册第七册选矿厂设计第1～2章．北京：冶金工业出版社，2010：1-112.

5 陈登文，等．有色金属选矿厂工艺设计规范．北京：中国计划出版社(待出版).

刘 时 杰

(1938～)

刘时杰，贵金属冶金专家，我国铂族金属矿产资源及二次资源提取（冶金）领域的主要开创者之一。为我国第一个“矿产铂族金属提炼中心”的建立和产业发展，为金川“镍都”建设，为该科技领域的发展、创新做出了杰出贡献。发表论文多篇，独著《铂族金属矿冶学》，参编了多部专著、手册等，系统地发展了该领域的基础理论和专业理论，为贵金属科技发展、创新做出了重要贡献。曾获多项省部级科技进步奖并获国家科学技术进步奖特等奖。

刘时杰，1938 年 8 月出生于云南省保山市一个家境清贫的教师世家，祖父为晚清秀才，小学校长。他自幼受到祖父严格教育，勤读诗书。新中国成立时他刚过十岁，在党的抚育下长大。1954 年加入共产主义青年团，1957 年中学毕业后以优异成绩考入昆明工学院冶金系，靠国家助学金完成学业。他勤俭朴实、努力学习、积极进取、曾担任系学生会主席。1960 年光荣地加入了中国共产党。1961 年以优异成绩毕业，分配至中国科学院昆明贵金属研究所工作。从 1964 年开始，他在昆明与金川之间来回奔波，为中国铂族金属提取冶金科技事业的创业、发展和创新持续拼搏 30 多年。

1964～1966 年，他参加了从金川硫化镍电解阳极泥中提取铂族金属的研究，在金川现场十分简陋艰苦的条件下连续工作一年半。他负责并研究成功“提取铂族金属的水溶液氯化法”，制定了富集提取工艺。首次从金川资源中提取出 8.5 公斤铂钯，满足了国家急需。

1969 年，在“文化大革命”中，他和其他同志一起在金川现场反复调研考察，查明了六个铂族金属在金川镍铜冶炼工艺中的走向及富集规律。结合金川资源的特点，他找到了提高铂族金属综合利用水平的研究方向。

1972 年在冶金部召开的金川科技攻关会上，他提出并论证将“从铜镍合金中提取贵金属新工艺”研究项目列入国家“六五”科技攻关计划。他作为项目负责人，带领项目组在“文化大革命”中完成了实验研究，1978 年形成阶段成果并通过鉴定。作为国家组织的三大共生资源（金川、包头和攀枝花）综合利用科技攻关中第一个成熟项目，该项目设计建设工业试验车间并试车投产，大幅提高了金川资源中铂族金属的回收率，建成了中国第一个矿产铂族金属提炼中心。

1986～1994 年，他又瞄准世界先进水平，提出了使我国铂族金属提取冶金技术进一步发展和创新的目标，主持研究成功高温悬浮连续氯化分离贵贱金属新工艺、转态富集活化制备高质量高浓度贵金属料液新技术、连续萃取分离精炼贵金属新工艺。这些新技术先后成功应用于生产，使我国铂族金属提取冶金技术迈上了一个新台阶。

30 年艰苦创业、不断发展和拼搏创新，使该领域赶上了国外经历 200 多年发展所达到的技术水平，跻身于世界先进行列。

这个过程凝聚了各协作单位、各级领导、大批科技人员自力更生、艰苦奋斗的心血，也是坚持科研、生产、设计“三结合”的群体劳动智慧的结晶。在这个群体中，刘时杰是一位杰出的代表。他几十年坚持不懈，将自己的一生和祖国的需要紧紧地结合在一起，克服重重挫折和困难奋力拼搏，参与或主持解决了我国铂族金属提取冶金科技领域中许多重大科学技术和工程问题，积累了丰富的实践经验。1983 年“从铜镍合金提取贵金属新工艺”获中国有色金属工业总公司科技成果一等奖、国家“六五”科技攻关奖、国家科技进步奖一等奖。1986 年 9 月 1 日，国家科学技术委员会与中国有色金属工业总公司联合通报表彰他为“金川资源综合利用科技攻关中作出贡献的先进个人”。1987 年 12 月云南省人民政府授予“有突出贡献的优秀专业技术人才”光荣称号并颁发一等奖。1989 年 7 月他作为“金川资源综合利用”项目的个人获奖者之一，获国家科学技术进步奖特等奖。1991 年 10 月 1 日，国务院表彰他为发展我国科学研究事业做出的突出贡献。1991 年 7 月起，他享受国务院政府特殊津贴。

通过几十年孜孜不倦的学习、坚持不懈的探索和实践、不断的总结和融会贯通，他掌握和发展了这个学科的基础和专业理论知识。在国内外发表论文 30 多篇，多次参加国际学术会议作学术报告，独立编著或参编《铂族金属矿冶学》《中国冶金百科全书（铂族金属分支）》等专著及手册八部，培养了两名硕士和一名博士。

1997 年，他又针对中国唯一的铂矿资源云南省金宝山铂矿，论证了研究开发方案。该方案被列入国家“九五”科技攻关计划，他担任项目首席专家，组织五个院所和相关单位按期于 2002 年完成了地、采、选、冶各课题的科技攻关研究任务，为产业化开发奠定了基础。

中国铂族金属资源贫乏（储量和产量仅分别占世界的 0.5% 和 1%），解决国家供需矛盾的重要途径是发展铂族金属二次资源的再生回收产业。他退休后仍返聘在岗，担任博士生导师及博士后流动站指导小组组长，倾力培养青年科技人才。指导博士后研究“从失效汽车尾气净化催化剂中回收铂族金属的新工艺”。同时，他将针对矿产铂族金属资源综合利用所开发的各项技术成果移植应用于各种低品位、难处理的二次资源再生回收。针对高品位难处理废料，他研究成功高效快速溶解铑的新技术。他的科技成果和学术论著为我国铂族金属二次资源再生回收、循环利用产业的发展提供了强力的技术支撑。

2005 年他受聘进入云南锡业集团有限责任公司专家委员会，帮助解决元江红土镍矿开发利用中的技术难题，指导研究成功硫化镍氧压浸出新工艺并建成镍精炼生产线。

从中国资源中提取出铂族金属解决国家急需

金（Au）、银（Ag）、铂（Pt）、钯（Pd）、铑（Rh）、铱（Ir）、锇（Os）、钌（Ru）八种金属元素统称贵金属，后六种金属称为铂族金属，与金银相比，因资源量和产量很少，也称为稀有贵金属。它们具有特殊和优异的物理化学性质，在基础工业、军工及高新技术产业中具有广泛的、难用其他金属材料取代的特殊应用。因此铂族金属曾被称为“现代工业维生素”，20 世纪 80 年代以来更进一步被誉为“第一重要的高技术金属”，是一类非常重要的、西方发达国家长期列为战略储备的战略资源。

新中国成立后，西方国家封锁禁运，中国经济及国防建设所需的铂族金属原材料全靠苏联供应和替换，中国在资源勘探、分析检测、提取冶金、功能材料研制等方面一片空白。中苏关系破裂后供应完全中断，战机不能正常起飞，许多使用铂族金属功能材料的基础工业濒临停产，国防及国民经济建设遇到困难，严峻的形势迫使中国必需自力更生建立自己的铂族金属工业。

刘时杰被分配到中国科学院昆明贵金属研究所后，满怀激情地立下了一定要从中国的资源中提取出铂族金属、打破国外封锁禁运、为祖国争光、献身中国铂族金属冶金事业的志向和决心。

当时，这个学科领域是一片空白。1963 年他和老同志一起走遍昆明地区所有的图书馆，查阅了所有能找到的国外冶金期刊，搜集翻译国外有关铂族金属的文献资料，制成了 100 多张文献卡片，初步学习了铂族金属提取冶金方面最基本的知识。

发现甘肃金川伴生铂族金属硫化铜镍矿后，他们欣喜若狂。1964 年金川产出了电解镍和含有铂族金属的阳极泥。尽快从阳极泥中提取出铂族金属满足国家急需是他们为国效力义不容辞的责任，也是发展该科技领域的重大机遇。他们在谭庆麟所长的带领下和北京有色金属研究总院的科技人员一起立刻前往金川矿区现场，和金川的科技人员共同开始了中国铂族金属提取冶金科技和工业的创业。他们初步制定了在现场研究焙烧—火法氯化—置换分离的基本流程，在北京和昆明深入研究加压酸浸-氯化的工艺流程。

金川位于河西走廊中段腾格里大沙漠的边缘，工厂就建在寸草不生的戈壁滩上，自然条件十分恶劣，生活条件极其困难。开始他们住在石头建造的招待所里，常停水断电，走在路上风沙可以把人吹倒，常年吃的是粗面馍搭带腥味的豆饼、白菜萝卜加大葱。工作条件很差，突击建盖的实验楼仅有房子没有设备，一切从零开始。满怀激情的一群年轻科技人迎难而上，决心在 1965 年研究出提取工艺并试生产出金属产品满足国家急需，但谁都没有想到他们将走的道路是多么的坎坷崎岖。就在为实现第一个目标——春节前提取出铂、钯样品证明金川铂族金属资源的价值的时候，就发生了一次严重的氯气中毒事故。滚滚的黄色氯气大量弥漫在实验现场，20 多人中毒，8 名同志严重中毒住院，刘时杰中毒最深昏迷了几十个小时才苏醒。但是，他们没有被这次事故吓倒，中毒较轻的同志清理现场后继续实验。刘时杰苏醒后就偷跑回实验现场投入战斗。经过 20 多天连续苦战，他们终于在春节前夕首次从金川资源中提取出了大家梦寐以求的十几克铂、钯金属及五光十色的铂、钯化合物样品。同志们欢天喜地、敲锣打鼓地向金川公司党委报喜献礼。虽然提取的样品很少，但却标志着一个从无到有的飞跃，标志着从中国自己的资源中提取铂族金属的时代开始了。为了扩大规模，大家从食堂要来两口大铁锅进行焙烧脱硫，冒着二氧化硫的强烈刺激坚持人工搅动翻料，在白瓷缸中人工用木棒搅拌浸出。不料 3 月 8 日又一次事故降临了，中温氯化焙烧的关键设备——从苏联进口的仅有的三根石英管的最后一根也破损了，扩大实验被迫中断。多数同志返回北京和昆明开展加压酸浸方案的实验。留在现场的同志承受着“只出事故不出成绩”的巨大精神压力，心急如焚，他们必须尽快闯出一条新路。在这危难时刻，刘时杰依据过去文献检索中获得的信息，大胆提出了“水溶液氯化”方案。进行水溶液氯化实验，当时在金川现场没有任何设备，他们集思广益想出了土办法，从商店买来篮球胆充满氯气，连在装有盐酸和物料的玻璃瓶上，大家轮流抱着摇动进行氯化实验。每次实验要摇晃十几个小时，不断更换球胆时泄漏的氯气将他们熏得睁不开眼、喘不过气，他们常常咳得眼冒金星上气不接下气。他们没有退缩，通过两个多月近乎拼命的实验终于掌握了这个可以应用于生产的技术。氯化生产的设备当时金川也没有。他们依据儿童摇床的原理，将七八个装盐酸的玻璃瓶捆绑在架子车上，接上氯气管人工来回推动摇晃进行小规模生产。为了尽快生产出国家急需的铂钯，他们没有星期天，除了睡觉和吃饭，白天黑夜连轴转。这种情况现在看来不可思议，却是 20 世纪 60 年代一代人为打破国外封锁禁运、艰苦创业的真实场景。那套架子车后来曾陈列在金川创业博物馆。后来昆明贵金属研究所将所里唯一的一台耐酸搪瓷反应釜从昆明辗转通过越南海防再转南宁—郑州—兰州，紧急支援金川扩大生产规模。1965 年，他们破天荒地第一次从中国资源中提取出 8.5 公斤铂钯，满足了国家急需。到 1970 年累计为国家生产出铂钯

500 多公斤，为中国铂族金属冶金科技和工业的创立发展奏响了一曲凯歌，为祖国繁荣富强的大厦砌下了一小块基石。1966 年春节前返昆时，金川的同志敲锣打鼓、依依不舍地将他们送别到 20 多公里外的河西堡车站。

回忆这段经历，他非常感慨地说：年轻人刚步入社会就在各方面经受如此艰辛、曲折的洗礼和锻炼，是终生难忘的一份宝贵的精神财富。那种困难的环境和难以置信的创业方法，在今天向四个现代化进军的中国不会重现了，但把国家的需要和个人的志愿紧紧地连在一起，体现中华民族自强不息和自立于世界民族之林的奋斗精神应一代代地传承和发扬。

成功地创造了中国铂族金属冶金工艺

创业时，为解决国家铂族金属有无问题仓促上阵，实施过程不完全符合中国科学院对科学研究和技术开发工作制定的程序和规范。因此，如何科学、高效地利用好中国唯一的金川铂族金属资源的任务和责任摆在了他们面前。

首先，他们进一步调研了国外铂矿资源开发利用的技术发展状况及研究动向，深入学习相关的专业技术知识，弄清了金川资源的特点。他们发现金川矿石中铂族金属品位在世界铂矿资源中是最低的，铂、钯、铑、铱、锇、钌六个金属合计每吨矿石只含 0.3 克（千万分之三），仅仅是加拿大萨得伯里的一半、苏联诺里尔斯克的十分之一、南非吕斯腾堡铂矿的二十分之一、美国斯蒂尔瓦特铂矿的七十分之一，从矿石开始到提取出品位 50%的贵金属精矿，需富集约 100 万倍。金川资源综合回收的难度更大，面对的科学技术问题更多。必须首先针对金川资源的特点，深入调研铂族金属在已经投产的镍铜选冶工艺中的走向和富集规律，才能制定出避免或减少其分散损失的正确工艺路线，全面有效地解决其综合回收问题。

1966年“文化大革命”开始了，参加创业的一些科技人员不同程度地受到了冲击，但这没有动摇他们继续发展中国铂族金属冶金科技事业、为国争光的决心。1969年他们不顾“文化大革命”的干扰，以及中苏关系紧张、战争一触即发的危险，多次深入金川现场，对镍铜选冶工艺中的各种中间产品两次各选取了上百个样品，分析了数千个数据，查明在获得硫化镍电解阳极泥的镍铜冶炼过程中，铂族金属已大量分散损失，以硫化镍电解阳极泥为原料，其回收率很低。同时发现在高锍磨浮产出的铜镍合金中铂族金属品位异常的高。因此以铜镍合金作为提取铂族金属的原料，将有利于缩短富集工艺并提高其回收率。1972年在冶金部召开的金川科技攻关会上，他论证提出了“从铜镍合金中提取贵金属新工艺”研究项目并被列入“六五”科技攻关计划，从此他带领项目组迈入了一个新的科技攻坚阶段。

该项目立足在贵金属冶金和重有色金属冶金两大学科的交叉点上，需要研究八个贵金属冶金（富集、分离及精炼）的全过程，而且还涉及金川已投产的镍铜选冶工艺的技术改造，是一项系统工程。研究内容包括富集提取出铂族金属精矿、从精矿中分离七个贵金属、分别精炼为产品三大块，十多个课题。从含贵金属20克/吨（十万分之二）的铜镍合金中提取出10%品位的贵金属精矿，需要在保证贵金属回收率的前提下高效地分离绝大多数贱金属，使贵金属富集5000倍，因此全工艺研究的最大特点是：必须按照总体工艺路线一步一步地实现各个工艺环节的顺序突破，不断地为后续工艺环节的实验提供代表性试料。

在已投产的镍铜冶炼工艺中，能否以高回收率获得富集铂族金属的铜镍合金原料是全工艺实施的基础。为此1973～1975年他们在实验室和现场交替开展了改革转炉吹炼制度，降低铁保硫控制高锍金属化程度，改革高锍缓冷磨浮制度有效分选出铜镍合金，一次铜镍合金二次硫化再缓冷磨浮提高铂族金属品位等专题的实验研究和工业试验。确认了合金捕集贵金属的可靠性并为后续实验准备了10多吨铜镍合金原料，为全工艺研究奠定了坚实基础。

整个工艺的关键是高效分离贵贱金属，以高回收率提取出贵金属精矿。1975年开展了盐酸浸出和羰基法分离贵贱金属两方案的比较研究。选择盐酸浸出方案后，在现场准备设备完成了扩大实验，为后续工艺实验制备了1吨多含贵金属的铜渣。1976年在昆明按预定传统方案开展了球磨磁选、焙烧浸出、熔炼电解分离铜进一步富集贵金属等工艺技术的比较研究。结果表明，这些技术分别存在着贵金属回收率不高、劳动条件差、工艺周期长等缺点，铜渣处理工艺能否突破成为全工艺研究的关键环节。1977年，刘时杰根据国外研究动态提出了控制电位选择性氯化分离贱金属新方案，经研究攻关和扩大实验，完全掌握了这项新技术，获得了较高品位的贵金属精矿。此后胡绪铭等同志完成了从精矿中氧化蒸馏优先回收锇钌的实验室研究。1978年，技术先进的富集工艺基本定形。昆明贵金属研究所谭庆麟所长邀请北京有色冶金设计院和金川公司相关领导来访问，形成了科研、生产、设计三结合实施新工艺产业化转化的攻关格局。1979年，陈景等同志开展了从锇钌蒸残液中硫化钠分离金钯的实验室研究，初步制订了贵金属精炼的工艺方案，全工艺基本拉通。同年冶金部在昆明组织了铜镍合金单独处理提取贵金属的新工艺技术鉴定。三家合作单位再次用1吨铜镍合金原料完成了盐酸浸出→控电氯化→浓硫酸浸煮→四氯乙烯脱硫→蒸馏锇钌→硫化钠沉金钯全工艺验证性扩大实验，关键实验数据经过多次平行实验验证确认获得了满意的技术经济指标。1978年8月，国家科委、冶金部召开第一次金川科技攻关任务落实会，刘时杰代表三家合作单位向方毅等领导同志汇报了新工艺的研究结果及产业化建议，国家批准立项贷款新建工业实验车间。工业实验车间于1980年年底建成，1981～1982年，克服精炼工艺实验中遇到的许多困难后胜利转产。1983年7月，新工艺通过了专家鉴定，专家认为：选题及技术路线合理，流程简单，结构新颖，各环节衔接合理，数据可靠，指标稳定，铂、钯、铑、铱、锇、钌金七个贵金属全面回收，回收率大幅度提高，在技术上达到国际水平。该成果 1983 年获国家“六五”科技攻关奖，获国家科技进步奖一等奖。

十年，对于任何一个科技人员来说是漫长的。在“文化大革命”时，工作生活条件很差，他们不为名利，群体共同努力，凭着为国争光的深厚感情，坚持严肃、严格、严密的科学态度，鼓干劲，立大志，攀高峰，克服种种困难，最终向国家交了一份满意的答卷。

这项成果的获得是爱国主义、集体主义精神，团结协作、拼搏奉献精神，锲而不舍、求实创新精神，自力更生、艰苦奋斗精神的真实体现。

引领我国铂族金属冶金技术跨入世界先进行列

在我国研究从铜镍合金提取贵金属新工艺的同时，国外铂族金属冶金科技又有了新的进步，主要体现在精炼工艺从传统的选择性沉淀分离工艺发展为先进的溶剂萃取分离工艺并产业化应用，同时加强了铂族金属二次资源再生回收技术的研究开发和产业发展。而在十年攻关中，由于我国铂族金属精炼工艺研究起步很晚，仍主要沿用传统的沉淀分离技术，与国外形成了明显的技术差距。尽快解决这些问题成为继续发展我国铂族金属冶金科技的紧迫要求。

昆明贵金属研究所决定倾全力迎接新的挑战，赵怀志所长决定由刘时杰继续主持这项工作，对已投产的富集提取工艺进一步研究强化和完善，对分离精炼工艺实现全萃取技术突破。瞄准世界先进水平，使我国铂族金属提取冶金技术进一步发展和创新。

贵金属富集工艺方面，他针对原控电氯化工艺使用衬胶反应釜，限制了反应温度生产效率不高的缺点，主持了研究了高温悬浮连续氯化分离贱金属新工艺。完成了反应釜耐高温氯化腐蚀的材质筛选，用选取的 Ti-Pd 合金反应釜成功进行了高温悬浮连续氯化新工艺扩大实验，掌握了这一最新的氯化冶金技术。

贵金属溶剂萃取技术已超越冶金技术领域，更多涉及有机化学和无机化学学科，是更大范围的学科交叉结合。从 1980 年开始，国内很多研究院所和知名高等院校都先后开展了这方面的研究，呈现出百花齐放的新局面。他们合成、筛选过很多种萃取剂，实验了不同工艺结构的多种全萃分离方案，但直接针对金川含全部八个贵金属及大量铜镍铁、酸度很高的锇钌蒸残液，都没有成功。

刘时杰面对新领域，认真学习了相关专业知识，调研了国外该技术领域的发展现状，总结了国内各院所研究工作的经验和教训，结合金川资源的特点和现状，提出了新的技术思路。他认为，针对各单个贵金属元素筛选萃取体系及研究萃取—洗涤—反萃—再生的工艺条件是制定全萃取分离工艺的基础，但选定的萃取体系对贵金属料液成分和性质的变化并非都能适应，因此制备高质量的贵金属料液，以及在工艺衔接中对料液成分和性质加强调整是保证各单元萃取工艺畅通连接并能获得稳定的技术经济指标的关键。他以此学术指导原则组织了全萃取工艺的实验研究，论证列入了国家“八五”科技（攻关）计划。1991～1994 年，他主持研究了转态富集活化制备高质量高浓度贵金属料液的专利技术，同时继续发扬多单位专业优势互补、联合攻关的成功经验，组织了与上海有机化学研究所、金川公司贵金属车间、北京有色冶金研究设计院的紧密协作，充分利用前期各院所针对各单个金属萃取体系筛选的成果，经实验室研究和扩大试验，最终研究成功具有国际先进技术水平的 DBC 萃金→S_{201} 萃钯→N_{235} 萃铂→P_{204} 萃分贱金属→TRPO 萃分铑铱的全萃取分离精炼工艺并应用于金川生产。

上述技术可移植应用于大量低品位、难处理的铂族金属二次资源再生回收。后来他又针对最难溶解的铑金属废料研究了高效快速溶解铑的新技术。这些基本配套的技术，为中国贵金属二次资源再生回收产业的建立和发展提供了强有力的技术支撑，使我国铂族金属冶金科学技术迈上了一个新台阶。

在30多年艰苦创业、不断发展和拼搏创新历程中，他参与或主持解决了铂族金属提取冶金科技领域中许多重大科学技术和工程问题，使这一领域赶上了国外经历200多年发展所达到的技术水平，跻身于世界先进行列。

事业高于一切，经受住了坎坷道路的考验

人生中，20～40岁是步入社会、享受生活、体现人生价值最宝贵的时段，而他这20年却是极不平静的。虽然他经历了入党受挫、金川现场的严重氯气中毒、父亲和祖父相继在故里去世，但他以事业为重，硬是顶了下来。他毅然决定继续留在现场工作，完成那关键时刻的铂族冶炼工艺。

1969年，他的爱人廖鸿芬老师随学院迁至云南峨山小海恰“五七干校”，在1970年的强烈地震中不幸遇难，留下两个刚满一岁和六岁的孩子。这使他的生活一下子掉入了万丈深渊。之后他在河北承德考察高寺台铬铁矿中铂族金属资源价值，加工样品时右手被对辊机夹伤，被送往矿山医院紧急抢救。两天后，医生发现指骨变黑疑似破伤风感染，紧急转送北京进行截指手术，挽救了性命。他在这段崎岖的人生道路中经受住了多次严峻的考验。

灾难和委屈没能击倒他，他牢记党和国家抚育培养的恩情，以实际行动诠释自己对党和国家的忠诚并在1985年重新回到了党的怀抱，后多次被评为优秀共产党员。廖鸿芬去世后家人分居在昆明和保山两地。他曾对以后的生活道路彷徨不知所措。他产生

过改变事业方向调回老家教书育人的念头。这时身为小学教师的母亲给了他继续坚持专业技术事业的鼓励和支持。另一位小学教师袁素焕为他支撑起破碎的家庭，承担起抚育孩子的母爱责任，给了他为发展中国铂族金属提取冶金科技产业去拼搏奉献的力量和勇气。

他事业上的成就凝聚着党的培养教育、自己的刻苦努力、群体的团结合作及家庭的支持鼓励。

（中国科学院昆明贵金属研究所供稿）

简　历

1938 年 8 月 25 日	出生于云南省保山市。
1957 年 9 月～1961 年 9 月	昆明工学院冶金系毕业。
1961 年 10 月～	中国科学院昆明贵金属研究所研究员，博士生导师。

主要论著

1　刘时杰．铂族金属矿产资源开采现状及远景．贵金属，1981，（2）34-37.

2　刘时杰．国外铂族金属资源及提取冶金现状．贵金属，1983，（4）：41-44.

3　刘时杰．铂族金属资源、生产现状、发展和对策．矿产综合利用，1985，（3）：38-42.

4　刘时杰．自变介质性质氧压浸出富集贵金属．中国有色金属学会第一届学术年会论文集．北京：中国有色冶金协会，1985.

5　刘时杰．加压浸出中氯离子对贵金属溶解损失的影响．贵金属，1986，（3）：1-3.

6　刘时杰．从浸出渣中提取贵金属的新方法．有色冶炼，1986，（3）：40-44.

7 刘时杰 . Development of research work in extraction PGMs at institute of precious metals. International Precious Metals Institute（IPMI）10th Proceedings，1986.
8 刘时杰．国际贵金属学会第 10 届年会述略．贵金属，1987，(2)：31-33.
9 刘时杰 . Pressure oxygen leaching S and BMs and concentration PMs in property-autochageable medium. 2nd International Symposium High Pressure Chemical Engineering，Handbook，1990.
10 刘时杰．铂族金属的物理化学性质，铂族金属资源，铂族金属的富集与提取//谭庆麟．铂族金属．北京：冶金工业出版社，1990.
11 刘时杰．贵金属矿物资源及原料来源//《稀有金属手册》编委会．稀有金属手册．北京：冶金工业出版社，1995.
12 刘时杰．连续萃取分离贵金属新工艺实践．贵金属，1995，16 (2)：1-9.
13 刘时杰 . Separation and refining of Au and PGMs by solvent extraction. iPMI 20th Proceedings，1996，451.
14 刘时杰．铂族金属提取冶金技术的进展．贵金属，1997，18 (3)：53.
15 刘时杰．中国铂族金属冶金技术的发展．中国有色金属学会第三届学术年会论文集．北京：中国工业大学出版社，1997.
16 刘时杰．中国铂族金属资源冶金和产业——面临新世纪的挑战．贵金属，1997，18 (增刊)，37-41.
17 刘时杰．选择性氯化浸出//杨显望，邱定蕃．湿法冶金．北京：冶金工业出版社，1998：372-402.
18 刘时杰 . Advance and prospect of extractive metallurgy of PGMs，International Seminar on Precious Metals（ISPM）//99 国际贵金属学术研讨会论文集．昆明：云南科技出版社，1999：8，381.
19 刘时杰．贵金属//《中国冶金百科全书》总编辑委员会．中国冶金百科全书．有色金属冶金卷．北京：冶金工业出版社，2001.
20 刘时杰．贵金属工业//车志敏．云南——矿业王国．潞西：德宏民族出版社，1999.
21 刘时杰．论原生铂矿的选矿与冶金．贵金属，1999，20 (4)：51
22 刘时杰．铂族金属提取冶金技术发展与展望//邱定蕃．有色金属科技进步与展望．北京：冶金工业出版社，1999：148.

23 刘时杰．Precious metals and ecological environment，international seminar on precious metals//昆明贵金属研究所．2001 国际贵金属专题研讨会论文集．昆明：云南科技出版社，2000：189.
24 刘时杰．2001. 铂族金属矿冶学．北京：冶金工业出版社．
25 刘时杰．2001. 铂矿资源形势及综合利用．中国有色金属学报，(11)：226.
26 刘时杰．贵金属冶金与再生回收//屠海令．有色金属（冶金、材料、再生与环保．北京：化学工业出版社，2003：330-382.

金 展 鹏

（1938～ ）

金展鹏，中国科学院院士，中南大学教授，材料科学专家。他拓展了物理冶金、热化学、动力学和计算机应用的交叉领域，将相图热力学、相变动力学与组织形态学相结合，建立了以热力学计算和动力学模拟为特色的材料设计体系，为材料学科前沿做出了一系列创造性贡献。他发表论文多篇，主编和参编的教材被国内外采用并为培养我国材料科学人才发挥了重要作用。曾获多项国家和省部级科技进步奖。

1938年11月，金展鹏出生在广西荔浦一个普通的家庭。初中在荔浦县中学就读，高中在平乐县中学毕业。1955年金展鹏考取中南矿冶学院（1985年改为中南工业大学，2000年合并为中南大学）。他学习刻苦，成绩优秀。1960年，他本科毕业后继续读研，1963年研究生毕业后留校任教，选择了相图计算与相变动力学作为自己的研究方向。当时，我国相图计算研究还相对滞后。1979年，在中南矿冶学院任教的金展鹏被选派去瑞典深造，在相图实验测量方面取得重大突破。国外曾用 52 个式样测量出一个等温截面，金展鹏只用了一个式样。这就是他首创的“三元扩散偶——电子探针微区成分法”，后被国际上称为“金氏相图测定法”。1991 年，金展鹏获国家自然科学奖三等奖。金展鹏的“热化学磁矩法”及相图数据库也得到国际同行的广泛引用。金展鹏教授拓展了物理冶金、热化学、动力学和计算机应用的交叉领域，将相图热力学、相变动力学与组织形态学相结合，建立了以热力学计算和动力学模拟为特色的材料设计体系，在材料学科前沿做出了一系列创造性贡献。

金展鹏院士师德高尚、传道授业、教书育人，他的先进事迹感人至深，一直受到社会和媒体的广泛关注。《香港文汇报》、《经济日报》、《潇湘晨报》、《光明日报》、*China Daily*、中国教育网、中国教育在线、湖南教育电视台、湖南教育网、搜狐网等社会各界媒体都有他的事迹报道与评论。2009 年，金展鹏被授予了“湖南省师德标兵”的光荣称号。为了庆祝我国第 25 个教师节、激励广大教师热爱教育事业，名师网对金展鹏进行了专题采访，题为“轮椅上的名师——访中科院院士金展鹏”的视频点击率非常高，掀起了“以金展鹏院士为模范教师榜样，全面提高广大教师师德素养、立足岗位、奋发进取、教书育人”的热潮。金展鹏学术思想先进，在材料科学前沿取得了创造性的巨大成就。他尊重同人，积极开展国际合作，在国际学术界享有很高的声誉。

材料科学的“活地图”

相图在材料学中的主要作用是指导材料设计，人们称它是材料科学的“地图”。金展鹏凭借对科学的执着追求，创造了“金氏相图法”。他在材料科学前沿取得了创造性的巨大成就，在国际相图界产生了广泛和深远的影响，在国际学术界享有很高的声誉。其相关研究成果被国际同行广泛引用并受到高度评价，被人们称为材料世界的“活地图”。他的主要成就如下。

（1）发展了结构特点不同的相的热力学模型和相图计算方法。

（2）发展了实测相图的扩散偶技术，提出了确定多元系零变量反应序列的方法，提高了研究多元相图的效率。

（3）将动力学与热力学相结合，建立了模拟材料在不同条件下相变和组织演化过程的理论框架。

他在国际学术期刊上共发表高水平论文300余篇，拓展了物理冶金、热化学、动力学和计算机应用的交叉领域，将相图热力学、相变动力学与组织形态学相结合，建立了以热力学计算和动力学模拟为特色的材料设计体系，在材料学科前沿做出了系统的创造性的重大贡献。所发表的论文被涉及物理学、化学、材料学及计算机应用等方面的50多种国外期刊广泛引用并作为建立新理论、发展新方法、设计新材料、阐明新现象和制定新工艺的依据。

轮椅上的辛勤园丁

金展鹏院士一直致力于培养学生，致力于教育事业的发展，致力于带领着年轻的梯队不断向科技的前沿进军。

金展鹏说，他大学毕业后，经历了半个多世纪，中小学老师们教的东西多半已经模糊、淡去，然而历届恩师们慈祥和期待的目光却随着岁月的流逝而更加清晰起来。在好老师们的熏陶下，金展鹏养成了关爱学生的习惯。记得以前，在他当班主任的时候，有一天晚上去火车站迎接实习归来的学生时，车站突然停电，看不清人的面目，金展鹏却能从他们的声音辨别出50多位学生并叫出他们的名字。

1998年，金展鹏不幸被病魔击中，四肢瘫痪。即便这样，他一如既往地对教育充满激情。有人曾劝他将学生交给其他导师带，自己安心养病，他没有答应，诚恳地说："20岁是人生最美好的时光。交付在我手里，我就要用心带好他们。我必须对学生负责，对家长负责，对国家负责！"那段日子，他瘫痪在床，还带着十多个研究生和博士生，仍旧进行相图研究。可他全身上下除了脖子哪都不能动，工作和事业如何继续？整天躺在床上的金展鹏一筹莫展。一天一觉醒来，生活完全不能自理但脑袋依然清醒、思维依然敏捷的金展鹏对守护在旁的妻子说，"总不能躺着等死吧！元英，我不能就这样躺下去，帮我拿本书来"。妻子拿来一本《相图、相变与相平衡》，举在他眼前。坚持不了几分钟，妻子的手开始晃动，字迹变得模糊起来。他们只好休息片刻，又继续举着书看。两个小时下来，胡元英的手举酸了，金展鹏的眼睛也看痛了。妻子心疼地帮金展鹏揉了揉眼睛。可是，金展鹏却露出了生病后的第一个笑容："元英，我可以看书，可以工作了。"

妻子胡元英琢磨了很久如何解决书本晃动的问题。后来，她在别人搞装修废弃的木料里拣了几根木条，钉成一对三角形小木架，固定在床头，一个特殊的读书架做成了。书是妻子和保姆帮他翻，金展鹏想读哪页就翻好放在小木架上。他给自己制定了一个作息时间：每天坚持看两小时书，然后就是指导学生修改论文。金展鹏家的保姆说："晚上是金老师最难受的时候，要不停为他翻身、按摩，他痛得根本睡不着，可第二天还坚持看两个小时书，雷打不动。实在累了，就把眼睛闭上几分钟再接着看。我就最怕有学生的论文送来，你想想：一个研究生的论文一般是100页以上，少的也有80页，可金老师连个标点符号都不放过。为了怕他生褥疮，我们要不断地帮他翻身。可是金老师看在兴头上，总是说等看完这一页再说，看完这一篇再说。结果，金老师背上生了褥疮，好久都没有恢复。可他忍着痛，看书学习一天也不停。"香港《文汇报》尊称其为"只有脖子能够动的导师、中国的霍金”。

龚伟平是1999年跟金展鹏读博士的，当时金展鹏卧病在床，每天只能仰望着小木架看书，指导学生改论文。有一次，龚伟平写了篇文章，随手在桌上拣了两张废纸打印出来，请金老师过目。几天过去，金老师对文章提出详细修改意见后，突然问她有没有注意废纸背面的东西。原来，废纸背面是半篇科技资料。金展鹏告诉她里面有很重要的信息，建议她好好思考，能否沿着那个方向做下去。龚伟平采纳了金老师的建议，后来该项课题取得了突破性进展。之后，龚伟平经常开玩笑说金老师是“透视眼”。其实，这就是金展鹏严谨的工作态度和一颗对学生负责的心。

出院后，金展鹏没有搬回自己原来楼层较高的家，而是在教学楼附近借了一套简陋的房子。每周六他都要坐着轮椅去给学生们上“论文评述”课。天气好的时候，他会把课安排在草地上，同学们围着他席地而坐。

学生杜勇以前总是和导师金展鹏待在实验室里，不分白天黑夜地工作。他的口福最好，早上总能吃到师母送来的鸡蛋。杜勇现为中南大学的教授、博士生导师、“长江学者”、国家杰出青年基金获得者、多种国际学术刊物的副主编。

学生赵继成有晚上工作的习惯。有次早上开会缺席了，金展鹏询问他到哪里去了，同学汇报说他在睡觉。原本以为金老师会严加斥责，没想到金展鹏却说：“让他睡吧，他也累了，睡醒了自然会来！”这话传到赵继成耳里，他又感动又惭愧，于是更加努力学习工作。如今赵继成是美国俄亥俄州立大学的终身教授、“千人计划”引进人才，在扩散偶技术的基础上成功发展了材料组合设计法。著名物理冶金学家 R. W. Cahn 在 *Nature* 上撰文高度评价了他。

他的学生、现为中南大学博士生导师的刘华山教授在毕业论文答辩时的结语代表了众多学生的心声：“学生眼中的金老师是一位智者、长者、朋友。跟金老师学习几年，不仅掌握了知识，更重要的是学会了科学的态度和怎样做人。”

金展鹏将学生装在心里，其实学生也是他的“止痛药”。羁绊在病床上的日子，金展鹏最盼望的就是学生打电话来，尤其是越洋电话。学生的声音仿佛能减轻他的痛苦。胡元英说：“老金痛起来就不停地翻身、喝水。可学生的电话一来他就精神了，身子也不疼了，讲再多的话也不渴。电话就是他的特效药，就是贵了点。”原来，电话大多是学生从国外打来的。

郑峰是金展鹏早期带过的学生，1992 年年初去英国工作，从事相图计算软件的开发及进行铁、钼、铬、钒、碳五元合金系的热力学与相图计算。1994 年进入美国国家实验室，加盟劳伦斯·彼得森博士的课题组研究固体燃料电池。在美国前后十年，他在许多地方工作学习过。每到一地安定后，金展鹏都设法和他保持联系，不断通过电子邮件交换各自的研究方向与进展，这也为他决定回国奠定了基础。2003 年 7 月，郑峰终于回国了。他回国那天，金展鹏特别高兴，躺在床上和他足足聊了几个小时。金展鹏担心他刚回国不适应，还经常从病房打电话来询问实验室安排、课题申请报告等情况。郑峰说：“回想起来，在国外那么多年，我和金老师不知道通了多少电话，多少邮件。虽然他从没有对我说：‘郑峰，你赶快回来吧。’但金老师始终就像一根长长的绳子，牵系着我这个海外的风筝，最后我选择了回国。我知道，这无形的绳子就是金老师的人格魅力，就是他对科学的追求和对祖国的热爱!”

金展鹏常对学生说：“不想超过老师的学生不是好学生。现在我们的国家，人才不是多了，而是少了。我这辈子最大的愿望，就是你们都超过我。”他指导学生选做世界著名大学的相关练习并邀请美、英等国教授参与博士生论文的书面评审工作；他带领的小组编写的多媒体教材 *Animated Phase Diagram Tutor* 已被美国 NIST 等十多个单位采用；他参与撰写了《材料科学导论》《稀土相图测定、计算及应用》和《粉末冶金基础理论与新技术》，这些专著作为教材对培养人才发挥了重要作用。

2003年11月25日上午，中国科学院院士增选结果揭晓，轮椅上的金展鹏光荣入选。无数越洋电话蜂拥而至。还有一封由中南大学黄伯云校长转来的信，是世界各地40多位学生联名写给母校的。信中说，“对于我们这些有幸得到金展鹏老师教诲的学生来说，这只是惊喜却绝非诧异。金教授的成就长久以来得到了国际同行的广泛关注并为他赢来了国际声誉，使他成为世界知名的材料科学家，尤其在相图和相变领域，许多著名的材料学家都高度评价并经常引用他的著述，即使在异国他乡，我们也总能听到他的名字，这让我们感到高兴和自豪。虽是金老师不同时期的学生，我们却共有一段美好的记忆，珍藏着在他身边的每一个日日夜夜……”

金展鹏老师当选院士后，坚持带本科生结业，先后有七名同学本科师从金院士。为了培养和教育好当代青年大学生，金院士每年至少给本科生和研究生做三次以上科学、理想、人生等方面的励志报告，用他求学与科研不息的精神感召青年学生。

1981年以来，金展鹏院士先后培养了40余名博士和硕士研究生，他们大多活跃在亚洲、美洲、欧洲，成为国际相图界的骨干，有的担任国际刊物*CALPHAD*（《相图计算杂志》）、*J. of Phase Equillibria and Diffusion*（《相图平衡杂志》）副主编、*Int. J. Mater. Res.*（《国际材料研究学报》）编委、中国《金属学报》编委；美国相图委员会的20多名委员中，有四名是他的高徒；德国相图委员会委员中也有一位是他的学生。他的学生曾科军在美国被评为杰出学者，杜勇在国内被聘请为“长江学者”，赵继成是我国“千人计划”引进人才。患病这十几年，他指导的20多名研究生中，有六人被邀请到国外做博士后，17人次应邀参加国际学术会议。目前，金展鹏培养的学生已经在美国、日本、欧洲等国家和地区的理论研究及材料发展中发挥着骨干作用。现在他的学生有十位已成为博士生导师，全部投身祖国和国际的科研事业。

学术界的谦卑长者

金展鹏院士学术思想先进，待人真实诚恳。他研究相图40多年，无论是健康还是瘫痪，失败了从不言放弃。如今的金展鹏在国际相图界独树一帜，他领导的中南大学相图与材料设计及制备科学中心已经成为国际相图领域最著名的研究中心之一。他还应邀担任了国际《相图计算杂志》副主编，美国金属协会《相平衡与扩散杂志》顾问。

面对荣誉，金展鹏院士始终谦卑如一。在别人的赞誉面前，他闭口不谈自己的成绩，却无数次倾吐对老师的感激。他常常谈起中学班主任对他的宽容、大学导师马恒儒教授讲述的关于相图的比喻、老前辈黄培云院士20世纪70年代用来勉励他的一首唐诗，以及瑞典进修期间外国导师对他的培养和期望。他说："我在科学的道路上不是单枪匹马，在我们的团队中，后面有老一辈科学家掌舵，前面有风华正茂的年轻人划桨，我不过是起到了吆喝和承上启下的小小作用。我一生中碰到了很多好老师。我深深感到，老师每一次期待的眼光、每一个鼓励的微笑都会温暖学生一辈子。很多老师没有直接从事科研工作，没有直接写出很多论文，但是祖国一代代新人的成长，就是他们写在中华民族振兴史上最新最美的鸿篇著作。"

金展鹏院士以其高尚的品格与谦卑的学习态度在国际相图界深受尊敬与爱戴。学校经常邀请国外学者来交流。每次有学术报告，无论站在讲坛上的是国际知名学者，还是他曾经教过的学生，他总要穿戴整齐，让夫人和学生把他搬上轮椅，抬进报告厅，停在第一排。他说："科学的高速列车，我们一趟也不能落下。"有一年，日本工业大学的一位学者来学校做报告，他对金展鹏的成就早就耳闻，看到他坐着轮椅车被学生抬着进来听报告，感到很惊讶。在那两个多小时里，金展鹏从头至尾很认真地听，像学生一样提问探讨。最后，这位日本学者走下讲台，面对这位特殊听众，深深鞠躬。全场爆发热烈掌声，尊重科学的人最值得尊重。

（郑 峰等）

简 历

1938年11月	生于广西省荔浦县。
1952～1955年	广西平乐县平乐中学。
1955～1960年	中南大学（原中南矿冶学院）。
1960～1978年	中南大学助教。
1978～1979年	中南大学讲师。
1979～1981年	到瑞典皇家工学院冶金系访问学者。
1981～1985年	中南大学讲师。
1985～	中南大学教授。
1990～	中南大学教授、博士生导师。
	中南大学相图与材料设计研究所所长。
2009～	中南大学相图与材料设计及制备科学中心主任。
2003年	当选为中国科学院院士。

主要论著

1 黄培云，金展鹏，陈振华．粉末冶金基础理论与新技术．ISBN/RC：7-81020-827-6/TF·033.1978.

2 金展鹏．材料科学导论·第十六章．北京：化学工业出版社，2004.

黄 树 勋

（1938～ ）

黄树勋，矿山防治水工程专家，从事矿山地下水灾害防治技术研究工作40余年，在防治岩溶矿床大范围地下水害、大面积地表塌陷、海边采矿海水淹矿等技术及被淹矿井恢复技术的研究中做出了创造性的贡献。获“全国优秀科技工作者”荣誉称号，获多项国家和省部级科技进步奖。

黄树勋，1938年12月25日出生于北京市，接受了良好的基础教育。1957年他考入了北京矿业学院并于1962年毕业，获“优秀毕业生”称号。他被冶金部选中派往长沙矿山研究院从事矿山地质灾害防治技术研究工作。40余年来，他始终专一从事矿山水害防治研究工作，足迹遍布16个省区，有一半时间都是在矿山现场、野外及井下度过的。直接参与和指导大工程项目20余项，在大量工程实践的基础上，重点在三大技术难点上开展研究工作取得重要成果，做出突出贡献。工作中培养出硕士生一名、博士生一名，多次到西班牙、俄罗斯、美国、加拿大、智利及瑞典等国进行学术交流和科研项目合作。从中国国情出发，具有中国特点的防治水技术深受各国同行的赞誉。

地下水对于供水来说是宝贵的资源，但对于矿业资源的开发就可能成为严重的地质灾害，往往形成灭顶之灾，甚至造成大规模的人身伤亡，其中富含地下水的厚层灰岩尤其严重。我国13%的国土分布着这种岩层。我国有色金属资源大省（自治区）云南、两湖、两广、江西、安徽的有色金属矿山大多被这种地层覆盖，成为有色金属生产发展的拦路虎。国外大多采用疏干法，但是大量的电耗和疏干后大面积的地表塌陷给企业造成了难以承受的负担，对国土资源造成了巨大的破坏，成了世界性的技术难题。黄树勋根据我国应用岩层注浆技术积累的丰富经验，受水电大坝坝基防渗帷幕的启发，形成了有别于外国的新方法——不是疏，而是堵，即矿区注浆帷幕堵水方法。20 世纪 60 年代，冶金部在全国率先立项对湖南水口山锌铅矿鸡公塘矿注浆帷幕防治水技术进行科技攻关，建成了走向长 560 米，控制深度 604 米，注浆深度 260 米的注浆帷幕，成为当时国内外首例在深厚灰岩中建立大型帷幕治理矿区大范围水害的试验矿山。克服重重技术难题，终于取得成功。本为昼夜涌水量 4 万多吨的大水矿山，涌水量降到了不到 1 万吨，堵水率达到 70%，帷幕上下游形成水位差高达 108 米，使水口山铅锌矿延长 15 年的服务年限。之后又完成了湖北大冶铜禄山铜硫铁矿矿区注浆帷幕堵水工程和安徽新桥硫铁矿的注浆帷幕工程，从而确立了矿山注浆帷幕在岩溶矿床防治水技术中的重大意义。1985 年，黄树勋应邀在杭州召开的第三届国际矿山水会议上做了大会发言交流，与会专家对我国倡导的矿山注浆帷幕堵水技术在保护矿山环境、有效控制矿山排水引起的大范围的地表塌陷的重大成功表示赞赏。该技术目前正在广东凡口铅锌矿等矿山推广应用。在能源、环保问题突出的现今环境下，这种技术必将展现出其广阔的前景。

由于他研究出色，成果累累，先后获得了冶金部和中国有色金属总公司联合评审的科技进步奖一等奖、中国有色金属总公司颁发的科技进步奖一等奖和国家黄金局科技进步奖一等奖。同时也先后被评为湖南省优秀共产党员、省先进科技工作者，获中国科协颁发的“全国优秀科技工作者”终身荣誉称号。

滨海矿床开采中的防治水

山东省是我国的黄金大省，沿海分布着几个中央部属的大矿，其中三山岛金矿是我国开采规模最大的现代化金矿。但是，每昼夜2万多吨的地下水导致矿山基建阶段就曾三次淹井。邀请咨询的外国专家认为，海水直接威胁矿井，矿山前景不乐观。冶金部黄金局决定进行海边采矿防治水技术的全国联合攻关，并由黄树勋担任技术负责人。对地下水补给矿井途径的研究表明：70%的矿井水是海水通过海床上发育的断裂构造进入矿井的，它是淹井事故的主因；其次是地面渗入和节理裂隙形成的网络式地下水补给通道。由于其分布广泛也有相当的规模，且矿山采用胶结充填采矿法，地下水的淋滤作用往往致使充填料中的胶结材料被水排走，所以矿山要求一不能淹井，二不能让矿中地下水大于每小时5吨。面对如此高的要求，他团结多个合作单位开展联合攻关，制定了“查、防、治结合”和“疏堵结合，综合防治”的技术路线。利用现代物探技术和研究方法，首先查清导致淹井的断层发育部位，利用现有的3号穿脉巷道钻透断层，直到断层水大多从孔内导出后用注浆技术将断层注浆封闭。基本消除以管道流式进入矿井的导水构造后，在100余米的巷道长度内进行岩石裂隙的予注浆封堵。同时在采场下部运输巷道中打浅水孔将采场内地下水位降到采场以下，确保采场不受地下水冲刷的影响。经过三年的艰苦奋斗，他圆满完成了任务，为矿山在开工九年后终于安全达产做出了贡献。该技术1992年获国家黄金局科技进步奖一等奖并在类似的滨海矿床——望儿山金矿建设开发中推广应用。

千米深井高压大水的治理

随着浅部资源开发日渐稀少，千米深井已不少见。铜陵有色金属集团控股有限公司（简称铜陵有色公司）冬瓜山铜矿主竖井设计深度1200余米，掘至996米深进工作面灰岩突水，淹没深达800余米，水压8兆帕，水量每小时2000余吨。铜陵有色公司经过反复强制排水失败后，决定在全国招标，要求一次成功，恢复矿井建设。黄树勋根据在山东张家洼铁矿曾取得浅井治水的成功经验，在面临8兆帕的罕见深井和高压、人又不能接近井底的情况下，决定采用地面抛碴、地面注浆的办法封闭井底出水点并研制成功可自动卸料的抛碴吊桶，可顺利通过深井障碍定点卸碴；用深井单管射浆器和浆位监测器可以控制射浆方向，掌握浆液在碴堆中充塞位置；地面建立造浆系统，保证浆液浓度；20小时连续注浆顺利通过ф36毫米的输浆管注浆未发生堵塞，为一次成功注浆创造了条件，否则千米深井下难以处理。经过一番努力，他终于取得一次成功封底的效果，为后继人员下井恢复工作提供了可能，为我国深井施工中难以完全避免的水害影响提供了一种简便、可靠、又快又好的新工艺。该成果1998年荣获中国有色金属总公司颁发的科技进步奖一等奖。

湘中煤田是个水文地质条件复杂的煤田，生产中的矿井反复发生淹井事故，这对于煤炭资源不算丰富的湖南省来说是个大问题。他应省煤炭厅和湘潭市煤炭局之邀，以王家山煤矿列家桥矿井为例开展被淹矿井恢复技术研究工作。该井在采煤巷道掘进中揭示了含水丰富的茅口灰岩，出水点在地下170米，每小时涌水量高达3000多吨，同时溶洞泥涌入堵塞坑道300余米。水量大、含泥多，多次排水失败，只能在地面打钻注浆封堵出水点成功后方可能恢复井内作业。此前曾花巨资请外省队伍支援钻探，但未能打中出水点，宣告失败。为此，黄树勋紧紧抓住这个关键问题，经过计算制作了地下定点爆破炸弹，一次爆破成功。利用老钻孔，经过六个昼夜的连续注浆取得成功，既解决了钻孔定向不准的难题，又克服了采场巷道测量精度不高的通病，开创了一孔注浆恢复矿井的先例，后他在盛家山煤矿 230 米以下突水淹井的处理工程中又一次取得了地面定向钻进一孔注浆成功，为处理生产矿山地下水淹井治理技术寻求到一种高效的、又快又省的新方法。经过多年一系列矿井淹井事故处理的工程实践，"一孔注浆"逐渐形成矿山治水技术中的一个重要分支，为我国矿业建设提供了保驾护航的新技术、新方法。

事业重于一切

黄树勋同志一生从事矿山安全技术，特别是治理水害技术研究工作，这项工作既是决定矿山命运和效益的重要领域，同时又是保护矿工生命安全的大事，为此他倾注了毕生的精力。

他一贯坚持矿山技术的研究必须以现场为基地，矿山生产才是检验科研成败的唯一依据。40 余年他坚持克服一切个人和家庭的困难，亲历亲为和团队同志坚持高山地下的艰苦试验，他和他的家庭为此也付出了艰辛的努力。1972 年，冶金部指示要他三天内赶到山东张家洼铁矿负责处理南风井淹井事故。当时他爱人患脉管炎从工作单位请假卧床休息不能下地，小女孩四岁，刚从邵阳农村送到长沙，说一口家乡话。和院长谈话后他毅然接受了任务。爱人由研究室派人照顾，他身背十斤大米和小孩的衣服，抱上孩子就出发了，孩子放在招待所。他每天早出晚归，走 40 分钟到工地，孩子自己待在招待所。一次到外面去玩，孩子从脚手架上摔下，满脸是血；还有一次坐到了厕所大便器里，浑身的大便不能上床，竟然在屋里地上睡着了。如此困境仍未动摇他坚持亲临工地试验指挥工作的决心，经过三个月的奋斗圆满完成了任务后，他才背着孩子回家。爱人生孩子、老父去世都正是他在试验现场紧张工作之时，他只能坚守岗位，是周围的同事给了他关心和支持才能安然度过。对没能见上老父亲最后一面，他至今仍感遗憾，只有在科研工作上有一点成绩时才能感到一些安慰。黄树勋同志曾先后被评为湖南省优秀共产党员、省先进科技工作者，1997 年获中国科协颁发的“全国优秀科技工作者”终身荣誉称号。

（长沙矿山研究院供稿）

简　　历

1938 年 12 月　出生于北京市。
1957～1962 年　北京矿业学院矿山企业建筑系学习，获优秀毕业生称号。
1962～1998 年　长沙矿山研究院从事科研专题研究工作。
1984～1986 年　长沙矿山研究院注浆技术研究室副主任（高级工程师）。
1986～1990 年　长沙矿山研究院研究室主任（教授级高工）。
1990～1998 年　长沙矿山研究院副院长（分管科研）。
1998～　长沙矿山研究院技术顾问。

主要论著

1 黄树勋．注浆技术在中国淹井恢复工程中的应用．马德里大学学报，1989，(2)．
2 黄树勋．中国金属矿山防治水技术的现状与未来//张树糜．第十五届世界采矿大会论文集（英文），1992.
3 常邝彦（即黄树勋）．帷幕注浆．科学技术，1972，(2)．
4 黄树勋．水口山铅锌矿鸭公塘矿区大型帷幕注浆技术的研究．长沙矿山研究院季刊，1987，7 (4)．

章兼植

（1939～2005）

章兼植，探矿工程专家，在钻探技术和岩石破碎机制的研究方面有较深的造诣。他对当时钻孔弯曲测量的计算方法和岩心定向的计算公式提出独到的见解，纠正了误差。他是“金刚石地质岩心钻探配套技术的应用推广”重大科研项目的主要参与者，在人造金刚石钻探技术研究上有突出的建树，创造性地提出一系列超硬材料工具设计理论，曾获得国家科技进步奖一等奖。

章兼植，1939年1月30日出生于江苏省武进县。1956年高中毕业，考取北京地质学院（现中国地质大学）探矿工程系，于1962年以优异成绩毕业。毕业后，他被分配到冶金部北京市地质研究所勘探技术室工作，开始参加500型转盘岩心钻机的研究设计。该项目获国家经贸委新产品二等奖。1965年开始担任课题组长，从事坑道钻机的研究设计工作。他不怕艰苦，深入矿山坑道，与工人共劳动，收集第一手资料，精心设计。接着又于1972年设计成功钻石100型坑道钻机，获中国有色金属工业总公司科技成果三等奖。1982～1984 年，在国内首创采用一种坑内钻探新技术——坑内单层钻杆水力反循环连续取心技术，该研究成果获 1984 年科技成果三等奖。作为主要骨干参与的“金刚石地质岩心钻探配套技术的应用推广”重大科研项目于 1985 年获得国家科技进步奖一等奖，本人获得证书和证章。同年被提升为研究室主任，被评为高级工程师。1993 年，主持从瑞典引进金刚石工具制造设备工作，完成了引进、吸收和消化工作并成立桂林迪奥特金刚石工具有限公司并担任公司总经理，领导全体员工投入生产，当年即以高品质的产品投放国内外市场，并取得一定的经济效益。他在超硬材料行业技术交流过程认识到只有深入了解超硬材料工具磨削机制，才能制造出高性能的工具。因此，他应用深厚的岩石力学和岩石破碎机制基础理论，查找各国有关专家的理论计算，潜心研究，分析对比，结合国情，结合丰富的实践经验，撰写并发表一系列在行业中具有影响力的文章。文章在多次学术研讨会上获得好评。1990 年被人事部任命为中青年有突出贡献专家，1992 年成为获国务院政府特殊津贴的教授级高级工程师，1994 年被中国有色金属工业总公司推荐为国家科技奖励评审委员（探矿工程专业）。章兼植退休后，还坚持不懈地为科研工作奋斗，即使在重病期间，仍然关心工作、关心行业技术的发展，还想撰写更多的著作，甚至在病床上还在指导研究生完成研究课题，表现出一位科学技术专家的光辉风范。

在人造金刚石钻探技术研究中贡献突出

章兼植于 1969 年开始参与人造金刚石岩芯钻探的研究工作，当时与北京粉末冶金研究所、中国科学院物理研究所合作，用粉末冶金方法烧结金刚石钻头并进行台架试验和野外生产试验。经过五年的艰苦努力，于 1974 年在湖南锡矿山试验成功。当时，由冶金部主持、四部一局参加的鉴定会，正式宣布该项目的试验取得初步成果。此后该项成果被迅速推广到各个地质钻探系统，在我国地质钻探行业完成了一次新的技术革命，彻底改变过去大口径钢粒钻进的落后面貌，而使用小口径金刚石钻进，大大提高钻进效率，加快地质勘探进度，节省大量钢材，减少国家地质事业费投资。至20世纪80年代末，金刚石钻头成为超硬材料工具的主导产品，钻头年产量几十万个，钻探进尺数百万米。从钻头设计到粉末冶金制造工艺，逐步形成一门独立的学科并为以后石材加工用超硬材料工具的研究开发奠定了基础。正是钻探技术大规模应用上的首先突破，促进了我国超硬材料工具生产和应用技术的迅猛发展。21世纪初，我国一跃成了世界金刚石生产大国和金刚石及工具出口第一大国，为国家赚取了大量外汇，为我国的国民经济建设做出卓越的贡献。由此，该项目于1985年获得国家科技进步奖一等奖。章兼植作为主要骨干，自始至终积极参与并主持金刚石坑道钻机课题的研究设计，深入矿山坑道第一线，艰苦地完成试验和推广工作。

创新型的开展坑道钻机的研究设计成绩卓著

为改变我国矿山勘探装备的落后面貌，章兼植接受冶金部下达的任务，于1964年开始主持坑道钻机的研究设计。当时矿山使用的是苏联БА-100型风动钻机，十分笨重，钻进效率低。章兼植查阅大量资料，在结构上采用全新的滑轨式进给机构，风马达打破旧框框，重新计算、设计。随着我国液压技术的进步和发展，1982年他设计的钻石-100型液压坑道钻机获得成功并推广全国，至今生产4000～5000台，由此获得中国有色金属工业总公司科研成果三等奖。他长期从事坑内钻探技术的推广工作，使我国人造金刚石坑内钻探技术的应用跨上一个新台阶，由此又获得中国有色金属工业总公司科技进步奖三等奖。

引进吸收消化国外技术，为提升我国金刚石工具制造水平做出贡献

1993 年中国冶金地质总局第一地质勘察院从瑞典引进一套德国飞羽公司制造的先进的金刚石工具生产线并成立桂林迪奥特金刚石工具有限公司，由章兼植任总经理。1994 年在他的带领下仅用两个月时间完成了近 30 台的设备安装和试车。当时指导他们试生产的瑞典专家称赞他们的高超技术和对新设备的接受理解能力。在用该设备生产工具的生产工艺过程中，有许多设备和工艺是首次接触，对改进和提升我国的设备工艺水平有直接的帮助。例如，金刚石锯片自动焊机，性能十分先进，从夹持刀头、移位、进银焊片、焊接、转角度、直到全部焊完，一气呵成。而当时，我国各锯片厂只能用手工在基体上一片一片地焊接刀头。还有刀头自动冷压机及冷压工艺，对他们启发也很大。自从引进这台自动冷压机之后他们才认识到在超硬材料工具生产工艺过程中加进冷压工序的重要意义。此前，不论是用粉末冶金烧结方法生产锯片刀头或钻头，均是在石墨模具中，直接加进混合好的金属粉末和金刚石，然后加压烧结。这样的加工工艺生产出来的锯片刀头密度不均、尺寸误差大、石墨材料消耗大，而冷压工艺恰恰能解决上述缺陷。因此，增加一道冷压工艺是必要的，有利于提高锯片刀头产品质量，也是粉末冶金生产的基本成型方法。通过对引进设备的使用，他们认识到冷压工艺是超硬材料工具生产过程中的重要环节，不可小视，应加强对该工艺方法的研究并设法尽快推广。可是当时我国还不能生产自动冷压机，进口设备价格昂贵。桂林迪奥特金刚石工具有限公司在章兼植的主持下，组织攻关，自己设计冷压模具，在普通压力机实现锯片刀头的冷压工艺，也就是将称好的混合料（不需要经过制粒工序）倒进钢模，放到压力机进行加压成形，使刀头压坯密度达到 45%～

75%。该工艺方法比较实惠，不增加设备投资。该技术首先先在桂林周边锯片厂盛行，而后迅速扩展到广东、福建各省，到目前已普及推广十几年并获得显著效果，至今仍不失为我国一项独特的金刚石锯片刀头生产工艺方法。还有薄壁工程钻头的生产工艺方法也颇具特色。钻齿的石墨模具是用数控 CNC 铣床加工的，具有精度高、效率高、采用高频烧结或钻齿高频焊接等特点。这些先进技术促进了我国金刚石工具制造技术的进步和发展。

对金刚石工具磨削机理的理论研究独具创新

章兼植在超硬材料行业技术交流过程认识到只有深入了解超硬材料工具磨削机制，才能制造出高性能的工具，因此他应用深厚的岩石力学和岩石破碎机理基础理论，查找各国有关专家的理论计算，潜心研究，分析对比，结合国情，结合丰富的实践经验，撰写并发表一系列在行业中具有影响力的文章。文章在多次学术研讨会上获得好评。章兼植善于钻研各种工具的工作机制和理论计算问题。早在大学时期的石油涡轮钻头水力学理论计算课程中，他就敢于标新立异，提出自己的推算公式，纠正苏联讲义中的计算偏差。在 1994 年后担任总经理期间，他经常研究开发设计金刚石锯片、钻头、磨轮等各种新产品，其中最重要的要进行各种工具粉末胎体配方设计，包括金刚石配比、品质、浓度等的设计选择。这些工作都是通过实际经验、通过类比或通过分析解剖国外产品作参考进行设计，缺乏科学依据，比较盲目，难以设计出高性能的超硬材料工具。为了深入探索金刚石工具磨削机制，他日以继夜地潜心研究，从微观上研究各种金属粉末胎体的物理力学性能和对金刚石的包镶能力；研究单颗金刚石作为切削元件，从切入深度到失效脱落的工作全过程；他在国内首先应用现代科技手段检测金刚石在胎体表面的出刃值和应用三维视频显微采集系统和胎体磨损试验台对胎体磨削磨损过程进行监测和研究，了解胎体表面金刚石出刃高度的变化及从出露、磨损到脱落的形貌变化，深入研究探索金刚石工具切割机制和不同配方胎体的性能变化。从21世纪初，他在国内超硬材料主要期刊和学术研讨会上连续发表《孕镶金刚石工具切削元件的工作出刃》《孕镶工具中金刚石的失效和对策》和《有关胎体设计的一些评述》等十几篇论文，在超硬材料业界引起极大反响并得到许多专家学者的认可。他为我国业界进一步研究金刚石工具磨削机制和胎体配方设计奠定了重要的理论基础。

（郑　超）

简　历

1939年1月　出生于江苏省武进县。

1956年7月　江苏省武进县中学毕业。

1956年9月　北京地质学院探矿工程系。

1962年9月　冶金部北京市地质研究所勘探技术室。

1965年　北京市地质研究所勘探技术室课题组组长，
北京市地质研究所勘探技术室主任、高级工程师，
教授级高工、享受国务院政府特殊津贴，
桂林迪奥特金刚石工具有限公司总经理。

1992年　退休。

张 文 海
（1939～ ）

张文海，有色金属冶金专家，中国工程院院士，国家工程设计大师。他长期致力于有色金属冶金工程设计及研究，在过程强化及污染控制与资源化方面有突出成就，对我国有色冶金技术的进步和环境保护有重要贡献。他主持设计了我国第一座国产化的闪速炼铜厂，提出了“冷风节能”理论并在世界上首次实现了连续、稳定的“冷风闪速熔炼”。他获得国家科学技术进步奖一等奖、国家优秀工程设计金奖、省科学技术进步特别贡献奖等多项奖励。

张文海，1939年2月1日出生，祖籍福建长乐，出生地福州，无党派人士。少时生活在孔孟氛围浓重的福州“三坊七巷”文儒坊一个殷实家庭，叔姑辈多在当时的国民政府任职，父亲排行老大，却乐于办织布厂和开米行。母亲出身农家，勤劳且富有同情心。1958年中学毕业于福州市第二中学后考入厦门大学，后转今中南大学有色冶金系学习。1963年毕业后，他被分配在矿产资源丰富的江西省从事工程设计工作至今，历任技术员、工程师和总设计师，是中国工程院院士、国家工程设计大师和全国“五一”劳动奖章获得者。

一场炉火的洗礼，令他为冶金矢志一生

张文海自幼多幻想，尤对地球的深处感兴趣，憧憬将来有一天会“点石成金”，因此特别喜欢他就读的冶金专业。

然而大学的第一次实习却是给他浇了一大盆冷水。那是一个飘雪的寒冬，他到了距长沙不远的水口山平罐炼锌厂实习。因为是男生，又壮实，他被幸运地分配到了每天只需要上两小时的“特班”。这哪里是上班呀，全身上下披着涂满黄泥巴的湿麻袋片，面朝近在咫尺、吐着火舌的排排炉口，吃力地用铁锹往里抛矿砂、耙平、再翻动。呼吸着滚烫的热浪，口干舌燥，胸口灼痛，两小时下来体重掉了好几斤。这就是他所热恋的“冶金”?不！看着工人师傅是这样长年累月的辛苦，自己才这几天，耳际不禁响起了大家爱唱的歌：“同学们，大家起来，担负起天下的兴亡……”

这场刻骨铭心的炉火洗礼，令他为自己选定的冶金专业矢志一生。

注重环境保护，他为守住江西的“绿水青山”做出了重要贡献

江西是块宝地，除了是“世界钨都”外，还有德兴县的特大型铜矿，国家决定在这里建设中国最大的炼铜厂——江西铜业集团公司。张文海大学毕业分配到了冶金部南昌有色冶金设计研究院，他也就从此和“铜”结下不解之缘，先是担任该工程的冶炼专业负责人，后为总设计师。

铜是和人类最亲近、相处最久远的金属。我国是世界铜冶金的发祥地，早在3000多年以前，我们中华民族就发明了铜的冶炼方法并曾经有过从西夏、商周就开始的“青铜文化”的辉煌。金属铜的出现标志着人类结束了长达十万年之久的石器时代。因此说，我们的祖先曾为世界的文明做出过划时代的贡献。

但近百年来，我国铜工业却在世界上远远地落伍了。拟建的这座大型炼铜厂在北京召开方案论证会。为了稳妥可靠，确定了采用传统的“鼓风炉方案”并随即开工建设，成为定局。然而他和少部分同事却是持反对意见，认为工厂将会给地方造成严重的二氧化硫污染，因为就在新厂址不远的地方，原来就有一座小的鼓风炉炼铜厂，那四周山上的原始森林就像经过了一场大火，满身焦黄。因为炼铜不同于炼铁，每生产一吨铜，大约会放出三吨二氧化硫。

那是还没有改革开放的20世纪60年代，大家对外边的世界知之甚少，特别是环境保护观念甚是淡薄。获悉日本当时有很好的炼铜新工艺，他开始努力自学日语并用那时仅有的50多元工资自费订阅了多份国外杂志。望着工地厂房的不断升高，他和他的同事们坐不住了，越来越感到问题的紧迫。为扭转这已成的定局，他日夜兼程翻译编撰了63万字《闪速熔炼文集》，这是我国最早的系统介绍国外强化冶金的资料；同时积极开展工业试验，发表了当时业内影响很大的评论文章《闪速熔炼述评》并写信给国家建委，阐述落后工艺将给环境带来的危害及闪速熔炼在技术上的可行性。在业内同人锲而不舍的共同努力下，1978年，国务院下文该已建成不少厂房的工程暂停，着手引进国外技术并迁址江西贵溪。

1985年，我国第一座现代化的闪速炼铜厂竣工并顺利投产，熔炼的化学反应时间从过去的数小时缩短至两秒钟，硫回收率从不到50％提高到93％，也从此拉开了我国有色工业“强化冶金”和“清洁生产”的序幕。张文海和他的同事们在结束我国炼铜工业落后世界30年历史的同时，也是在这关键时刻，为江西守住了直到今日仍然保持着的“青山绿水”。

相反，无论国内或国外，“鼓风炉炼铜”工厂迄今已全部因环境污染问题关闭，而江西铜业公司却在不断地发展，成为了我国最大、世界第三的铜冶炼厂，成为了江西省的“金山银山”。

致力引进设备国产化，在提高行业整体技术水平方面有突出成就

1991年他奉命调任国家“九五”重点工程安徽省金隆铜业项目总设计师，主持闪速炼铜设备全面国产化。他深知，一花独放不是春，只有引进的设备国产化了、大家都用得起了，中国冶金技术的水平才有可能得到整体的提高。

金隆铜业的前身是位于长江畔的铜陵冶炼厂，是新中国1951年建设的第一座炼铜厂，曾经为国家的经济复苏和国防建设做出过重大贡献。但是，它又是全国二氧化硫污染大户，含砷、镉、铅等重金属离子的污水排入长江，对长江中下游水域造成威胁。昔日美丽的狼尾湖生态严重破坏，当地的空心菜含砷、铅、铜分别超标35倍、21倍和40倍；儿童有89%患呼吸道疾病，32%白细胞下降，职工指甲含铜超常规76倍。

心情沉重的他，在市中心广场高高竖起了“还铜陵人民以蓝天”的巨幅标牌。此后，他带着老伴和小孙子，在工地一住就是五年。他潜心学习、消化已引进的各项工艺技术、计算机软件和大量的设备图纸并加以改进和创新。

1997年，中国第一座主工艺设备全部国产化的闪速炼铜厂成功投产并获国家优秀工程设计金奖。接着，产品高纯铜在伦敦金属交易所（LME）升水注册成功，成为质量国际免检产品。国家有色金属工业局领导感慨地说：“这是中国有色冶金史上的奇迹。”

斗转星移，2001年海外又传来捷报，中国制造的、我国有

色工业最大的境外工程总承包项目伊朗哈通阿巴德闪速炼铜厂成功建成，伊朗总统亲自为之剪彩。巴西、土耳其、秘鲁、澳大利亚的项目接踵而来。我国铜工业在几年间实现了从成套进口到国产化、又到成套出口的跨越式发展，成为继芬兰、日本之后，以有能力成套出口闪速熔炼技术和装备的第三个国家而屹立于世界民族之林。

2001 年，他被授予“国家工程设计大师”称号和“全国五一劳动奖章”。

解决冷风冶炼关键技术，获国家科学技术进步奖一等奖

冶金需要高温，似乎当然“热风”最好，实际上近百年全世界的工厂也都是这样做。20 世纪 80 年代，芬兰人提出了“冷风冶金”的新思路并在美国的工厂付诸实施，但技术上遇到了重重困难。此时的他，敏锐地感到了“冷风”的价值。他运用自主开发的、后来获得了国家优秀工程软件金奖的闪速冶金“NCC”计算机软件，从能源角度对“冷风冶金”做了系统的模拟并在世界上首次提出了“冷风节能”理论。他所撰写的论文于 1995 年在美国召开的国际会议上大会宣读。同时，他三赴美国，深入工厂，构思了解决方案并自信地在他所主持的金隆工程设计中大胆采用。在他的团队和中外专家齐心努力下，他的设计成功了，在世界上首次实现了连续、稳定的“冷风闪速熔炼”。芬兰同行说：国际闪速冶金俱乐部应当给张先生发工资。美国朋友说：中国是 No. 1。该项创新技术获得了 2000 年国家科学技术进步奖一等奖。

心系西北，组建短流程节能冶金战略联盟

他岁数渐大，但正适国家做出提高我国自主创新能力和开发

大西北的重大决策之际。西北有丰富的铜、镍、铅、锌资源，几十年的冶金情结，竟又驱动他萌发了在那里开展“重金属短流程节能冶金”的念头，并组织了由24个大型企业、高校和国家重点实验室及工程技术中心参与的“战略联盟”。项目列入了国家重大产业技术研发计划，因为这项科学研究太富有挑战性，国外友人称它是“向世界冶金界几代人的梦想冲刺”。同时，基于流体动力学原理和自然界存在的旋涡现象，在闪速冶金的基础上，他又进一步地提出了探索“旋涡柱悬浮熔炼”的新思路。在完成计算机仿真实验基础上，项目列入了国家“863”计划。

西北这几年他就去得很多，亲近了那戈壁滩上顽强的骆驼草，也更深切地感受到了那里的水是多么的珍贵。这里的老乡把屋盖修成了水泥平顶，为的是将原本就十分稀少的雨水汇集起来，再导入地窖储存，以作为一家人的生活用水。挚友送他《敦煌有鱼》这四个字，他很是喜欢，挂在家中。虽然至今我还不甚解其真意，因为有好几个版本，但都理当鼓励。为了中华民族的伟大复兴，为了情牵梦绕的月牙湖鱼跃鸟欢的明天，看来，年过70的他，后面的征途还仍是漫漫无期。祈愿“联盟”少点风险，成绩多多。

“张总做什么，就成功什么。”好像是，但这里边又是含着多少个日日夜夜的劳累和辛酸苦辣呢，那都是他在科技创新的长途跋涉中，一步一个脚印留下的艰难足迹。他总是那样坦然地面对一次又一次的创新风险，而又总是那样低调、谦让和淡泊。2004年1月22日，《中国有色金属报》以整版的篇幅赞颂了他的敬业精神和对国家有色冶金行业的贡献。

（詹小青）

简　　历

1939年2月1日　出生于福建省福州市。

1958～1959 年　厦门大学化学系学习。

1959～1963 年　中南矿冶学院有色冶金系学习并毕业。

1963～1965 年　冶金部南昌有色冶金设计院技术员。

1966～1972 年　冶金部长沙有色冶金设计院工程师。

1972～　国家有色金属工业局南昌有色冶金设计研究院（中国瑞林工程技术有限公司）工程师、总设计师、顾问。

2005～　江西省科学技术协会副主席。

主要论著

1 张文海．贵溪冶炼厂——一座节能与无公害的炼铜厂．有色金属，1984，5：42-51.

2 张文海．冷风闪速冶金在中国的实现与发展．中国工程科学，2002，4（11）：36-39.

3 张文海．闪速冶金在金隆铜业的进步．世界有色金属，2003，(1)：11-14.

4 张文海．还铜陵人民以兰天//中国工程院．中国科学技术前沿．第六卷．北京：高等教育出版社，2003.

5 张文海．闪速熔炼在中国的进展与研究．中国有色金属学报，2004，14：63-71.

蒋 继 穆

（1939～　）

蒋继穆，有色金属冶金专家，中国工程勘察设计大师，我国自主创新的氧气底吹炼铜、炼铅研发及工程化团队带头人。他成功地开发出钽铌富集比达5～7倍的锡渣富集钽铌新工艺；在援阿镍钴提纯厂项目中开发了红土矿沸腾还原焙烧煤气循环工艺并研发成功我国第一台1100℃高温网带式烧结炉；他力促引进、消化、再创新湿法炼锌、镍闪速熔炼、诺兰达炼铜和富氧顶吹熔炼先进技术，广泛地应用于我国有色金属冶金行业，为我国有色冶金技术的加速提升并跻身于世界先进行列做出了重要贡献。

蒋继穆，1939年10月13日出生于湖南省涟源县山塘乡桥头大队的一个贫农家庭。他自幼谙熟农活，吃苦耐劳，在老师和作为地下党员的叔祖父的影响下，对共产党深有好感。1949年，湖南省解放，他靠政府的助学金顺利完成了中学和大学学业。1962年，他以全优成绩毕业于中南矿冶学院（现中南大学）冶金系。同年9月被分配至北京有色冶金设计研究总院（现中国恩菲工程技术有限公司）工作，在老同志的指导下，蒋继穆努力工作，很快熟悉了设计工作程序，具备了独当一面的工作能力。在工作中，他勤于思考，大胆采用新设备、新工艺，取得了许多技术进步成果。

1964年，蒋继穆在白银参与密闭鼓风炉炼铅试验，首次提出将炼铁热风炉移植到有色冶炼，满足试验急需并不必再费周折进口。20世纪70年代，他在援阿镍钴项目组工作，与同事试验开发了红土矿沸腾还原焙烧煤气循环利用工艺，自主研制了我国第一台高温网带氢保烧结炉。1979～1983年蒋继穆带领工艺小组接受新加坡金必得有限公司委托，同我国其他研究院所承担了富集锡厂锡渣中钽铌的研究项目。

1984年为解决金精矿干燥时带入煤灰影响金回收率的问题，他在中原黄金冶炼厂主持开发硫化金精矿沸腾焙烧浆式进料新工艺并一次投产成功，之后该工艺在黄金系统多家企业获得推广应用。他参照化工系统沸腾炉大部分采用露天配置，打破有色系统常规，在中原黄金冶炼厂第一个将沸腾炉进行露天配置，大幅度降低了基建投资，改善了操作环境。此后，北京有色冶金设计研究总院设计的沸腾炉全部露天化。

1985～1998年，蒋继穆在设计院副院长的岗位主管技术工作。他组织完成国家级和部级标准规范100余项，完成各类院标230多项并亲自任编辑部主任，组织有色系统四大设计院历时十年完成《重有色金属冶炼设计手册》共四卷、800余万字。这些工作为有色文化和技术的传承积累了宝贵的无形资产和财富。

通过国外考察，集成吸收国外湿法炼锌各项新技术，与自主创新相结合，他主持设计、建成、投产了白银公司10万吨/年大型锌冶炼厂；主持金川大型镍闪速熔炼厂设计，建成亚洲第一座大型镍闪速炉；主持大冶铜厂改造，引进诺兰达侧吹炼铜技术；引进富氧顶吹熔炼技术，用于铜、锡冶炼厂改扩建。

1999年，蒋继穆卸任后，全力投入到研发推广氧气底吹熔炼技术之中，他和研发团队一起建成投产了底吹炼铅-鼓风炉还原工艺工业化的河南豫光铅厂、池州铅厂；开发和建成了底吹炼铜工艺的第一家铜厂——越南大龙冶炼厂和山东东营方圆铜厂。

蒋继穆近48年的辛勤工作，完成技术创新七项，参与和主持国内外大中型冶炼工程设计30余项；获得国家科技进步奖二等奖一项，省部级科技进步奖一等奖四项，国家优秀工程设计金奖三项，国家优秀工程咨询成果一等奖一项；获国家授权发明专利五项，国家优秀专利奖一项。2000年，他被授予中国工程勘察设计大师。他曾兼任中国有色金属学会常务理事、中国硫酸协会副理事长、中国有色金属学会重冶学委会主任。

初出茅庐崭露创新头角，
解决试验和涉外工程技术难题

1964年，毕业不久的蒋继穆在白银公司从事密闭鼓风炉炼铅锌半工业化试验厂的设计工作时，需要一台将鼓风炉送风预热至600℃以上的金属换热器，当时国内耐高温的不锈钢材料奇缺，进口又因数量太少，加上时间过长，不现实。他从钢铁杂志上了解到，中科院叶祖佩在首钢从事高炉的三高试验，其中用石球热风炉可将高炉送风预热至1100℃。他据此提出以石球热风炉替代金属换热器，其预热风温可大幅提高，更有利于铅锌鼓风炉熔炼工艺并可解决没有高温合金钢材料的燃眉之急。此提议获得了当时在白银蹲点的冶金部部长刘学新的支持，遂派他去鞍钢调拨1958年“大炼钢铁”后废弃的300米^{3}高炉配套用的全套考贝式热风炉并取得成功，首次将考贝式热风炉成功移植到有色冶炼用于ISP工业生产。

1970～1978年，蒋继穆从事“援阿镍钴提纯厂”的试验及设计工作。我国为阿尔巴尼亚研发沸腾焙烧还原红土矿再氨浸、氢还原提取镍钴的新工艺。试验中期，存在沸腾炉还原煤气消耗

过大的重大技术问题。对此，他提出“沸腾炉煤气循环利用”方案并得到当时上海市主管领导王佩洲的支持。此后，他与谢玉成等老专家一起，攻克了煤气负压操作禁区，克服了诸多工程技术难题，实现了沸腾炉还原焙烧煤气循环利用工业化，将煤气单耗降至接近理论值——120 标立方/吨矿，顺利解决了援阿工程中的一大技术难题。

援阿镍钴提纯厂产出的半成品镍块和钴块，需要在氢气保护下进行烧结脱硫才能成为合格产品。当时引进加拿大或日本的金属网带式烧结机的价格很高。领导决定自力更生进行试制，蒋继穆任组长与该院设备专业的姚林良工程师，参照国外样本设计了我国第一台 1100℃高温网带氢保烧结炉，由上钢五厂负责试产 Cr25Ni20 高温合金并拉丝编网，上海电炉厂负责制造。他成功研发出我国第一台 1100℃高温网带式烧结炉，填补了国内空白。该设备后来成为上海电炉厂的标准产品。

1979 年，他受新加坡金必得公司委托，将该公司锡冶炼厂所产锡渣中的钽铌品位富集到 7%以上。该课题由蒋继穆任组长，先后在北京钢铁研究总院、南宁冶金研究所、包头冶金研究所开展试验，最后由北京有色冶金设计研究总院（现为中国有色工程设计研究总院）自建研究装备，经过近三年的研发，用抑制钛还原的方法取得突破。1983 年，他赴新加坡金必得公司指导投产，钽铌富集比达 5～7 倍，远高于美、日、德等国的水平，为国家获得 30 万美元的技术转让费。

力促先进冶金技术的引进、吸收再创新，为有色冶金技术向世界前列跨越做贡献

20 世纪 80 年代中期，西北铅锌冶炼厂的扩建改造拉开了我国铅锌工业现代化的序幕。蒋继穆主持该厂引进国外技术，自行设计 109 平方米大型鲁奇式沸腾焙烧炉。设计打破常规，全系统只建一台焙烧炉，不设备用，节省了大量投资；集成采用了高温

高酸浸出、锑盐深度净液、黄钾铁矾除铁等先进工艺；引进了大型全塑电解槽、大极板、机械化剥锌机组；组织自主开发了锌锭自动定量浇铸码垛打包生产线；引进了烟气净化脱汞并综合回收技术并在国内有色界首次采用全厂 DCS 控制系统。这些新工艺及新技术随后在株冶、豫光、曲靖、巴彦淖尔等八家的项目中成功推广应用，使我国湿法炼锌技术迅速赶上世界先进水平。

20 世纪 90 年代初，蒋继穆主持金川大型镍冶炼厂设计，确定工艺流程，参与施工投产，使我国镍冶金跻身世界先进行列。该工程采用的镍闪速熔炼工艺，技术先进复杂、设计难度很大。为节省投资，金川只购买了外方的生产许可证，从设计到施工全部自主完成。该项目 1992 年一次投产成功，在技术上有多项突破：①首次将贫化电炉与闪速炉相结合，开发了具有独特技术的闪电合成炉；②根据我国燃料特点，首创符合国情的镍闪速炉以煤代油技术；③在反应塔和沉淀池连接部及渣线部位设计了特殊冷却结构，解决了炉体热膨胀、热侵蚀区容易损坏的问题，炉寿大幅提高；④首次开发成功镍闪速炉在线控制系统。投产后，各项技术经济指标均居世界前列。几年后产量翻番，目前仍为亚洲最大镍生产线。1996 年，该项目获国家“八五”攻关重大科技成果奖，1997 年获全国优秀工程设计金奖。

20 世纪 90 年代中，蒋继穆主持引进诺兰达侧吹炼铜技术用于大冶有色金属有限公司铜冶炼厂改造。该厂原用反射炉熔炼存在能耗高、效率低、烟气 SO_2 浓度低、硫的回收率低、环境条件恶劣等问题，经考察比较，选用加拿大诺兰达工艺进行扩产改造。在设计中，他对诺兰达的排烟口进行了改进，减少了漏风并增设了余热锅炉，提高了热能利用率。创新改造后，大冶产能翻番、能耗减半、劳动生产率倍增、环保达标，各项指标平均优于国外同类企业并荣获国家第七届设计金奖。

20 世纪 90 年代末，蒋继穆主持引进富氧顶吹熔炼技术，用于铜、锡冶炼厂改扩建。

富氧顶吹熔炼技术又称浸没式喷枪顶吹（TSL）技术，是澳大利亚20世纪80年代末用于工业生产的先进熔炼技术。它具有优越的熔池反应动力学条件，熔炼强度高，对原料、燃料有广泛的适应性，备料过程简单；炉体为固定式竖式圆柱体，结构简单，占地面积小，投资相对较低。经他推广，20世纪90年代在山西中条山冶炼厂、云南冶炼厂、云锡冶炼厂、安徽铜陵金昌冶炼厂先后得以应用，对这些企业进行了改扩建。

中条山冶炼厂和金昌冶炼厂均为取代铜鼓风炉熔炼，有效解决了SO_2的回收问题，消除了烟害。中条山冶炼厂是世界上第一家采用顶吹炉吹炼替代转炉吹炼并成功应用于工业生产的企业。金昌冶炼厂产能由6万吨/年，提高到18万吨/年，硫回收率由85％提高到96％，能耗减半。云南铜冶炼厂经多项技术创新和优化设计，以顶吹替代电炉熔炼，使该厂粗铜产能由6万吨/年提升20万吨/年，能耗下降了50％，硫利用率由79.35％提高至96.34％，炉温自控系统可将温度波动幅度控制在5℃以内，第一炉期寿命就达28个月，为同类企业之最。该项目2006年获国家科技进步奖二等奖。云锡公司用一台顶吹炉取代了原有10台反射炉熔炼，投产后产能提高1万吨/年，每年还节煤1.1万吨，油耗降低3/4，耐火材料消耗降低2/3，锡的总回收提高2％，余热发电量自用有余。2002年该项目获国家优秀工程咨询成果一等奖和部级优秀工程设计一等奖。随着这一轮技术引进、扩产改造的成功实施，我国多数铜、镍、锡冶炼的老企业焕发了青春，淘汰了电炉、反射炉、鼓风炉等传统熔炼工艺，代之以先进的熔池熔炼等新技术，使老企业迅速跻身世界先进行列。

致力于自主创新的底吹熔炼新技术工程化应用

开发推广氧气底吹-鼓风炉炼铅新工艺。21世纪初，我国铜、镍、锌、锡等冶炼技术已赶上世界先进水平，唯有铅的冶炼还停留在烧结-鼓风炉传统工艺上，烧结过程硫和铅尘的低空污染相当严重，粗铅能耗很高，达680千克标准煤/吨。为解决这一难题，以他为首的北京有色冶金设计研究总院底吹炼铅专业技术团队在水口山 20 世纪 80 年代建设的底吹炉半工业试验的基础上，充分依托该院多年积累的丰富工程经验，主持研发了大型氧气底吹炉、满足该炉转动特性的大型余热锅炉、长寿氧枪、薄层分格新型铸渣机、新型高效鼓风炉等全套产业化装置。该装置在安徽池州和河南豫光金铅两个冶炼厂分别开展产能 3 万吨/年和 6 万吨/年粗铅规模的氧气底吹熔炼-鼓风炉还原炼铅新工艺的产业化试验，于 2002 年一举成功后转工业生产。

该工艺的特点在于用底吹熔炼取代烧结，使硫的捕集率大于 99.7%，消除了烧结铅尘污染，实现了清洁生产；同时有约 50%的铅靠交互反应在底吹炉中产出，使鼓风炉的处理量减半，焦炭量仅为传统鼓风炉工艺的 50%～60%，加上底吹熔炼不用加任何燃料，全部自热，使粗铅能耗降至 340～380 千克标准煤/吨；鼓风炉渣量减半，伴生银经两次捕集，使铅与银的回收率较传统工艺提高 1～2 个百分点。该技术还可处理废蓄电池酸泥，有利于废铅的循环利用。

由于氧气底吹熔炼-鼓风炉还原新工艺具有环保好、能耗低、金属和硫的回收率高、投资省等优势，有利于充分利用传统工艺进行改造，所以推广十分迅速。到 2009 年，国内已有 12 条生产线投入运行，在建的生产线还有十多条。该技术已出口至印度并有望用于澳大利亚、美国等现有铅厂的技术改造。由于在氧气底吹熔炼-鼓风炉还原炼铅新工艺的开发中的突出贡献，他先后获得国家发明专利、国家科技进步奖二等奖和中国有色金属工业科学技术突出贡献奖等奖项。

开发氧气底吹炼铜技术，实现世界铜冶炼领域第一条无碳熔炼产业化生产线

我国铜冶炼技术大都由国外引进，缺乏自主知识产权，能用自主开发的技术建一座大型铜冶炼厂是蒋继穆的夙愿。2003 年，

他终于争取到了机遇，基于水口山底吹炼铜半工业化试验数据，通过工程化开发开始设计建设年产1万吨的越南矿业公司大龙冶炼厂。从2005年年底开始，他在山东东营方圆有色金属有限公司的支持下，在山东东营设计建设年处理铜精矿50万吨规模的大型底吹炼铜冶炼厂。两条生产线于2008年先后建成投产并获得成功。东营大型生产线投产48小时后达到初期设计能力，一年的连续顺利运行证明该技术是一种非常理想的铜熔炼先进工艺，具有突出优点：环保好、噪声低、熔炼强度高、炉体及氧枪寿命长、投资省、维护费用低。尤为突出的是，原料中铁加硫含量大于40%即可完全自热，无须加任何燃料，可实现无碳熔炼，这是当前世界已有的炼铜技术难以实现的。

国务院发布的《关于发挥科技支撑作用，促进经济平稳较快发展的意见》，将氧气底吹铜熔炼技术列入了“十一五”国家科技支撑计划进一步开发完善；同时，在国家《有色金属产业调整和振兴规划》中，该技术作为“促进有色金属产业升级和振兴的重点关键技术”进行重点推广。

（唐　建　尉克俭）

简　历

1939年10月	生于湖南省涟源县山塘乡。
1962年8月	毕业于中南矿冶学院冶金系。
1962年9月～1982年12月	北京有色冶金设计研究总院专业组长、工程师。
1983年1月～1983年06月	新加坡金必得公司专业组长、工程师。
1984年4月～1984年11月	北京有色冶金设计研究总院冶炼室副主任、工程师。
1984年12月～1985年9月	北京有色冶金设计研究总院院办主任、工程师。
1985年10月～1990年6月	北京有色冶金设计研究总院副院长、高级工程师。
1990年7月～1994年1月	北京有色冶金设计研究总院副院长、教授级

高工。

1994 年 2 月～1997 年 10 月　北京有色冶金设计研究总院兼总工程师、教授级高工。

1997 年 11 月～2007 年　北京有色冶金设计研究总院、中国有色工程设计研究总院总工程师、教授级高工。

2007　中国恩菲工程技术有限公司高级顾问。

主要论著

1 蒋继穆．我国铅冶炼现状及改造思路，有色冶炼，2000，(5)：1-3.

2 蒋继穆．我国锌冶炼现状．世界有色金属，2001，(10)：3-7.

3 蒋继穆．我国铅锌冶炼现状与持续发展．中国有色金属学报，2004，(S1)：52-62.

4 蒋继穆．我国重有色金属冶炼可持续发展战略研究．北京：科学出版社，2005.

5 蒋继穆．1990. 赴苏联巴尔塔什炼铜厂的考察．有色冶金，(6)：1-5.

6 蒋继穆，孙偱，张驾．重有色金属冶炼设计手册．北京：冶金工业出版社，2008.

7 蒋继穆．现代铜冶金学．北京：科学出版社，2003.

8 谷风宝，蒋继穆，陈家庸．钛资源综合利用．北京：人民日报出版社，1992.

王 忠 实

（1939～　）

王忠实，铅锌冶炼专家，我国自主开发的“SKS”法炼铅技术的主要研发和工程化开拓者之一，成功主导开发出液态高铅渣侧吹还原炼铅技术，是富氧顶吹浸没炼铅技术在我国引进、改进和创新的主要推动者；主导了单系列大型焙烧炉炼锌工艺在我国的工程技术开发、提升与广泛应用，并自主设计研发了黄金冶炼厂焙烧炉浆式进料技术，推进了我国沸腾焙烧技术的发展；开发出铅锌冶炼残渣烟化法无害化处理新工艺，可综合回收有价金属，为我国铅锌冶炼技术达到世界先进水平做出了重要贡献。

王忠实，湖北武汉人，1957～1962 年就读于中南矿冶学院（现中南大学）冶金系重有色专业，毕业后分配到冶金部中国有色冶金设计研究总院（现中国有色工程有限公司）冶炼处工作。

1963～1968 年参加了株洲冶炼厂一期工程 10 万吨/年锌、3 万吨/年铅的技术设计、施工图设计及施工服务、投产工作。

1966~1978 年，参加了白银第三冶炼厂的稀相焙烧-密闭鼓风炉炼铅锌的工业化试验并根据试验结果和相关资料完成了年产 3 万吨/年铅锌工业规模的工艺计算，以及部分车间的主要设计和检审，参与了施工和投产。该厂后期生产已达到 5 万吨/年铅锌能力。

1979～1982 年，在上海冶炼厂铅系统改造和会泽铅锌矿铅厂改造两项目中任副总设计师和主要设计者，分别承担了铅火法精炼铅合金制造工艺，以及铅烧结机车间的设计和投产。1983～1985 年，在沈阳冶炼厂铅熔炼改扩建项目中任专业负责人和主要设计者，设计中采用了无本床放液、前床分离、渣直接入烟化炉回收锌及残留的铅，省略了渣包的吊运，改善了操作区的环境。

1983～2002 年，王忠实参加了“SKS”法炼铅、炼铜试验研究项目和工程化工作，该法主要是为了解决传统炼铅法环境污染、能耗高的问题，寻求一种流程短捷、硫回收率高、无污染或少污染的炼铅方法。他负责工艺开发，在后期工程化联合开发中曾任技术决策组组长。

1986～1991 年，王忠实，在西北铅锌冶炼厂 10 万吨/年电锌项目中担任专业负责人，统管专业设计、施工和投产并担当项目焙烧和锌熔铸车间的主要设计者，后任项目主管副总工程师和现场代理队长。在此期间王忠实还承担了中原黄金冶炼厂复杂多金属难选冶金矿焙烧预处理系统的方案研讨、设计审定和投产工作。他提出了用浆式进料取代常规的干式进料方案。由于浆式进料在我国尚属首次运用，设计中充分考虑到国外类似工厂的实践，加强了浆式进料有关设备和工艺过程工程化的研发，形成了国产化的全套浆式进料装备。该系统的稳定生产达到了预期的效果，既省略了精矿的干燥系统，减少了机械损失，提高了焙烧炉的作业率和产能；又明显改善了操作区域的环境。浆式进料技术在黄金冶炼厂预焙烧处理车间得到了推广运用，该技术 1993 年获中国有色金属工业总公司科技进步奖二等奖。

1991～1993 年，王忠实在赤峰炼锌厂一期工程任主管副总，主持方案研讨和制订，参加了现场的施工和投产。该工程成功地采用了热酸浸出、低污染黄钾铁矾工艺，取得了投产稳定、回收率高、低污染的明显效果，该工艺在后续的几次扩建和内蒙古新建厂得到了推广运用。

1992～1996 年，王忠实任伊朗亚兹德锌厂的主管副总兼总设计师，主持了项目的对外谈判、基本设计、施工图设计，制定了一系列国外设计各项标准，保证了项目的顺利投产。与此同时，他还参加了株洲冶炼厂 10 万吨/年电锌厂的设计、审核、审定和投产工作，将西北锌厂的成功经验、焙烧系统的设备更新和大型化推广到株冶，收到了建设周期短、投产达标快的效果。

1997～2002 年，他还承担了云南铜业股份有限公司铜冶炼厂 12.5 万吨/年粗铜和硫酸改造工程的设计，任主管副总工程师，主持了方案的研讨和制订工作。该项目是在原有的电炉熔炼车间实现就地改扩建，拆除部分设施采用一台艾萨炉熔池熔炼取代多台电炉并保留一台电炉作为贫化沉降分离功能。厂房的配置较复杂，经多次配置方案的研讨，最终确定后提交给艾萨公司作为基本设计的依据。王忠实作为主管副总代表设计方参与了引进技术的谈判、初步设计、基本设计、详细设计的审查及试车投产工作。2002 年项目顺利建成投产、达标，为企业获得了较好的经济效益和社会效益。

2004～2006 年，王忠实任云南蒙自矿冶有限责任公司 5 万吨/年电锌和 50 吨/年电铟铟锌工程的主管副总工程师兼总设计师。由于蒙自矿冶公司自产锌精矿含锌品位低，仅 40%，铟高、铁高、杂质含量高，为了解决综合回收、脱杂等技术问题，他提出了三条技术路线，由长沙矿冶研究院完成小型探索试验和扩大试验，共同决定设计流程和操作指标。经试验结果的评审确定了低酸浸出、中和脱杂、电解的主工艺；浸出渣采用浮选回收银，再经挥发产出氧化锌并富集铟；氧化锌经三段浸出、萃铟生产电铟、铅渣返铅熔炼。该工艺流程短，综合回收率高，适合于蒙自复杂锌精矿的处理。2006 年该矿冶公司建成投产，在较短的时间内，全流程实现了顺行生产，主要指标达到或超过设计值，为企业带来了很好的经济和社会效益。

王忠实从主要设计者做起，逐步担当专业负责人、组长等，专业技术积淀厚实，开发能力和创新意识强。后任总设计师、副总工程师，塑造了他复合型人才特质。1992 年享受政府特殊津贴，1994 年晋升为教授级高工。在重点科研和项目建设中获国家科技进步奖二等奖一项、国家优秀工程设计金质奖一项，省部级一等奖两项、二等奖一项并于 2000 年被国务院授予“全国劳动模范”称号。

第一，为主开发我国自主知识产权的氧气底吹炼铅-鼓风炉还原新工艺，治理烧结炼铅环境污染。

2002 年前，世界上 80%、我国全部铅生产采用烧结-鼓风炉工艺。该工艺因烧结产生低浓度 SO_2 烟气且无法经济地回收而直接排放及铅尘逸散，作业环境恶劣，污染严重，一直是一个世界性难题。国外相继开发的基夫赛特、QSL、卡尔多和澳斯麦特法/艾萨法四种炼铅新工艺由于种种原因均未能被广泛应用。

王忠实从 20 世纪 80 年代起就致力于研究开发铅冶炼新工艺以便铅厂面貌发生改观。他参与了“SKS”（氧气底吹炼铅-鼓风炉还原）法的方案研讨，是试验厂的主要设计者兼审核、审定者并参加了几个月的各项试验工作。17 炉次的试验结果令人鼓舞：一个炉期达到 60 天连续作业，扣除设备故障，运转作业率达 90%以上，处理铅精矿 1720 吨/炉次，回转底吹熔炼炉三支氧枪的平均寿命为十天，一次产铅率为 32.1%，高铅渣含铅 44%。试验证明了工艺可行，后因试验装置的改进完善所需资金困难搁置。1991 年，豫光金铅集团铅厂计划改扩项目，王忠实等力主采用“SKS”法炼铅新工艺取代密闭鼓风炉铅锌混合冶炼（ISP）

方案，组织了三厂一院联合开发SKS工艺技术，在原工业性试验的基础上进行验证试验，为工程设计提供技术参数和需要解决的关键技术难点。时任技术决策支持组组长的王忠实和项目联合试验团队做了两个半月的验证试验，将氧枪寿命从十天左右提高到2～3个月。随后开展了产业化工程开发与设计，王忠实担任豫光金铅集团铅厂5万吨/年铅粗炼改扩项目的主管副总工程师。围绕工艺和装备的工程化研发，几经研讨，他和项目团队通力合作，完成了底吹炉、氧枪、余热锅炉、铸渣等一系列专长设备的设计和制造。2002年前后，豫光项目及池州冶炼厂3万吨/年铅冶炼项目几乎同时顺利投产，3个月就达到了设计能力，实现了我国多年来炼铅技术的重大突破。与国外技术相比，该工艺具有环保好、能耗低、金属回收率高、投资省等优势，各项技术指标优于设计值。从此，我国铅冶炼技术走上了自主开发的技术道路，国内包括在建的约40%的产能运用该项技术。2004年氧气底吹-鼓风炉还原技术获国家科技进步奖二等奖等多项殊荣并获国家专利，王忠实是主要专利发明人之一。

第二，力主大型湿法炼锌厂的新技术装备设计，为我国锌冶炼技术达到世界先进水平做出了贡献。

20世纪80年代，具有我国锌业现代化标志的西北铅锌厂锌系统开始设计。设计改变了以往电锌厂的建设思路，以设备大型化、高效化为主线，加强了过程控制系统，更新了传统锌冶炼系统的设备和装置，浸出和渣处理采用了热酸浸出、黄钾铁矾沉铁工艺。

王忠实作为西北锌厂焙烧车间和熔铸车间的主要设计者，提出并实施了单台（109平方米）鲁奇式焙烧炉取代多台焙烧炉的设计方案。为了保证生产安全可靠，他采用抛料机、圆盘分料机取代传统的圆盘给料机和前室的加料系统；与新型焙烧炉配套的余热锅炉采用了水平直通式锅炉取代了立式锅炉；炉气出口与锅炉连接采用双向膨胀节；烟尘排放系统采用溢流密封螺旋；焙砂排放系统采用流态化和内冷高效冷却筒。这些新型的装备提高了炉期，保证了单台炉稳定连续的生产，防止了烟气的弥散并明显改善了操作环境，实现了国产化，降低了成本。与此同时，西北锌厂焙砂的干式磨矿、空气输送、40 吨大型感应电炉、W 形感应器、直线定量烧铸自动码垛机组都是首次在我国运用并实现了国产化。西北锌厂的顺利投产使这些装备很快在国内炼锌厂得到了推广运用，为我国炼锌厂的技术进步做出了贡献。1995 年，该项目获中国有色金属工业总公司科技进步奖一等奖。

第三，引进与开发相结合，打造曲靖铅锌冶炼基地；综合利用清洁生产，为我国铅锌冶炼树立新的标杆。

2000～2004 年，王忠实任云南冶金集团（简称云冶）曲靖有色基地 10 万吨/年电锌、8 万吨/年粗铅建设项目的主管副总兼总设计师，根据云冶要求，建设水准达到国际先进、国内领先。他主持了设计方案的论证和研讨。鉴于当时底吹炼铅尚无工业化生产实践，他确定了富氧顶吹浸没熔炼和鼓风炉还原炼铅的技术路线。炼锌系统确立了设备大型化和 1.6 平方米大极板自动剥锌机的运用、全厂 DCS 控制系统和三废治理系统等技术路线。这为曲靖有色基地稳定、安全、清洁生产奠定了技术基础。

他除配合业主参加了富氧顶吹引进技术的谈判和决策，以及基本设计、详细设计的审查、审定和施工投产外，还围绕富氧顶吹炉的相关配套设备的工程化研发和设计做了大量的工作，试生产阶段又进行了局部的完善和改进，在较短的时间达到产能和各项技术指标，经济收益和环保效果很好。至此，铅行业在 21 世纪初提出的用氧气底吹或富氧顶吹强化熔炼改造我国炼铅厂以实现改善我国炼铅环境的目标均已实现，王忠实的工作是卓有成效的。

曲靖有色基地是一座铅锌冶炼联合企业，每年约产出 6 万吨铅渣和 9 万吨含锌浸出渣，渣中富集锗。为回收渣中的铅、锌和稀散金属，王忠实提出锌浸渣与鼓风炉熔渣混合、在新型结构烟化炉中处理的方案，经建设方验证试验后用于规模化生产。这是当时我国最大的烟化炉（12 平方米），炉子结构新颖，炉身下部为水套，上部为膜式壁结构，烟气出口接余热锅炉辐射段的垂直烟道，产出 40 公斤/厘米^{2}中压饱和蒸汽用于发电。经几年的生产实践证明主要指标已达设计值，铅、锌、锗回收率达 90%以上，银在氧化锌产品的富集比达 10 倍，资源回收率是较高的，水淬渣可外售给水泥厂。该项技术的开发运用为循环经济和渣无害化处理提供了示范。

发展底吹炼铅，成功开创出更为节能清洁的液态高铅渣侧吹直接还原炼铅新工艺

王忠实凡事爱琢磨，常审视自己和团队的“作品”，从不为成功所陶醉。正是这种创新特质使他善于发现问题、勇于努力求索，不断超越自己跃上新水平。底吹炼铅-鼓风炉还原工艺广泛应用后，他一直在思索工艺的薄弱点：底吹炼铅放出的融熔高铅渣要经过铸渣机铸块再进入鼓风炉还原，其间渣降温成块，热能无效散失，且要配置铸渣机，占地并增加了投资。他酝酿实施多年前和母校导师探讨过的第二步蓝图：试验液态融熔高铅渣直接还原，低碳减排、紧凑配置、低投资的改进工艺。他提出采用侧吹竖式炉取代鼓风炉还原的炼铅方案。“SKS”熔炼产出的高铅渣经侧吹炉上部加料口直接入炉，用块煤（或粒焦）作为还原剂，经过氧、煤喷吹搅动加热，还原铅通过虹吸口放出。还原后渣还可送烟化炉中回收锌。

通过王忠实及开发管理团队的不懈努力，液态高铅渣侧吹竖式炉还原项目获得国家发改委 2007 年“国家重大产业技术开发专项”的立项和河南金利金铅有限公司的支持。他在 8 万吨/年“SKS”炼铅装置上进行工业改造试验，经过近两年三次工业化试验，两次修改侧吹炉结构、改进侧枪结构、增设管路系统阻火

装置来提高安全性等，终于在2010年5月第一炉期五个多月的示范生产结束时，证明工业化试验成功。各项技术指标达到并优于课题预期要求。该工艺较鼓风炉还原熔炼操作稳定、生产环境好、劳动强度减轻、劳动生产率提高，综合能耗低于鼓风炉能耗的2/3，铅直收率可提高1～2个百分点，烟尘率相当或略低，铅锌分离效果与鼓风炉相当。侧吹竖炉还原工艺除了省去了铸渣环节外，还无需用昂贵的冶金焦作还原剂，节约投资、降低生产成本，达到了节能减排、改善环境的目的。该工艺和配套装置申请获得两项发明专利（一项授权），三项授权实用新型专利。王忠实作为专利第一发明人，为我国炼铅技术位居世界前列贡献了才智和力量，为自主创新的底吹炼铅工艺再添异彩。

（唐　建　尉克俭）

简　历

1939年10月17日	生于湖北省武汉市。
1957年9月～1962年9月	中南矿冶学院冶金系学习（现中南大学）。
1962年9月～1975年	北京有色冶金设计总院冶炼科任技术员。
1975～1978年	北京有色冶金设计总院冶炼组任工程师。
1978～1987年	北京有色冶金设计总院冶炼组任高级工程师、组长。
1987～2004年	北京有色冶金设计总院总工程师．教授级高工、院副总工程师、副主任、主任等。
2004年～	中国有色工程设计研究总院（现为中国有色工程有限公司）技术发展部，退休后被返聘任高级技术顾问。

主要论著

1　王忠实，崔乃良．我国重有色金属冶炼行业的近况和思考．中国勘察设计，2003，6：53-57.
2 王忠实．氧气底吹熔炼-鼓风炉还原炼铅工艺的开发和运用 //中国有色工程设计研究总院．2003 年中国重有色金属工业发展战略研讨会及重冶学会第四届学术年会论文集．2003，34-37.
3 王忠实．我国锌精矿沸腾焙烧技术的进展．有色冶炼，1995，6：1-9.
4 王忠实．美国微细粒复杂金矿级低品位含金矿的处理（考察报告）．重有色冶炼，1996，2：2-13.
5 王忠实，蒋继穆．中国锌冶炼现状（英）．有色冶炼，1996，(6)：1-5.
6 王忠实．铅锌混合精矿稀相焙烧试验．重有色冶炼，1972，3：19-26.
7 王忠实．铅冶炼过程中铅污染特性及防治//中国有色工程设计研究总院．铅污染防治技术及政策研讨会论文集．北京：冶金工业出版社，2010，20-29.
8 王忠实．液态高铅渣侧吹炉直接还原炼铅工艺的研发和应用//中国有色工程设计研究总院．全国“十二五”铅锌冶金技术发展论坛论文集．北京：冶金工业出版社，2010：1-9.
9 王忠实．近十多年来铅冶炼技术发展现状//中国有色工程设计研究总院．首届国内外铅冶炼新技术新装备推广交流会论文集．北京：冶金工业出版社，2010：5-22.
10 王忠实．锌冶炼技术发展现状综述//中国有色工程设计研究总院．第十届全国铅锌冶金技术及生产装备研讨会论文集．北京：冶金工业出版社，2008：19-28.
11 王忠实，蒋继穆，等．湿法炼锌的浸出过程//铅锌冶金学编委会．铅锌冶金学．北京：科学出版社，2003：1-25，316-376.

潘 龙 驹

（1939～　）

潘龙驹，地质矿产勘查专家，中国第七届“李四光地质科学奖”获得者，为我国有色金属地质勘查做出了突出的贡献。他不仅有丰富的实际工作经验，而且有丰富的地质理论知识，地质找矿成绩显著，对在大兴安岭西侧寻找到乌奴格吐山特大型铜钼矿床、甲乌拉大型银铅锌矿床和查干布拉根大型银铅锌矿床发挥了关键性的作用；在我国地质界首次提出了“聚矿构造”理论，对地质科学的发展起了重要作用。

潘龙驹，1939年11月25日出生于四川省乐山县城嘉乐门外走马街城，1958年从乐山第一中学毕业后，考入贵州工学院（今贵州工业大学）地质系矿产地质勘查专业。1963年1月从贵州工学院地质系毕业后，潘龙驹与他的同事们以坚定的步伐踏遍了辽宁、吉林、黑龙江和内蒙古的山山水水，他们披荆斩棘，风餐露宿，努力为祖国多找矿。

1963年2月，他在辽宁冶金地质勘探公司工作，历任辽宁冶金地质勘探公司地矿室地质技术员（1963～1965年）、东北有色地质研究所地质技术员（1966～1969年）；1970年在黑龙江有色金属地质勘查局（简称黑龙江有色地勘局）707地质队工作，历任地质组长、分队技术负责人（1970～1976年），黑龙江有色地球物理探矿队综合研究组副组长（1976～1981年），黑龙江有色地勘局706队总工程师（1981～1992年）并兼任过生产副队长（1983～1986年）；1992～1999年调入中国有色金属工业总公司地质资料馆，任地质调研室主任，参与管理有色地质系统地质勘查项目。

潘龙驹是有色地质系统有突出贡献的地质勘查专家，不仅有丰富的实际工作经验，地质找矿成绩显著，而且有深厚的地质理论知识和成果。他的重要贡献主要表现在以下几方面。

（1）在担任黑龙江有色地勘局706队总工程师期间，先后找到了乌奴格吐山大型铜钼矿床、甲乌拉及查干布拉根大型银铅锌矿床，使该地区成为新的有色金属矿产基地，取得了良好的经济效益与社会效益。

（2）在38年实践基础上经过系统理论总结，与有关同志写成了《内生金属矿床聚矿构造研究》一书，已由冶金工业出版社于2000年12月出版发行。该书不仅有理论意义，还具有指导找矿的实际意义。与有关同志共同撰写《满洲里—新右旗铜银多金属矿带大型矿床地质特征》专著，亦于1996年内部出版发行。

（3）受国土资源部委托2000年编制完成了《铜铅锌银镍钼矿地质勘查规范》，获国家有色金属工业局科技进步奖二等奖，他还获中国有色金属工业总公司找矿成果一等奖一项、中国有色金属工业总公司科技进步奖一等奖一项，国家科技进步奖三等奖一项。

鉴于他的突出贡献，他于1988年获“黑龙江省优秀科技工作者”称号，1987年和1990年获“齐齐哈尔市优秀科技工作者”称号，1991年获中国有色金属工业总公司“七五”期间发展金银事业做出突出贡献的先进个人，1992 年享受政府特殊津贴。

地质找矿方面的重大贡献

1. 乌奴格吐山特大型铜钼矿床的发现与勘查

潘龙驹同志在野外地质勘查工作中善于运用成矿理论并结合工作区地质实际情况，总结适合该地区的成矿特点和找矿标志，故而找矿成果突出，如对乌奴格吐山铜钼矿床的发现与评价，他起到了很大作用。

1977 年夏天，时任黑龙江有色地勘局地球物理探矿队（简称物探队）综合组副组长的潘龙驹从一本外文资料上得知，与我国内蒙古毗邻的苏联、蒙古国的克鲁伦河流域及外兴安岭、贝加尔湖东南部一带相继发现了一大批不同类型的铜、钼、银、铅、锌等金属矿藏，使苏联和蒙古国获得了巨大的经济利益。

他清楚地知道，内蒙古北部与苏联、蒙古国上述地区的地质构造大体相同，既然这些地区有那么丰富的矿藏，那么我们的内蒙古北部一侧会不会也有同样的矿床呢？潘龙驹反复地仔细研究内蒙古北部与苏联、蒙古国发现矿藏地点的地质构造差异。一个预感在他心中越来越强烈了——内蒙古北部肯定有铜矿！

潘龙驹将凡是能够找到的有关内蒙古北部地区的地质勘查资料全都收集来，夜以继日地细细翻阅。终于，在 20 世纪 60 年代初期地矿系统的一份矿点检查报告上，他看到了新巴尔虎右旗的乌奴格吐山有铜矿化露头的简要记载。潘龙驹立即向物探队的领导同志做了汇报，寻矿心切的领导们迅速决定派潘龙驹到新巴尔虎右旗去预查。

黑龙江有色地勘局自从 1972 年组建以来，3000 多名职工在大小兴安岭一带翻山越岭，攀悬崖峭壁、钻原始森林、踏茫茫草原、穿绵绵沙漠，五年中尽管备尝艰辛，取得了广阔地区的第一手地质资料，描绘了无数张地质图，但始终没有发现一处有开采价值的矿床。这一次，公司领导对潘龙驹的预查寄予了深切的厚望。

1977 年 9 月 29 日，潘龙驹和物探队的另一位地质工程师刘利庸一同离开哈尔滨，踏上了预查的征程。

新巴尔虎右旗位于满洲里市南面。从地图上看，它像一块楔子嵌在苏联与蒙古国的交界处，北边与苏联相连，南边和西边跟蒙古国接壤，因拥有呼伦湖和贝尔湖而被称作呼伦贝尔大草原。克鲁伦河由西南向东北方向斜着穿越县境内，注入呼伦湖，湖的东北方是中苏界河额尔古纳河的源头。这个拥有 3 万平方公里广袤大地的县份，只有 3 万人口。天苍苍，野茫茫，风吹草低见牛羊，贫瘠的旷野一派苍凉。

在远离县城的草原中，有一座高不足百米的小山，形如笔架，从山脚到山顶到处是密密麻麻的小山洞，长期以来成为狐狸繁衍生息的巢穴，因此蒙语叫作乌奴格吐山，翻译成汉语就是狐狸山。

坐了一天一夜的火车，潘龙驹和刘利庸到达边陲城市满洲里。由此往南直线距离 20 公里左右，便是乌奴格吐山。

1977 年 10 月 1 日，全国人民都在欢庆新中国成立 28 周年的时候，他俩在旅馆里吃罢早饭，背上装着罗盘、放大镜、地质锤和地质图的地质包，带上一壶水，顶着寒风，向乌奴格吐山进发。

草原没有路，又都是路，脚踏上去便是路。这里的春天，雪犹未融尽；夏天一派绿茵茵；到了秋天，满目枯黄；冬天则是雪野茫茫。眼下刚刚进入 10 月，水面已经结冰了，温度保持在零度上下。

潘龙驹和刘利庸二人在枯黄的草丛中穿行，脚踏着冰渣和泥淖，一边走，一边仔细观察，看到有矿化和蚀变的异常现象就在本子上记录。一路上，他们见到了燕山期的花岗岩、火山岩，还有古生代的石灰岩。潘龙驹高兴地对刘利庸说：这里完全具备很好的成矿条件。

4 个小时后，他们出现在乌奴格吐山的巅顶。放眼四野，荒无人烟，除了茫茫草原如黄色波浪上下起伏，什么也没有。狐狸早已无影无踪了，连飞鸟都看不到一只，唯有耳际风声阵阵。冰天雪地，没法在这里过夜。下午他们返回了满洲里。当晚，他们整理资料，在地质图上标出各种标志。

10 月 2 日，他们又是怀揣两个馒头出发。这次是绕着乌奴格吐山的外围考察。10 月 3 日，他俩转到了乌奴格吐山南部，这里有公共汽车，他们在天黑前乘车到达离得最近的达石莫公社。

10 月 4 日，他们再从南部登上乌奴格吐山。忽然，潘龙驹的目光像被磁铁吸住了一样，死死盯着一小堆蓝绿色的碎石头。“孔雀石”，他激动地喊了起来。那是铜的氧化物。两人又细细查看山周围的矿化地质状况，满怀信心地预计这里埋藏着一个铜矿床。

10 月 5 日，他俩又继续把附近的火山岩调查了一番，填写了七八十平方公里范围的地质图。当他们风尘仆仆赶回满洲里时，物探队派出的物化探小组也到达了。听了潘龙驹和刘利庸的情况介绍，他们决定在乌奴格吐山矿化地段作一至两条物化探剖面，采集剖面上的土壤，回去化验。

1978 年刚刚开春，公司领导就让物探队在这冰雪未化的乌奴格吐山地区进行地质普查。100 多号人马在这儿扎下帐篷，每天迎着朝霞出发，逐片探测，在夕阳中拖着疲惫的身体返回。忙碌了 4 个月，在 5 平方公里的范围内发现了具有规模较大、强度较高的物化探异常。但是，地表槽探的验证仅见到较强的岩石蚀变，没有见到矿体，很多人丧失信心。

1978 年 8 月初，为了探明这里的成矿远景，黑龙江有色地勘局领导决定在满洲里召开普查找矿工作会议。地勘局所属各队的队长、总工程师都来了，还请了几位不同地质专业的专家。

会上，各专家意见分歧很大。多数人不同意潘龙驹认为此处是斑岩型大铜钼矿的意见，都说可能是个石英脉型小矿，没有多少开采价值，只有少数人支持潘的看法。不过，大家还是赞成进行深部工程验证。

局领导拍板，先调一辆汽车钻来进行初步钻探。钻到30米处，情况让人大失所望——只见到钼，没见到铜，这使持怀疑态度的人更怀疑了。

潘龙驹根据自己踏勘的矿化蚀变范围、强度及物化探异常情况，坚信这座山一定埋藏着铜钼矿。他提出，这里应以蚀变情况来判断矿床远景，地表因淋滤作用矿化弱，矿体很可能隐藏在深部；铜和钼是共生的，它们具有蚀变分带性和矿物分带性，有钼必有铜，之所以没有打出铜来，必是钻孔设计得不科学，打得还不够深。

1979年，他和其他技术干部共同另行设计了10个钻孔，由706队负责钻探。第一孔打下去，就见到那光灿灿的原始本色的铜矿了！接着第二孔、第三孔……十孔中九孔都有铜和钼，其中第五孔的铜矿厚达200多米！钻探队员们欢呼雀跃，那热烈的呼喊声久久地回荡在草原的上空。

后来，黑龙江有色地勘局组织会战，又打了近百个钻孔，有的打到600米深还没将矿体打透，可见其蕴藏层之厚。

经过对矿石标本的化验，这里的铜含量为0.46％，钼含量为0.057％。虽然只是斑岩型贫矿，但是铜储量达221万吨，钼也有25万吨，铜钼总储量在246万吨以上。众多专家鉴定后，确认乌奴格吐山矿床是继西藏玉龙、江西德兴、黑龙江多宝山之后的全国第四位特大型斑岩型铜钼矿床。

找到矿床固然有偶然因素，更多的是地质科学理论指导下的必然。没有理论指导的地质工作者只能算是地质匠，既搞勘查又进行理论研究的人才称得上是地质专家。当全局上下还沉浸在发现乌奴格吐山特大矿的喜悦之中时，潘龙驹已经静下心来，认真思考它是什么时期生成的矿。

前人大多认为乌奴格吐山区域上属西伯利亚地台与华北地台之间的过渡带，属蒙古—鄂霍茨克古生代成矿带。1981～1983年，内蒙古地矿局区测队也在西旗境内开展了1∶20万区域地质测量，有色地质系统一些地质队伍也到此进行调查，但其对该区成矿特点的认识仍停留在前人的认识上，认为主要成矿期是海西期，评价斑岩铜矿以斑岩体为主要标志。

潘龙驹觉得这跟自己掌握的大量第一手资料不相符合，他所见到的花岗岩、火山岩，明明都显示着燕山期的特征。潘龙驹根据观察资料和总结的邻国、邻区资料，提出了不同的看法。1981年9月召开的全国中新生代构造会议上，他以《试论额尔古纳—呼伦深断裂带的发育及成矿作用》这篇论文入选，应邀参加了这一盛会。

论文在矿产与构造小组宣读。操着带四川口音的普通话，潘龙驹朗朗宣读："额尔古纳—呼伦深断西北侧的矿藏，是中生代燕山期成矿。"他展示了大量图表和绝对年龄测试数据，以证明燕山期火山岩浆活动与该区北西向横向构造对成矿的密切影响。潘龙驹证据充分的新看法，引起了有关学者的重视。在杨森楠等主编的高等学校教材《中国区域大地构造》（1985年版，由地质出版社出版发行）中，第142页"德尔布干深断裂"题下，潘龙驹的观点作为不同的看法提出并大量引用了该论文资料对深断裂加以说明。该论文从认识上对前人有两点突破：一是明确提出"额尔古纳—呼伦深断裂"（以前称为德尔布干断裂）存在的证据和对该区构造发展的控制；二是指出该区主要是燕山期火山岩浆活动与成矿有密切关系，乌奴格吐山铜钼矿床是燕山期成矿。这一认识使其在找矿的战略布署上重视了燕山期火山岩浆带内北西向横向构造对矿田的控制。

1981年，潘龙驹被调到地勘局706队任总工程师。在他的主持下，乌奴格吐山铜钼矿床的普查评价工作顺利地于1983年结束并提交了《内蒙古自治区新巴虎右旗乌奴格吐山铜钼矿床地质评价报告》。作为总工程师的他，精心组织了矿床评价的设计施工，领导并参与总结了矿床成矿规律，编制了大型矿床的评价报告。1983年，由他组织编写的《乌奴格吐山斑岩铜钼矿床成矿模式研究》荣获部级科技进步奖三等奖。

2. 甲乌拉大型银铅锌矿的发现与勘查

乌奴格吐山铜钼矿床评价之后，区域上如何找矿？1984年年年初，潘龙驹适时地提出新建议：收缩范围，先抓重点地区，分南北两个矿带各1000平方公里作为找矿靶区。他的建议改变了原来按北东方向布置测区的思路，对南北两区相对隆起的北西方向构造带开展五万分之一次生晕扫面。工作分南北两个区域，当年就发现了很好的次生晕异常。1984年8月，内蒙古地矿局组织专家在满洲里召开了得尔布干矿带资源评价会，特邀请潘龙驹同志参加。他在会上预测本区能找到四个大型矿床。以后的勘查工作实践证明他的预测是正确的、有根据的。

1984年冰雪初融的时候，这两个区域同时开始了物化探扫面，物探队负责南边，706队负责北边。三个月后，传来了佳音——物探队在主峰为1011米的甲乌拉山北面发现了铅锌次生晕异常。

甲乌拉，汉语是富饶之山的意思，在乌奴格吐山以南130公里左右。铅锌次生晕异常出现在它那成环状山形的北西方向的一处丘坡，果然是在潘龙驹所说的“北西方向”。

1985年4月，706队的钻探分队按照物探队设计的五个钻孔，在矿化异常区进行钻探验证。全局上下满怀希望地盯着甲乌拉山。可是，第一孔没见到矿，第二孔也没有，接连五个钻孔都没见矿。怎么回事？

对于野外探矿来说，费了许多劲，打了无数的钻孔而一无所获，是常遇到的遗憾事。可这既然有那么明显的矿化异常，却打了五个白眼，整个地勘局都震动了。局领导迅速召集现场会，分析原因。

潘龙驹从706队部驻地扎兰屯市成吉思汗镇赶来了，局里和物探队的主要技术干部也都赶来了。呼伦贝尔大草原一进入7月就是雨季，平均三天就有一场雨。局领导要求必须在雨季到来之前，复查完所有的找矿地点。潘龙驹和其他技术干部分头查看不同的山坡。他们居然先后发现了多处古代遗留的旧采坑，坑里有尚未运完的铅锌银矿石和累累人骨，还有箭簇、残刀和其他锈蚀了的铁器。这一发现，让局领导和潘龙驹更加坚定了这里有矿的信心。潘龙驹明白，找矿不仅选区定位要准，钻孔的设计更要符合成矿规律。否则，无异于盲人骑瞎马。这里的火山岩蚀变后，蕴藏的矿石本来就不易辨认，钻孔的设计就更重要了。在分析会上，他坦率陈言："在这地方，按斑岩型成矿模式来设计钻孔，当然打不出矿体来。这里是火山热液脉状型矿床，北西向构造控矿，应当利用槽探工程查明矿体产状，重新设计钻孔。"他又一次强调了"北西向构造"。

1985年8月，按照潘龙驹设计的六个钻孔，孔孔见矿，铅、锌、银接连被打了出来，从而发现了甲乌拉银铅锌矿床。

经过进一步勘查，这里的矿体最厚处达到21米，平均3.75米。其品位，铅和锌约占12%。1990年10月形成的评价报告书上写着：铅加锌98万吨，至少可开采100年；伴生银1415吨，含量为50～70克/吨。其中的一个独立银矿品位高达171克/吨，储量870吨左右。甲乌拉，成了一座被潘龙驹及其同伴证实了的名副其实的富饶之山。

1987年，潘龙驹晋升为地质高级工程师。

1992年，甲乌拉银铅锌矿开始挖掘了，它为贫困的新巴尔虎右旗带来了经济腾飞的勃勃生机。

3. 查干布拉根大型银铅锌矿的发现与勘查

找到甲乌拉银锌铅矿之后，潘龙驹对这山以南七八公里的查干布拉根山分外关注，因为1984年扫面时就发现这地方有铅锌银的化探多元素组合异常。

查干布拉根山，汉语是白色之山。它与甲乌拉山同属一个北西构造带，地势平缓。种种迹象表明，这浮土掩盖着的山底下埋藏着丰富的铅锌银。通过地表探槽工程验证和样品分析来看，铅锌品位很低，但银的含量较高，达到了工业品位。1986年春，潘龙驹根据深部钻探验证结果断定这里是一个伴生铅锌的大型银矿。

这是一片富饶而冷寂的神奇土地。从满洲里到查干布拉根山的150多公里路途，中间只有一个村庄。往往走上几十里路都看不到一个蒙古包，遇不上一个人。潘龙驹不怕冷寂，受发现甲乌拉大型银铅锌矿的鼓舞，他带着706队驻扎在枯寂冷岑的查干布拉根山，把全部精力都投入到勘查上。根据甲乌拉矿床成矿的规律，利用地、物、化等综合手段查证五万分之一次生晕异常，潘龙驹的同伴们终于找到了一号、二号和五号矿体。不久，又发现了九号和十号矿体。九号和十号矿体的银铅锌含量都很高，大大扩展了查干布拉根的矿体规模，提高了它的经济价值。其中，含银量最高的十号矿体目前已成为开发的重点。

1990年形成的评价报告写道：查干布拉根银储量达1173.4吨，远景储量可达3500吨，可开采五六十年，其平均品位为260克/吨，共伴生铅锌20万吨。

根据国家的需求，黑龙江有色地勘局对甲乌拉进行了两期勘探并分别于1991年5月和1992年11月提交了两份勘探报告——《内蒙古自治区新巴尔虎右旗甲乌拉银铅锌矿床6-20线勘探报告》和《内蒙古自治区新巴尔虎右旗甲乌拉银铅锌矿床6-5、20-26线勘探报告》，所提交的储量数据与普查、详查总结的该地段的储量相差不大。整个地质勘探的技术工作均在潘龙驹同志亲自领导组织下进行，包括设计、施工和报告的编制。勘探报告主要章节均是他主笔完成的。上述勘探报告经内蒙古储委审批通过并获好评（第二期勘探报告被评为良好一等）。查干布拉根银矿的勘探因 706 队忙于甲乌拉矿床的勘探工作故经勘查局协调，由 703 队进行并于 1993 年结束。

甲乌拉及查干布拉根银铅锌矿的发现和勘探使满洲里—新右旗铜银多金属矿带成为国家新发现的有色金属资源基地，为地方经济的发展提供了资源条件。目前该区已分别建有两个中型矿山，开采甲乌拉和查干布拉根银铅锌矿，取得了良好的经济效益和社会效益。

除了潘龙驹和他的同伴们发现的三个大型矿床外，内蒙古 116 地质队于 1986 年在新巴尔虎右旗克鲁伦河西岸找到了额仁陶勒盖大型银矿。他所预言的四个大矿全部找齐了。此外，另外一个地质队还在离乌奴格吐山不远处找到了矽卡岩性大型富铜矿，大大扩展了乌奴格吐山铜钼矿的规模和价值。

潘龙驹在担任 706 队总工程师的 12 年中连续找到并评价了乌奴格吐山铜钼矿床、甲乌拉及查干布拉根银铅锌矿床等三个大型矿床，做出了重大贡献。这段时期，他获得过中国有色金属工业总公司颁发的乌奴格吐山铜钼矿床找矿成果三等奖一项（1983 年）、甲乌拉—查干布拉根银铅锌矿找矿成果一等奖一项（1991 年）。鉴于他在地质找矿方面的贡献，1988 年获黑龙江省“优秀科技工作者”称号，1987 年和 1990 年获齐齐哈尔市“优秀科技工作者”称号，1990 年晋升教授级地质高级工程师，1991 年获中国有色金属工业总公司“七五”期间为发展金银事业做出突出贡献的先进个人，1992 年 10 月起享受国务院政府特殊津贴。

2001 年 12 月 11 日，时任国务院副总理的温家宝向潘龙驹颁发了第七届李四光地质科学奖野外地质工作者奖。

地质学术方面的成果

潘龙驹同志在地质学术理论方面同样也靠着实事求是、探索创新，取得了一些重要成果。

在乌奴格吐山铜钼矿床、甲乌拉及查干布拉根银铅锌矿床的勘探工作中，他领导并参加了矿床成矿规律的研究工作，以战略高度总结区域成矿规律。这段时间，他除完成上述《试论额尔古纳—呼伦深断裂的发育及成矿作用》外，还编写了《内蒙古自治区新巴尔虎右旗、甲乌拉及查干拉根银铅锌矿成矿地质背景、矿床地质特征，找矿标志及找矿方向的研究报告》（1990 年）、《内蒙古自治区满洲里—新巴尔虎右旗铜多金属成矿带地质条件与成矿规律研究报告》（1989 年），这些论著加强了陆相火山岩区火山岩浆热液活动成矿规律的研究，丰富了火山热液成矿理论，对该区及相似地区找矿工作有一定的启示和借鉴作用。1989 年包涵上述内容的科研项目“满洲里—西旗地区斑岩铜钼多金属矿成矿规律研究和成矿预测”获国家科技进步奖三等奖，获中国有色金属工业总公司科技进步奖一等奖（获奖者排名在王之田之后）。

1996 年，为迎接第三十届国际地质大会的召开，以潘龙驹为主，孙恩守、李占敖、付金德等参加整理了满洲里—新右旗四个大型矿床的地质特征，由有色地勘局以地质丛书的形式出版了专著《满洲里—新右旗铜银多金属矿带大型矿床地质特征》。该书除总结了区域地质背景和矿床成矿规律外，还特别将矿床发现史做了论述，指出：实事求是、探索创新、遵循辩证唯物主义的认识路线才能在找矿中不断取得成功。这段时间，他也陆续在地质期刊杂志上发表了有关区域构造与成矿关系的文章，如《我国东北北部深断裂分布及其对有色金属的成矿意义》刊于 1987 年《矿产地质动态》第 10 期（中国有色地质情报所编），《中国东北北部燕山期构造活化作用及其有色金属成矿的关系》刊于 1989 年第 1～2 期《黑龙江有色金属地质》（黑龙江有色地勘局编辑出版），《对满洲里—新巴尔虎右旗中生代火山-岩浆杂岩带有色金属区域成矿规律的初步认识》

刊于1985年第1～2期《黑龙江冶金地质》（黑龙江有色地勘局编辑出版）。上述文章是从战略上思考了东北地区找矿应注意的问题，有一定的学术价值和找矿布局的指导意义。

1992年10月，他被调到中国有色金属工业总公司地质资料馆地调室，开始参与管理全国有色系统地质勘查项目。由于经常到全国各地检查、指导勘查工作，所以通过对各地区资料的熟悉、了解，他实地调查了不同地质构造单元、矿床产出的不同特征和不同的找矿标志。他开始感觉到有必要对矿床的形成与定位问题做一些研究。1996年，他到著名的凤太地区和西成地区铅锌矿床外围的大型金矿进行调研和检查工作。当时铅锌矿的成因已经过很多权威的科研院所的研究，一般均认为是与同生断裂有关的喷流沉积铅锌矿床，找矿标志主要是泥盆系地层等，并总结出了"层、相、位、构"等标志。但是，当发现许多金矿床特别是一些大型金矿床也产于这套地层中并与构造关系密切时（主要是层间构造或交叉地层的构造等），金矿与铅锌矿到底是什么关系就说不清了。一般认为属于两期矿化，但从铅锌与金的密切关系，也可以认为是同一期矿化的分带性产物。地质队的技术人员在找铅锌和金时找矿标志都主要抓构造标志，找铅锌矿主要找背斜核部泥盆系地层中不纯灰岩与千枚岩、页岩、板岩的互层带，找金矿则找碎屑岩地层中（千枚岩、砂板岩）构造破碎带（顺层和切层的都要找）。这说明勘查工作的实践者是注意了矿床的定位问题的，因此找矿效果较好。当时，潘龙驹同志总结了这一特点，提出用统一的热流体成矿观点研究聚矿构造的课题。

1997年，有色地勘总局成立三江找矿指挥部。潘龙驹同志在三江指挥部工作时期提出了两个科研课题：①三江云南段喜马拉雅期构造与铜金多金属成矿关系研究；②三江云南段大、中型铜金多金属矿床聚矿构造特征及识别标志的研究。而且明确指出必须用聚矿构造的理论来加以研究。为了阐明聚矿构造的概念，他在1997年写出了《关于三江（云南段）铜金多金属找矿问题的思考》并打印若干份，分发给领导和有关人员参阅；1998年又写出了《三江（云南段）铜金多金属找矿问题思考之二》并将文章打印在内部传阅，目的都是要总结聚矿构造理论，指导三江（云南段）的找矿工作。上述两篇文章分别发表于1999年第4期和第11期《有色金属矿产与勘查》杂志。

两个科研课题在西南有色地勘局的协助下，由成都地干院刘肇昌、李凡友、钟康惠及潘龙驹共同完成。两个课题均取得肯定的结果：其一，证实了喜马拉雅构造运动造就了许多大中型矿床（或说矿床定位于喜山期）；其二，这些大中型矿床的形成与定位符合聚矿构造理论，并且在实践中已初见成效。

“聚矿构造”理论的提出

潘龙驹不满足于野外找矿，他总是结合自己的实践，深化对地质科学的认识。1999年和2000年潘龙驹认真总结了近38年来的勘查工作经验和教训，与刘肇昌、李凡友等合作编写了《内生金属矿床聚矿构造研究》一书。该书理论部分由潘龙驹完成；矿床实例中，李凡友负责金顶铅锌矿，刘肇昌负责哀牢山矿带、老王塞金矿和金厂金矿。该书于2000年12月由冶金工业出版社出版发行，出书半年就已售完，地质界反映良好。

聚矿构造理论是研究矿床形成与定位的科学理论，它以流体成矿论为基础，从结构入手研究矿床的形成与定位，矿床定位准确则勘查工程见矿率就高，因此也是矿床学与勘查学相结合的产物。

在我国地质界，“聚矿构造”理论是首次提出，这对今后矿床学研究方向将有深远影响。矿床学不能再静止地、孤立地研究，必须把矿床的形成和定位放到构造运动的发展演变历史中去考察，把矿床定位服务于地质勘查实践。

《聚矿构造》理论与实践的意义在于提供了新的找矿思路，提供了提高找寻矿产资源成功率的有效方法。地质界人士评价道：要想快捷而有效地找到能为工业所用的矿产资源，不可不研究聚矿构造问题。

成书之前，潘龙驹就有意让实践来检验他的聚矿构造理论。例如，对民乐铜矿的勘查，1996 年就开始按斑岩型矿床模式并设想有次生富集带的特点进行验证。到 1998 年上半年已施工 10 个钻孔，但见矿情况并不好。其中有三个钻孔见矿较好，均在东西延长方向上，据地表实际调查，控制矿化的是近东西向构造蚀变带，产状东西走向向南倾，倾角 55°～60°，这说明矿化受构造蚀变带控制。潘龙驹提出应按此观察结果来布置工程，按新的认识布置的 3 个钻孔结果孔孔见矿，查明了该区矿体为不规则脉状，受英安斑岩中东西向构造蚀变带控制。原来认为的受南北向构造控制的观点是错误的，该区域应力场东西方向的构造为张性和张扭性的扩容构造，而南北向构造为压性紧闭性构造。这一工程验证的实践证明了聚矿构造理论是正确的。

1997 年，潘龙驹在中国有色地勘总局成立的云南三江找矿指挥部工作期间，提出两个科研课题——“三江云南段喜马拉雅期构造与铜金多金属成矿关系研究”和“三江云南段大中型铜金多金属矿床聚矿构造特征及识别标志研究”。他和其他同志在完成这两个课题过程中，再一次用聚矿构造理论对云南三江地区几个大型和超大型矿床控矿因素做出了圆满的解释，其后的工程验证实践也证明了聚矿构造理论的正确性。把这一理论用到检验我国其他地区的大型矿床时，也发现矿床的形成与定位仍然符合聚矿构造理论。

编制铜铅锌银镍钼矿地质勘查规范

1999 年 12 月 18 日，国土资源部资源储量司召开会议宣布组成20个规范编制小组，其中铜铅锌银镍钼矿地质勘查规范编制小组由潘龙驹同志任组长，组员有杨兵、陈梦熊、杨建功、甘先平、卫红星等六人。这次编制规范是为了落实《固体矿产资源储量分类》国家标准所采取的具体措施，目的是在我国社会主义市场经济条件下，重新归类编制勘查规范，以适应国情并与国际惯例接轨。编制要求将具有一定相似特点的有色金属铜、铅、锌、银、镍、钼等原单矿种规范合并一起进行修订编制，因此有一定难度。为了编好规范，他先研究了《固体矿产资源/储量分类》国家标准，掌握了资源/储量分类的条件，查阅了大量资料；对75个矿床实例进行了搜集整理，对部分矿床还进行实地调研，编制过程中广泛征求了各有关方面的意见，组织了多次不同范围内的专家论证。该规范3月底完成初稿，4月底完成征求意见稿，7月底完成送审稿，12月完成报批稿。

该规范经全国地质矿产标准化技术委员会区域地质矿产地质分技术委员会第二届第五次全体会议审查通过并获得好评。对规范中矿床勘查类型的划分，评审认为："通过对75个矿床勘查类型实例，第一次引入了类型系数的概念，利用类型系数作为划分类型的依据并由此对类型做了调整，即由原来的四五个勘查类型调整为三个勘查类型。利用类型系数使矿床勘查类型的划分从定性向半定量转变，减少人为的干扰因素，这种探索具有创新意义"。（这里"类型系数"的概念和定量标准就是由潘龙驹提出来并写入规范的）。总的评价认为《铜多金属规范》体现了社会主义市场经济的要求，符合我国国情，具有科学性、先进性、实用性和可操作性，达到国内领先水平。该规范的编制获2000年国家有色金属工业局科技进步奖二等奖。

踏遍青山人未老，壮心不已夕阳红。1999年7月，潘龙驹退休后依然魂牵梦萦着找矿，于是受聘于有色金属矿产地质调查中心，又神采奕奕地奔走于云南、青海、内蒙古等地的崇山峻岭中，用他的成熟理论和丰富的野外勘查经验，指导年轻地质队员认真勘探祖国丰富的地下宝藏，继续贡献着自己的光和热。他说："每当我们来到一处荒山野岭，就觉得那里的山山水水都有情，那里的天地是属于我们的，那里的流水特别清澈，空气特别清新。尽管野外生活孤寂单调艰苦，但我们活出了一种价值，一种精神!"

（徐国端）

简　历

1939 年 11 月　出生于四川省乐山县。

1958～1962 年　贵州工学院（今贵州工业大学）地质系学习。

1963～1965 年　辽宁冶金地质勘探公司地矿室任地质技术员。

1966～1969 年　东北有色地质研究所工作，任地质技术员。

1970～1976 年　黑龙江有色金属地质勘查局 707 地质队历任地质组长、分队技术负责。

1976～1980 年　任黑龙江有色地球物理探矿队综合研究组副组长。

1981～1992 年　任黑龙江有色地勘局 706 队总工程师。

1981～1992 年　兼任黑龙江有色地勘局 706 队生产副队长。

1992～1999 年　任中国有色金属工业总公司地质资料馆地质调研室主任。

主要论著

1　潘龙驹．黑龙江省滨东地区构造体系的初步认识．东北地质科技情报，1978，(2)：6-9.

2　潘龙驹．试论额尔古纳—呼伦深断裂带的发育及成矿作用．黑龙江冶金地质，1983，(1)：42-44.

3　潘龙驹．乌奴格吐铜钼矿区景观地球化学特征初步分析．地质与勘探，1986，11：47-52.

4　潘龙驹．满洲里—新巴尔虎右旗多金属矿带区域成矿条件与模式．中国有色金属学报，1992，(2)：3-6.
5 潘龙驹，孙恩守．内蒙古甲乌拉银铅锌矿床地质特征．矿床地质，1992，11 (1)．
6 潘龙驹．关于三江（云南段）铜金多金属找矿问题的思考．有色金属矿产与勘查，1999，8 (2)：92-95.
7 潘龙驹．三江（云南段）铜金多金属找矿问题思考之二。有色金属矿产与勘查，1999，8 (4)：208-212.
8 潘龙驹．内生金属矿床聚矿构造简介．科学中国人杂志，1999，(11)：40.
9 潘龙驹，孙恩守，李占敖，等.40 满洲里—新右旗铜银多金属矿带大型矿床地质特征．北京：中国有色金属工业总公司地质勘查总局，2000.
10 潘龙驹，刘肇昌，李凡友．内生金属矿床聚矿构造研究．北京：冶金工业出版社，2000.

汪　旭　光

（1939～　）

汪旭光，中国工程院院士，工业炸药与工程爆破专家，我国乳化炸药奠基人，中国工程爆破事业开拓者之一。他研制成功高威力的田菁10号浆状炸药并广泛推广应用；率先在我国开展乳化炸药基础理论研究，成功研制出我国第一代乳化炸药——EL乳化炸药，并开发出乳化炸药系列，形成了独具特色的BGRIMM乳化炸药技术，为我国乳化炸药基础理论和技术装备研究做出了突出贡献。他开创了中国工程爆破新局面，积极推动与发达国家的技术交流，为推动我国工业炸药与工程爆破技术走向世界做出了重要贡献。

汪旭光，1939年12月31日出生于安徽省桐城县（现枞阳县）横埠镇，8岁开始在农村读私塾，1956年以优异成绩进入浮山中学。中学时代，他对数理化情有所钟，成绩在学校一直名列前茅。1959年考取安徽大学化学系，1963年毕业被分配到冶金工业部情报标准研究所工作。在这里，他接触了大量外文文献，翻译了许多外文标准与手册并在化学和外文方面打下了坚实的基础。1971 年 8 月他被调到北京矿冶研究总院采矿研究室工作，任炸药研究组组长，负责浆状炸药、乳化炸药的新技术、新产品、新工艺、新设备的开发与推广应用研究。1986 年组建矿山化工研究室后，他先后任副主任、主任。1991 年任北京矿冶研究总院总工程师、院学术委员会主任，1993 年任北京矿冶研究总院副院长。

1978 年，他被评为冶金工业部先进工作者，1982 年当选为第六届全国人大代表，1984 年荣获首批国家级有突出贡献中青年科技专家称号，1991 年被批准享受国务院政府特殊津贴，1992 年获中国有色金属工业总公司直属机关党委优秀共产党员和中央国家机关党工委优秀共产党员荣誉称号，1992 年 9 月当选圣彼得堡工程科学院院士，1995 年 5 月当选中国工程院院士，2000 年获第三届中国工程科技奖，2004 年获中央企业劳动模范荣誉称号，2005 年获“全国劳动模范”荣誉称号，2008 年入选“改革开放 30 年中国有色金属工业 30 位有影响力人物”。

汪旭光在科学技术上的主要成就与事迹，不但表现在他在极其简陋的条件下发明了我国第一代乳化炸药和他主持的数十项工业炸药、工程爆破等方面课题的研究与工程实践，而且表现在与课题组成员在科技攻关中解决了许多关键技术问题，取得了世人瞩目的成就，先后获得国家级奖励六项，省部级奖励 30 余项，还表现在他善于总结、提炼与创新，先后撰写科技专著七部，发表论文 300 余篇，主持编写工业炸药、工程爆破文集、培训教材、国家及部门标准 20 余部。

汪旭光现兼任中国工程爆破协会理事长、中国有色金属工业协会副会长、中国爆破器材行业协会副理事长、国家安全生产专家组非煤矿山组组长、全国安全评价工作委员会主任、中国民爆器材学会副主任、中国爆破器材行业专家委员会副主任、公安部爆破专家组组长、公安部灭火救援专家组顾问、青海省人民政府科技顾问、国际岩石爆破破碎委员会委员等职，是北京科技大学、北京理工大学、中南大学、西南交通大学、中国矿业大学、首都经贸大学、天津工业大学、安徽理工大学、昆明理工大学、浙江工业大学、辽宁工程技术大学等国内十多所高校的兼职教授或名誉教授。

从酷爱化学到结缘炸药

20 世纪 60 年代初，大学期间的一件事让汪旭光记忆深刻。当时，有机化学老师靳佩芬教授在一次实验课后单独和他讨论实验中出现的各种现象和结果并进行了较为深入的理论分析。事后，汪旭光据此写出一篇令靳老师十分满意的心得体会，这使汪旭光欣喜不已，从而触发了他在学术上要有所成就，为国家、为人民做出一些贡献的信念。这件事也使汪旭光深深地懂得：胸中有事业，人生才有高度。

1963 年大学毕业，他因通晓两门外语而被分配到冶金工业部情报标准研究所，一干便是八年。在这里，他白天勤于工作，一下班便扎进图书馆，每至闭馆才悻悻离去。在那段史无前例的日子里，图书馆门庭冷落，汪旭光却利用这段时间在知识的海洋里劈波斩浪、日积月累，在外文和化学专业知识方面获益匪浅，这也为他以后从事炸药研究打下了坚实的理论基础。

因工作需要，汪旭光 1971 年被调到北京矿冶研究总院采矿研究室，担任炸药课题研究组组长。那时，我国对炸药的研制尚处初探阶段，至于研制工作所需要的仪器设备更是奇缺。面对这种情况，从未接触过炸药的汪旭光硬是仗着扎实的化学理论基础，凭着一股刻苦钻研的精神，因陋就简，艰苦创业，带领全组同事在较短时间内研制出了高威力铝镁合金粉状铵油炸药，并在辽宁南芬铁矿露天爆破中得到应用，取得良好的效果。

研制工作的初步成功鼓舞了大家的士气，也激发了汪旭光向炸药深层次进击的决心。不久，他便开始了对当时国际先进的浆状炸药的探秘。他花了很大的精力对我国盛产的、长期被用于绿肥的草本植物田菁进行系统观测与研究，从理论与实践上证明田菁胶是一种性能良好的半乳甘露聚糖植物胶，性能堪与国外广泛使用的王牌胶——胍尔胶媲美，从而提出了以田菁胶代替进口胍尔胶做浆状炸药胶凝剂的分散与交联剂的设想，并以此为基础成功研制了爆轰感度高、爆炸威力大、成本低的田菁10号浆状炸药。这一成功开创了我国浆状炸药的新局面。

从1975年始，田菁10号浆状炸药便在我国所有大中型露天矿山浆状炸药厂推广应用，一举成为我国浆状炸药的主导品种。1978年，田菁10号浆状炸药获得全国科技大会奖，同时，也引起国外同行的青睐。美国Ireco化学公司和英国ICI公司专家参观了炸药生产厂后，一致赞扬田菁10号浆状炸药是世界最好的同类炸药之一。触类旁通，汪旭光在主攻浆状炸药的同时，还将田菁胶的应用朝其他领域推广，并取得了显著的社会经济效益。“田菁胶的研究和应用”1980年获得国家发明三等奖。

中国乳化炸药的奠基人

浆状炸药的辉煌没有冲昏汪旭光的头脑，他清醒地看到，这种属于水凝胶体系的炸药还存在着固有的不足。可是，改变这种不足要采取什么办法呢？汪旭光陷入了深深的思考中，各种各样的设想像一个个电影镜头在他脑际闪现，然而又一一被他否定。这样的“镜头搜索”不知延续了多少个日日夜夜，最后，汪旭光将“镜头”定格在“油包水型”上。可是，这一设想是否有十分把握呢？1978年，头脑中充盈着无数念头的汪旭光参加了一次国际采矿技术交流会。会上，著名炸药专家库克博士提到美国新近研制出了一种具有高爆速、高威力、抗水、无污染的像面团一般的新型炸药——乳化炸药。汪旭光敏感地意识到这一技术可能就是出自自己一直在苦苦探究的那一秘密领地。经了解，世界上只有美国和瑞典几家公司掌握这项尚未完全公开的技术，中国却没有。想买？人家开口要价 400 万美元，还要提成 15 年。执着得有些固执的汪旭光咽不下这口气。在新一代工业炸药面前，中国难道无所作为、甘当人后？

像数学家要证明一个定理必须花费巨大心血一样，工程师要研制一种炸药也要付出艰辛的劳动。科学实践就是这样，从来没有捷径可走。1979 年元旦钟声敲响之际，作为专题组长的汪旭光与其他正处在科学青春年龄的科研人员一起，在实验室设备还相当简陋的条件下，开始了布满荆棘、蜿蜒崎岖、前途未卜的研制中国乳化炸药的漫漫征途。

经过反复的实验、分析、比较、讨论，汪旭光认定采用表面活性剂和乳化技术能够改变浆状炸药的内部结构从而改变其性能。不过，这一理论依据是否就是打开乳化炸药神奇之门的钥匙？对此，必须经历实践的科学检验，而科学检验必须依赖必要的实验和手段，可当时研制组的全部家当，就是几块竹片，几个盆罐，外加开发浆状炸药时的几种简陋的设备。搞实验，谈何容易！更使汪旭光一筹莫展的是，由于国外技术封锁，没有任何有价值的乳化炸药资料可以参照或借鉴。然而，汪旭光和他的同事们在巨大的困难面前没有低头，他们怀着坚定信念，开始了没日没夜的拼搏。为了选择理想的实验配方，他们踏破铁鞋，四处登门求助，几乎访遍了北京和天津所有的化工厂和化工院所，找来几百种乳化材料反复实验对照，没有搅拌设备，硬是人工将一锅一锅试样搅了出来。当时，一天需要十几锅试样，每锅要搅拌 40 多分钟。乳化炸药实验一共进行了 1000 多次爆炸实验，这 1000 多次爆炸所用的全是人工搅出来的试样。1000 多次实验终于催促中国第一代乳化炸药——EL 乳化炸药的诞生。其时，日历正翻在 1979 年 8 月 15 日。

小试成功后，汪旭光又带领课题组马不停蹄地进行乳化炸药生产的工业化研究。人们知道，科学技术从实验室转向工业化大生产，其间总存在艰难的一步。为了跨越这一步，汪旭光和同事们又不知熬过了多少不眠之夜，不知耗费了多少心血和汗水。1980年12月，隆冬的北京下了第一场雪，天气异常寒冷，但在数百里之外的河北龙烟铁矿，人们却似乎感觉不到冬天的来临。经过近两年的劳作，中国第一条年产1500吨乳化炸药生产线终于在这里展现出了她那曼妙的身姿。美国的乳化炸药从实验室过渡到工业化生产共花费12年时间，中国仅用了两年，这不能不说是一大奇迹，不能不令人叹服！更让人叹服的是，我国EL系列乳化炸药在性能、生产工艺和原材料等方面独具特色，成本也大大低于国外。

中国的乳化炸药的诞生和悻悻发展震动了世界。1984年11月，汪旭光应邀登上了在印度新德里召开的第十二届世界采矿大会的讲坛，宣读了论文《EL系列乳化炸药的研究与应用》。文惊四座，语震八方。他的论文引起了国外与会专家的浓厚兴趣，反响强烈。会后，大会组织委员会主席、著名采矿专家高斯教授致函汪旭光称："您的有价值的论文和您亲自与会，使本届大会成为世界采矿史上最辉煌的一次学术大会……"

斗转星移，苦尽甘来。汪旭光和同事们成功地将表面活性剂和乳化技术引入含水炸药体系，率先在我国研制出被国内外称为下一代工业炸药的EL系列乳化炸药，极大地缩短了中国和世界工业炸药的技术差距。该成果1980年获冶金部科技成果一等奖，1982年获国家发明二等奖并于1986年荣获第35届布鲁塞尔尤里卡国际发明金奖，为中国争得了荣誉。岁月的沧桑爬满了汪旭光的面颊，艰辛的生活也仿佛压弯了他的腰杆，但他仍然乳化炸药事业奋力拼搏，无愧于中国乳化炸药的奠基人称号。

繁复、严密、细致的实验，使汪旭光的乳化炸药理论得以升华。他和同事们运用薄膜稀释技术首次观测了乳化炸药基质粒子的分散状态与油膜厚度，建立了内部粒子多面体堆积的结构模型和稳定性理论，从而也揭示了氧化剂与可燃剂微细致密的液-液接触使其具有优良抗水与爆轰性能的本质，提出了提高乳化炸药稳定性的技术途径。他还深入地研究了该类炸药的爆轰特性、性能影响因素、安全使用技术及燃烧转爆轰特性等理论问题。这些理论和心得相继在国内外学术刊物和会议上发表。他出版的国内外第一本全面阐述乳化炸药技术的专著《乳化炸药》，分别于1988年和1994年获得第四届全国优秀科技图书一等奖和首届国家图书提名奖并于2009年作为冶金工业出版社唯一一本出版物入选《新中国出版60年·科技出版卷·珍藏版》。《乳化炸药》1993年出版了增订本，1994年出版的英文版更是受到了国外著名炸药专家、学者和国际炸药工程师协会的高度赞扬，激发了他们的浓厚兴趣。这些专家、学者在全世界为汪旭光推销该书，并破例在美国拉斯维加斯市国际炸药工程师年会上为该书举行作者签名售书活动。目前该书已销到98个国家及中国台湾和香港，在世界范围内产生了广泛的影响。为适应现代乳化炸药技术新发展的需要，应国内外广大读者的要求和建议，汪旭光不顾年迈，在对原书进行了大幅度调整、完善和删减的基础上，广泛搜集国内外相关资料，前后历时四年，于2008年出版了《乳化炸药》(第2版)。与第1版相比，新版内容有了很大的扩充，全书篇幅由原来的9章扩展至11章，由原来的近40万字扩充到137万字，更好地补充了近20年来乳化炸药国内外最新研究成果，包括新理论、新品种、新工艺、新技术、新设备及其新应用，使内容更加系统、连贯、丰富，更注重理论上的先进性、系统性和指导性，技术上的新颖性、实用性和可操作性。

随着汪旭光在乳化炸药研制和推广应用方面不断取得新的成就，他在国内外采矿工程、工业炸药及工程爆破界的知名度也与日俱增。近些年来，他多次应邀赴国际炸药工程师协会、欧洲炸药工程师联合会、瑞典爆轰研究基金会、日本工业火药协会、俄罗斯科学院、国际岩石爆破破碎委员会、印度采矿工程师协会、瑞典诺贝尔公司、美国杜邦公司、美国3M公司、澳大利亚澳瑞凯公司、英国帝国化学公司、德国火炸药研究所与格纳斯维茨公司等进行学术交流和技术报告。1992年9月，汪旭光以其在现代工业炸药与爆破技术领域的突出成就，当选为俄罗斯圣·彼得堡工程科学院外籍院士，1995年5月当选中国工程院院士，1996年10月当选为国际岩石爆破破碎委员会委员，2002年10月当选为第八届国际岩石爆破破碎国际会议主席，2006年6月当选中日韩炸药与爆破技术委员会主席。

为了研究出适合各种特定条件的乳化炸药，汪旭光和他的同事们走出实验室，许多金属和非金属矿山、铁道工地、水利水电施工场所、石油地震勘探研究所、煤与瓦斯双突矿井都留下了他们的足迹。针对这些使用条件各异的情况，汪旭光遵循已建立的理论，先后突破无机盐乳胶体系的储存稳定性、快速敏化技术、耐低温抗酸性水、密度对炸药性能的制约、连续化微机控制生产、大产能多品种生产等一系列关键技术，成功地研制出适合各种不同爆破作业的 EL、SB、BME、BSE、BMH、CLH、MAN、ML、MZ、P等10个系列38种安全、高效、低成本乳化炸药及配套的工艺、设备和专用的原材料，从而形成了较为完整的北京矿冶研究总院BGRIMM乳化炸药技术。

不懈攀登、不断创新是汪旭光的为学之道。为了克服乳化炸药状态较软等技术问题和适应国家急切淘汰铵梯炸药的行业发展要求，汪旭光于1992年率先提出了用乳化的手段制备粉状炸药，即“粉状乳化炸药”的创造性构想，率领科研团队从改变炸药的微观结构人手，突破无机盐高内相比连续乳化与输送、高黏度乳胶雾化、常温干燥、流化混合等关键技术，于1995年在实验室研发成功，2000年完成工业化转化。该成果于2002年获得首届中国工程爆破科技一等奖，2003年又完善了煤矿品种。截至目前，国内已有20余家引进了该项技术。每年可为国家新增产值近6亿元，年创利税达5000多万元，获得技术转让企业与爆破应用企业的广泛好评。与此同时，汪旭光一直密切关注着乳化炸药国内外发展趋势，1998 年带领技术团队在国内率先研发成功乳化炸药连续化微机控制生产技术并成为行业优先发展方向，随后又进行大产能、多品种的升级改造，不断引领乳化炸药生产技术的发展。

以北京矿冶研究总院命名的 BGRIMM 乳化炸药技术，通过技术转让，在国内兴建了 60 余座炸药厂，产品辐射全国各地。乳化炸药的推广应用，也引发了我国采矿工艺的变革与创新。我国最大的铅锌基地——凡口铅锌矿采用了高密度、高爆速、高威力（CLH）乳化炸药球形药包分层爆破，从而使一种特殊的大孔径深孔采矿方法——VCR 法一举成功，也由此使全国相类似的矿山纷纷引进这一采矿方法和与之相适应的炸药技术。该成果于 1985 年获得国家科技进步奖二等奖。亚洲最大的铜业基地——德兴铜矿通过引进 BGRIMM 乳化炸药技术，提高了炸药防自燃自爆的能力，实现了矿山爆破预装药，从而变革了露天爆破作业工序，加快了作业循环，提高了生产效率，不仅为德兴铜矿年创造 300 余万元的效益，而且极大地提高了采矿爆破作业本质安全，受到了矿山单位的高度赞誉。该成果会同德兴铜矿特大型低品位斑岩铜矿采选新技术获得 1999 年国家科技进步奖一等奖。

BMH 高温硫化矿散装安全炸药的推广应用，使许多高温自爆的封闭矿井得以起死回生，恢复了开采，仅江西武山铜矿就因此多采出 10 余万吨金属铜，获得了高额的经济效益。

MZ 型煤矿许用粉状乳化炸药和 P 型煤矿许用乳化炸药的诞生，结束了 BGRIMM 乳化炸药仅用在非煤矿山的历史，为我国煤矿炸药增添了高威力、高安全的新品种，也为我国煤矿安全生产做出了应有的贡献。煤矿工业炸药新技术 2004 年获得中国有色金属工业科技一等奖。

十多年前，汪旭光以其敏锐的洞察力预期到现场混装炸药技术是国际工业炸药发展的大趋势，在总结国内外现场混装技术的发展水平的基础上，通过努力攻关，利用水环减阻及孔内即时敏化等原理，主持开发了具有中国特色的 BCJ 系列散装乳化炸药装药车和 MEF 移动式地面站。这些成果分别于 2002 年和 2008 年获得北京市科技进步奖二等奖和国家安全生产科技成果奖一等奖。

开创中国工程爆破事业新局面

新中国成立以后，火药古国重振雄风，工程爆破再度崛起。在我国，爆破技术广泛应用于国民经济各个基础产业部门，尤其在矿山、能源、交通、城市建设中发挥着重要作用。工程爆破已成为国民经济建设中不可或缺的特种行业。然而，全国爆破企业分散，各企业又具不同特点、技术和标准等，先进经验和新技术难以及时在全国推广；各地各领域又难以横向合作与协调；一地出现技术难题，不能得到及时解决；对外交流也没有统一的对口单位，在市场竞争中出现的纠纷、矛盾等，难以协调解决，严重影响到全国工程爆破技术的发展和提高，也影响到工程爆破整体优势的发展，正所谓“万山磅礴，没有主峰”。中国的工程爆破事业在体制上缺少全国性的行业管理组织机构。在这种情况下，解决工程爆破行业归口管理组织机构的问题，就成了当务之急。

1994 年 10 月，汪旭光在我国工程爆破界同人们的支持下，创建了中国工程爆破协会。从此，全国工程爆破界有了“自己的家”。根据工作需要，汪旭光先后出任常务副理事长兼秘书长、理事长。

中国工程爆破协会聚集了全国工程爆破界精英，在汪旭光等协会领导的正确引导下，他们在不同的岗位上刻苦探索、勤奋求实、与时俱进、开拓创新，开创了中国工程爆破事业的新局面。现在，中国工程爆破协会已经把全国公安、劳动、冶金、地矿、有色、煤炭、铁道、交通、水利、电力、建筑、建材、化工、核工业、民爆器材、石油化工、总参工程兵、中国科学院等18个部门系统的爆破工作者组织起来，展开横向协作，加强技术交流，共同攻克难题，形成了工程爆破行业的整体优势，使之在我国现代化建设事业中大展宏图，促进了我国工程爆破事业的繁荣与发展。中国工程爆破协会的团体会员单位已由成立初期的260个发展到600多个，从业人员100多万人，年创造经济产值超过千亿元。

在汪旭光的领导下，工程爆破行业组织不断发展壮大，解决和完成了许多重大的课题和艰巨的任务：组织专家修订了《爆破安全规程》，出版了配套的《爆破安全规程实施手册》；组织专家编写了《全国统一城镇控制爆破工程、硐室大爆破工程预算》、《爆破工程消耗量定额》。汪旭光还主持编写了《全国工程爆破作业人员统一培训教材》、《工程爆破名词术语》、《工程爆破文集(第七辑)》、《中国典型爆破工程与技术》、《工程爆破新发展》(英文版)、《中国爆破新技术》、《中国爆破新技术Ⅱ》等大型图书，把现代的爆破新技术、新方法、新理念及时传输给全国工程爆破技术人员，以促进爆破工程界整体技术优势的发挥，促进爆破工作的安全发展。

为加强行业自律、规范市场竞争、促进学术交流，在汪旭光的积极筹措和推动下，2007年12月中国工程爆破协会爆炸加工行业委员会成立了，有力地促进了爆炸加工的有序发展。

中国工程爆破协会获得行业主管部门及相关部委的好评，先后三次获得中国工业经济联合会授予的“全国先进工业行业协会”荣誉称号。外界对中国工程爆破协会的中肯评价是“内有凝聚力，外有影响力”。这些荣誉的取得无不浸透着汪旭光的汗水和心血。

将中国工业炸药与工程爆破技术推向世界

中国的乳化炸药技术以其独特的性能和旺盛的生命力在国内

外花开遍地，并以其雄厚的实力敲开了现代炸药之父诺贝尔故乡的大门。1986 年，享誉世界的瑞典诺贝尔公司购买了 BGRIMM 乳化炸药专有技术，中国实现了乳化炸药技术的第一次向国外输出。1990 年，向哈萨克斯坦共和国输出乳化炸药技术。其后，BGRIMM 乳化炸药技术及产品又相继转让给蒙古国、德国、俄罗斯、乌克兰、赞比亚、智利、斯里兰卡、阿富汗等国，获得技术与产品需求方的高度赞誉。

年产万吨级多品种乳化炸药成套技术是中蒙建交以来两国间最大的技术合作项目，涉及当时具有世界先进水平的、国际上尚无前例的连续乳化和间断乳化相结合的工艺；涉及乳化炸药生产工房的设计、生产设备、自动化、原材料、技术培训和生产调试等整套转让服务。这一项目当然引起了中蒙两国政府的高度重视。为了这一合同，汪旭光三年中 14 次亲赴蒙古国，带领中方技术人员进行了长期艰苦卓绝的生产线建设和调试工作。1994 年 11 月 14 日，蒙古国国家验收委员会会同中国、蒙古国、俄罗斯三方专家对该炸药厂进行实地考察验收并批准生产，12 月 22 日正式将炸药厂移交给蒙古国额尔登特采选公司（蒙俄合资）。15 年来，炸药厂为额尔登特矿业公司创造了近 3 亿多美元的经济效益。1998 年 3 月汪旭光又带领中方专家赴蒙古拟定该厂扩产为年产 2 万吨的技术方案。2006 年和 2008 年又对该生产线进行了技术改造、升级和换代。2007 年 11 月在北京举行的“庆祝北京矿冶研究总院与蒙古额尔登特公司合作十五周年暨学术研讨会”上，汪旭光也因此受到蒙方驻华使节的表彰和感谢。

这一项目的成功实现，标志着中国乳化炸药技术又翻开了新的一页，在国际上产生了极大的影响。它让更多世人了解到我国乳化炸药技术已跻身世界先进水平行列。

大力加强与国内外同行之间的学术交流与技术考察，也是汪旭光领导的中国工程爆破协会面向世界、走向国际的重要举措。

国际岩石爆破破碎（FRAGBLAST）学术会议是由国际炸

药与爆破界的权威学术机构——国际岩石爆破破碎委员会举办的系列学术会议。1999 年 8 月以汪旭光为团长的中国工程爆破协会代表团代表中国赢得了 FRAGBLAST 7 的举办权。这是亚洲国家首次获得该系列学术会议的举办权。FRAGBLAST 7 于 2002 年 8 月 12 日至 15 日在北京如期举行。与会代表来自六大洲 24 个国家和地区，共计 218 人，其中国外代表 60 余人。会议收到论文 200 余篇，这些论文从不同方面介绍了近年来在爆破器材和工程爆破领域内出现的新产品、新技术、新思路和取得的新成就。在大会期间，国际岩石爆破破碎委员会选举汪旭光为 2006 年将在智利举行的第八届国际爆破破岩学术会议国际组委会主席。

会议期间，中国、印度、日本代表在一起磋商讨论，发起成立亚洲爆破学会（Asian Society of Blasting）并一致同意筹备委员会设在北京，推举汪旭光为筹委会主席，并决定筹办亚太爆破国际会议。

2007 年 5 月 9～11 日，由汪旭光任组委会主席的第一届亚太爆破技术研讨会在昆明成功举行，12 个国家的 193 名代表出席，国外代表 42 人，会议收到论文 198 篇，经严格审定，最后录用 122 篇，由冶金工业出版社出版发行。为给代表提供充分交流与理解的机会，会议设置了汉语、英语、日语、俄语、韩语五种语言的同声传译，受到与会代表的热烈欢迎。第二届亚太爆破技术研讨会暨第六届国际岩石破碎物理问题学术会议于 2009 年 7 月 8～12 日在大连成功举行，来自日本、俄罗斯、美国、加拿大、澳大利亚、印度、韩国、蒙古国、哈萨克斯坦等 13 个国家的 168 名代表参加了会议，国外代表 38 人，收到论文 160 余篇，录用 120 篇，会前由冶金业出版社出版。

2006 年 6 月 5 日，来自中国、日本、韩国三国 70 余名爆破工程专家齐聚三峡，在三峡工程三期围堰爆破拆除前夕，成立了中日韩炸药与爆破技术委员会并举行第一次学术交流会，会议一致推举汪旭光为委员会主席。该委员会 2007 年 5 月和 2008 年 8 月分别在日本名古屋、韩国首尔举行了第二、第三次学术交流会，2009 年 10 月在桂林召开了第四次会议。这一系列的会议，加强了中日韩东亚三国炸药与爆破技术的交流，有力推动了本地区的工业炸药与工程爆破科技的进步。

与此同时，中国工程爆破协会先后组织我国工程爆破界的科技人员与管理干部代表团，赴美国、俄罗斯、加拿大、日本、韩国、英国、法国、德国、西班牙、瑞典、挪威、奥地利、澳大利亚、新西兰、南非、智利、巴西、秘鲁、土耳其、哈萨克斯坦和蒙古国等 20 多个国家参加学术会议、技术考察与交流，对国外工程爆破技术发展概况、爆破器材发展的新动向及爆破安全管理等均进行了解。同时，中国工程爆破协会还邀请美国、加拿大、俄罗斯、瑞典、日本、澳大利亚、韩国等国的炸药与爆破专家、学者来华讲学或进行学术交流，受到我国工程爆破界的热情欢迎。参加国际学术会议与交流扩大了我国工程爆破界在国际同行中的影响，也促进了中国工程爆破事业进一步走向世界。

有人曾经问汪旭光何苦这样忙碌，他平静而自信地说：我的奋斗目标就是要让我们国家的工业炸药和爆破技术真正走向世界，领先世界！为把我国工业炸药与工程爆破技术推向世界，汪旭光一直在努力。

苦干实干，事业至上

业界人士评价汪旭光是一位脚踏实地的实干家。他尊重科学，诚恳待人，不争功也不诿过，严于律己，宽以待人。一位曾经跟随他多年的教授级高工这样总结道：跟汪工干课题很幸运，一是汪工身先士卒，乐观向上；二是出现问题从不推卸责任；三是汪工头脑灵活，容易出成果，大家有奔头。

乳化炸药推广初期，炸药药态一直是困扰课题组的一个大问题。一次在龙烟铁矿炸药厂的调试中，汪旭光尝试用新的搅拌敏化方式，这是一种从未在工业化生产中应用的炸药生产新工艺，当然也可能存在潜在的危险。汪旭光平静地对大家说：新工艺关系到炸药组的前途，自己作为组长必须负这个责，命令大家都撤到安全线以外，他一人留下来观察记录新工艺的进行情况，这样即使出事损失也是最小的。时间一分一秒地过去了，太慢了，令人揪心的两个多小时过去了，人们看到满头大汗的汪旭光从厂房发疯似的冲了出来，边跑边喊：试验成功了、试验成功了……而面对他的同事们却早已是满眼泪花。

1979 年冬的一个晚上，在宣化龙烟铁矿招待所，劳累了一天的汪旭光走进洗脸间，打算用冷水擦擦脸以驱走周身的疲乏。当手刚刚伸向水龙头，忽然感到几天来隐隐作痛的胃部突然剧烈地疼痛起来，眼前金星四射，“扑通”一声昏倒在地。大家七手八脚地将他抬到矿山卫生所，经检查，胃部大量出血。由于病情严重，偏僻的龙烟铁矿又没有治疗条件，大家不得不把他强行送回北京治疗。

汪旭光躺在北京医院的病床上，左手打着点滴，右手还在翻看着乳化炸药资料，心里时刻惦念着坝上高原试验现场和在那里日夜奋战的伙伴们。两个星期后，胃部出血刚刚止住，他便拖着十分虚弱的身子又奔上了坝上高原。

试验车间离住地有四里山路，为了节省时间和体力，汪旭光不顾同伴们的劝阻，把铺盖搬到了试验现场住下，每天由同伴们把饭食带上山。

“为国者终不顾家”。还是在 EL 乳化炸药工业化技术推广期间，一次，刚满两岁的小儿子汪沛感冒发高烧，39℃多，持续不退，夫妻俩非常急。作为父亲，作为家中的顶梁柱，他必须留下来，而前方的调试工作也进入关键阶段，离开他群龙无首，一天都耽搁不得。思前想后，汪旭光背负着对妻子无言的歉疚，怀着对儿子病情的担心，忍痛奔赴南芬铁矿，加入了轰轰烈烈的调试工作中。

经过两年多的艰苦奋战，EL 系列乳化炸药的工业化大批量生产终于成功了。

“做任何事情我都会尽心尽力!”这是汪旭光经常提到的一句话。现在他虽然拥有许多社会兼职，但他最满意的是他年轻时老工程师对他的评价：什么事情交给汪旭光去办，他都能尽心尽力去办好，并且交出满意的成果。从 1999 年创办到 2008 年 10 年间，汪旭光一直担任中国工程院院刊——《中国工程科学》总编辑。他兢兢业业，克己奉公，将《中国工程科学》从不为人知打造为在国内外工程界具有广泛影响的重要期刊，做出了不可替代的杰出贡献，得到了中国工程院院长徐匡迪院士的高度评价。

2006 年，汪旭光应邀主持国家反恐怖科技专项项目的论证和可行性研究。针对课题组提出的多项技术方案，汪旭光组织大家对每个方案进行认真讨论、深入分析并带领课题组研究人员到现场做细致入微的试验，对方案不断地修正、验证、完善和补充，从而找到最佳方案。经过多次严格的专家论证会，汪旭光充分听取了专家们的意见和建议，最终得到国家反恐办的认可与立项。

该项目研究的成功可进一步加强民用爆炸物品安全管理，实现爆炸物品溯源和安检探测，有效监控民用爆炸物品流向，使我国在爆炸物品溯源和安检领域内的技术水平达到国际先进地位，提高我国反爆炸恐怖技术和装备水平。围绕项目研究的最终目标，在前期研究的基础上，汪旭光不辞辛劳，不顾自己年近七旬带领研究团队发扬开拓创新、刻苦攻关和团结协作的精神，深入各炸药厂及试验现场，以严谨的科学态度对待试验过程中的每位环节，不放过一个细节。在课题进入极为困难的时期，他不断鼓励大家：“搞科研遇到困难很正常，关键是怎么去克服它，要有坚忍不拔的精神!”“失败了，只要一天不成功，都要坚持干下去!”“有一线希望就紧紧抓住不放往下做!”“如果没有抓住成功的苗头，再做 1000 次也不见得能成功。”

经过反复试验、查阅大量文献并对遇到的问题进行深入分析与思考，他从试验与思考中不断寻求灵感，提炼出正确、科学的观点，指导下一步的试验工作。汪旭光这种科学的科研作风和实干精神感染着课题组的每位科研人员并形成了一种理念，即每个课题组成员不仅仅要完成所承担研究任务，更主要的是为项目整体研究目标提供支持，不敢有丝毫的懈怠。汪旭光不仅身先士卒，指导完成一系列关键性的试验研究工作，还能准确地抓住问题的核心并将其分解为若干个小问题分派给各个研究小组，统筹安排各小组和各个阶段的研究任务和研究目标，避免了研究的盲目性和随意性，减少了人力、时间和各种资源的重叠与浪费。在汪旭光的带领下，课题组的工作效率得到不断提高，既有分工又有协作，互相支持、互相促进，形成了一种优良的科研风气和氛围，同时也铸就了一支不怕困难、迎难而上的开拓型创新科研队伍，在较短的时间内在多项关键技术方面获得了突破，受到了考核专家组的一致好评。

汪旭光现担任北京科技大学、中南大学、北京理工大学、西南交通大学等 10 多所大学的兼职教授或名誉教授，担任北京科技大学博士生导师，20 多年来累计培养博士、硕士 20 余人。

为了紧跟形势，汪旭光密切关注国际国内相关领域的最新研究成果，充分了解国际前沿领域的技术现状，不断学习延时芯片、电子雷管、逐孔爆破、纳米技术等知识，周末只要不出差，就会在办公室。除了炸药、爆破，他还研究采矿工程、安全工程、化工工程等。

人生易老天难老，一寸光阴未敢轻。汪旭光——这位中国乳化炸药的奠基人、中国爆破事业的开拓者没有满足于过去所取得的一系列成就，他正抓紧一切时间，不断在现代工业炸药和工程爆破这一广阔领域辛勤地耕耘着。

（宋锦泉　吉兆宁）

简　历

1939 年 12 月 31 日	出生于安徽省枞阳县。
1959～1963 年	安徽大学化学系学习。
1963～1971 年	冶金工业部情报标准研究所技术员。
1971～1985 年	任北京矿冶研究总院采矿研究室工程师，矿山化工研究室副主任、主任（1986～1993 年）。
1983～2003 年	任中国力学学会工程爆破专业委员会第一、第二、第三届委员（1983～1999 年）、第四届主任委员（1999～2003 年）。
1991～2006 年	任北京矿冶研究总院总工程师（1991～1993 年）、副院长（1993～2002 年）、院学术委员会主任（1992～2006 年）。
1992 年	当选俄罗斯圣彼得堡工程科学院院士。
1994～	任中国工程爆破协会常务副理事长兼秘书长（1994～2002 年），理事长（2002～）。
1995～	任国家安全生产专家组专家，非煤矿山组组长（2006～）。
1995	当选中国工程院院士。
1996～	任国际岩石爆破破碎委员会委员。
1996～	任中国有色金属学会常务理事。
1998～	任公安部爆破专家组组长。
1998～2006 年	中国工程院化工、冶金与材料工程学部常委、副主任、常务副主任。
1998～	任中国工程院出版委员会副主任，中国工程院院刊——《中国工程科学》总编辑（1999～2006 年），《中国工程科学》杂志社社长兼总编辑（2006～2008 年）。
1999～	任中国民用爆破器材学会副理事长。
2002～	任中国爆破器材行业协会副理事长。
2002～	任亚洲太平洋地区爆破技术委员会主席。
2003～	任公安部灭火救援专家组顾问。

2003～2008 年　任北京星宇惠龙科技发展有限责任公司董事长。

2005～　任青海省人民政府科技顾问。

2006～　任中国有色金属工业协会副会长。

2006～　任北京市公安局治安管理总队科技顾问。

2006～　任北京市科学技术协会第七届委员会常委。

2006～　任中国民爆器材行业专家委员会副主任委员。

2006～　任中日韩炸药与爆破技术委员会主席。

2008～　任全国安全评价委员会主任。

主要论著

1 汪旭光．田菁 10 号浆状炸药的研究和使用．爆破器材，1979，(2)：20-24.

2 汪旭光．浆状炸药胶凝剂田菁胶的研究．爆破器材，1980，(1)：16-20.

3 汪旭光．EL 系列乳化油炸药的研制．爆破器材，1981，(3)：1-7.

4 Wang X G，Zhang S X，Cui A N. EL Series emulsion explosives-its introduction and development in China. New Delhi，Ind：Inst of Engineers (India)，Calcutta，India RT3. 04，1984.

5 汪旭光，云主惠，聂森林，等．浆状炸药的理论与实践．北京：冶金工业出版社，1985.

6 汪旭光．乳化炸药．北京：冶金工业出版社，1986.

7 Wang X G. Present situation and development of water-bearing explosive in China. Explosion and Explosives (English translation of Kogyo Kayaku)，1989，50 (3)：143-148.

8 Wang X G. Application of high density emulsion explosives. VCR Mining Method，1990，51. (1)：35-42.

9 汪旭光．乳化炸药（增订本）．北京：冶金工业出版社，1993.

10 Wang X G. Current Situation and Development of Blasting Technique in China//Rossmanith H P. The 4th International Symposium on Rock Fragmentation by Blasting (FRAGBLAST4)，1993：428-435.

11 Wang X G. Emulsion Explosives. Beijing：Metallurgical industry Press，1994.

12 崔安娜，汪旭光．聚异丁烯丁二酰亚胺乳化剂的研究与应用．矿冶，1994，3（3）：1-11.
13 Li J，Wang X，Hu R，et al. Thermal behavior of powder emulsion explosives. Journal of Thermal Analysis，1995，45（1-2）：261-268.
14 汪旭光，许志壮，钟荫庭，等．BGRIMM 乳化炸药及其在露天矿山的应用．中国矿业，1999，8（2）：1-5.
15 汪旭光，申英锋．乳化炸药结构与稳定性关系的研究．中国工程科学，2000，2（2）：24-29.
16 Wang X G，Zhang X，et al. Emulsified powdered granulated explosive and its application in underground mines. Explosives & Blasting Technique，2000.
17 汪旭光．爆破器材与工程爆破新进展．中国工程科学，2002，4（4）：36-40.
18 Wang X G，Zhou J H，Wang Z Q，et al. Development of Blasting Technique in China//Wang X G. The 7th International Symposium on Rock Fragmentation by Blasting. Beijing：Metallurgical Industry Press，2002：3-9.
19 汪旭光，沈立晋．工业雷管技术的现状和发展．工程爆破，2003，9（3）：52-57.
20 汪旭光，于亚伦，刘殿中．爆破安全规程实施手册．北京：人民交通出版社，2004.
21 汪旭光，郑炳旭．工程爆破名词术语．北京：冶金工业出版社，2005.
22 沈立晋，汪旭光，宋锦泉．非爆炸且不可还原农用硝酸铵热分解反应动力学的研究．爆炸与冲击，2005，25（3）：232-238.
23 Wang X G，Song J，Duan B. Experimental research and numerical simulation on DDT of powdered emulsion explosives//Holmberg R，et al. Third EFEE World Conference on Explosives and Blasting Brihton Conference Proceedings. European Federation of Explosives Engineers UK，2005，517-523.
24 谢飞鸿，汪旭光，于亚伦，等．开挖地表变形可视化计算分析系统开发研究．中国矿业，2006，15（1）：52-54.
25 Wang Y，Wang X G，Yan S. Influence of an emulsifier on the pressure desensitization of emulsion explosives. Journal of University of Science

and Technology，2006，13（2）：102-107.
26 王肇中，汪旭光，李国仲，等．测试工业炸药作功能力的方法——弹道抛体法．有色金属，2006，58（4）：109-112.
27 汪旭光．中国工程爆破与爆破器材的现状及展望．工程爆破，2007，13（4）：1-8.
28 汪旭光．工程爆破需求的爆破器材品种与标准考虑．国防技术基础，2008，（1）：8-11.
29 汪旭光．乳化炸药（第2版）．北京：冶金工业出版社，2008.
30 汪旭光，于亚伦．拆除爆破理论与工程实例．北京：人民交通出版社，2008.
31 汪旭光．关于低碳经济与民爆行业发展的思考．工程爆破，2009，(3) 1-5.

周 廉

（1940～ ）

周廉，中国工程院院士，材料科学专家。他的高临界电流密度的铌钛超导体研究世界领先，金属纤维研究填补国内空白，在钛及钛合金材料领域做出了突出贡献。他主持和参与了多项国家科技攻关、“863”计划、“973”计划、国家自然科学基金研究和重大军工配套与重大工程应用研究项目，荣获多项国家和省部级科技进步奖，拥有多项国家发明专利，为我国材料科学的发展做出了重要贡献。

1940年3月11日，周廉出生在吉林舒兰县一个普通家庭。他从小就努力读书、勤奋好学，1958年考入东北工学院（现东北大学）金属材料系。

1963年毕业后被分配到北京有色金属研究总院工作。刚出校门的周廉就显露出了出众的才华、创新的精神和过人的胆识。

1963～1969年，他率先采用无氧化膜拉伸新工艺，研制出了当时国内最好水平的直径9微米的超细钽铌丝和直径10微米的金丝，满足了“04”工程的急需。

1969年，周廉响应党的号召，毅然放弃了北京优越的环境，志愿到祖国最需要的三线地区西北有色金属研究院工作并把家也搬到了那里。建院之初，这里的工作和生活条件很艰苦，可他一干就是30多年。吃的虽是粗茶淡饭，但他怀着一颗火热的报国之心，硬是在国内经济困难、国外技术封锁的艰难处境中，白手起家、艰苦创业并创造了奇迹。为了一个又一个国家急需材料的研制，周廉多少次吃住在试验室里，日夜奋战，守在试验机前分析着数据，直到取得成果。

1979年周廉被教育部派往法国国家科学院低温研究中心及高场实验室进修两年。他全身心地投入到超导材料的研究及超导磁体技术的学习中，并利用法国实验条件，研制出的多芯线材在高磁场下的临界电流密度，达到了世界最好水平，得到国际超导专家的好评和公认。

1987年，中国和世界几乎同步发现高温超导后，周廉开始了新的攀登，他主持并参加了多项国家高温超导材料基础研究和实用化攻关项目，完成了多项“863”计划、国家攀登计划和国家科委下达的攻关课题等。他在超导体制备、临界电流及超导器件应用多方面取得显著的实质性进展。他对钇系超导体冶金物理化学过程进行了深入的研究，在国际上首创了以粉末熔化法超导体制备技术，并达到国际领先水平。

2003年4月，在他的不懈努力下，西部超导材料科技有限公司宣告成立。这是我国第一个具有自己独立知识产权的、具有国际水平的现代化超导材料高新技术产业基地，是我国超导材料产业化的重要里程碑。西北有色金属研究院的超导也因此成为中国超导的一面旗帜。

从1986年起，他就采用与国内外研究单位及高校合作研究、联合培养的特色方式，加大人才培养力度。他倡导并合办了东北大学研究生院西北分院研究院并积极与西安交通大学、东北大学、北京航空航天大学、中国科技大学、中南工业大学、陕西师范大学等高校合作，培养博士生和硕士生近百名。

他长期活跃在国内外材料学术界，多次应邀在国际重大学术会议、国外知名高等院校、科研机构做特邀报告。他还领导和参与了中法、中日、中德等多项政府间有关超导及钛合金科技合作项目。这些学术活动让世界了解中国，让中国走向世界。

1994 年周廉当选为中国工程院首批院士，2005 年被法国约瑟夫傅立叶大学授予名誉博士学位。

周廉曾任西北有色金属研究院院长，中国超导专家委员会首席科学家，中国钛业协会首任会长，中国材料研究学会理事长，中国工程院冶金、化工与材料学部主任，国际材料研究联合会第一副主席、主席；现任中国材料研究学会名誉理事长、西北有色金属研究院名誉院长和世界钛会执委会委员等职。

他先后被授予“国家有突出贡献的出国留学人员”、“国家有突出贡献的中青年专家”、“全国有色金属工业特等劳动模范”、“何梁何利基金科学与技术进步奖”、“全国先进工作者”、“西安市科学技术贡献奖”等荣誉称号。

我国超导材料的学术带头人

1979 年至 1981 年年底，周廉被教育部派往法国国家科学院低温研究中心及高场实验室进修。怀着强烈的责任感，他全身心地投入超导材料的研究及超导磁体技术的学习中。周廉利用法国实验条件，研究和制造的 NbTi50 多芯线材在高磁场下的临界电流密度创造了世界最好水平。

周廉领导的研究小组率先攻克了高均匀 NbTi 合金熔炼技术、高 Jc 线材制备技术难关，首次提出并采用了多次时效-形变工艺技术，有效地将时效热处理技术和附加应变技术有机地结合起来，在 NbTi 超导线材中成功引入了纳米级加工缺陷和弥散

αTi 第二相粒子作为有效的磁通钉扎中心，大大提高了 NbTi 超导线材高场下的载流能力。采用这一技术制备的 NbTi50 多芯线材在 80 年代初的临界电流密度（J_c）创造了世界纪录（3470 安培/毫米^2，5T，4.2K），使美国超级超导对撞机计划（SSC）用料的 Jc 标准由 1900 安培/毫米^2 提高到的 2700 安培/毫米^2。在 1984 年国际低温工程材料（ICMC）会议上，周廉领导小组的这一成果被国际超导界权威赞誉为“开创了高临界电流密度的铌钛超导体研究新纪元”。

1987 年，中国和世界几乎同步发现高温超导后，周廉开始了新的攀登。作为国家超导专家委员会首席科学家，他主持了多项国家高温超导材料基础研究和实用化攻关项目。在世界性的竞争中，作为西北有色金属研究院承担国家超导攻关项目的总负责人，他领导并亲自参加了多项国家“863”计划、“国家攀登计划”和国家科委下达的攻关课题，在超导体制备、临界电流及超导器件应用多方面取得显著的实质性进展。他在低温铌钛超导材料 Nb_3Sn、高温 YBCO 超导材料、B 系超导材料和二硼化镁新型超导材料性能研究方面创造了三次世界最高纪录。他对钇系超导体冶金物理化学过程进行了深入的研究，在国际上首创了以粉末熔化法（PMP）的高 J_c 钇钡铜氧超导体制备技术，使钇钡铜氧超导体及块材的 J_c 达到国际领先水平。该项成果荣获国家发明二等奖、四项国家发明专利，他先后发表论文 90 多篇。在对铋系超导体研究方面，他制备的铋系银基复合带、线圈及磁体，性能均达到国际先进水平，这些对加速我国高温超导材料的实用化过程都产生了积极的作用。此外，他主持研制的铋系高温超导带材并用于我国第一根超导输电电缆性能达到国际先进水平，在科学界引起强烈反响，被评为 1998 年度中国十大科技新闻。

2003 年 4 月，在他的不懈努力下，具有独立知识产权的超导材料生产基地——西部超导材料科技有限公司宣告成立了，这是我国第一个具有国际水平的现代化超导材料高新技术产业基地，是我国超导材料产业化的重要里程碑。周廉和他的超导群体为中国的超导科技队伍树立了光辉的榜样，西北有色金属研究院的超导也因此成为中国超导的一面旗帜。让中国的超导走向世界——这个多少年来无数中国超导人的梦想，终于在西北梦圆。

多项研究和创新成果达到国际先进水平

20 世纪 70 年代，周廉系统地开展了青铜法、内锡法 Nb_3Sn 线材研究，在系统研究 Nb_3Sn 成相动力学过程的基础上，成功解决了具有弥散强化粒子的高均匀铜锡合金熔炼、线材加工热处理技术，通过改善 Nb 和 Cu 的扩散热动力学行为和加工缺陷的引入，成功获得了具有纳米级晶粒结构的 Nb_3Sn 超导线材，有效地提高了作为有效钉扎中心的晶界的密度，从而提高了 Nb_3Sn 超导线材的临界电流密度。研制的多芯 Nb_3Sn 线材，其 J_{cn}（4.2K，0.1 微伏/厘米）在 12T 下达到 5.8×104 安培/厘米^2，其性能达到 80 年代国际先进水平。周廉与法国国家科研中心高场实验室合作，使用西北有色金属研究院的多芯 Nb_3Sn 股线绕制出中心场达 15.4T 的超导磁体，Nb_3Sn 股线的 J_{cn} 达 1.8×104 安培/厘米^2。这一研究结果达到了国际上 Nb_3Sn 股线研究的先进水平，使我国在 Nb_3Sn 股线的制备技术领域迈入世界三强（美国 IGC、日本古河、中国西北有色金属研究院）。

20 世纪 80 年代，周廉通过对 Bi-2223 成相机制的深入研究，在先驱粉成相方面取得突破，提出双粉法可有效控制 Bi-2223 的微观结构并引入有效磁通钉扎中心，在我国首先制备出了性能达到实用水平的 300 米长带，其传输临界电流达到 100 安培（77K，0T），超导性能与欧盟、美国、日本等处于同一水平，使我国完全掌握了从粉末到带材制备全套自主知识产权技术。周廉采用 Bi-2223 带材研制出我国第一个直接冷却式高温超导磁体；1998 年与中科院电工所，北京有色金属研究总院合作研制成功了 1m/1kA 和 6m/2400A 直流高温超导电缆，其中 1m/1kA 超导电缆研制成功被两院院士评为 1998 年中国十大科技新闻进展。

周廉在超导材料研究工作中深入理解了磁通钉扎和微观结构的关系，有效提高了超导材料的临界电流密度，使我国在高临界电流密度超导材料研究这一国际研究最前沿领域创造了三次世界纪录，取得了多项达到国际先进水平成果。正是周廉院士卓有成效的研究工作，使我国在超导材料在基础研究和应用技术领域与国外并驾齐驱。

金属纤维研究填补国内空白

周廉长期从事复合高性能超导线材制备技术研究，在复合超导线材制备技术领域取得了大量的研究成果。他创造性地提出将超导材料的复合超导线材制备技术扩展到不锈钢纤维的制备领域。金属纤维及制品包括不锈钢纤维、镍纤维及由它们构成的金属纤维织物、金属纤维毡及滤芯等，是石化、冶金、纺织、航空部门需要的重要过滤材料。金属纤维及其制品生产的关键是高均匀、超细复合线材的制备技术，涉及材料、冶金、化工、纺织、机械等众多学科，是一个典型的交叉学科领域。

从 20 世纪 90 年代初开始，周廉首次采用集束拉拔法制备出连续金属纤维，通过调整结构设计、改进拉拔工艺、优化热处理技术，以防止纤维组织中晶粒长大、控制有害相的析出、提高纤维强度、改善纤维表面质量，成功制备出 2～25 微米的不锈钢纤维。纤维断裂强力和断后伸长率分别达到代表国际先进水平的比利时 bekaert 公司的技术指标，填补了该领域的国内技术空白，该项研究成果获得陕西省科技进步奖一等奖。

钛合金研究和产业领域的旗帜

在具有重要军事用途和广阔民用的钛合金领域，周廉是世界钛会国际组委会委员（国际上共七人），担任全国钛业协会第一任会长。他以其敏锐的洞察力，预测世界、国内钛领域的发展趋势和前沿，为我国及世界钛合金的发展做出了重要贡献。他指导西北有色金属研究院从事钛研究的科技人员，紧跟国际科学技术前沿，取得众多的技术创新，具体体现在以下几个方面。

1. 新合金设计与研究方面

为满足钛合金在不同环境中对其性能不同的应用需求，他采用 d 电子理论、Al 当量公式、Mo 当量公式和钛合金合金化基本理论，设计研制出众多具有我国自主知识产权的新型钛合金，主要有如下几种。①三种医用钛合金 TAMZ、TLM1 和 TLM2，其中 TAMZ 合金已达到工业化生产规模，TLM1 和 TLM2 达到中试规模，在此技术基础上成立了九州生物材料置入器件有限公司。②一种新的 Ti-Ni 形状记忆合金、编制技术及新的工艺技术。这些技术通过中试扩大化试验及工艺稳定化试验，走向了批量化生产，成立了西安赛特生物科技有限公司，其 Ti-Ni 形状记忆合金产品占全国的 40%，形成规模化效益。③一种新型超低温钛合金 CT20，通过中试及工业化试验，其工艺已成熟、稳定，航天部门每年均有稳定的订货。④一种新的高强高韧钛合金，其抗拉强度≥1300 兆帕，延伸率≥10%，冲击韧性≥30 焦耳/厘米^2，达到世界领先水平。⑤一种新型高强高韧钛合金损伤容限钛合金 TC21，其性能达到国际先进水平。TC21 合金已通过中试扩大化试验及工业化规模的试验，工艺成熟、稳定，已指定用于我国四代战机。⑥一种新的阻燃性能测试方法。阻燃钛合金是具有重要军事用途的一种钛合金，但 1998 年之前国内并没有阻燃性能的检测方法。他指导博士研究生在 1997 年发明了阻燃性能直流电弧激发燃烧的检测方法，采用此方法深入研究了钛合金的燃烧行为及我国 Ti40 阻燃钛合金的阻燃行为，在国际上首次提出阻燃钛合金的快速散热和中断氧输送的阻燃机制，为阻燃钛合金的发展奠定了坚实的理论基础。Ti40 阻燃钛合金已确定用于我国新一代战机发动机的核心机。

2. 新工艺技术方面

钛合金综合性能优异，是众多军用及民用的关键材料，然而其成本较高，限制了其更广泛的应用。降低钛合金成本有许多途径，其中简化工艺流程、提高材料利用率是最重要的。国家稀有金属材料加工工程中心，从国外引进、发展了电子束冷床炉熔炼技术，短流程的、大变形量的步进轧制加工技术，滚模轧制加工技术等，使钛合金材料的利用率提高了 20%，材料性能批次间更加稳定。同时，开展了钛合金的连铸连轧技术研究，一旦钛合金的连铸连轧技术研究取得突破，必将是世界钛工业一次重大的技术突破，使世界钛工业取得重大的技术革新。

辛勤耕耘，激活人力资源潜能

周廉十分重视人才培养工作。他先后担任西安交通大学、西北工业大学、东北大学等国内重点院校的博士生导师，培养博士生 40 多名（含在读博士），有三名博士后在他的指导下顺利出站。

他一直坚持与院校联合培养科技人才的道路，在他的努力下，研究院与国内十几所院校共同培养研究生，成立了东北大学研究生院西北分院；先后开办了“博士班”，“工商硕士”、“工程硕士”研究生班，培养出了一大批优秀的科研、生产、经营和管理人才，为研究院的可持续发展奠定了坚实的基础。

他还发挥自身影响力和作用，积极探索与国内外联合培养人才的路子，先后与法国、美国、日本、德国、俄罗斯等国开展了共同培养研究生合作关系。同时，他还积极倡导把西安地区从事材料科技工作的专家、学者、企业家联合起来，先后组织成立了陕西省中法科技交流协会、陕西省材料研究学会等社会团体，形成了明显的地区优势。

（贾豫冬）

简　历

1940 年 3 月　出生于吉林省舒兰县。
1952～1958 年　吉林省舒兰县中学。
1958～1963 年　东北大学金属材料系。
1963～1969 年　北京有色金属研究总院课题组组长。
1969～1984 年　宝鸡有色金属加工研究所主任。
1979～1981 年　法国国家科学院低温研究中心及高场实验室进修。
1984～2005 年　西北有色金属研究院副院长、院长。
1987 年　国家超导专家委员会首席科学家。
1994 年　当选首批中国工程院院士。
2005 年　获法国约瑟夫傅立叶大学名誉博士学位。
1999～2007 年　中国材料研究会理事长。
2003～2007 年　国际材料研究联合会主席。

主要论著

1 Zhou L，Zhang P X，Ji P，et al. The properties of YBCO superconductors prepared by a new approach the powder melting process. Superconductor Science & Technology，1990，3 (10)：490-492.

2 Zhou L，Zhang P X，Ji P，et al. High JC YBCO superconductors prepared by the powder melting process. IEEE Transactions on Magnetics，1991，27 (2)：912-913

3 周廉．超导材料及测试篇//中国冶金百科全书编辑部．中国冶金百科全书．北京：冶金工业出版社，2001.
4 师昌绪，李恒德，周廉．材料科学与工程手册．北京：化学工业出版社，2004.
5 周廉．第11章钛及钛合金//中国材料研究学会．中国新材料产业发展报告．北京：化学工业出版社，2004.
6 周廉，左铁镛，傅恒志．中国低温超导材料产业化发展战略研究．北京：中国工程院，2003.

陈 松 乔

（1940～ ）

陈松乔，中南大学教授，计算机科学与技术专家。他主要从事高等教育、信息领域的科学研究、计算机技术在工业过程中的应用及推广等工作，在计算机技术人才培养、企事业单位信息化建设等方面做出了重要贡献。他提出用中西文信息处理“大字符集”理论和技术，研制出第一代中西兼容信息处理系统。他的研究成果和研制的信息系统多次获省部级科技进步奖。

陈松乔，1940 年 6 月出生于湖南省长沙县江背镇，经历了打柴、放牛、上学的童年成长过程。纯朴的民风和父母的言传身教养成了他勤劳、朴实、上进和与人为善的品德，这些品德伴随他一生。

1952 年小学毕业后，他通过统一招生考试进入长沙市第八中学（育群中学和丽文中学合并而成）。1958 年考入中南矿冶学院（后改名为中南工业大学，现中南大学）自动化系电子技术专业，1963 年 6 月毕业后留校任教至今。11 年的学生生涯中，他以优异成绩掌握了本门学科的基础知识和专业知识。留校后，他先在电工基础教研室任助教，主要在电工基础实验室进行研究和指导学生实验，并兼任系学生辅导员和团委工作。这段经历培养和锻炼了他的实验能力和组织能力。1966～1969年，时值“文化大革命”时期，他没有放弃业务工作，积极参加了“覆课闹革命”中的教学工作，为即将毕业的学生（68～70届）讲授电工基础课程，为这些几年未上业务课的同学补充了一些业务知识。

“文化大革命”后，他回到了电子专业教研室，从事当时工农兵学员的教学和组织工作，同时积极参加了校办工厂的电子仪器设计、生产，主持了国防科工委某研究所的一项先进电子设备研制工作和当时国家组织的彩色电视攻关工作，和兄弟单位一起，完成了湖南彩色电视的攻关任务。其后，他便一直在教学、科研、学科建设、计算机应用推广第一线工作。

20世纪70年代，计算机技术开始在我国广泛应用，基于冶金行业和其他企事业单位的迫切需求，学校开办各类企业技术人员培训班并开始筹建“计算机应用技术”本科专业，陈松乔领导和组织了培训班和新专业的建设工作。至今，该专业已为国内外各高校、各企事业单位培养计算机应用技术人员近万名，该专业学术水平也跻身于全国先进行列，其学生在国际国内各行各业发挥着重要作用。

20世纪70年代中期，为适应计算机应用中对汉字信息处理的需求，他主持研制了两套微机中西文兼容的信息处理系统，率先推出了“中西文大字符集”理论，其技术已推广至日本、中国香港、中国内地其他研制单位并在冶金行业等多个单位进行了培训和推广。

陈松乔1976年加入中国共产党，1984年起担任自动化系副主任，主持系的科研工作；1985年任计算机系副主任并破格晋升为教授；1986年任校计算中心主任，组织世界银行贷款项目；

1990 年赴美国田纳西大学和 IOWA 大学访问学习，回国后任计算机系主任并先后担任学校、中国有色金属工业总公司学位委员会委员，以及《中南工业大学学报》等三个学术杂志的编委；1992 年获国务院政府特殊津贴；1995 年根据教改需要，计算机系与自动化系合并，组建信息工程学院，任副院长，主持学院研究生工作；1996 年被评为博士生导师；1998 年被评为湖南省教育战线优秀党员。

1999 年结束校内行政职务后，他除在校内从事教学科研、学科建设等工作外，还为地方经济建设做了大量工作。他是中国计算机学会理事、湖南省计算机学会名誉理事长，1996 年起兼任了湖南省信息化领导小组办公室专家组组长和湖南 863/CIMS 工程专家组专家，参与了省、市和各个企事业单位的信息化宣传、规划制订，项目组织、申请、评审、验收等工作，并主持和承担了三项国家“863”/CIMS 应用示范工程，对湖南冶炼和制造企业的计算机应用起到了示范作用，受到了省和行业领导的表彰，并获多项省部级科技进步奖和国家“863”专家组先进个人奖励。

忠于党的教育事业，努力培养优秀科技人才

作为一名高等学校教师，陈松乔把搞好教学和培养下一代科技人才作为自己终生的事业和追求，把培养一批学术上在国内外有重要影响，又能解决经济和生产活动中实际技术问题的人为己任。他在自己刻苦学习、广猎本学科新理论新知识，通过不断实验、实践来提高自己的基础上，认真准备每一堂课、每一次实验，精益求精每一教学环节，先后为各层次学生讲授本专业基础课程和专业课程 10 多门。他的每门课不仅仅是传授书本知识，而是将通过深入研究和实践总结的理论和技术体系传授给学生，再加上交互研讨、实验等多种教学手段，取得了很好的教学效

果，深受学生欢迎。

20 世纪 70 年代初期，计算机特别是微型计算机已开始在我国推广应用。当时，国内十分缺乏计算机应用的专业技术人才，特别是工业企业生产过程中用计算机进行管理和控制的技术人才。为适应当时的需要，他一方面配合有关部门深入厂矿企业生产第一线开办各种培训班，为十多个企业几千名现场技术人员讲授和推广计算机应用技术，有力地推动和促进了计算机在各企业管理和生产过程中的应用；另一方面，他又积极配合学校领导，在国内较早地创办计算机本科专业。作为学校第一任软件教研室主任，他白手起家，制订教学计划，组织教师学习新的专业知识，研制实验设备，建立实验室和实习基地，编写教材，开设新课程等。经过多年的努力，学科和专业已得到了较快的发展，培养了几批优秀本科生并在 1982 年获得了硕士学位授予权。陈松乔没有停留在这一台阶上，他深知，与国内先进专业比较，其专业建设水平尚有一定差距，学科的学术水平还远未进入国际先进行列，某些研究领域还处于起步阶段。他充分认识到要改变这种状态必须进一步学习国际上的先进经验，引进和培养高水平的学科领军人物。20 世纪 90 年代中，国家启动“长江学者”计划，利用这一政策机遇，陈松乔一方面在国际国内广泛联系和聘请本学科知名专家来校讲学，合作研究；一方面积极奔走，争取到了教育部批准的“长江学者特聘教授岗位”，聘到了在计算机理论学科领域内的国际知名学者美国得州农业大学的陈建二教授并得到了国家多个部门的重大科研项目支持，为学校计算机学科的发展奠定了坚实的基础。2000 年该专业获得了计算机应用技术学科博士学位授予权，2004 年又获得了第二个博士学位授予权，为计算机学科和专业的发展创造了更大更好的发展空间。

经过几十年的不断建设、不断发展，现在该专业已培养本科生几千名、硕士研究生上千名、博士研究生近百名，学科和学术水平已进入全国先进行列，培养的学生遍布世界各地，不少学生已是国际知名学者、各企事业单位的领导和技术骨干，在计算机学科领域的学术研究和各国经济、社会建设中发挥着重要作用。

教学和学科建设是一项崇高的事业，但也是一项清贫的工作。在教育岗位上工作的40多年中，他拒绝了各种更有“好处”的诱惑。改革开放以后，鉴于在教学科研方面的突出成绩，他成了当时湖南省最年轻的教授，许多高校和公司纷纷邀请他兼职、入股或担任领导职务。有一个高校曾以优厚的条件邀请他做兼职教授，用一定的时间为该校教师上课和协助学校申请科研课题。他没有接受这种邀请，认为一个人的精力是有限的，外面的兼职必将分散他在本校教学科研和学科建设方面的精力，影响学生培养工作。他坚持“不接受任何有固定职位和固定收入的兼职”，而把全部精力集中放在自己的教学和科研岗位上。他就是这样一位不为经济利益与权利所诱惑、忠于本职工作、恪尽职守，为国家培养更多更优秀的科技人才尽心尽力、尽职尽责并深受学生爱戴和欢迎的优秀教师。

提出中西文信息处理“大字符集”理论和技术，研制第一代中西兼容信息处理系统

20世纪70年代末和80年代初，国内用微型计算机处理各类信息的需求十分迫切，但能同时处理中西文信息的理论和技术十分缺乏。开展中西文兼容信息处理的理论和技术研究成为当时的研究热点。当时科技界的普遍做法是在原ASCII字符集的基础上，用三个或四个字节表示一个汉字，在信息处理过程中对“西文”和“汉字”分别进行处理，这种技术使得字的区分难度大，处理效率低，使用极不方便。针对这一难题，课题组进行了攻关研究，在深入分析原西文字符集的结构和字符区域分布的基础上，在国际上率先提出了扩展原字符集区间，将汉字和ASCII字符合并在一起的“大字符集”的概念，使得汉字和ASCII字

符有统一的“内码”，实现汉字（也可以是其他的东方文字）和ASCII字符同样同步处理的技术。基于上述理论，课题组连续在三种不同微型机上设计并实现了“中西文兼容的信息处理系统”，包括中西文输入、文字编辑、中西文关系数据库及其相应的自动报表生成等支持工具，有效地提高了中西文兼容的信息处理效率和效果，促进了当时的汉字信息处理的研究水平，得到了当时在美国召开的“国际东方计算机大会”和在该校召开的中文信息学会的系统专委学术年会上各方面专家的肯定。这些系统多次获省部科技进步奖，其技术已推广至国内相关研究院所和多个企事业单位的信息系统中并应邀赴日本、中国香港等地进行技术交流。

当时“文化大革命”刚刚结束，百业待兴，科研和生活条件相当困难，人才和设备均十分缺乏。陈松乔一方面组织和指导以年轻教师、研究生为主的研究团队采购各种元器件、组装设备、建立和完善实验开发环境；一方面进行理论研究，查找资料，反复讨论、分析，亲自设计和开发相关软件和系统。研制任务十分繁重，他常常工作到深夜，甚至几天不能回家，睡在实验室，吃饭也经常是家里送来或派人从食堂买回来在实验室解决，以便集中更多的精力和时间解决研究过程中不断出现的难题。

在工矿企业中推广、应用计算机技术，促进国民经济发展

20世纪90年代，国家“863”计划将信息技术应用到工农业生产过程中列为重要课题，江泽民主席更是提出要用信息化带动工业化。陈松乔作为湖南省信息化专家组和省“863”/CIMS应用示范工程专家组的主要成员，配合和协助相关部门，深入省内各重要企业，向企业一线工人宣传和讲解用信息化改造和提升传统产业的意义和相关技术，帮助规划和组织各类信息技术在工业企业中的应用课题或项目，并作为首席设计师，亲自带领科技

队伍常驻现场，与企业的技术人员和工人一起讨论，一起攻关。他完成了涟源钢铁集团有限公司、三一重工股份有限公司等国家“863”/CIMS应用示范工程，针对离散型和连续型两类不同生产过程的工艺特点，对异构的、分散的管理和控制数据进行集成优化处理，提出了基于网络的“横向到边，纵向到底”的异构信息采集、交换和集成的深层次信息融合策略，并较早地设计和实现了企业的现代集成制造系统，较好地理顺了集团企业的资金流、物流和信息流，大幅度提高了企业管理水平和生产经营效率，取得了很好的经济和社会效益，得到了国家“863”专家组和省政府的科技奖励。

陈松乔还利用自己的专业知识和在企事业单位信息化过程中取得的实际经验，配合相关部门和企业专家，深入金川有色金属公司、中国长城铝业公司、长沙市自来水公司、株洲硬质合金集团公司等国内十多个大型企业，规划或设计实施企业管理和工业过程控制等方面的信息系统。由于能很好地结合生产、经营中的实际，注意解决实际应用中存在的问题，他所设计和实施的信息系统、专家系统等均有很好的实用性，帮助企业有效解决了生产、经营中的一些关键问题，深受各类应用人员的欢迎。

（中南大学供稿）

简　历

1940年6月24日	出生于湖南省长沙县。
1958～1963年	中南矿冶学院机电系学习、毕业。
1963～1983年	中南矿冶学院自动化系助教、讲师。
1984～1985年	中南工业大学自动化系副主任。
1985～1986年	中南工业大学计算机系副主任、教授。
1986～1990年	中南工业大学计算中心主任。

1990 年 6 月~1990 年 12 月　美国田纳西大学、爱荷华大学访问学习。
1991～1995 年 6 月　中南工业大学计算机系主任。
1995 年 7 月～1999 年 12 月　中南工业大学信息科学与工程学院副院长、教授、博士生导师，湖南省计算机学会副理事长。
2000～2010 年 2 月　中南大学信息科学与工程学院教授、博士生导师，中国计算机学会理事，湖南省计算机学会副理事长、名誉理事长。

主要论著

1 陈松乔. IBM-PC（XT）微机中西兼容关系数据库管理系统设计. 中南矿冶学院学报，1985，(6)：114-120.

2 陈松乔. 微型机中西文兼容自动报表处理算法设计. 中南矿冶学院学报，1986，(10)：62-67.

3 陈松乔. 汇编语言程序理解工具 TALV. 中南矿冶学院学报，1991，(6)：306.

4 陈松乔. 基于标识文法的复杂目标的并行处理. 中南矿冶学院学报，1992，(8)：447.

5 陈松乔. 基于专家知识的自动报表程序. 中南工业大学学报，1998，(11)：176-178.

6 陈松乔. CIMS 系统中物流和资金流的组织. 中国有色金属学报，1998，(3)：183-186.

7 王建新，陈松乔. Anycast service model and its QoS routing algotithm. Journal of central south university of Technology（English Edition)，2001，(6)：135-139.

8 谢建国，陈松乔. 视频服务器中多网络 I/O 的调度与接纳控制. 软件学报 2002，(8)：920.

9 陈松乔. 多处理机并行作业调度优化算法. 中南工业大学学报，2002，(12)：267-272.

10 盛津芳，陈松乔. Cots evaluation and selection based on requirement decomposition. Journal of Electronics，2005，(1)：62-67.

11 罗玉宏，陈松乔．移动自组网中基于移动预测和概率的能量有效组播路由算法．计算机研究与发展，2006，(2)：231-237.

12 罗玉宏，陈松乔．移动自组网基于能量效率的分布式拓扑控制算法．软件学报，2007，(3) 66-69.

13 陈松乔，肖建华，刘丽华．算法与数据结构．北京：清华大学出版社，2002.

14 陈松乔，任胜兵，王国军．现代软件工程．北京：清华大学出版社，2004.

肖 庆 苏

（1940～1999）

肖庆苏，选矿技术专家。长期从事钨、钼、铋、萤石、锡、重晶石及硫化矿钼、铋矿物的选矿技术研究，在国内外首次采用 CF 药剂在自然 pH 下浮选黑白钨矿物，解决了黑白钨不能同时有效浮选的难题。CF 浮选黑白钨方法被列为国家“八五”科技攻关项目十大领先水平攻关成果之一，1997 年获中国有色金属工业总公司发明二等奖。1996 年他享受国务院政府特殊津贴。

肖庆苏，1940 年 7 月 3 日生于河北省武清县。1946 年 9 月在北京天仙庵小学读书，其间因病休学一年，1959 年 9 月在北京市第一中学读书，1959 年考入北京矿业学院（现中国矿业大学）煤综合利用系有用矿物精选专业，在校期间曾被评为优秀生。1964 年毕业后被分配到北京矿冶研究总院选矿室工作，1980 年晋升为工程师，1988 年晋升为高级工程师，1994 年晋升为教授级高级工程师，1993 年任北京矿冶研究总院选矿研究室副主任，1999 年任选矿研究室主任。工作期间曾先后十多次被评为院先进工作者，1996 年获中国有色金属工业总公司优秀党员称号，1998 年享受国务院政府特殊津贴。

肖庆苏拥护社会主义，拥护党的改革开放政策，坚持四项基本原则，在重大问题上和党中央保持一致。1993 年他光荣地加入了中国共产党，从此他更加严于律己，勤奋工作，不论在领导岗位上还是在科研岗位上都起到了共产党员的先锋模范作用。

肖庆苏学风严谨，知识渊博，不但在生产科研中取得很大成就，而且在学术上也颇有建树。他曾先后在《有色金属》、《国外金属矿选矿》、《矿冶》等期刊和国内外学术刊物上发表学术论文 16 篇，撰写研究报告 18 份并指导两名硕士研究生的学习和课题研究。

肖庆苏自 1964 年参加工作以来，先后参加并完成金川镍矿、凡口铅锌矿、小铁山铅锌矿、城门山铜矿、盘石镍矿、酒钢桦树沟镜铁矿、柿竹园多金属矿、云南锡业公司大屯锡铜铋多金属矿、广西陇水金矿、贵州镇宁重晶石矿及蒙古国萤石矿、印度红铁矿等 40 余项选矿研究课题。其中，酒钢、柿竹园、云锡等十余项课题是作为专题主要负责人完成的。此外，还担任工程负责人，完成重晶石选矿厂和一座碳酸钡化工厂的设计工作，现均已建成生产。

酒钢桦树沟镜铁矿粉矿合理选矿工艺流程研究是国家“六五”重点科技攻关项目，他作为专题负责人先后完成了小型试验、扩大连续试验和工业试验。在该项目研究中，他研究出新型重晶石捕收剂 A-22，解决了酒钢尾矿浮选综合回收重晶石的技术难题。该项目 1985 年 12 月通过冶金工业部组织的技术鉴定，确定达到了国际先进水平，获国家三委一部表彰奖。1986 年国家总结“六五”攻关项目时，红矿选矿技术攻关（酒钢为红矿选矿技术攻关五个项目中的第一项）被评为“六五”科技攻关特别奖。

1990～1994 年，他担任专题人，完成了云锡大屯硫化矿提高铜选矿指标的研究课题，解决了铜精矿质量不合格的难题，铜回收率得到提高，经济效益显著。1994 年 12 月经中国有色金属工业总公司组织的技术鉴定，该技术达到国际先进水平，1995 年获中国有色金属工业总公司科技进步奖二等奖，1996 年获国家科技进步奖三等奖。

1995 年肖庆苏作为国家“八五”柿竹园科技攻关负责人，带领课题研究组发明了在自然 pH 下混合浮选黑白钨的新方法——CF 法。该方法显著提高了钨选矿指标，为国内外首创。为满足柿竹园工业试验的需要，他带领几个年轻人，经过三个月的艰苦奋斗，终于合成并生产出了新型浮选捕收剂——CF，接着又带领全组同志在春节期间在柿竹园矿进行了选矿工业试验，获得了圆满成功。该项目在科技成果鉴定会上受到专家和与会领导的高度评价，成为国家计委、国家科委、财政部联合颁布的国家“八五”科技攻关项目十大领先水平攻关成果之一（《人民日报》1996 年 11 月 12 日第五版，《光明日报》1996 年 11 月 2 日第四版），1997 年获中国有色金属工业总公司科技进步二等奖。肖庆苏本人被评为国家“八五”科技攻关先进个人，受到国家主席江泽民等党和国家领导人的接见。

肖庆苏作为国家“九五”柿竹园科技攻关负责人，在“八五”科技攻关已取得成果的基础上，又取得了新的成果，优化了 CF 药剂的合成工艺并实现了该药剂的产业化，在柿竹园工业试验中取得满意的效果。

1999 年 3 月肖庆苏被查出身患癌症，但他很少考虑自己的病情，仍念念不忘科研工作，虽然没有亲临柿竹园做工业试验，但当在现场工业试验的同事打电话向他汇报情况时，他还出谋划策，心系柿竹园的科研工作，甚至在梦中都说要去柿竹园，完成国家下达的“九五”科技攻关任务。1999 年 6 月 4 日肖庆苏英年早逝，走完了他 58 岁的人生历程，他把一生都献给了我国的矿冶事业。

黑白钨混合浮选新方法——CF 法的发明者

1991 年，“柿竹园多金属矿资源综合利用”列入国家“八五”重点科技攻关项目。肖庆苏作为专题负责人，承担了“Ⅲ矿带富矿段选矿工艺合理流程及产品方案的研究”专题工作。柿竹园多金属矿是一座特大型钨、钼、铋、萤石多金属矿，钨、铋和萤石的储量都居全国首位，钼的品位和储量也相当于一座大型钼矿。该矿矿体集中，形态简单，有用矿物种类多，共生关系密切，矿物组分复杂，属易采难选矿石。在确定合理选矿工艺流程时，必须最大限度综合回收钨、钼、铋、萤石四种有价元素。钨在四种有价元素中占第一位，而白钨矿和黑钨矿性脆易磨，当要求磨矿细度很细时，这两种矿物极易过粉碎泥化，特别是黑钨矿，过粉碎泥化后，无论是重选还是浮选都很难获得好的选矿指标。另外，由于白钨矿与萤石共生，两种矿物都属于含钙矿物，浮游性质接近。钨浮选常用烧碱（或石灰，或纯碱）和水玻璃抑制萤石，用 733（改性氧化石蜡皂）、油酸等脂肪酸类药剂浮选黑白钨矿不能很好地浮选黑钨矿，钨粗精矿品位低，钨回收率低，同时受到强烈抑制的萤石再浮选十分困难。肖庆苏率领研究组经过大量的试验研究，找到了一种在矿浆自然 pH 条件下浮选黑白钨矿的新方法，叫做 CF 法。这种方法的药剂制度是：用少量的水玻璃做调整剂、硝酸铅做活化剂、用 CF 药剂做捕收剂、极少量的乳化油酸或油酸做起泡剂，浮选矿浆的 pH 一般为 7～9。与常规的烧碱法和石灰法选钨指标相比，钨粗精矿品位高，钨回收率高。同时由于矿浆的 pH 较低，为后续萤石浮选创造了良好的条件。CF 法浮钨的关键是新型钨浮选捕收剂 CF，但 CF 药剂在国内外只作为试验剂少有销售，没有工业生产的实践。为满足柿竹园选矿厂工业试验的需要，1995 年 8 月，肖庆苏带领几个年轻人，首先在实验室进行 CF 药剂合成的小型试验，摸索

CF 药剂的合成工艺，然后到一个小型化工厂进行 CF 药剂合成的半工业试验，经过三个月的艰苦奋斗，他们终于第一次工业上生产出 CF 药剂 6 吨。1995 年 12 月，他带领专题组成员开赴柿竹园矿，采用工业合成的 CF 药剂进行选矿工业试验。1996 年春节，当时正值湖南 50 年不遇的大雪，气候非常寒冷，道路非常湿滑，到选矿厂的班车无法开行，肖庆苏与同事们每天徒步一个小时到选矿厂，坚守工业试验岗位。经过两个多月的艰苦奋斗，他们取得了较好的试验指标，工业试验获得圆满成功。该项目在科技成果鉴定会上受到专家和与会领导的高度评价，成为国家计委、国家科委、财政部联合颁布的国家“八五”科技攻关项目十大领先水平攻关成果之一，1997 年获中国有色金属工业总公司发明二等奖。肖庆苏本人被评为国家“八五”科技攻关先进个人，受到国家主席江泽民等党和国家领导人的接见。

1997 年，“柿竹园多金属矿资源综合利用”继续列入国家“九五”重点科技攻关项目。肖庆苏继续作为项目负责人承担攻关研究。他领导专题组进行了黑白钨常温浮选试验研究和 CF 药剂合成工程化研究，探索在常温条件下进行钨的精选和优化 CF 药剂合成工艺研究。1997 年在实验室进行 CF 药剂合成工艺优化试验，1998 年 4～10 月他带领研究组成员到北京北郊某化工厂一个车间进行 CF 药剂合成工艺优化工业试验，攻克了设备材质、溶剂回收利用、有害气体防护和合成工艺连续性和稳定性等诸多技术难题，过半年多的辛勤努力，终于打通了 CF 药剂合成新工艺，生产出 CF 药剂 20 吨，为 1999 年钨选矿配套工艺研究做好了药剂准备，并为该药剂的工业化生产奠定了基础。

重晶石选矿技术进步的重要贡献者

1982 年，“酒钢桦树沟镜铁矿合理选矿工艺流程研究”列入国家“六五”重点科技攻关项目。1982～1985 年，肖庆苏率领研究组先后完成了“从酒钢选矿尾矿中综合回收重晶石的研究”的小型试验、扩大试验和半工业试验。经过试验研究，他们在从酒钢选矿尾矿中（强磁选尾矿）综合回收重晶石方面取得了突破性进展。试验发现：A-22 药剂浮选重晶石效果特别优异，进行了药剂合成的研究，生产了 20 吨药剂供工业试验用。工业试验重晶石的回收率达到了 81.80%，超过攻关指标 11.80%。本项目 1985 年 12 月通过了冶金部组织的技术鉴定，确定为达到国际先进水平。对于此项技术成果，肖庆苏起了至关重要的作用，技术方案都是由他提出并组织实施的。为保证工业试验成功，他把准备工作做得充分扎实。他精心组织药剂生产，保证每一批生产药剂的质量，每批药剂生产出来不仅化验产品，同时进行选矿试验以验证药剂质量是否达标。为帮助研究组同事提高现场操作能力，他亲自带队去包头铁矿学习浮选操作。他经常对同事们讲，我们出差到现场，每个人都代表单位，要注意自己的一言一行，只能给单位增光，不能给单位丢脸。试验中，他严格要求自己，处处以身作则，挑重活脏活干，浮选机检修时，常爬入浮选槽内，弄得满身污泥，现场领导和工人深受感动。由于试验所在地嘉峪关海拔高，特别在试验后期，他过度劳累，原有病情加重而住院。领导再三劝他回京治疗，但他仍带病指挥试验，直到试验取得巨大成功。

肖庆苏不仅进行重晶石的选矿工艺研究，而且进行重晶石选矿厂的设计。1984 年，作为工程负责人，他完成了山东高密化山重晶石矿 150 吨/天重晶石选矿厂的设计工作，1985 年 12 月该厂建成投产。1992 年该设计工程被评为优秀设计奖。

战斗到生命的最后一息

1998 年 4 月，肖庆苏他率领研究组成员到北京北郊某化工厂进行 CF 药剂的工程化试验。此次工程化试验，对先前的合成工艺进行了改进，取消了先前使用的易燃易爆的乙醚溶剂，改用甲苯溶剂萃取硝基苯的还原产物——β苯胺。工程化的关键阶段正值七月，气候炎热，车间环境不太好，肖庆苏顾不了这些，他和同事们一起对药剂工程化的诸多问题进行研究，坚守在CF药剂的工业试验岗位。在工业试验的后期，肖庆苏常感身体不适，他以为只是疲劳所至，只要休息一下就可以，没有及时去医院检查身体。直到CF药剂工业试验结束，生产出20吨合格的药剂后，他才在同事们的劝说下去医院检查身体。1999年2月，非常不幸的是，医院给出的检查结果是肝癌晚期。肖庆苏没有被恶魔吓倒，他平静地安排好柿竹园现场工业试验的事宜，交代了工业试验中要注意的关键问题及技术要点。随后他住进了医院。他对战胜病魔充满了信心，积极配合医生的治疗。化疗过程中，他反应特别大，吃不下饭，喝不了水，呕吐厉害，特别痛苦，他都一声不吭地忍住了。在医院里，他经常关心柿竹园现场的工业试验，当现场同事打来电话告诉试验取得了进展，他为试验取得了好的结果感到欣慰，同时继续为试验中的不足出谋划策。他说，自己真想去柿竹园做工业试验，梦中经常提到要去柿竹园，带领同事们完成国家的科技攻关任务，战斗到生命的最后一刻。他是这样说的，也是这样做的。在治疗后期，他经常昏迷，但在清醒的时候想到的还是柿竹园的工业试验。1999年6月4日肖庆苏英年早逝，走完了58岁的人生历程，他实现了自己的诺言，把一生都献给了我国的矿冶事业。

（程新朝）

简　历

1940年	7月4日出生于河北省武清县。
1959年9月～1964年8月	北京矿业学院学习。

1964年9月～1980年	北京矿冶研究总院技术员。
1980年～1988年6月	北京矿冶研究总院工程师。
1988年7月～1993年9月	北京矿冶研究总院高级工程师。
1993年5月～1999年2月	北京矿冶研究总院选矿研究室副主任。
1993年12月	在北京矿冶研究总院加入中国共产党。
1993年10月～1999年6月	北京矿冶研究总院教授级高级工程师。
1999年3月～1999年6月	北京矿冶研究总院选矿研究室主任。
1996～1999年	享受国务院政府特殊津贴。

主要论著

1 康桂英，肖庆苏，李长根．柿竹园伴生萤石选矿方法研究．有色金属（双月刊，选矿部分），1995，(2)：13-16.

2 李长根，肖庆苏．大屯选厂硫化矿捕收剂解吸-铜离子沉淀-磁黄铁矿去活化矿新工艺研究．有色金属（季刊），1995，(2)：25-28.

3 肖庆苏，李长根，康桂英．柿生园多金属矿CF法浮选钨主干全浮流程选矿工艺研究．矿冶，1996，(3)：16-19.

臧　慕　文

（1940～　）

臧慕文，有色金属材料分析技术专家，长期从事有色金属分析测试研究，对有色金属及合金标准分析方法的研究制定，标准物质的制备和定值分析研究，分析测试中的量和单位、数理统计、不确定度评定等的实践应用研究，贵金属分离、提纯、分析的开发研究均有独到之处。他承担完成了多项国家和省部级科研课题，为有色金属分析测试标准化做出了重要贡献。

臧慕文，1940年11月13日出生于浙江湖州。周岁时随父母赴省会杭州，至1950年读完小学四年级后，因父亲病故，又随母重回故乡湖州。1952年考上湖州中学，读完初、高中。1958年进入复旦大学化学系学习。1963年7月毕业，同年9月被分配到冶金部北京有色金属研究总院，从事冶金分析测试工作。1964年任技术员，1980年任工程师，1986年加入中国共产党，1987年晋升为高级工程师，1994年被评聘为教授级高级工程师。

臧慕文曾任北京有色金属研究总院分析室副主任、分析测试技术研究所副所长、国家有色金属及电子材料分析测试中心副主任，兼任中国有色金属学会理化检验委员会副主任、全国标准物质委员会委员、中国标准物质研究会理事、全国有色金属标准样品委员会委员、*RAREMATAL* 期刊常务编委、硕士研究生导师等；现兼任《分析试验室》期刊常务副主编、《稀有金属》期刊常务编委、全国化学标准化委员会化学试剂分会委员、中实国金国际实验室能力验证研究中心外聘专家。

臧慕文曾获中国有色金属工业科学技术奖二等奖三项[“GB/T17433—1998 冶金产品化学分析基础术语国家标准（2003 年）”、“ICP 分析用和稀土分析用标准溶液（2006 年）”、“我国分析测试体系的建立与完善——有色金属分析测试方法收集与筛选（2007 年）”]；中国有色金属工业总公司科技进步奖三等奖四项[“GB2950. 1-11-81 氧化锆氧化铪分析方法国家标准（1982 年）”、“GB4375. 1-12-84 镓分析方法国家标准（1985 年）”、“GB8002. 1-15-87 锡青铜分析方法国家标准（1989 年）”、“GB8550. 1-21-87 白铜分析方法国家标准（1989 年）”]；合作编撰专业书七本，在《分析化学》《中国稀土学报》《分析试验室》《理化检验化学分册》《稀有金属》等期刊发表文章 60 余篇。1993 年享受国务院政府特殊津贴。

学无机搞分析从兴趣到热爱

臧慕文在复旦大学化学系就读时所学的是无机化学专业。毕业前夕，1963 年 5 月，他的专业课授课并指导毕业论文的老师、著名化学家顾翼东教授（1980 年当选为中国科学院学部委员，后为院士）赴北京参加学术会议并访问北京有色金属研究总院，参观了 717 室（稀土研究室）并进行了稀土湿法冶金方面的学术交流。顾教授返沪后，得知臧慕文已被分配到研究稀有金属的北京有色金属研究总院工作，即介绍了该院特别是稀土室的工作及研究情况。当时的臧慕文满以为即将从事的工作就是与自己所学专业对口、祖国资源极其丰富的稀土提取事业，心中充满了美好的憧憬。

但是，事与愿违。当他踏上北上的道路，站在北京有色金属研究总院的传达室里报到的时候，接待他的却是分析室的工作人员。得知被安排在分析室工作，犹如一瓢冷水浇到了他的头上，"搞稀土"的心愿破灭了，代之而来的要"搞分析"。在学校四年级的时候，很多同学怕被分配到分析专业，认为分析化学没有自己的理论，是化学和许多其他学科的"配角"，而臧慕文幸运地被分配到无机化学专业，这个专业有顾翼东、严志弦两位分别从事稀有元素化学和络合物化学的著名教授。在两年的专业课学习和毕业论文实验过程中，臧慕文对无机化学兴趣越来越浓，做好了从事稀有元素化学研究的准备，如今却要做一般人瞧不上、不起眼的"配角"工作，实在有点不甘心。然而，作为一名享受助学金读大学、国家一手培养的毕业生，服从国家分配、组织安排是理所当然的。他思想上虽有疙瘩，还是积极投入实习、工作中去。在一个月的白天听老师讲课、晚上做实验的较系统的分析化学的学习实践中，他受到了老师的好评，后来被安排到钛锆分析组、贵金属分析组担当多种多样的试样分析，看到自己出具的分析数据准确，得到委托样品分析单位的赞赏，取得了小小成绩，他逐渐对分析测试工作产生了兴趣。

臧慕文对"分析"从感兴趣到真正热爱，应该始于配合北京有色金属研究总院 243 室（贵金属冶金研究室）的金川镍矿开发课题的工作。金川镍矿是世界著名的多金属共生的大型硫化铜镍矿之一，发现于 1958 年，1959 年开始建设，当时冶金部组织有关科研院所对金川的采矿、选矿、冶炼进行攻关。1964 年臧慕文与另一位同年工作的同事承担了从镍矿石中提取铂、钯课题的流程分析，负责分析流程中各成分的走向，既要测定铂、钯，又要分析镍、钴、铜、铁、硫、硅，而且要求分析结果必须符合“物料平衡”。除了铂、钯分析方法可以向中科院昆明贵金属所学习移植外，其他元素的方法要自行建立，特别是铂、钯对铁、铜的滴定法有严重干扰，不能应用常规的方法。经过反复试验研究，他提出了测铁的氯化亚锡还原富集分离-重铬酸钾滴定法和测铜的硫磺富集分离-硫代硫酸钠滴定法。由于测定结果准确、误差小，达到物料平衡，为提取流程提供了可靠的数据，在一定程度上“指导”了冶金科研生产。

1965 年，他随冶金室课题组赴金川进行中型试验，在极差的工作和生活条件下开展现场分析，培训工厂人员，出色地完成了任务，为金川的初期建设贡献了力量。臧慕文也深深地体会到分析测试虽是“配角”却起到了“眼睛”的重要作用。

与“标准”结不解缘断断续续 40 年

20 世纪 60 年代，我国为越南提供无偿援助，其中包括分析用的标准样品（标准物质），北京有色金属研究总院接到研制钛铁矿、铬铁矿、褐钇铌矿、铝合金、铜合金等标样任务。为了按时按量完成，1965 年年底，分析室首次成立了标样分析组，臧慕文担任组长。他带领全组同事，因陋就简组建实验室，开展工作。时值“文化大革命”初期，在特殊情况下，他们克服种种困难，顺利完成任务。20 世纪 70 年代，他还陆续完成了援助朝鲜的纯锆标样研制和援助阿尔巴尼亚的金属钛、二氧化钛标样定值工作。

从 1978 年开始，他主持制定了国家标准《氧化锆氧化铪化学分析方法》、《镓化学分析方法》、《冶金产品化学分析基础术语》、《钛镍形状记忆合金化学分析方法》等，参与制定了国家标准和行业标准《锡青铜化学分析方法》、《白铜化学分析方法》、《镉化学分析方法》、《铝及铝合金化学分析方法》、《镁及镁合金

化学分析方法》、《镁及镁合金化学分析方法》等，研制了钛粉标准物质和定值分析了钛合金标准物质。

1987年他还编撰文章在《分析试验室》期刊上介绍了标准物质的来源与发展、作用和使用、研制步骤和方法”；2003年他参加编写的《标准物质及其应用技术》（第二版）由中国标准出版社出版。2004年国家科技部“国家自然科技资源平台建设”中“标准物质资源共享平台建设项目”启动，他作为主要起草人，在三年中陆续编写了《有色金属分析用标准物质研制技术规范》《有色金属发射光谱分析用固体标准物质研制技术规范》《有色金属X射线荧光光谱分析用固体标准物质研制技术规范》《有色金属中气体分析用标准物质研制技术规范》等四个规范。

他几乎与“标准”结下了不解之缘，断断续续搞了40年的有色金属分析方法国家标准的制定、标准样品（标准物质）的定值分析，在两次担任测试所副所长期间（1986～1990年和1995～1997年）主管科研、测试、人员培养同时主管“标准”工作。由于他在中国有色金属标准化科研工作中成绩显著，在1989年被中国有色金属工业总公司评为首批标准化专业先进工作者。

因为标准物质制备定值工作的需要，他自学了误差理论、分析化学中的数理统计，并不断学习、不断实践。在学习实践中他体会到不论哪种分析测试手段，化学法抑或光谱法，抑或质谱法等都离不开数理统计。数理统计不仅仅是正确处理实验数据的依据，如统计计算实验结果的正确度和精密度，还是指导实验的工具，如如何安排制作标准曲线的实验。因此，他非常重视数理统计知识的传播，多次在所内外的学习班讲课并撰文在有色金属分析情报网网刊上介绍。

为了确保分析测试结果的可信度、可比性和定量表征测试结果的质量，早在1963年就有科学家提出了定量表示不确定度的建议，经过30年的反复讨论测量不确定度评定和表示的国际统一性问题，终于在1993年由国际计量局（BIPM）、国际标准化组织（ISO）等七个国际组织起草并公布了《测量不确定度表示指南》，1999年我国也发布了计量技术规范《测量不确定度评定与表示》。臧慕文从不确定度概念、术语、来源到评定方法进行了深入学习，开展了多种类型分析方法（称量法，滴定法，原子吸收、原子荧光光谱法，等离子体发射光谱、质谱法，气体红外吸收光谱法等）不确定度的评定实践，并多次对本单位技术人员进行培训，让更多的测试人员了解掌握不确定度的评定的概念和方法。他带领青年技术人员、硕士生系统地评定了“TC11钛合金”标样定值各元素分析结果的不确定度。他撰写发表了《分析测试不确定度的评定与表示》《ICP-AES法测定钯碳催化剂中钯的不确定度的评定》《硫酸钡称量法校准钡溶液质量浓度的不确定度的评定》《EDTA滴定法校准锌溶液质量浓度的不确定度的评定》等文章。

从20世纪70年代开始，他不仅在本单位，而且多次受有色金属分析情报网，有色金属工业标准计量质量研究所，化学试剂、无机化工、有机化工等标准化委员会，中国分析测试协会，仪器信息网等的邀请，在培训班上讲授数理统计测量不确定度的知识。

解决难题　有所创新

臧慕文凭借其扎实的基础和专业知识，善于观察、勤于思考，在有色金属材料分析测试方法研究中解决了难点难题并有所创新。从20世纪70年代中期开始，他在研究钽、铌、氧化锆、氧化铪等物料中微量铝的测定方法时，及时地采用了当时国内外刚刚兴起的“胶束增溶分光光度法”，以铬天青S为显色剂、阳离子表面活性剂氯代十六烷基三甲基铵为增敏剂，结合离子交换、溶剂萃取分离，提高了方法的灵敏度、稳定性，而以往的玫红三羧酸铵（铝试剂）光度法重现性差、干扰因素多。由此，“阴离子交换分离-CAS-CTMAB 分光光度法测定钽铌中微量铝”获得了 1978 年“文化大革命”后首次召开的北京有色金属研究总院科学大会一等奖。“BPHA 氯仿萃取分离-CAS-TPC 分光光度测定氧化锆和氧化铪中铝的方法”被纳入国家标准，成为首先纳标的有色金属分析胶束增溶分光光度法之一。

1985 年，他试验以 Phen 和 VC 为掩蔽剂提高胶束增溶光度法测铝的选择性，克服了与铝同族镓基体的严重干扰，制定了镓中铝的标准方法。随后他又以非离子和两性表面活性剂为增敏剂，偏锡酸吸附除磷，建立了“在 OP 乳化剂存在下以 CAS 和 CD-MAA 光度测定锡青铜中微量铝”的方法，纳标并在期刊上发表。

由于在这领域做出了颇有成效的工作，1986 年他作为国内首先提出“胶束增溶分光光度法”的著名清华大学教授郑用熙的国家自然科学基金项目的合作者，研究了“碳氟表面活性剂在光度分析中的应用”，在《中国稀土学报》期刊上发表了《碳氟表面活性剂在光度分析中的应用Ⅰ.—钪-漂蓝 6B-全氟辛酸钠-碳氢阳离子表面活性剂体系光度性质的研究》论文。合作期间，郑教授还将臧慕文的实验原始记录作为范本推荐给他的研究生。

纯铜、纯镍中含磷小于 0.0001%，通常使用磷钼杂多酸萃取光度法测定，该法使用有机试剂萃取，操作烦琐。2001 年，臧慕文经过实验，首先研究建立了国内外尚未见报道的电感耦合等离子体质谱测定 ^{31}P 的方法，方法简便、快速。

分析化学是实验化学。臧慕文在实验中特别关注现象的观察，有所发现便抓住不放，深究到底，得到书本上没有或不同的结果。在钠的原子吸收光谱测定中，因为钠的电离电位低，火焰中易发生电离，使基态原子数有所减少，降低了吸光度，且吸光度-浓度曲线有向吸光度轴弯曲的现象，通常是加入过量其他碱金属离子，如铯盐，使钠的电离平衡向生成基态原子的方向移动，增加钠的吸收，且工作曲线呈线性，但一般铯盐中含钠量较高，影响测定精密度。他在研究“氧化锆中钠的原子吸收光谱测定方法”时，发现硫酸根能抑制钠的电离，建立了无需另加电离抑制剂、不分离主体锆的硫酸介质中原子吸收测定钠的新方法，发表了题为“籍硫酸根抑制钠的电离效应原子吸收光谱法测定氧化锆中钠”的文章，且已被推广到其他物料中钠的原子吸收测定。

1982 年研究镓中铟的光度法时，他试验了“铟-碘-乙基紫”显色反应的条件，用“平衡移动法”和“直线法”确定离子缔合物的络合比，得到铟∶碘∶乙基紫为 1∶3∶1，此络合比表明铟在缔合物中是 2 价的，这有悖于教科书上所说铟的价态应为 1 价和 3 价，也同铟与其他的碱性三苯甲烷类显色剂孔雀绿、结晶紫等的缔合物中铟都为 3 价不同。他反复进行实验核实结果，最终首次以络合物理论解释了 2 价铟的稳定性。

1992 年，北京有色金属研究总院分析测试所为了拓宽业务、增加收入、提高经济效益，开展废料中回收贵金属的工作。臧慕文查阅资料，制订试验方案，与同事一起实验并提出“电子废料中银、钯分离提纯工艺流程”，组织人员回收再生。在收购废料的现场（浙江温岭）需要一个快速简便分析废料的方法，他应用掌握的分光光度分析的基本知识，因事、因地制宜，大胆提出利用大量钯离子溶液本身的颜色进行“比色”，从而确定钯的含量。他与同事经过实验，果然有效，这种钯的现场分析方法在书本上、期刊上均未见过。

2001 年，根据标准工作会议精神，北京有色金属研究总院修订镁及镁合金化学分析方法国标中铝的测定-铬天青 S 光度法时，要求等同采用国际标准 ISO 3255—1974（E），但经臧慕文实验，发现 ISO 法有严重缺陷：工作曲线不通过原点，线性差；显色络合物稳定性差，要求必须在 25 分钟后 30 分钟前进行光度测量；灵敏度低，测定范围下限为 0.01%。于是他研究制定了“铬天青 S-氯化十四烷基吡啶分光光度法”，该法工作曲线线性好，灵敏，显色络合物的表观摩尔吸光系数为 ISO 法的 3.8 倍，测定下限低 70%，达到 0.003%；显色络合物稳定时间至少增加了 5 倍，为 3 小时。对此，他还在标准审定会上对采用国际标准的政策提出了自己的看法。

在研究制定金属镁中铅的原子吸收光谱测定的国标法时，需用 $Fe(OH)_3$ 共沉淀 $Pb(OH)_2$，而 $Mg(OH)_2$ 不沉淀，达到分离富集的目的，但是实验结果不理想，回收率仅约 70%。他反复思考，寻找原因，最后以“溶度积”和“同离子效应”的理论得到解释，并想出不同于常规的办法，颠倒加入试剂的次序，终于奏效。

2005 年庄信万丰公司（Johnson Matthey）香港公司上海经营部与洛阳某化工研究院在交易氯化钯时，双方各自反复测得的氯化钯含量结果不一致。受 Johnson Matthey 公司之邀，测试所委派臧慕文前往洛阳解决问题。共同实验时，他通过对 EDTA 络合滴定钯的终点误差的计算，找到问题的症结，得出指示剂用量不同造成误差的结论。

严谨认真　精益求精

臧慕文信奉“细节决定成败”的格言，严谨治学，精益求精。他不仅自己力行，也希望和要求同事特别是青年技术人员工作要认真仔细，一丝不苟。

1985 年，我国颁布了《计量法》，1993 年发布了 15 项“量和单位”的国家标准。这套标准是对量和单位特征的统一规定，是各行各业必须遵照执行的基础性、强制性标准。臧慕文认为对于测试工作者，在工作中无论是开具测试结果报告、撰写课题总结，还是制定标准方法、发表论文，都要涉及量和单位，几乎每天都在跟量和单位打交道。面对测试工作者错误使用量和单位的现象屡见不鲜，他多次在学习班上宣讲，仔细修改研究生论文、标准方法草案、收集的分析测试方法，不遗余力。他还对 GB/

T20001.4—2001《标准编写规则 第 4 部分：化学分析方法》中分析结果计算式不符合“量和单位”国标提出质疑。

臧慕文曾兼任《分析试验室》期刊常务副主编。有段时期，对每期已通过一、二审的稿件进行终审时，他仍要逐字逐句，对数据的准确性，文章的条理性、逻辑性进行审阅，特别是文章中涉及的“量和单位”，不厌其烦地纠正错误。

测试所申报科研项目时，臧慕文作为主要撰写人之一，认真地编写了“十一五”国家科技支撑计划重点项目“科研用高纯无机试剂核心单元物质及共性关键技术的研究与开发”和“科研用无机试剂标准规范的制定及工程化研究”，以及科技部的科技基础工作专项“全国分析测试体系的建立与完善——有色金属分析测试方法收集与筛选”等项目的申报书。他为成功申报这些“大项目”做出了一定的贡献。

1999 年以来，他受聘于中实国金国际实验室能力验证研究中心，作为技术专家。这是验证分析测试实验室能力、水平的工作，他每年负责组织一项有色金属分析能力验证项目，从设计具体项目，编写计划意向书、指导书，到结果汇总后的技术分析并撰写报告。十年来，他负责的项目有纯铝、工业纯铝、铝合金、纯铜、锰白铜、铁黄铜、硅青铜、金、银、镁合金、钛合金等。在应用稳健统计技术统计处理实验室结果时，有时出现异常情况，但他不会人云亦云，而是“较真”地提出自己的观点，指出这种统计方法的缺陷和补救办法。

2006 年中国有色金属工业协会决定编撰《有色金属进展(1996—2005)》。臧慕文作为第八卷第 1 册成分分析部分的主编，从制定本册编撰详细大纲和概述的调研提纲到组稿，从撰写概述到全册的改稿、统稿，每一步都认真负责，花费大量心血。在本卷全体编撰人员的努力下，他第一个将第一稿交给出版社。

（刘　英）

简　历

1940年11月13日　生于浙江省湖州市。

1952～1958年　浙江省湖州中学学习。

1958～1963年　复旦大学化学系无机化学专业稀有元素专门化学习。

1963～1968年　任冶金部北京有色金属研究总院分析室专题组长、组长、技术员。

1968～1970年　云南草坝冶金部“五七”干校学员。

1970～1985年　任北京有色金属研究总院分析室组长、技术员、工程师。

1986～1990年　任北京有色金属研究总院分析室副主任、测试所副所长、高级工程师。

1991～1995年　任北京有色金属研究总院测试所高级工程师、教授级高级工程师。

1995～1997年　任北京有色金属研究总院测试所副所长、教授级高级工程师。

1998～2000年　北京有色金属研究总院测试所教授级高级工程师。

2000～　任北京有色金属研究总院测试所专家组成员、教授级高级工程师。

主要论著

1 臧慕文、第四章冶金标准物质//冶金工业部有色金属研究院．有色金属合金分析．北京：冶金工业出版社，1978.

2 满瑞林，臧慕文．分析化学．北京：地质出版社，1996.

3 全浩，韩永志．标准物质及其应用技术（第二版）．北京：中国标准出版社，2003.

4 臧慕文，下篇化学分析//屠海令，干勇．金属材料理化测试全书．北京：化学工业出版社，2006.

5 刘英，臧慕文，等．有色金属进展 第八卷 分析检测．长沙：中南大学出版社，2007.
6 刘英，臧慕文．金属材料分析原理及技术．北京：化学工业出版社，2009.
7 臧慕文.BPHA氯仿萃取分离-CAS-TPC分光光度法测定氧化锆和氧化铪中的铝．理化检验：化学分册，1983，19（5）：34～35.
8 臧慕文．铟-碘-乙基紫显色反应的探讨与应用．分析化学，1984，12（12）：1088-1090.
9 臧慕文，胡振平．在OP乳化剂存在下以CAS和CDMAA光度法测定锡青铜中微量铝．分析化学，1987，15（1）：80-82.
10 臧慕文，郑用熙．碳氟表面活性剂在光度分析中的应用Ⅰ钪-漂蓝6B-全氟辛酸钠-碳氢阳离子表面活性剂体系光度性质的研究．中国稀土学报，1990，8（1）：74-78.
11 臧慕文，刘英，童坚，等．纯铜、纯镍中磷的ICP-MS法测定．分析试验室，2002，21（6）：21-23.
12 臧慕文.ICP-AES法测定钯碳催化剂中钯的不确定度的评定．分析试验室，2003，（6）：13-17.
13 臧慕文，刘英．锂硅合金中主成分锂及杂质铁镍铬的测定．理化检验：化学分册，2003，39（12）：704-706.
14 臧慕文，刘英，王爱慈，等．铂饰品中Pt，Pd，Au，Ag，Cu，Ni，Zn，Fe的测定．稀有金属，2005，29（4）：397-402.
15 臧慕文，刘英，童坚，等.ICP-AES法同时测定TiNi形状记忆合金中杂质Co，Cu，Cr，Fe，Nb. 分析试验室，2006，25（12）：15-18.
16 臧慕文，刘春晓．金属材料分析（评述）．分析试验室，2009，28（4）：97-122；28（5）：109-123.